# DE
# L'ASSISTANCE
## DANS LES CAMPAGNES

## INDIGENCE, PRÉVOYANCE, ASSISTANCE

PAR

### EMILE CHEVALLIER

DOCTEUR EN DROIT

MAÎTRE DE CONFÉRENCES A L'INSTITUT NATIONAL AGRONOMIQUE

MEMBRE DU CONSEIL GÉNÉRAL DE L'OISE

AVEC UNE PRÉFACE

DE

## M. LÉON SAY

DE L'ACADÉMIE FRANÇAISE.

Ouvrage couronné par l'Académie des Sciences morales et politiques.

I0110415

## PARIS

LIBRAIRIE NOUVELLE DE DROIT ET DE JURISPRUDENCE

ARTHUR ROUSSEAU, ÉDITEUR

14, RUE SOUFFLOT, ET RUE TOULLIER, 13

1889

# DE

# L'ASSISTANCE

## DANS LES CAMPAGNES

# DE
# L'ASSISTANCE
## DANS LES CAMPAGNES

---

## INDIGENCE, PRÉVOYANCE, ASSISTANCE

---

PAR

### EMILE CHEVALLIER

DOCTEUR EN DROIT

MAÎTRE DE CONFÉRENCES A L'INSTITUT NATIONAL AGRONOMIQUE

MEMBRE DU CONSEIL GÉNÉRAL DE L'OISE

AVEC UNE PRÉFACE

DE

### M. LÉON SAY

DE L'ACADÉMIE FRANÇAISE.

---

Ouvrage couronné par l'Académie des Sciences morales et politiques.

---

## PARIS

LIBRAIRIE NOUVELLE DE DROIT ET DE JURISPRUDENCE

ARTHUR ROUSSEAU, EDITEUR

14, RUE SOUFFLOT, ET RUE TOULLIER, 13

—

### 1889

# PUBLICATIONS DU MÊME AUTEUR :

ÉTUDE SUR LA PROPRIÉTÉ DES MINES ET SUR SES RAPPORTS AVEC LA PROPRIÉTÉ SUPERFICIAIRE. (Ouvrage couronné par la Faculté de Droit de Paris).

UNE NOUVELLE FORME DE SOCIÉTÉ DE CONSOMMATION, pour les Ouvriers. — (L'Economat du Closmortier).

JEUX ET PARIS DEVANT LA LOI. (Maisons de Jeu, Loteries, Courses de chevaux, Jeux de Bourse).

LES SALAIRES AU XIX$^e$ SIÈCLE, avec une préface de M. LEVASSEUR, de l'Institut. (Ouvrage couronné par l'Académie des sciences morales et politiques).

# PRÉFACE

C'est pour répondre à l'appel de l'Académie des sciences morales et politiques que M. E. Chevallier a composé le livre qu'il publie aujourd'hui.

L'Académie avait choisi pour sujet d'un de ses concours, l'*Assistance publique dans les campagnes*. On lui envoya des mémoires dont quelques-uns lui parurent supérieurs, et, ne pouvant couronner un seul d'entre eux, à l'exclusion des autres, en raison des mérites particuliers, qu'elle avait reconnus dans chacun d'eux, elle eût la pensée de diviser le prix en plusieurs morceaux. Un des meilleurs morceaux est échu au mémoire de M. E. Chevallier. Ce mémoire est devenu un livre, et un livre, qui, nous nous plaisons à le croire, ne paraîtra pas au public indigne du jugement de l'Académie.

La question de l'assistance publique est très vaste ; elle touche à tant d'autres, qu'il faut pour la traiter, s'y être préparé de longue main. C'est le cas de notre auteur. Il faut connaître la morale, la politique, l'administration et l'économie politique rien que pour l'exposer, et il faut avoir l'esprit très philosophique pour ne pas être tenté de la résoudre trop simplement car elle est complexe comme l'homme lui-même, et les plus graves problèmes y sont renfermés.

Il est facile de faire du bien quand on aime ses semblables et qu'on a le cœur haut placé. On peut s'abandonner à la douceur de soulager les malheureux et ne pas mettre de bornes a son dévouement pour les pauvres. Mais si on veut passer du particulier au général, si, pour épuiser son trésor de charité, on veut aller jusqu'à ceux qui souffrent loin de soi, si on veut embrasser dans son amour du prochain, l'humanité toute entière, si c'est en un mot l'amélioration de la condition humaine qu'on a en vue, ni le cœur le plus tendre, ni la charité la plus désintéressée n'y suffisent plus ; il faut y ajouter un jugement sûr et une science profonde.

Il faut savoir se défier de soi-même, se rendre compte des contradictions de la vie sociale ; il faut envisager les devoirs qui ne correspondent pas à des droits, dont la sanction ne dépend que de la loi morale, et ceux dont l'obligation découle de droits qui sont du domaine de la loi positive.

Il faut distinguer enfin l'assistance volontaire et l'assistance obligée, l'assistance par la charité et l'assistance par la loi.

Or, il est bien plus facile de faire de la charité, que des lois ; d'abord parce que la charité est individuelle dans son objet, tandis que la loi est générale, et que l'on aurait tort de croire que l'intérêt général soit simplement la collection et comme le total des intérêts parti-

culiers, et ensuite parce que la charité sait ce qu'elle
fait, tandis que la loi ne le sait pas toujours.

Quand on parle des lois sur l'assistance publique, on
devrait toujours avoir présents à l'esprit deux apho-
rismes de deux grands philosophes.

Le premier est de Marc Aurèle qui a dit que ce qui
est bon à la ruche était bon à l'abeille, et le second du
grand philosophe anglais, David Hume, qui a dit que
les conséquences des institutions politiques étaient souvent le contraire de ce qu'on en attend.

La pensée de l'empereur philosophe renferme deux
idées : la première est l'affirmation que le bien particulier dépend du bien général ; d'où on peut conclure que la misère des individus ne serait pas efficacement combattue si en cherchant à la soulager on aggra-
vait la misère de la société toute entière. C'est un point
de vue très élevé, très philosophique, très moral, et
M. Chevallier s'y est toujours placé dans le cours de
son ouvrage.

La seconde idée, si elle n'est pas apparente dans
l'adage de Marc Aurèle paraît néanmoins en avoir été
tirée.

On a cru y voir que l'individu peut être légitimement
opprimé au nom de l'intérêt social. C'est certainement
une exagération de l'idée du philosophe et une erreur
d'interprétation de son aphorisme. Le jour où l'absorp-
tion de l'individu par l'Etat serait complète, où le ressort de son énergie serait brisé, où la liberté de son
choix entre le bien et le mal serait anéantie, il y aurait
abolition de la conscience, et la loi morale n'ayant plus

de sanction, cesserait de régler l'action des hommes
sages. Il ne pourrait être question de remplacer la moralité individuelle par une moralité collective, car les
phénomènes de la conscience sont personnels et ne
peuvent se produire que dans l'âme de chacun de nous.

Le corps social n'a pas de remords. L'anéantissement
de l'individu dans un panthéisme gouvernemental, serait
un non-sens politique, philosophique et moral. Après
avoir fait justice de l'école socialiste, M. Chevallier a
pris corps à corps les arguments d'une autre école,
celle du transformisme, de la sélection naturelle, dont
la loi élimine sans cesse les êtres les moins doués au
profit des plus forts, et il s'attache à combattre le philosophe contemporain, Herbert Spencer, qui a donné à
la nouvelle doctrine le plus de profondeur et d'éclat. Il
lui reproche d'avoir dit, en parlant de la loi naturelle
qui conserve les espèces en les épurant : « Si au contraire une philanthropie mal éclairée se met en travers
de cette loi bienfaisante, elle va rejeter la non production à la charge des producteurs, dégrader l'espèce et
amasser comme à plaisir, une réserve de souffrance
pour les générations futures, de sorte que l'on peut se
demander si la sotte philanthropie qui ne pense qu'à
adoucir les maux du moment, sans voir les maux indirects de l'avenir, ne produit pas au total une plus grande
somme de misère que l'extrême égoïsme. »

M. Chevallier s'attriste de l'éclat donné par M. H.
Spencer, à ces doctrines qu'il appelle « désolantes », et
il les combat par le reproche de faire douter de la charité et de la philanthropie, sans prouver que la loi de

sélection laissée à elle-même aurait pu avoir plus d'efficacité. « Répudiez la charité et la philanthropie, dit-il, » et vous ne serez pas certain d'obtenir l'amélioration » de la race humaine. »

Peut-être notre auteur aurait-il pu faire remarquer que toutes les lois de la nature sont « désolantes »; car toutes les forces qui agissent en vertu de ces lois ont une action destructive sur l'humanité. Les hommes ne peuvent pas les abolir et ils sont obligés de les subir, mais ils en détournent les effets et quand ils ne peuvent s'en garer à jamais, ils peuvent au moins gagner du temps, ce qui est beaucoup pour des individus dont la souffrance physique et la misère sont temporaires comme la vie elle-même.

On a quelquefois cité le passage d'un des premiers écrits de Talleyrand où il a parlé des moyens qu'on peut employer pour détourner les conséquences fatales de certaines lois historiques ou politiques. C'est comme une définition de l'utilité de la diplomatie dans l'histoire.

Les hommes, dit Talleyrand, qui ont médité sur la nature des rapports qui unissent les métropoles aux colonies, prévoyaient depuis longtemps, que les colonies américaines se sépareraient un jour de leurs métropoles. Ainsi le veut cette force des choses qui fait la destinée des Etats et à laquelle rien ne résiste. Si de tels événements sont inévitables, il faut du moins en retarder l'époque et mettre à profit le temps qui nous en sépare.

M. Chevallier conclut de même. Il use les forces et les lois naturelles qui sont dures aux moins fortunés, par la diplomatie de l'assistance. Il n'oublie jamais, d'ailleurs, cet autre axiome du philosophe anglais dont nous avons parlé plus haut, qui reproche aux hommes de faire des lois dont l'effet est contraire au but qu'ils se proposent.

La loi anglaise des pauvres est un exemple souvent invoqué, car, en voulant sauver des pauvres anciens, elle en a créé de nouveaux. M. Chevallier estime, avec raison, qu'il ne faut pas introduire dans la législation française des dispositions de nature à constituer une sorte de loi des pauvres.

Le grand mode d'action de la charité légale est le bureau de bienfaisance d'une part, et d'autre part un certain nombre d'institutions départementales ou générales dont il fait un historique très intéressant. Mais le budget de la charité légale sera toujours un bien petit budget, si on le compare au budget de la charité privée. Pour que la charité privée ne crée pas de pauvres nouveaux, en cherchant à secourir les pauvres existants, elle a besoin d'être exercée avec beaucoup de discernement.

On pourrait distinguer deux écueils bien dissemblables, et qui sont même en contradiction l'un de l'autre, contre lesquels viennent échouer les deux charités, celle des pouvoirs publics et celle des particuliers. Rien n'est plus dangereux, par exemple, de généraliser les charités privées, de les centraliser en quelque sorte, parce que l'action locale et personnelle est nécessaire pour la réalisation de leur maximum d'effet utile. Cela tient à la variété des maux à soulager et à la variété des moyens qu'il faut employer pour les guérir, selon les cas, les milieux, les personnes qui sont assistées et celles qui assistent.

L'assistance légale, au contraire, trouve des difficultés dans une localisation trop grande, parce que le budget de ses ressources risque dans ce cas de devenir un impôt local, destiné à subvenir à des besoins locaux, ce qui est le principe même de la taxe des pauvres.

M. Chevallier explique à merveille toutes ces contradictions, et donne sur les services protecteurs et d'assistance au profit des enfants, des jeunes aveugles et des sourds-muets et sur l'organisation des hôpitaux et des hospices des détails du plus haut intérêt.

Il aurait pu, si la place ne lui eût pas manqué, faire une histoire détaillée des législations et des organisations étrangères, mais il a voulu se borner et s'est contenté d'éclaircir quelques points obscurs de notre histoire et de notre jurisprudence administratives, et il l'a fait avec une grande connaissance des faits. Le sujet qu'il avait à traiter était, d'ailleurs, limité par l'Académie elle-même, à laquelle il avait envoyé son mémoire ; c'était de l'assistance dans les campagnes seulement qu'il s'agissait, et la question ainsi posée ne comportait pas autant de développements historiques et législatifs que si elle avait été étendue aux villes.

M. Chevallier sait mieux que personne que c'est une bibliothèque qu'il faudrait écrire pour faire l'histoire des pauvres et des secours qu'on leur apporte. Cette bibliothèque est loin d'être achevée ; elle ne le sera peut-être jamais. M. Chevallier s'est borné à déposer sur une des premières tablettes un livre, écrit avec beaucoup

de compétence, qui, dans un cadre, volontairement restreint, fait connaître un des côtés les plus intéressants
de la question sociale.

Léon Say.

# AVANT-PROPOS

Le manuscrit, que nous avions déposé à l'Institut, était précédé d'une préface, commençant par les lignes suivantes : « Nous avons hésité longtemps avant d'en-
» treprendre cette étude sur l'*Assistance dans les*
» *campagnes ;* tantôt le sujet nous paraissait intéres-
» sant, moins par ce qui existe que par ce qu'il y a à
» créer, tantôt, au contraire, il nous semblait difficile
» à raison de la nature et de l'étendue des *desiderata*
» à formuler. Notre hésitation n'a été vaincue que par
» la connaissance assez complète, que nous avons des
» mœurs rurales, ainsi que par l'initiation au budget
» départemental, que nous devons à un mandat élec-
» tif.... »

L'éminent rapporteur, M. Picot, dans le remarquable rapport qu'il a fait sur le concours Beaujour, a donné de notre étude une appréciation bienveillante, dont nous lui sommes profondément reconnaissant : « L'au-
» teur du mémoire N° 5 a autant de bon sens que le
» précédent a d'imagination. Connaissant à merveille
» le sujet qu'il traite, il a sur les précédents concur-
» rents l'avantage d'habiter depuis longtemps la cam-

» pagne ; ayant étudié les misères des paysans, appelé
» à les soulager dans les conseils électifs où il siége, il
» vit au milieu même des questions qu'il traite. Aussi
» se sent-on dès l'abord en pleine sécurité ; ce n'est
» pas un auteur qui s'efforce de parler une langue
» récemment apprise, c'est un homme pleinement com-
» pétent, que nous interrogeons sur ce qu'il sait le
» mieux, et que nous allons écouter...... Malgré ses
» lacunes, ce mémoire, dans lequel la question n'est
» pas perdue de vue un instant, dont les descriptions
» sont justes et les solutions sages, a paru à votre
» commission très digne d'obtenir une récompense. Elle
» vous propose de lui accorder 3,000 fr. »

En publiant notre étude, nous n'avons pas voulu en
changer la physionomie, obéissant en cela au conseil
du rapporteur ; nous avons désiré toutefois combler une
des lacunes, qui nous avaient été reprochées, et nous
avons donné de plus amples développements à l'organisation de l'assistance rurale en Angleterre et en Allemagne.

# INTRODUCTION

L'assistance publique et la charité privée dans les villes et spécialement à Paris. — Les campagnes de la France ; leur physionomie ; insuffisance de population, et médiocrité de ressources, rendant difficile une organisation de l'assistance officielle, qui, dans notre législation, a le caractère communal et facultatif. — Impossibilité du groupement des communes ou d'un système cantonal. — Situation sociale des habitants ne permettant pas à la charité privée d'être suffisamment active. — Rôle actuel de l'assistance départementale, tantôt obligatoire, tantôt facultative. — De l'assistance nationale ; devrait-on la généraliser ?

L'absence d'institutions d'assistance dans les campagnes explique-t-elle la dépopulation de nos villages ? Population urbaine et population rurale ; causes de la diminution de celle-ci. — Indigents à Paris, et leur lieu de naissance ; explications. — Nécessité de l'organisation de l'assistance publique rurale. — Objections. — Projets.

L'assistance publique des villes et la charité privée à Paris ont eu leurs peintres. Leur histoire n'est plus à faire ; elle a donné lieu à des œuvres maîtresses, lesquelles ont enrichi notre littérature économique ou mondaine.

C'est qu'en effet notre système d'assistance des villes, notamment celui de Paris, doté d'une autonomie absolue, est un vaste sujet d'études. Plus la société s'avançait dans la voie de la civilisation et du progrès, et plus l'assistance publique s'étendait et se spécialisait, voulant atteindre les diverses formes de la misère et de la souffrance ; mais elle avait été précédée par la charité privée, plus ingénieuse encore dans ses procédés, parce que celle-ci est plus directement l'élan du cœur et l'expression de la compassion, débarrassée de toutes entraves administratives. La charité privée, dans notre capitale en particulier, dispose de larges crédits ; elle a ses budgets, budgets spéciaux, comme ses œuvres. Les millions, qui les alimentent, servent à créer des œuvres permanentes, qui viennent, les unes faire concurrence à l'assistance officielle, c'est-à-dire la décharger, les autres en combler les lacunes. Ici ce sont des sociétés maternelles, des crèches ; là des orphelinats ; toutes institutions destinées à recueillir les enfants que la charité administrative ne peut recevoir ; d'un côté, des dispensaires, généralement créés pour des maladies particulières, et qui viennent s'harmoniser heureusement avec les maisons de secours et les bureaux de bienfaisance ; d'un autre côté, ce sont des hôpitaux et des asiles, destinés à recevoir les affections chroniques, celles que l'administration, faute de place et de ressources, refuse d'hospitaliser (1).

Ajouterai-je les asiles de nuit, les maisons des petites sœurs des pauvres, les fourneaux de la Société Philanthropique, et tant d'œuvres plus connues de la dame charitable, qui, par ses quêtes et ses dons, les subventionne et les entretient, — ou de l'indigent, habitué à y venir chercher le soulagement de ses maux, — plus connus, disons-nous, de ceux-ci que de l'économiste, qu'elles intéressent beaucoup, à coup sûr, mais qui se borne à les confondre sous une rubrique unique, et à les qualifier de manifestations diverses de la charité privée.

Les peintres anciens ont souvent symbolisé la charité

---

(1) Les hôpitaux refusent les phthisiques pendant la première et la deuxième périodes de leur maladie ; ils ne les acceptent que pendant la troisième, — la dernière — lorsque leurs jours peuvent être comptés ; en un mot, ils leur donnent un lit pour mourir.

sous la forme d'une femme laissant monter des grappes de nourrissons vers ses larges mamelles, gonflées de lait. Nos artistes contemporains devraient la représenter sous une allégorie plus complexe ; car si, d'une main, elle soulève les enfants, de l'autre, elle appelle les malades et soutient les vieillards et les infirmes. A s'attacher uniquement à l'assistance publique, nous sommes convaincu que s'il nous était donné de compulser ses registres, nous ne tarderions pas à découvrir que ce même malheureux, auquel elle vient d'assurer une mort paisible, elle l'avait secouru dans la force de l'âge, elle l'avait aidé dans sa jeunesse, elle l'avait enfin recueilli à sa naissance. Comme le dit M. Maxime du Camp : « Tout ce qui, dans cet immense Paris, souffre, » a faim, est abandonné, malade, indigent, vient à elle » et l'implore. Elle est la grande sœur de charité ; » dans la mesure de ses forces, elle accueille les misères » et panse les plaies » (1).

Détachons nos yeux de Paris, et portons-les sur l'assistance rurale. Celle-ci n'est pas connue ; elle n'a jamais été étudiée. Quelques essais sous la forme de brochures ou d'articles de journaux, ou encore d'exposés de systèmes, voilà tout. Et comment y aurait-il une histoire de ce qui n'existe pas ? L'assistance rurale n'existe pas à proprement parler ; elle ne constitue pas un ensemble ; elle n'a que des manifestations isolées, différentes, d'ailleurs, suivant les lieux et les maux à soulager. — Une description de ce qu'est l'assistance dans les campagnes est rendue singulièrement difficile par cette diversité même (2).

(1) *Paris, sa vie, etc....* (L'*Assistance publique*).

(2) M. Théron de Montaugé a fait dans son remarquable ouvrage L'*Agriculture et les classes rurales dans le pays Toulousain* un parallèle entre la situation des villes et celle des campagnes au point de vue de l'assistance.

Si, au village, l'assistance n'est pas à l'état d'organisation générale, il faut bien dire, en revanche, que l'indigence y est plus rare, et y revêt un caractère moins aigü. — C'est là une des raisons qui jusqu'ici y ont maintenu l'assistance sous une forme embryonnaire. — Mais ce n'est pas la seule ; et, pour saisir la difficulté du problème, examinons, d'une part, la situation de nos communes rurales, au point de vue du nombre de leurs habitants et de l'importance de leurs ressources, et, d'autre part, les éléments dont se compose leur population.

Nos communes ne sont pas, en général, très peuplées ; d'après le recensement de 1886, sur 36,121 communes, il y en a 768 dont la population ne dépasse pas 100 habitants ; 3,600 dont la population est de 101 à 200 ; bref, il y en a 17,181 (soit près de la moitié) qui ont moins de 500 habitants. — Ajoutez à cela qu'il y a 10,362 communes qui ont plus de 500, mais moins de mille âmes, et vous comprendrez que nos villages français n'offrent pas une population suffisante pour permettre le fonctionnement d'œuvres continues et multiples d'assistance. Examinez leurs ressources, et vous verrez une nouvelle impossibilité. Il y en a 31,000 dont le centime est inférieur à 100 fr. ; 13,000 ont un centime de moins de 30 fr. ; 1,700 de moins de 10 fr.

Est-ce dans ces communes qu'un service d'assistance publique pourrait être utilement établi ? — Notre assistance officielle est basée sur deux principes : elle est facultative et communale, sauf deux exceptions : — Facultative en ce que la commune n'est tenue d'aucune obligation envers ses pauvres, qu'elle peut ou non secourir, et en ce qu'il lui est loisible, sans crainte d'une inscription d'office, de ne voter aucun crédit pour les œuvres de charité. — Communale, en ce que chaque commune n'assiste que les pauvres qu'elle renferme dans son sein, et que, sous un autre rapport, les institutions d'assistance, tout en ayant leur autonomie propre, font partie de la commune, et sont regardées comme des services municipaux.

La loi du 24 vendémiaire an II dispose, en effet, que pour acquérir le domicile de secours, il faut un séjour d'un an dans une commune ; celle du 7 août 1851 dispose, à son tour, que « lorsqu'un individu privé de » ressources tombe malade dans une commune, aucune » condition de *domicile* ne peut être exigée pour son » admission dans l'hôpital existant dans la commune » (art. 1). Un règlement particulier déterminera les » conditions de *domicile* et d'âge nécessaires pour être » admis dans chaque hospice destiné aux vieillards et » aux infirmes. »

D'autre part, les services habituels d'assistance sont, avons-nous dit, des services municipaux, et ce qui les caractérise, ce sont leurs rapports étroits avec les administrations municipales, et, en même temps, leur autonomie relative. Ces services se divisent en deux branches absolument distinctes : les hospices et les hôpitaux (1), qui sont l'institution la plus ancienne, celle qui a été longtemps considérée comme la seule effective, et en second lieu, le service des secours à domicile représenté par les bureaux de bienfaisance.

(1) Dans le langage vulgaire, le mot *hospice* désigne à la fois les établissements élevés pour traiter les malades et ceux destinés à offrir un asile aux vieillards, infirmes, enfants abandonnés. La terminologie administrative est plus étroite et plus précise. Une circulaire du ministre de l'intérieur du 31 janvier 1840 a fixé le sens des mots « hospice » et « hôpital. » « Les hôpitaux » sont les établissements dans lesquels sont reçus et traités les indigents ma- » lades. Les hospices sont ceux dans lesquels sont admis et entretenus les vieil- » lards, les infirmes, les incurables, les enfants abandonnés et les enfants trou- » vés. Lorsque le même établissement contient à la fois des malades et des » vieillards valides ou incurables, il constitue un hôpital-hospice. »

Le plus grand nombre des établissements hospitaliers, aujourd'hui existants, tirent leur origine de la loi du 16 vendémiaire an V. La Révolution, après avoir rêvé tout un plan d'organisation charitable, comprit que la réalisation de ses utopies pourrait amener une perturbation des secours publics : elle commença par arrêter la vente des biens hospitaliers, incorporés au domaine. Le Directoire restitua franchement aux hospices la jouissance de leurs biens et de leurs rentes. On revenait au passé, mais la création avait un caractère laïque et communal, et elle excluait l'action du clergé, dont l'influence avait été si importante autrefois dans les œuvres d'assistance. Dans le cours de ce siècle, beaucoup d'hospices communaux ont été érigés. Les uns sont dus à la libéralité des particuliers, qui ont fait aux communes des legs ou donations en vue d'une fondation. Les autres sont le résultat d'une création uniquement municipale, opérée avec des ressources exclusivement communales ; quelques-unes enfin ne sont autres que des bureaux de bienfaisance transformés ; c'est le plus petit nombre.

Ce rapide aperçu sur l'origine des établissements hospitaliers montre bien pourquoi les simples communes rurales en sont, en général, dépourvues. Elles possédaient peu de couvents, avant 1789. Elles n'ont pu, avec leurs propres ressources, créer des hospices ; la fondation et l'entretien de semblables maisons sont trop dispendieux pour une pauvre commune rurale, dont le budget est maigre. Enfin ce sont elles qui profitent le moins des libéralités particulières. Moins peuplées, elles contiennent en général beaucoup moins de personnes opulentes ; leurs habitants seraient-ils aussi riches que ceux des villes qu'ils ne songeraient pas à faire cet emploi de leur fortune ; ils ont vécu à la

campagne ; ils ont été moins frappés du spectacle de
ces largesses éblouissantes auxquelles on doit tant
d'œuvres utiles ; enfin et souvent ils ne se rendent pas
exactement compte de la possibilité de créer un établissement hospitalier. Ceux d'entre eux qui ont plus
d'initiative, aiment mieux faire profiter de leurs libéralités un grand centre ; ils offrent leurs dons à la ville
voisine, ou le plus souvent à son hôpital, tant il est vrai
que, ici même, la sagesse des nations trouve sa confirmation, et que les libéralités s'ajoutent aux libéralités.
Et cependant ces hospices, qui bénéficient ainsi successivement de plusieurs legs ou donations, n'ont que de
faibles charges ; ils ne reçoivent que peu de malades ou
de vieillards, et leurs revenus économisés accroissent
annuellement leur capital.

Les bureaux de bienfaisance, quoique fondés par la
loi du 7 frimaire an V, ont été pendant longtemps
négligés. Ce n'est qu'à une époque relativement récente
que l'on a donné le développement qu'il mérite au
service des secours à domicile, et ce n'est que, assez
tard, que l'on a compris qu'il est préférable d'en favoriser le développement plutôt que celui des hospices.
Ces bureaux ont leur organisation spéciale, leur personnalité, leur budget. Ils ont, d'ailleurs, sous différents
rapports, une certaine analogie avec les établissements
hospitaliers. Mais, pour créer un bureau de bienfaisance,
une commune doit justifier de certaines ressources,
destinées à l'alimenter ou plutôt à en constituer la dotation. Nous retrouvons la même difficulté que plus
haut. Ajoutons que, tandis que les bureaux des villes
profitent de divers avantages : droit des pauvres, produit des concessions dans les cimetières, bénéfices du
mont de piété, subventions importantes des conseils
municipaux, produit des troncs, offrandes, quêtes, etc.,

et qu'enfin ils provoquent la charité par toutes les
séductions, les bureaux des villages ne peuvent s'établir, faute des 50 francs de rente dont on doit justifier ; viennent-ils à naître, ils restent le plus souvent
avec leur revenu primitif, revenu insuffisant qui ne leur
permet, d'ailleurs, que des secours insignifiants.

Le groupement ou l'association des communes ne
peut, dans l'état actuel de la législation et, nous pouvons
ajouter, de nos mœurs rurales, remédier à l'insuffisance
des ressources des petites communes, ainsi qu'à l'inertie
de leur municipalité. Il n'est pas douteux que, si l'association était possible, les contingents communaux réunis,
et augmentés des allocations départementales, ainsi que
des libéralités particulières, qui seraient d'autant plus
nombreuses qu'elles seraient davantage stimulées ,
pourraient créer des œuvres d'assistance, hôpitaux,
hospices, services gratuits de médecine et de pharmacie.
Mais cette association est entravée par des obstacles
sérieux, résultant, soit de la manière dont elle pourrait
se constituer, soit des principes de notre législation.
S'agit-il d'une organisation cantonale ? D'une part, on
est arrêté par la conception que notre législateur a
faite du canton, qui ne jouit pas de la personnalité
civile ; on serait, de plus, arrêté dans la pratique par ce
fait que, dans un même canton, la situation des communes est souvent très différente, soit au point de vue
des ressources, soit au point de vue du nombre ou de
la proportion des indigents, soit enfin sous le rapport
de la population. S'agit-il seulement d'autoriser les
communes à s'associer librement suivant leurs besoins ?
Ce système a été étudié à deux reprises différentes. La
première fois, l'on avait proposé la création d'institutions d'assistance devant servir à des circonscriptions

de secours, plus étendues que les circonscriptions communales, et destinées à profiter à des catégories d'indigents auxquels l'assistance ne peut s'appliquer aujourd'hui. En 1879, le Ministère de l'Intérieur avait même préparé un projet très étudié et que le Conseil d'État avait approuvé après un examen sérieux. Quelques années plus tard, la Commission parlementaire, chargée d'élaborer un projet de loi municipale, y avait introduit des dispositions analogues, qui eussent permis aux communes de s'associer en vue de créer ou d'entretenir des établissements d'instruction et d'assistance ou des voies de communication. Ces dispositions avaient été adoptées par la Chambre des députés, mais elles furent rejetées par le Sénat, qui crut pouvoir y suppléer par l'insertion dans la loi municipale d'articles analogues à ceux de la loi 1871 sur les Conseils généraux (1). Toutefois de même que les conférences interdépartementales n'avaient pu satisfaire à tous les besoins et permettre notamment la fondation d'un seul établissement interdépartemental (2), de même les conférences intercommunales, que le Sénat a autorisées, sont condamnées d'avance ; elles seront absolument inefficaces pour la création d'établissements intercommunaux. C'est qu'en effet rien ni dans la loi de 1871, ni dans celle de 1884 n'autorise les départements ou les communes à créer une propriété indivise, ni à organiser une administration commune ; et cependant, pour fonder en commun une institution, appelée à être durable, il est absolument nécessaire de constituer un état d'indi-

(1) Article 116 de la loi du 5 avril 1884.
(2) C'est ainsi que le département de l'Oise n'avait pu, au moment de la cession de l'asile de Clermont, tenu par MM. Labitte, s'associer pour l'acquisition avec les départements de Seine-et-Oise et de Seine-et-Marne. Il dut l'acheter seul, et se borner à faire, avec ces deux départements, un traité pour le placement de leurs aliénés.

vision et d'organiser une administration commune pour la gestion. Loin de là, nos lois départementale et municipale disent, l'une que le préfet est le seul représentant actif du département, l'autre que le maire est seul chargé de l'administration municipale ; or il est bien évident que les préfets de plusieurs départements ou les maires de plusieurs communes ne peuvent se réunir en comité et former une administration interdépartementale ou intercommunale. Ces conférences n'ont donc d'autre portée que de faciliter les entreprises qui, quoique ayant un objet commun, sont susceptibles de s'effectuer par portions isolées sur le territoire respectif de chacun des départements ou de chacune des communes intéressées (1).

L'association des communes voisines n'est donc pas légalement possible en vue de la création d'œuvres continues d'assistance. Nous verrons, dans le cours de cette étude, à quels biais on est obligé de recourir afin d'échapper aux obstacles tirés de la loi. Encore les quelques établissements, destinés à servir à plusieurs

---

(1) Il est vrai qu'aux termes du paragraphe 2 de l'article 116, les conseils municipaux « peuvent faire des conventions à l'effet d'entreprendre et de con- « server à frais communs des ouvrages ou des constructions d'utilité com- « mune, » mais l'article 117 ajoute que « les décisions prises ne sont exécu- « toires qu'après avoir été ratifiées par tous les conseils municipaux intéressés.» Il n'y a donc point là création d'un être distinct, assurant à l'œuvre collective des garanties de développement et de durée. Quant aux articles 161 et 162 de la même loi du 5 avril 1884, ils supposent l'existence préalable de biens ou de droits appartenant par indivis à plusieurs communes, et s'ils donnent à une commission syndicale, instituée pour les gérer, certains pouvoirs d'administration, ces pouvoirs sont étroitement limités.

Sans doute, sous le régime de la législation actuelle, il s'est fondé un certain nombre d'hospices ou d'hôpitaux intercommunaux ; mais ces créations supposent des conditions particulières, difficiles parfois à réaliser, et elles impliquent des ressources pécuniaires antérieures.

De là le projet de loi sur les *Syndicats de communes*, déposé récemment sur le bureau des Chambres par le ministre de l'Intérieur.

communes, sont-ils le plus souvent dus à des libéralités privées, et ont-ils été organisés par le fondateur lui-même.

Nous doutons, d'ailleurs, que les communes rurales, en auraient-elles la possibilité, consentent volontiers à s'associer entre elles, en vue d'une œuvre qui pourrait absorber une partie de leurs ressources. Les communes rurales sont ménagères de leurs deniers, et souvent plus parcimonieuses que leurs habitants eux-mêmes.

Nous n'osons dire qu'elles hésitent à soulager leurs pauvres ; mais elles les redoutent, et voient avec effroi l'obligation où elles seront un jour de les assister. Croit-on qu'elles accepteraient d'entrer dans un groupement dont la constitution impliquerait immédiatement de gros sacrifices, et aurait pour conséquence, selon elles, d'attirer les malheureux dans leur sein ? Car il ne faut pas s'y tromper, tant que l'assistance ne sera pas une nécessité pour les communes, tout le fardeau de l'indigence retombera sur celles-là seules qui, en s'associant, auront manifesté l'intention de la soulager.

La bienfaisance privée est-elle, du moins, active dans les petites localités, et son action y est-elle assez grande pour compenser l'insuffisance de l'assistance officielle, et en combler les lacunes ? La charité privée, même dans les grandes villes, se trouve dans l'impossibilité de venir en aide à toutes les infortunes, et à tous les infortunés ; et cependant, dans les grandes villes, quels moyens ingénieux n'a-t-elle pas inventés pour drainer les moindres offrandes, pour stimuler sans cesse l'esprit de bienfaisance ? Quêtes à domicile, quêtes à l'église, ventes de charité, sermons, et tant d'autres procédés qui font aujourd'hui partie de l'éducation de la femme du monde. La presse, elle-même, tient ici sa partie ; et

M. Maxime Du Camp rappelle, dans son admirable livre
sur la *Charité privée*, qu'un journal sut, en une semaine,
et pour une seule œuvre, recueillir 331,167 fr. 35 c.
Le sentiment religieux y fait aussi des miracles ; c'est,
en effet, le plus souvent dans les grandes villes que l'on
voit réunies, chez la même personne, la foi la plus vive
et la fortune la plus considérable. Nous ne devons pas
oublier non plus que, dans les villes, la charité privée
sait, au besoin, recourir à la forme de l'association, et
arriver ainsi à fonder et à entretenir des établissements
permanents de bienfaisance.

Mais, dans les campagnes, les éléments de la charité
privée font le plus souvent défaut. Il suffit, pour s'en
rendre compte, d'analyser la population d'un village.

Le village est-il le siège d'une grande industrie ?
Un riche entrepreneur, une société puissante y a-t-elle
ses ateliers ou ses usines ? La population se compose
presque uniquement d'ouvriers et de petits fournis-
seurs. De ceux-ci, nous ne parlerons pas ; ils ne font
pas appel à la bienfaisance, pas plus qu'ils ne l'exercent.
Restent les ouvriers : presque toujours leur patron, mû
par un sentiment de philanthropie, ainsi que par son
intérêt bien entendu, sait réunir autour de lui toutes
les œuvres destinées à améliorer leur sort : habitations
hygiéniques, lavoirs, crêches, sociétés de secours mutuels, médecine gratuite, etc... ; son crédit et son
influence lui permettent même d'obtenir parfois de
larges subventions.

Mais s'agit-il d'un village agricole ? S'agit-il encore
d'une localité où les ouvriers sont adonnés à quelques
petites occupations industrielles : tissage à domicile,
cordonnerie, fabrication de brosses, de boutons ou de
gants, etc. ? La manière, dont se répartit la population,
laisse-t-elle une grande marge à la charité privée ?

Cette population est composée le plus souvent d'une moitié ou au moins d'un tiers de cultivateurs ou de vignerons ; l'autre moitié ou les deux autres tiers, selon les localités, sont représentés par des ouvriers, le plus souvent ouvriers agricoles, quelquefois aussi artisans travaillant chez eux, ou ouvriers du bâtiment, mais devenant les uns et les autres ouvriers agricoles à certaines époques de l'année. Parmi ces ouvriers, 50 % au moins sont propriétaires. Ajoutons à ceux que nous venons de nommer : un prêtre, parfois un châtelain, et souvent aussi un ou deux fonctionnaires, et nous aurons la physionomie de la plupart de nos villages français. Cette situation laisse une place habituellement peu étendue à l'indigence ; elle existe pourtant ; ici, disséminée ; là, plus agglomérée, suivant que les proportions que nous venons de décrire se trouvent renversées et que le nombre des ouvriers l'emporte.

Mais, il faut bien l'avouer, si cette situation rétrécit le champ de l'indigence, elle ne donne pas à la charité privée un essor puissant. Les curés, mal prébendés, ne peuvent donner que quelques menues pièces de monnaie ; ils portent aux malades et aux vieillards quelques bouteilles de vin et un peu de viande. S'il y a un château, et que le propriétaire en soit riche, il donne des vêtements, des bons de pain et de viande ; il donne aussi un peu d'argent. Les petits bourgeois (et ils sont rares dans les campagnes), resserrés dans des ressources exiguës, ne donnent que fort peu. Les cultivateurs ne refusent jamais le morceau de pain au passant affamé, ni le verre de vin ou de cidre au mendiant altéré ; mais ils font peu d'aumônes en argent. Quant à l'ouvrier aisé, il ne donne rien ; il sort de l'indigence, et ses ressources ne lui paraissent pas pouvoir l'autoriser à donner aux autres un superflu qu'il n'a pas.

Tous au village, habitués à la vie des champs et à
l'isolement de cette existence, manquent de l'initiative
voulue pour organiser une œuvre d'assistance durable,
ou pour stimuler la charité par des quêtes ou des demandes de souscriptions; d'ailleurs, le paysan donnerait-
il à un intermédiaire? Il est trop méfiant pour le faire.
Au reste, il a toujours de si bonnes raisons pour
échapper aux importunités des solliciteurs : Vous
voulez encourager la paresse, dit-il; vous allez attirer
les pauvres dans notre commune; vous donnerez à des
gens moins malheureux que nous. Que répondre à des
arguments de cette nature? Ce sont des refus déguisés,
et bien habile est celui qui sait les vaincre. Peut-on au
moins compter sur la presse locale pour appeler l'attention des personnes charitables sur les infortunes de
nos villages? Les journaux de province n'insèreraient
pas de notes semblables; ils craindraient les mystifica-
tions, et, d'ailleurs, ils se demanderaient pourquoi la
commune ne vient pas au secours de ses indigents.
Enfin la solidarité sociale n'est-elle pas telle que l'on
puisse espérer que l'habitant de la ville, quelque charitable qu'il soit, assistera les pauvres des campagnes; la
charité anonyme, en effet, est rare; on ne soulage trop
souvent son prochain que parce que l'on est connu de
lui; on le soulage, mais on veut avoir avec lui une
relation directe. Qu'il y ait là une question de vanité,
ou que le mobile de la charité soit le respect humain,
ou encore que la charité aime à contempler son action
et ses résultats, ou enfin qu'elle ne s'éveille qu'au contact immédiat de la misère, toujours est-il qu'elle n'ex-
porte pas en général ses bienfaits. Nous ne voulons pas
dire sans doute que lorsqu'une grande calamité frappe
une population entière, et qu'elle a un caractère accidentel, et qu'enfin elle est signalée par toute la presse,

elle n'ait pas d'écho dans tous les cœurs français; mais nous affirmons qu'une infortune isolée et permanente trouverait au loin l'indifférence.

Voilà le bilan de la charité publique et celui de la charité privée dans nos villages de France. Le tableau n'est certes pas souriant; certaines parties sont plus sombres; certaines autres sont plus colorées; nous connaissons un village qui n'a que 165 habitants; le bureau de bienfaisance a 3,300 fr. de revenus; les malades ont droit à quelques lits dans un hospice; une personne fort riche habite la localité, et contribue, par ses largesses particulières, à soulager les quelques indigents qui s'y trouvent. Mais c'est là une très rare exception. En général, les villages n'ont que peu de revenus et de moyens, et la bienfaisance publique y est aussi exiguë dans ses ressources que la charité privée y est arriérée dans ses procédés, et peu abondante dans ses manifestations. D'ailleurs, les dissemblances entre la situation des villages français sont moins grandes qu'on ne serait tenté de le croire au premier abord.

*Non omnibus una*
*Nec diversa tamen, qualis debet esse sororum.*

Si l'on ne peut compter ni sur la commune, ni sur le groupement des communes, ni enfin sur l'initiative éclairée des particuliers pour créer l'assistance publique rurale, n'est-il pas permis de songer au département pour la solution de ce problème? Ici la question prend un autre aspect, et sans vouloir la résoudre à cette place, il y a lieu de remarquer que le département a des ressources plus abondantes, qu'il est représenté par des hommes habitués à s'inquiéter autant des questions d'humanité que des préoccupations d'intérêt financier. Il lui est possible, en outre, de donner aux services d'assistance, qu'il crée et soutient de ses deniers, une organisation plus complète, plus savante et plus suivie.

Le législateur l'a tellement bien compris que, dans les circonstances où, pour des raisons sociales de la plus haute importance, il a cru devoir rendre l'assistance obligatoire, il en fait un service départemental : c'est ce qui existe pour les *aliénés* et pour les enfants *assistés*. Dans l'un et l'autre cas, l'assistance est donnée par le département, sauf par celui-ci à exiger des communes une contribution aux dépenses.

Dans deux autres hypothèses, où l'assistance, sans recevoir de la loi un caractère obligatoire, a été l'objet de la sollicitude du législateur, celui-ci en a encore fait un service départemental : l'organisation de la médecine gratuite, la protection des enfants du premier âge, rentrent dans les attributions des Conseils généraux, et c'est à ceux-ci qu'il appartient d'y subvenir avec les ressources dont ils ont la disposition.

Enfin, dans beaucoup de départements, les Conseils généraux consacrent à des œuvres d'assistance diverses des crédits importants : ils allouent des secours aux demi-orphelins, ou les font bénéficier de bourses dans des établissements charitables, ils subventionnent des crèches ou des sociétés maternelles, institutions malheureusement trop peu répandues dans les campagnes; ils subventionnent également les sociétés de secours mutuels ; ils donnent des pensions aux vieillards indigents; ils entretiennent des sourds-muets et des aveugles dans des maisons spéciales; ils contribuent au placement des malades et des infirmes dans les établissements hospitaliers, lorsque les communes auxquelles appartiennent ces indigents sont dépourvues de ces établissements; ils allouent des secours en cas d'extrême misère, etc.

Le modèle du budget départemental (1), que le Ministre de l'Intérieur adresse à chaque Conseil général, contient une série de rubriques, s'appliquant aux œuvres d'assistance, tant est générale la coutume pour nos assemblées départementales de voter de larges crédits, en faveur des classes nécessiteuses. Il y a même certains

(1) Les crédits relatifs à l'assistance font l'objet des sous-chapitres VII et XII du budget départemental, à l'exception de ceux concernant le service des enfants assistés et des aliénés, pour lesquels il y a des sous-chapitres spéciaux (V et VI).

Nous reproduisons les rubriques inscrites au projet de budget envoyé par le ministère de l'Intérieur :

### SOUS-CHAPITRE VII

#### ASSISTANCE PUBLIQUE.

Art...... Secours de route et frais de transport pour les voyageurs indigents.

Art...... Indemnité pour la propagation et la conservation de la vaccine (circulaire du 26 mai 1803 et du 31 octobre 1814).

Art...... Secours aux sociétés maternelles.

Art...... Protection des enfants du premier âge (loi du 23 décembre 1874).

Art...... Etablissement des crèches.

Art...... Subvention aux sociétés de secours mutuels (décret du 26 mars 1852).

Art...... Subvention à la caisse des retraites de la vieillesse (loi du 18 juin 1850).

Art...... Bureau d'assistance judiciaire (loi du 22 janvier 1851),

Art...... Dépôt de mendicité, maison de refuge, de secours ou hospice départemental établi a............. pour les................
Subvention du département pour contribuer aux dépenses ordinaires

Art...... Secours aux malades indigents,

Art...... Secours pour le traitement des indigents attaqués de maladies syphilitiques ou psoriques (circulaire du 20 août 1835).

Art...... Entretien de sourds-muets dans les institutions spéciales, à Paris ou à.....................

Art...... Entretien de jeunes aveugles à Paris ou à...............

Art...... Service des médecins cantonaux.

Art...... Achats de médicaments pour les indigents.

Art...... Subvention pour l'établissement de fourneaux économiques.

Art...... Secours dans le cas d'extrême misère, de disette locale ou d'accident.

Art...... Colonie de Mettray.

Art...... Secours aux prisonniers.

Art...... Société centrale de sauvetage des naufragés.

Conseils généraux qui consacrent à l'assistance des sommes considérables (1).

Au dessus du département, il y a l'Etat ; celui-ci pourrait-il organiser utilement l'assistance ? Nous ne le pensons pas. Le département peut seul, avec la commune, s'occuper avec fruit des services d'assistance ; il connaît, mieux que l'Etat, les misères locales ; il se rend mieux compte des besoins et des variétés de l'indigence. Chaque pays, en effet, a sa physionomie spéciale ; est-il possible de soumettre à des règles uniformes les diverses régions de la France ? Est-ce que, par exemple, le service de la médecine gratuite peut avoir partout la même organisation, obéir partout aux mêmes principes ? Ne faut-il pas tenir compte des nécessités particulières de chaque contrée ?

L'Assemblée constituante avait songé, dans un projet d'organisation des secours publics, à faire de l'assistance une œuvre nationale. Le savant rapporteur, le duc de

### SOUS-CHAPITRE XII

#### SUBVENTION AUX COMMUNES.

Art...... Etablissement de pompes à incendie (circulaire du 20 août 1835).

Art...... Subvention pour le service des secours et pensions aux sapeurs-pompiers (loi du 5 avril 1851).

Art...... *Idem* pour les caisses d'épargne.

Art...... *Idem* pour les caisses d'épargne scolaires (circulaire du 1·· octobre 1875).

Art...... *Idem* pour le traitement des malades et incurables indigents des communes privées d'établissements hospitaliers (loi du 7 août 1851).

Art...... *Idem* pour les ateliers de charité.

(1) Pour l'exercice 1888, les sommes votées par tous les Conseils généraux en faveur des services d'assistance ont été celles-ci :

S. Ch.   V. — Service des enfants assistés....... 14.531.400 fr.

S.-Ch.   VI. — Aliénés....................... 18.259.400

S.-Ch.   VII. — Assistance publique............. 7.950.100

S.-Ch.   XII. — Subventions aux communes....... 1.099.800

La Rochefoucauld-Liancourt, se basait sur diverses considérations pour repousser l'assistance communale; selon lui, celle-ci ne serait pas partout égale; elle dépendrait du plus ou moins de richesses de la municipalité, de la facilité plus ou moins grande des corps administrants. « Mais, ajoutait-il, une autre considération » rend plus impraticable encore l'idée de laisser aux » municipalités le soin de leurs pauvres; c'est que ce » système entraîne la nécessité d'une taxe locale ap- » pliquée au soulagement de la misère. Ce système, » dont l'expérience de nos voisins démontre tous les » vices, a cependant encore des partisans; mais comme » il pourrait se produire sous des formes différentes, et » qu'il est plein de dangers, le comité croit qu'il convient » d'indiquer les motifs qui lui en ont fait rejeter même » l'idée; il ne s'attachera qu'aux principaux..... »

Le principe de l'assistance nationale n'a donc pas prévalu, et avec raison. Toutefois, il ne faudrait pas croire que l'Etat se désintéressât complètement des œuvres d'assistance. D'abord, il surveille et contrôle les services de charité, il leur donne l'impulsion. En second lieu, il dirige certains grands établissements de bienfaisance; il y a en France dix établissements généraux de ce genre (1) dont quelques-uns ont même une origine très ancienne; l'hospice national des Quinze-Vingts, par exemple, date de 1260, si ce n'est d'une époque plus reculée encore; et l'hospice national du Mont-Genèvre remonte à 1313. En troisième lieu, l'Etat alloue d'assez larges subventions aux œuvres d'assistance.

_____

(1) 1° L'hospice national des Quinze-Vingts; 2° l'hospice national du Mont-Genèvre; 3° la maison nationale de Charenton (1645); 4° l'institution nationale des Sourds-Muets de Paris (1778); 5° l'institution nationale des Jeunes-Aveugles (1791); 6° l'institution des Sourdes-Muettes de Bordeaux (1791); 7° l'asile national de Vincennes (1855); 8° l'asile national du Vésinet (1855); 9° l'institution nationale des sourds-muets de Chambéry (1846); 10° l'asile Vacassy (1876).

Il n'est pas sans intérêt de grouper ici les différents crédits dont dispose le gouvernement au profit des divers genres de misères ; il en existe dans les budgets des différents ministères. Nous signalerons notamment le crédit de 2,407,790 fr. inscrit au budget du ministère de l'Agriculture, en faveur des cultivateurs ruinés par la grêle où par d'autres calamités du même genre. Au budget du ministère de l'Intérieur, duquel ressort l'assistance publique, les crédits spéciaux à la bienfaisance sont les suivants (Budget de 1888) :

| | |
|---|---:|
| Chapitre 6. Inspections générales administratives(1). | 185.000 f. |
| — 19. Subvention à l'hospice national des Quinze-Vingts.................... | 310.000 |
| — 20. Subvention à la maison nationale de Charenton...................... | 50.000 |
| — 21. Subvention aux asiles nationaux de Vincennes et du Vésinet............... | 20.000 |
| — 22. Subvention à l'hospice national du Mont-Genèvre........................ | 6.000 |
| — 23. Subvention à l'institution nationale des sourds-muets de Chambéry........ | 77.000 |
| — 24. Subvention à l'institution nationale des sourds-muets de Paris............ | 264.300 |
| — 25. Subvention à l'institution nationale des sourdes-muettes de Bordeaux....... | 110.000 |
| — 26. Subvention à l'institution nationale des Jeunes Aveugles.................. | 179.000 |
| — 27. Dépenses intérieures et frais d'inspection et de surveillance du service des enfants assistés.................... | 1.045.000 |
| — 28. Frais de protection des enfants du premier âge ........ ... ............ | 750.000 |
| — 29. Protection des enfants abandonnés, délaissés ou maltraités............... | 50.000 |

(1) Une partie seulement, la moitié environ est affectée à l'inspection des établissements de bienfaisance ; le surplus est destiné à l'inspection des établissements pénitentiaires.

Chap. 30. Secours aux hospices, bureaux de charité, et institutions de bienfaisance (1). 530.000 f.

— 31. Service de la médecine gratuite dans les
départements..................... 50.000

— 32. Secours aux sociétés de charité maternelle et aux crèches............... 146.000

— 33. Secours personnels à divers titres, frais
de rapatriement, etc.............. 715.000

— 34. Secours aux étrangers réfugiés........ 200.000

— 35. Frais de rapatriment................ 45.000

— 36. Remboursement de frais occasionnés par
des individus sans domicile de secours. 200.000

— 37. Sociétés de secours mutuels.......... 400.000 f.

Ajoutons que l'Etat, par des crédits supplémentaires, vient fréquemment soulager les infortunes causées par de grandes calamités publiques ; pendant l'hiver rigoureux de 1879, une somme de 5 millions fut votée en faveur des indigents ; au moment où nous écrivons, un secours est accordé aux malheureux inondés du Midi ; il n'est plus de session législative, où les Chambres n'usent de leur faculté de se servir de crédits extraordinaires pour soulager une misère publique.

La longue digression qui précède sur l'intervention des départements et de l'Etat dans certaines branches d'assistance, révèle bien l'impuissance où sont les communes, et spécialement les communes rurales, d'exercer avec une efficacité suffisante le rôle de dispensatrices de la charité publique.

Cette infériorité de l'assistance dans les campagnes est désolante ; mais a-t-elle pour conséquence, comme on se plaît trop fréquemment à le répéter, une dépopulation des villages au profit des villes ? Nous pensons que

(1) Les Conseils généraux sont appelés dans la session d'août à émettre leurs propositions sur les secours à accorder l'année suivante aux établissements de bienfaisance les plus nécessiteux.

ce fait social tient à des raisons diverses, pour lesquelles l'absence ou plutôt l'insuffisance de l'assistance rurale ne tient qu'une place assez restreinte.

Remarquons tout d'abord que cet afflux des populations de la campagne vers les villes est un fait relativement récent. En classant, en effet, comme urbaine toute population agglomérée de 2,000 âmes et au-dessus, on a la progression suivante.

| Années. | Population urbaine. | Population rurale. |
|---|---|---|
| 1846 | 24,42 p. 0/0 | 75,58 p. 0/0 |
| 1851 | 25,52 — | 74,48 — |
| 1856 | 27,31 — | 72,69 — |
| 1861 | 28,86 — | 71,14 — |
| 1866 | 30,46 — | 69,54 — |
| 1872 | 31,12 — | 68,88 — |
| 1876 | 32,44 — | 67,56 — |
| 1881 | 34,80 — | 65,20 — |

La population rurale, qui représentait, en 1846, les trois quarts de la population totale, n'en forme plus aujourd'hui les deux tiers, ayant ainsi perdu dans cette période près de quatre millions d'habitants, qui ont quitté les champs pour la ville. — Il ne faudrait toutefois pas se laisser tromper par une fausse apparence, et conclure des chiffres qui précèdent qu'en trente ans plus du douzième de l'effectif national a déserté la campagne pour la ville. La progression indiquée ci-dessus n'est si rapide, que parce que chaque dénombrement nouveau a fait passer dans la catégorie des populations urbaines un certain nombre de localités, qui comptaient comme agglomérations rurales, quand elles avaient 1,800 ou 1,900 habitants, et qui, arrivées à 2,000, sont devenues, par cela seul, communes urbaines dans les statistiques officielles.

Néanmoins, l'émigration rurale existe, et il est un autre procédé au moyen duquel on peut le constater.

Pendant que les départements, comprenant des villes, ont augmenté, que celui de la Seine a passé de 1,422,000 en 1851, à 2,779,329, en 1881, que le Nord a vu sa population passer, durant la même période, de 1,158,285 âmes à 1,603,257, les départements qui ne comptent que peu de villes se dépeuplaient : l'Ariège tombait de 265,000 à 240,601 ; la Haute-Saône de 347,000 à 295,905 ; les Basses-Alpes de 152,060 à 131,918 ; les Hautes-Alpes, de 132,078 à 121,787 ; citons aussi, entre autres, l'Eure, le Calvados, la Manche, l'Orne, qui reculent au lieu de progresser.

Le dépeuplement des campagnes a des causes complexes. L'une d'elles, et non la moins importante, ce sont les chemins de fer, qui ont enlevé à la culture une grande quantité de bras au moment de la construction de leurs divers réseaux, et qui depuis les ont retenus dans leurs cadres, en même temps qu'ils pompaient à jet continu dans le reste de la population rurale. Il fut une période, et nous ne sommes pas sûr qu'elle disparaisse d'ici quelques années, où l'ouvrier pourvu de l'instruction primaire dédaignait les travaux des champs, et n'avait d'autre ambition que d'entrer dans les chemins de fer, où il prenait la qualité d'*employé*. — Les chemins de fer ont eu une autre action : ils ont rendu plus faciles les migrations d'ouvriers, et ont contribué, sous ce second point de vue, à raréfier encore la main-d'œuvre agricole (1).

Les ouvriers se sont précipités vers les villes, où les attiraient le mirage trompeur de salaires nominalement

(1) « Les campagnes se dépeuplent au profit des villes. Cette concentration a « été en grande partie le résultat de l'établissement des chemins de fer. Les « grandes villes ont servi de jalons pour le tracé des grandes lignes. Dès lors, « tous les avantages naturels, toutes les ressources industrielles et commerciales, « qui avaient déjà produit le développement de ces villes, ont été multipliés « par les voies ferrées qui les traversent. » M. Risler, *La Crise agricole*, p. 22.

plus élevés, l'illusion d'une vie égayée par des plaisirs variés et inconnus des campagnes, et peut-être aussi le vague espoir qui soutient les immigrants au moment où ils quittent la mère patrie, l'espoir de la richesse. — La vie paraît dure au village, et on a peine à y gagner son pain ; on pense que l'on sera plus heureux à la ville, à Paris surtout, et l'on y débarque un jour, plein d'espérance dans l'avenir, mais aussi plein d'insouciance du lendemain. La fièvre de construction, qui a sévi à Paris ces années dernières, a, en amenant une hausse rapide des salaires, provoqué un afflux considérable d'ouvriers. N'allez pas chercher ailleurs les raisons de la dépopulation des campagnes ; sans doute, il y en a d'autres, mais les principales sont celles que nous venons d'indiquer (1). — Ajoutez-y le trop petit nombre d'enfants, fait sur lequel nous reviendrons plus loin, ainsi que l'absentéisme des propriétaires qui, eux aussi, émigrent vers la ville et enlèvent aux campagnes la vie et le mouvement que donnait leur présence. — Comprenez également parmi ces causes quelques faits trop négligés habituellement. Dans certains villages, les ouvriers travaillaient l'hiver à diverses industries domestiques ; ils filaient, ils tissaient. La substitution du métier mécanique au métier à la main a chassé ces malheureux ouvriers, et les a poussés vers les villes : tel village, par exemple, habité par des tisserands et qui comprenait 1,200 âmes, n'en compte aujourd'hui que 7 à 800. Dans toutes les communes rurales,

---

(1) M. de Magnitot, ancien préfet de la Nièvre, signale une cause d'émigration spéciale aux femmes : les femmes du Morvand quittent leur village pour les villes, où elles vont exercer l'industrie de *nourrices sur lieu*. « On vient, « dit-il, les chercher, on les provoque par l'appât d'un gain supérieur à celui que « leur mari peut réaliser dans le cours de l'année par un travail des plus opi- « niâtres. Et puis, ne sont-elles pas choyées, fêtées et entourées des soins les « plus empressés dans ces familles riches qui vont les recevoir ? » *De l'assistance en province*, p. 199.

où l'agriculture est la principale occupation, l'application de la vapeur au battage des récoltes a enlevé le travail d'une assez grande quantité d'ouvriers. Le battage au fléau donnait l'hiver de l'ouvrage aux journaliers ; chaque grange avait son batteur attitré ; aujourd'hui la machine à battre, qui a partout remplacé l'ancien mode de battage, et qui, en douze heures, avec le concours de dix personnes, enlève le grain de 1,800 gerbes de blé, la machine à battre, disons-nous, a supprimé les 2/3 de la main-d'œuvre. Aussi, dans les villages agricoles, l'ouvrier de journée est-il assez souvent inoccupé pendant l'hiver, saison où les travaux des champs sont arrêtés ; quoi d'étonnant qu'il émigre ! Sans doute, il a tort de ne pas se créer une occupation productive pour l'hiver ; mais il n'est pas ingénieux, et il préfère courir la chance à la ville.

Les déboisements inconsidérés, qui se sont accomplis il y a trente à cinquante ans, sont en partie aussi l'explication du dépeuplement de certains villages. Le voisinage du bois donne de l'occupation aux ouvriers et leur procure certains profits accessoires. Dans certaines contrées, c'est une opération d'une autre nature qui entraîne l'émigration : la mise des terres arables en prairies prive de travail les ouvriers ; cette opération n'a d'ailleurs pour but que d'économiser la main d'œuvre.

Mais parmi les diverses causes, qui entraînent la dépopulation des campagnes, et dont nous ne pouvons, d'ailleurs, songer à présenter une énumération complète, nous n'avons pas rangé l'insuffisance de l'assistance rurale ; cependant, à en croire certaines personnes habituées à vivre en contact avec les gens de la campagne, cette cause serait une des principales. Sans nous associer à cette manière de voir, nous commençons toutefois par faire quelques concessions, et par reconnaître que l'absence des sociétés de secours mutuels peut avoir ce résultat ; non pas que le paysan aille vers la ville pour y trouver une société de secours mutuels, mais en ce que, s'il faisait partie au village d'une association de cette nature, la crainte d'en perdre les avantages, après en avoir eu les charges pendant un certain nombre d'années, l'empêcherait de quitter son pays. Malheureusement il y a, comme nous le verrons, de grosses difficultés pour organiser dans les campagnes des sociétés de secours mutuels. Nous ajouterons aussi que, dans certains cas, il arrive que des familles, habitant Paris ou les grandes villes, appellent vers elles leurs parents, restés au pays natal, avec l'arrière-pensée de les placer dans les hospices ; au village, les vieux n'auraient pas l'espoir d'être hospitalisés, et ne recevraient que de faibles secours ; ils seraient donc presque entièrement à leur charge, ou demeureraient dans le dénûment le plus absolu. Au moins , à Paris, est-on assuré que les secours publics ne leur manqueront pas, une fois qu'ils y seront domiciliés. Un homme fort au courant des choses de l'assistance, M. le docteur Desprez, médecin des hopitaux, dans une lettre que l'*Economiste français* a publiée (1), remarque que les ouvriers de province, établis à Paris, font venir dans cette ville leurs parents pauvres pour les mettre à la charge de l'assistance publique. Ces réserves faites, nous ne pensons pas que les ouvriers ruraux quittent la campagne, uniquement pour profiter des secours de toute nature qui leur font défaut au village. Ce serait, à notre sens , bien mal connaître le cœur humain , que de faire cette affirmation. Est ce que l'émigrant ne quitte pas son pays, le cœur plein d'espoir ? Ici il ne gagnait

(1) Le 2 février 1884.

que de très faibles salaires, il avait une existence monotone ; là-bas, il trouvera un nouvel Eldorado, où les
salaires seront élevés, et où la vie sera meilleure. Et ceci
nous paraît tellement vrai que le malheureux dont les
espérances ont été déçues, cherche le plus souvent à
quitter la grande ville, qui a été inhumaine pour lui, et
il retourne au village, s'il y a laissé un gîte ou des êtres
qui lui sont chers.

Mais, nous dira-t-on, comment expliquer la très forte
proportion d'indigents, habitant Paris, et nés en province ? Sur 47,627 chefs de ménage, inscrits comme indigents, on en compte 10,796 nés dans le département
de la Seine, 33,644 en province, 3,187 étrangers (1). Il
ne sera pas sans intérêt de rapprocher la composition
de cette population de celle de la population générale.

| | Population générale. | Population indigente. |
|---|---|---|
| Nés dans le département de la Seine. | 360 | 227 |
| Nés en province.................... | 565 | 706 |
| Nés à l'étranger................... | 75 | 67 |
| | 1.000 | 1.000 |

Dans les deux cas, la majorité appartient aux habitants nés en province, mais cette dernière population
fournit relativement beaucoup plus d'indigents que les
Parisiens proprement dits.

On peut répondre de diverses façons à cette objection :
d'abord, on pourrait dire avec M. Leroy-Beaulieu :
« que si au lieu de relever seulement le lieu de nais-
» sance des chefs de ménages indigents, on eût re-
» cherché celui de tous les membres de leurs familles,
» on serait arrivé à une population plus forte d'indi-
» gènes de Paris et du département de la Seine... (2) »
On pourrait ajouter que le fait, que nous avons signalé

(1) *Economiste français*, du 25 avril 1885.
(2) M. Leroy-Beaulieu, *Le Collectivisme*, p. 312.

plus haut, et qu'avait observé si nettement M. le docteur Desprez, doit influer considérablement sur l'élévation proportionnelle de la population indigente, née en province. Enfin, il n'est pas douteux que parmi les immigrants qui arrivent à Paris, la majorité se compose de gens sans ressources, que le caprice d'un jour dirige à Paris et que le chômage d'un jour met à la charge de l'assistance publique. Au contraire, les gens fortunés de province sont retenus au pays natal par mille liens : raisons de famille, d'intérêt, etc.

Bref, nous ne pensons pas que ce soit l'absence ou l'insuffisance d'institutions d'assistance dans les campagnes, qui explique le dépeuplement de celles-ci. Toutefois nous n'irions pas jusqu'à affirmer que, si l'assistance prenait au village les formes les plus variées, et si elle était alimentée par les ressources les plus abondantes, la population ouvrière émigrerait dans la même mesure. Il se pourrait, et nous le croyons même, que l'émigration fut contenue; mais serait-elle absolument tarie dans sa source? C'est ce qui nous paraît invraisemblable. C'est donc selon nous, avec une certaine exagération que s'exprimait le Conseil général de la Seine, par l'organe de son président, M. Thorel, lorsqu'il affirmait que « la facilité des communications » concentrait dans la grande agglomération parisienne » une foule de malheureux, certains d'y trouver des » secours qu'ils ne pouvaient espérer dans leur pays » d'origine (1) ». Et c'est avec une plus grande exagération que M. Cheysson, renchérissant sur M. Thorel, dit à son tour : « La pression plus ou moins occulte » des municipalités locales vient s'ajouter à l'attraction » directe exercée sur les misères de province par le

---

(1) M. Thorel, président du Conseil général, inaugurant la session de 1884.

» rayonnement de l'hospitalité parisienne, et tend encore
» à précipiter ce fâcheux mouvement. On sait des maires
» qui ont payé le transport en chemin de fer à leurs
» incurables, pour les déverser sur la capitale, et en
» décharger ainsi leur commune (1). » Et, selon lui, ce
fait expliquerait la très forte proportion de pensionnaires
des établissements hospitaliers, nés hors de la capitale
(en particulier pour les hospices 78 %). Il se peut que
certains incurables aient été ainsi dirigés vers Paris ;
mais peut-on en induire que nos maires cherchent habituellement à précipiter le mouvement d'émigration de
la population indigente de leur commune !

Quoi qu'il en soit, il y a là une situation dont le législateur doit s'inquiéter. Réglementer l'assistance rurale,
ou plutôt l'organiser, c'est, suivant les personnes dont
nous venons de combattre, du moins en partie, le sentiment, arrêter l'inondation de Paris et des grandes
villes par les pauvres de province ; or ce fait, fût-il vrai
ou faux, il faut reconnaître que l'indigence des villes
est plus grave que celle des campagnes ; les misères
placées en grand nombre sur un même point, et juxta-
posées les unes aux autres, sont plus difficilement guérissables, et de même que pour combattre efficacement
le fléau des inondations, il faut s'attaquer aux sources
mêmes des fleuves, et arrêter, par la culture et par de
légers barrages, les ruisselets qui jaillissent des mon-
tagnes, de même pour la misère, si on la laisse se déverser par fleuves fangeux sur les grandes cités, non
seulement elle devient inguérissable, mais encore elle
peut compromettre l'atmosphère sociale de ces villes, et
troubler leur hygiène morale. Aussi M. Cheysson, dont

(1) M. Cheysson, *l'Assistance et le groupement des communes.*

nous avons déjà cité l'étude, peut-il dire avec raison :
« Combien la tâche est simplifiée, quand la misère est
» secourue sur place, à l'endroit même où elle a pris
» naissance ! Dans ce cas, les souffrances à secourir
» sont atténuées ; le pauvre, qui, comme tout homme,
» est un arbre, et souffre de la transplantation, garde
» ses racines sur la terre natale ; il reste en contact
» avec sa famille, ses voisins et ses habitudes d'enfance.
» Le secours est plus éclairé, plus opportun, mieux sur-
» veillé ; l'abus plus difficile au village où chacun se
» connaît que dans le tourbillon de la grande ville. Le
» problème consiste donc à décentraliser les secours,
» en les rapprochant de la commune d'origine ou de
» domicile. »

Mais, à un autre point de vue, l'organisation de
l'assistance publique rurale serait l'accomplissement
d'un devoir social. Nous estimons, en effet, que s'il est
une obligation sacrée pour une société, et pour ceux de
ses membres qui sont appelés à la diriger, c'est de
relever et de soutenir les malheureux que la civilisation
en marche a laissés sur sa route. Obligation simplement
morale, nous voulons dire, mais obligation morale dont
l'inaccomplissement ferait mentir une société à son
nom, qui doit être le synonyme de solidarité et de
protection. Alors même qu'il serait démontré que l'assistance est inefficace dans son action, qu'elle ne peut
supprimer les infortunes qu'elle secourt et prétend
soulager, nous ne devrions pas hésiter à en demander
l'organisation. On connaît les attaques dirigées par
certains économistes contre la charité : elle est inutile,
disent-ils, parce que les maux qu'elle se croit appelée
à soulager, peuvent être conjurés par la prévoyance,
objection que nous combattrons plus loin ; elle est inefficace, ajoutent-ils, parce qu'elle ne peut guérir, et ils

invoquent volontiers, pour démontrer cette seconde
partie de leur argumentation, les paroles d'un homme
compétent qui n'a pas craint de dire « que l'adminis-
» tration de l'assistance publique à domicile n'a pas une
» seule fois, en soixante ans, retiré un indigent de la
» misère. Au contraire, dit-il, elle fait des pauvres
» héréditaires » (1). Parole qui peut être vraie dans une
certaine mesure pour les secours en argent donnés aux
pauvres, mais dont l'auteur n'a certainement pas voulu
étendre la portée, en l'appliquant à l'hospitalisation des
malades et des vieillards, ni même aux secours pécuniaires donnés d'une façon temporaire pour les jeunes
enfants, pour les malades et les gens âgés. Nous con-
venons sans peine, en effet, que les aumônes en argent
peuvent être et sont fréquemment inefficaces. Données
par les particuliers, elles s'adressent parfois à de fausses
misères. Données par une administration publique, elles
sont généralement plus éclairées, mais elles manquent
de ce condiment indispensable, l'assistance morale qui
doit relever le pauvre, le soutenir de ses conseils et
l'aider à sortir de l'ornière fatale. L'assistance pécuniaire doit donc remplir certaines conditions pour

---

(1) Paroles citées par M. Jules Simon, *L'ouvrière*, p. 320. — « Depuis
» soixante ans, conclut également M. de Watteville, que l'administration de
» l'assistance publique à domicile exerce son initiative, on n'a jamais vu un
» seul indigent retiré de la misère, et pouvant subvenir à ses besoins par les
» moyens et à l'aide de ce mode de charité. Au contraire, elle constitue
» souvent le paupérisme à l'état héréditaire. Aussi, voyons-nous aujourd'hui
» inscrits sur les contrôles de cette administration les petits-fils des indigents
» admis aux secours publics, en 1802, alors que les fils avaient été, en 1830,
» portés également sur les tables fatales. » *Rapport sur la situation du paupérisme en France.*— M. Maxime du Camp dit avoir lu dans plus de cent
rapports des visiteurs chargés par l'administration d'étudier la situation de
ceux qui implorent des secours de l'assistance publique à Paris : « Ce qu'on
» peut donner ne remédiera à rien, et sera promptement absorbé par la
» débauche ; mais la pauvreté est telle qu'un secours est nécessaire. » *Paris,*
t. IV. (*L'assist. publique*).

obtenir toute son efficacité, mais par nous ne savons quelle malheureuse contradiction, il se trouve que ces conditions sont précisément les caractères inhérents, les uns à la charité privée, les autres à la charité offficielle, et il n'est pas aisé de les réunir et de les combiner. Aussi applaudissons-nous à toute institution qui, comme le système d'Elberfeld, a pour but de faire appel aux ressources et au dévoûment des personnes charitables, et, d'autre part, de recourir à un plan général d'organisation, qui assure mieux la régularité, ainsi que le bon emploi des aumônes, et qui puisse aussi disposer d'un service complet d'investigations et de renseignements.

Nous ne pouvons insister davantage sur ces objections qui sont connues, et qui, d'ailleurs, n'empêcheront jamais une société d'avoir un système d'assistance publique, pas plus qu'elles n'empêcheront les particuliers de faire la charité ; ceux-là seuls en seront émus qui désirent avoir une raison pour colorer leur refus, et voiler leur égoïsme. Nous ne nous appesantirons pas sur une autre doctrine, plus désolante que la précédente, la *doctrine fataliste*, qui dérive de la théorie du transformisme ; elle condamne la bienfaisance, et reconnaît à la misère une utilité ; celle-ci serait appelée à faire disparaître les êtres moins bien doués, et à opérer un travail de sélection nécessaire à l'avenir de la race. S'inspirant des idées de Darwin, et les appliquant à l'être humain, cette école admet, en effet, comme une nécessité sociale, l'élimination des individus les moins bien doués, et elle y voit un indispensable « travail de » sélection pour lequel, dit Herbert Spencer, la société » s'épure continuellement elle-même ». « Si, au con- » traire, poursuit le philosophe anglais, une philan- » thropie mal éclairée se met en travers de cette loi

» bienfaisante, elle va rejeter les non producteurs à la
» charge des producteurs, dégrader l'espèce et amasser
» comme à plaisir une réserve de souffrances pour les
» générations futures, de sorte que l'on peut se de-
» mander si la sotte philanthropie, qui ne pense qu'à
» adoucir les maux du moment, sans voir les maux
» indirects de l'avenir, ne produit pas au total une plus
» grande somme de misère que l'extrême égoïsme » (1).

Cette conclusion de la théorie transformiste, n'est
d'ailleurs pas partagée par tous les membres de l'école.
Quelques-uns d'entre eux se révoltent contre sa dureté.
Tel, par exemple, M. Fouillée, qui, après avoir suivant
les traditions de la secte, battu en brèche *l'antique
charité*, dont il signale les inconvénients, la ressuscite,
en lui imposant le baptême sociologique, et l'appelle la
*justice réparative* et *contractuelle* (2).

Mais ne nous attardons pas à combattre, après tant
d'autres, ces doctrines désolantes; oublions que l'homme
appartient à une espèce pour l'amélioration de laquelle
une sélection est nécessaire ; regardons le comme le
membre d'une même famille envers lequel nous sommes
tenus de certains devoirs moraux. Répudiez la charité
et la philanthropie, et vous ne serez pas certains d'obtenir l'amélioration de la race humaine. Pratiquez, au
contraire, l'assistance, pratiquez-la intelligemment,
donnez le secours moral à côté du secours matériel, et
vous arriverez plus sûrement à relever les faibles, et à
faire disparaître leur amoindrissement.

Cette tâche n'est pas au-dessus des forces, lorsqu'elle
s'applique notamment à l'indigence des classes rurales.
Cette indigence est guérissable; d'ailleurs ne s'élimine-

(1) *Introduction à la science sociale. Statistique sociale. L'individu vis-
à-vis de l'État.* M. Herbert Spencer revient constamment à cette thèse.

(2) *La Propriété sociale et la démocratie.*

t-elle pas d'elle-même par l'émigration? Mais si, en ce qui concerne les campagnes, l'assistance est un remède efficace de l'indigence, il est vrai de dire en revanche que le problème de l'organisation de cette assistance a été regardé jusqu'ici comme insoluble. Les développements, que nous avons donnés à la composition et aux ressources des communes rurales, en sont une explication suffisante. Pour arriver à une solution, il faudrait proclamer le principe de l'assistance obligatoire, ou faire de l'assistance un service départemental ou un service d'État. Mais nous n'osons aller jusque-là. L'obligation, en matière de charité, part d'un principe faux, et elle a des conséquences fâcheuses; l'Angleterre nous en fournit un exemple célèbre. Notre législateur a cru devoir, à plusieurs reprises, proclamer le droit à l'assistance, il y a bientôt renoncé. Il a compris comme nous l'entendions exprimer éloquemment que « il y a » une grande différence entre le devoir de donner, et » le droit d'exiger, entre une leçon de morale et une » leçon de jurisprudence. Je dois à ceux qui souffrent » une partie de mon superflu, et si je ne les secours » pas, selon mes moyens, je suis coupable devant » Dieu.... » (1) Dans deux seules hypothèses, il a maintenu l'assistance légale. Peut-être serions-nous tenté d'étendre l'obligation au soulagement de toutes les infirmités incurables, et même à la maladie, mais nous répudions l'extension de la charité légale à la simple indigence. En ce qui touche le rattachement de l'assistance aux services départementaux, nous l'acceptons dans une certaine mesure; mais ici, nous exclurons encore le service des secours pécuniaires aux malheureux, service qui ne peut être fructueusement fait que par les autorités locales.

(1) M. Jules Simon, *Eloge de Michelet.*

Pour être difficile à résoudre, le problème de l'assistance rurale ne s'en est pas moins imposé fréquemment à l'attention des pouvoirs publics, mais aussi n'a-t-il pas encore reçu une solution complète. Voilà cent ans que celle-ci est cherchée ; mais toutes les tentatives ont échoué, tous les projets présentés ont avorté : projet de M. de Salvandy en 1847, projet de M. Dufaure en 1849, organisant un conseil supérieur d'assistance et des comités cantonaux ; projet de MM. Roussel et Morvan en 1872 ; projet de la commission de l'Assemblée Nationale, préparé par M. Tallon à la suite d'une vaste enquête poursuivie auprès des Conseils généraux, des conseils d'arrondissement, des préfets, et voté en première lecture en 1875 ; projet enfin de MM. Richard Waddington, Thiessé, Savoye et Roussel, présenté en 1876 et discuté par la Chambre des députés (1).

De ces nombreuses propositions, il n'est resté que fort peu de choses : la loi de 1851 sur les hôpitaux et les hospices. Il est vrai que quelques-unes de ces propositions ont disparu avec l'expiration de la législature qui les avait vu naître, et n'ont pas été reprises. Mais sans cette mort parlementaire, auraient-elles abouti ? Nous ne le croyons pas. Le dernier de ces projets, en effet, a été, pour ainsi dire, rejeté ; et les débats, auxquels il a donné lieu (2), expliquent suffisamment les raisons de cet échec. Le projet primitif, voulant généraliser dans tous les départements le service de la médecine gratuite, qui fonctionnait déjà dans 43 d'entre eux, obligeait les Conseils généraux à organiser dans chaque localité l'assistance à domicile des malades indigents, et

(1) *M. de Crisenoy.*

(2) Séances du 20 et du 22 février 1877.

imposait aux communes et aux départements deux
centimes additionnels pour pourvoir, à défaut d'autres
ressources, aux frais de ce service. C'était là une application de l'assistance obligatoire ; elle fut repoussée par
la Chambre, et la Commission à laquelle le projet fut
renvoyé, lui fit subir de tels retranchements, que celui-
ci ne contenait plus en quelque sorte qu'une simple
déclaration de principes, sans portée pratique.

C'est dire d'avance avec quelle timidité, nous-même,
nous proposerons des réformes à la fin de la présente
étude (1).

---

(1) Nous apprécierons, dans nos conclusions, le projet proposé tout récemment par le Conseil supérieur de l'assistance publique.

# PREMIÈRE PARTIE

---

## DE L'INDIGENCE DANS LES CAMPAGNES.

# CHAPITRE PREMIER

## Causes et variétés de l'indigence.

L'assistance suppose l'indigence ; sens du mot indigence. — Causes de l'indigence : 1° Causes politiques et économiques, tenant à l'état général de la société. Lois sur les partages. Lois fiscales et douanières. Service militaire. Organisation du travail ; industrialisme contemporain ; agglomération des ouvriers ; — 2° Causes accidentelles ; — 3° Causes imputables à la faute ou à la négligence de l'individu : paresse, vice, imprévoyance, grand nombre des enfants, ignorance. — Caractères de l'indigence : Pauvreté, indigence, misère, paupérisme. — Sens de ces divers mots.

L'assistance implique l'indigence dans toutes les situations qu'elle est appelée à soulager. Qu'elle secoure le pauvre momentanément frappé par le chômage, qu'elle soigne le malade, qu'elle donne un abri à l'infirme, ou qu'elle console les derniers jours du vieillard ; dans toutes ces hypothèses, elle se trouve en face d'un fait d'indigence. Et, en effet, la maladie, les infirmités, la vieillesse éveilleraient-elles la charité publique ou privée, si elles n'atteignaient pas le pauvre ? C'est donc l'indigence que l'on assiste ; mais l'assistance modifie ses formes et ses moyens d'action, selon qu'elle est réclamée par un indigent valide, ou par un malheureux que la maladie terrasse, ou dont l'âge paralyse les membres.

Qu'est-ce donc au juste que l'indigence ? Le mot, sans doute, répond à une idée comprise de tous, et la bienfaisance n'a jamais eu à en demander l'explication. Mais l'économiste ne se satisfait pas d'une définition approximative, et il interroge les faits pour en tirer le sens exact. L'indigence est la privation pour certaines personnes des choses nécessaires à la vie ; c'est le défaut d'équilibre entre les ressources, d'une part, et les besoins, d'autre part. Qui ne voit que cette définition, quelque précision que nous ayons voulu lui donner, comporte, sinon des faits différents, du moins des états très divers ! Et qui ne comprend que ces mots *pauvreté*, *indigence*, *misère*, *paupérisme*, tout en répondant chacun à la définition, et en impliquant une privation de subsistances indispensables à l'existence, ont cependant un sens distinct. La pauvreté n'est pas la misère, et la misère ne constitue pas le paupérisme. La privation, en effet, des choses nécessaires à la vie peut être plus ou moins complète ; elle peut être temporaire ou chronique : elle peut être personnelle ou héréditaire ; elle peut enfin être individuelle ou générale. La souffrance a ses degrés, nous aurons à les étudier plus loin.

Nous devons d'abord analyser les causes de l'indigence. Celle-ci, étant la non-satisfaction de tout ou partie des besoins de l'existence, suppose une insuffisance, ou même une absence de salaires. Quelles peuvent en être les raisons ? Elles se ramènent à trois chefs principaux : 1° Les causes peuvent tenir à l'état général de la société ; 2° elles peuvent être accidentelles, tantôt générales, tantôt individuelles ; 3° elles peuvent être imputables à la faute ou à la négligence de l'individu.

Parmi les premières, c'est-à-dire parmi celles qui tiennent à l'état général de la société, il en est de politiques, il en est d'économiques. Les causes politiques sont nombreuses, difficiles à énumérer ; elles sont le résultat soit de l'organisation sociale, soit du vice des institutions civiles et administratives. Un écrivain, qui s'est illustré par un remarquable ouvrage sur le *Pau-*

*périsme*, M. Victor Modeste, (1) examine minutieuse-
ment chacune de nos lois, de nos grandes institutions, et à propos de chacune d'elles, se demande dans
quelle mesure elle peut agir sur la naissance et sur
le développement de la misère ; l'étude est attachante ;
mais qui ne voit que ce n'est autre chose que l'exposé
de tous les principes économiques. D'ailleurs, comme le
reconnaît lui-même l'auteur, parmi ces causes, il en est
de supposées. Il n'est pas douteux, par exemple, que
que ce soit une erreur de penser que l'égalité dans
les partages et le morcellement de la propriété, puissent
développer le paupérisme dans un pays ; nous pensons,
au contraire, que la division des héritages, en multipliant le nombre des bras qui cultivent la terre, favorise la production et a une influence heureuse sur la
prospérité matérielle ainsi que sur le moral des habitants.

Une loi qui par l'effet de privilèges injustes, amènerait une concentration excessive des fortunes, aurait
plutôt pour résultat d'engendrer la misère.

Il est encore des dispositions qui auraient cette conséquence. Les lois fiscales, qui, par suite d'une mauvaise
assiette des impôts, établiraient de véritables capitations,
contribueraient à maintenir la gêne dans les classes
laborieuses. L'octroi est, par exemple, un mauvais impôt, dont l'iniquité a besoin d'être corrigée par un dégrèvement des autres taxes au profit des classes les
moins fortunées ; faut-il en dire de même des droits de
douane ? S'ils frappent des produits qui n'ont pas de
similaires dans le pays, ils sont très vivement ressentis ;
mais aussi ne sont-ils perçus, dans cette hypothèse, que
sur des choses qui ne sont pas absolument indispensa-

(1) *Le Paupérisme en France*. (*Etat actuel. — Causes. — Remèdes*).

bles à l'existence. Frappent-ils, au contraire, des subsistances de première nécessité, comme le blé dont les importations concourent, avec nos propres produits, à satisfaire aux besoins de la consommation, nous pensons que ces droits, s'ils sont modérés, nuisent moins aux consommateurs que ceux-ci ne pourraient le craindre ; la démonstration en a été faite et les évènements l'ont justifiée (1). Est-ce à dire qu'il faille préconiser l'établissement des droits protecteurs ? Là n'est pas notre pensée : mais c'est un aspect du problème économique que nous n'avons pas à envisager dans cette étude.

Le régime militaire peut contribuer à engendrer la misère dans les classes laborieuses. Si toute la jeunesse d'un pays est appelée à servir sous les drapeaux pendant sept ou huit ans, il n'est pas douteux que ce fait ne soit le grand ennemi de l'amélioration de son sort ; le service militaire exagéré, c'est le poids mort qui pèse sur la plus belle partie de la vie de l'ouvrier, sur celle qui doit être naturellement la plus féconde en ressources et en économies. Car, comme le fait remarquer M. Leroy-Beaulieu, l'âge vraiment productif pour l'épargne de l'ouvrier, ce sont les huit ou dix années qui s'étendent de l'âge de 17 ou 18 ans jusqu'au mariage, c'est-à-dire jusqu'à 25, 28 ou 30 ans ; pendant cette période, le jeune homme jouit du gain de l'homme adulte, sans avoir à supporter les charges du ménage ; il peut, s'il est économe, épargner le tiers ou même la moitié de son salaire. Mais cette période est abrégée par la durée du service militaire qui est « pour la destinée de l'ouvrier, « ce que la grêle du printemps est pour les arbres à « fruits. » (2).

---

(1) M. Risler. *La crise agricole en France et en Angleterre.*
(2) M. Leroy-Beaulieu. *De la répartition des richesses*, p. 452 et 453.

N'oublions pas de mentionner un fait qui a sur le sort des classes laborieuses un effet considérable. Ce fait c'est .l'avantage que les lois et les mœurs donnent aux patrons ou aux ouvriers. Longtemps, dans le contrat de travail, par exemple, l'avantage appartenait aux patrons. Il en résultait un empêchement à l'augmentation des salaires, et, par conséquent, une absence de bien-être pour les ouvriers. Aujourd'hui la situation est toute autre ; non seulement l'ouvrier ne souffre plus d'inégalités, mais l'on peut même dire que le législateur semble disposé à en créer à son profit. Ces idées nouvelles ont eu une action incontestable sur le taux des salaires, et partant sur la condition des salariés.

Malheureusement l'organisation industrielle moderne, si elle a ses avantages, et nous serions le dernier à les méconnaitre, produit quelques inconvénients, et constitue une atmosphère plus propre au développement de l'indigence. Le régime du travail libre accentue les iné-galités sociales ; chacun se trouve livré à soi-même, sou-mis à la loi de responsabilité personnelle, et obligé dès lors de subvenir par lui seul à ses besoins. Cette situation favorise les ouvriers intelligents et laborieux, dont le travail est recherché par les patrons. Mais elle aggrave le sort des êtres faibles, incapables, imprévoyants, vi-cieux ou malheureux, qui n'ont d'autres ressources que leur salaire, et elle les expose davantage aux risques de l'indigence. Il n'est pas douteux que, même sous le ré-gime de la liberté du travail, si tous les individus étaient également favorisés sous le rapport de la force, de l'ha-bileté et de la prévoyance, il pourrait ne pas y avoir de misère ; mais c'est là, malheureusement, un état idéal dont notre pauvre humanité ne peut offrir le spectacle.

˙ Si, au lieu du régime de la liberté de l'industrie, nous nous plaçons en face d'une société où prévaut le régime d'autorité, nous trouverons une situation sociale diamétralement opposée : l'on verra bien, sans doute, la misère individuelle qui se rencontre dans toutes les sociétés, mais pas de misère collective ; en revanche, l'on constatera une absence de bien-être. Dans l'antiquité, on pratiquait l'esclavage, et le maître avait à pourvoir aux besoins de l'esclave, qui était sa chose, et qu'il était intéressé à conserver. Sans nul doute, le sort de l'esclave n'était pas bon, et, lorsque la vieillesse engourdissait ses membres, le pauvre travailleur ne pouvait compter sur l'assistance : il devenait inutile, et le maître n'avait aucun intérêt à le garder. Mais tant que le maître pouvait le considérer comme un instrument utile de production, il en prenait soin, et l'on peut affirmer que les esclaves ne connaissaient ni la faim, ni la privation des choses nécessaires à la vie. Les affranchis et les autres prolétaires eux-mêmes obtenaient par les relations du patronage et de la clientèle une assistance et des secours matériels.

Si, de l'antiquité, nous jetons nos regards sur le moyen-âge, nous retrouvons, avec le servage, une physionomie des classes ouvrières à peu près semblable : peu de liberté, mais aussi une absence de misère collective, tenant, d'une part, aux obligations morales et légales du seigneur, et, d'autre part, aux possessions foncières. Seuls, les gens *sans aveu* restent sans dépendance comme sans secours ; mais ils sont traités, non en indigents, mais en criminels que l'on pourchasse, et contre lesquels on sévit. — Certaines corporations assuraient l'assistance.

Le communisme agraire serait, dit-on, un obstacle à la misère collective ; le *mir* Russe, et l'*allmend* Suisse assurent aux membres du village quelques jouissances foncières, qui servent d'appoint au travail individuel. Il n'est pas douteux qu'un tel régime soit dans une certaine mesure le préservatif d'un état général d'indigence ; mais il serait téméraire de lui attribuer la prospérité relative des villages russes et des villages suisses. Dans nos communes rurales françaises, la misère collective est également inconnue, et cependant le communisme agraire n'y existe que rarement. D'ailleurs, en Russie et en Suisse, la communauté laisse subsister l'indigence individuelle : « Le *mir*, dit M. Leroy Beaulieu, ne supprime » pas le prolétariat agricole. Celui-ci vit avec lui ; il se » développe avec lui, et est même plus irrémédiable » que sous tout autre système. Le prolétariat rural se » recrute alors dans diverses catégories d'individus : ceux » qui, ayant émigré pour faire du commerce et n'ayant » pas réussi, sont revenus dans la commune, mais ont » perdu leur droit au *mir* ; les individus qui, même » étant toujours restés dans la commune, n'ont pas ou » n'ont plus de capital agricole, des instruments de tra- » vail, un cheval » (1). Dans le système de l'*allmend* suisse, il faut de même posséder du bétail pour avoir une part de la communauté.

Que le régime de liberté du travail constitue un air ambiant plus propre au développement de la misère collective, c'est ce que nous n'avons pas contesté ; mais, malgré ses verrues, c'est un état, dont il ne faut pas trop regretter l'avènement, car s'il aggrave et multiplie l'indigence des classes ouvrières, il donne en revanche à celles-ci la possibilité d'arriver, par l'économie et par le travail, à l'aisance et à la fortune. Ne sacrifions pas la liberté ; bornons-nous à déplorer et à corriger les maux qui en sont parfois le cortège.

Les causes de la misère qui tiennent à l'état général

(1) *Le Collectivisme*, p. 98.

de la société sont politiques ou économiques, avons-nous dit. Nous avons parcouru les premières, sans avoir, d'ailleurs, la prétention d'en présenter une énumération limitative. Arrivons aux secondes, dont nous n'indiquerons également que les principales. La prépondérance donnée à l'industrie, les excès de production, et enfin l'agglomération des populations manufacturières sont, à notre sens, les agents d'ordre économique de la misère collective. L'industrie moderne s'est transformée le jour où ces deux grandes réformes que l'on appelle, l'une la vapeur, l'autre les chemins de fer, lui ont permis, d'une part, d'habiter de vastes usines, desservies et vivifiées, pour ainsi dire, par un puissant moteur, et, d'autre part, de porter au loin et à peu de frais ces produits qu'elle a reçus de la même façon, sous forme de matières premières. Ce jour-là, des centaines ou des milliers d'ouvriers, attirés par de larges salaires, ont déserté la vie agricole ou la petite industrie pour se grouper autour de la même usine.

L'existence est facile, lorsqu'il y a travail et que la rémunération du travail est abondante ; mais vienne un arrêt dans la production, le chômage atteint et plonge dans la misère des populations entières. Ces suspensions ou ces ralentissements de l'activité industrielle sont fréquents de nos jours ; l'emploi généralisé des machines, et la division du travail, poussée à ses dernières limites, accroissent considérablement la production ; celle-ci se poursuit, sans se préoccuper des débouchés et des besoins de la consommation. L'encombrement arrive, et détermine un chômage de l'usine ou une réduction dans le nombre des ouvriers. C'est la crise, avec ses souffrances et ses douleurs. Cette concentration des masses sur le même lieu a d'autres inconvénients : elle provoque l'agitation, la fermentation des esprits. La grève, inconnue des ouvriers ruraux ou des ouvriers de la petite industrie, éclate au milieu de ces populations, dont elle tarit le travail, épuise les économies, et qu'elle plonge quelquefois à tout jamais dans l'indigence; car, pour ces existences dont le budget a fréquemment de la peine à s'équilibrer, l'arrêt prolongé du travail provoque une accumulation de dettes qu'elles traîneront jusqu'à la fin de leur carrière. Encore le mal de cette situation industrielle est-il relativement faible, lorsqu'il frappe les ouvriers d'une petite cité, et surtout d'une seule usine; car l'élimination du trop plein des ouvriers se fait bien vite; on émigre, et la souffrance peut n'être que passagère. Mais examinez une grande ville, où plusieurs industries se trouvent représentées : si l'une d'elles vient à ralentir son travail, immédiatement des centaines, voire même des milliers d'ouvriers sont plongés dans la misère; ne pensez pas qu'ils quittent la ville; ils espèrent trouver un salaire à gagner chez un autre patron ou dans une autre profession; et puis ne savent-ils pas que la grande ville, si elle n'a pas souci des ouvriers, auxquels elle ne peut assurer le travail, est, du moins, humaine aux malheureux sans travail; ne connaissent-ils pas le bureau de bienfaisance, les sociétés charitables, ou ces maisons, grands restaurants et casernes, qui, chaque jour, font des distributions d'aliments? Aussi, est-ce dans la grande ville que nous verrons la misère à l'état endémique sous sa forme particulièrement douloureuse.

Nous avons supposé que les causes sociales de la misère, appartenant à l'ordre économique, tiennent toutes à l'*industrialisme* contemporain; autrefois les causes économiques étaient toutes autres; elles agissaient sur les villages autant que sur les villes; dans les communes rurales, en effet, la population était assez compacte, les

salaires faibles et le travail peu abondant; l'hiver amenait
fréquemment le chômage. Se produisait-il un arrêt dans
les petites industries locales, les ouvriers étaient réduits
immédiatement à la mendicité. L'émigration, arrêtée
par l'ignorance, et non secondée par les facilités de
communication modernes, était rare; tout au plus se
portait-on vers la ville voisine. Cette situation a heureusement disparu, et nous montrerons plus loin que l'indigence des campagnes, moins fréquente et moins intense
que celle des villes, a décru considérablement depuis le
commencement de ce siècle. Ce qui montre bien que
les causes sociales de la misère, si elles sont, de leur
nature, permanentes, ne sont pas du moins éternelles.

Les causes accidentelles de l'indigence, ainsi que le
mot l'indique, n'ont rien de permanent; elles sont
subites, mais la misère, qu'elles produisent, est parfois
durable; elles sont, en général, individuelles, mais elles
sont aussi générales. Les causes individuelles sont les
maladies, les blessures, les infirmités, le décès prématuré du chef de famille, les charges de la famille, la
vieillesse, etc. Quelques-unes de ces causes, comme la
maladie, ont un caractère tout particulier : elles produisent, pendant leur durée, l'indigence, même chez les
individus, que les habitudes de travail et de prévoyance
en éloignaient le plus; mais souvent la misère survit à
la cause, et subsiste après qu'elle a disparu. Ces causes
ont également ceci de caractéristique que, chez les individus atteints déjà de misère, mais non encore à la
charge de la charité publique, elles aggravent le mal et
commandent l'assistance. Enfin quelques unes de ces
causes impliquent des secours d'une nature spéciale : la
maladie, la vieillesse, par exemple, exigent souvent
l'hospitalisation de l'indigent. Les causes accidentelles

peuvent être générales et jeter la désolation parmi des populations entières ; il en est ainsi d'une mauvaise récolte, d'une inondation, d'une épidémie, etc.

La disette était le grand fléau des siècles passés ; elle n'est plus guère aujourd'hui qu'un fantôme, dont l'ombre est agitée dans les discussions douanières ; nous aurons à comparer plus loin au point de vue de l'alimentation publique la situation présente à la situation ancienne.

Enfin nous arrivons aux causes imputables à la faute ou à la négligence de l'individu. Le vice et l'ivrognerie sont les plus grands agents de la misère. Il faut citer sur la même ligne certaines faiblesses qui, pour être moins coupables, n'en sont pas moins fatales, ni moins dangereuses au point de vue des conséquences qu'elles sèment : l'imprévoyance, plus grave, mais en même temps plus fréquente chez le prolétaire que chez l'homme aisé, la paresse, la sensualité enfin : celle-ci, quand elle est doublée de l'imprévoyance, est une des causes qui engendrent nécessairement l'indigence. Plus rare à la campagne, où, d'ailleurs, le grand nombre des enfants est plutôt une richesse qu'un malheur, elle se montre avec un caractère intense dans certains centres industriels. Ainsi que l'absence de l'esprit d'économie, il semble qu'elle atteigne plus spécialement les ménages pauvres ; n'est-ce pas, du reste, une autre forme de l'imprévoyance ? N'est-ce pas l'imprévoyance s'appliquant à un autre objet, et multipliant les charges, sans se préoccuper des ressources ? Il y a longtemps déjà que Rossi a dit : « Plutôt deux millions de Suisses prospères que huit millions d'Irlandais ! » Toutefois, nous n'irions pas jusqu'à dire avec un fidèle disciple de Malthus : « Tout « encouragement à la population est absurde, dange-

4

« reux, inhumain et contraire à l'intérêt de la société
« *et des pauvres en particulier* » (1). Nous nous associons seulement au sentiment qui a dicté ces derniers
mots.

Nous ne voudrions pas nous étendre trop longuement
sur cette cause spéciale de la misère; elle est assez délicate à examiner : car, à l'entreprendre, on risque fort
de faire sourire ou de scandaliser, comme le constate
M. d'Haussonville (2); mais, dussions-nous prêter aux
rires des uns et aux récriminations des autres, il ne nous
est pas possible de taire ce que nous croyons être la
vérité. Chose curieuse, à quelques mois de distance,
dans le même recueil, deux hommes également con-
vaincus, soutenaient une thèse contraire : M. Charles
Richet reprochait à la France son accroissement trop
lent (3) ; M. Maurice Block s'inquiétait de la densité
croissante de la population par rapport à la fécondité du
sol. Ils se plaçaient, hâtons-nous de le dire, à deux points
de vue différents, et c'est ce qui supprimait l'apparente
contradiction : le premier se préoccupait de la puissance
militaire et commerciale de la France, le second du
bien être de ses habitants. A notre sens, ils avaient l'un
et l'autre raison ; l'intérêt général fait souhaiter que la
population croisse rapidement; l'intérêt particulier exige
précisément le contraire ; car, ainsi que nous l'avons
affirmé, l'accroissement trop brusque engendre la misère, et celle-ci, à son tour, entraîne l'accroissement. Il
y a ici des rapports réciproques de cause à effet.

M. Othenin d'Haussonville, qui avait fait avant nous
cette observation, a étudié dans l'*Annuaire statistique*

_____

(1) Joseph Garnier, *Du principe de la population*, Conclus. X, p. 203.
(2) *La Misère*, p. 178.
(3) *Revue des Deux-Mondes*, Nᵒˢ du 15 avril, du 1ᵉʳ juin 1882 et nᵒ du
15 octobre 1882.

de la ville de Paris pour 1881 un tableau indiquant quelle est par arrondissement la proportion des enfants de un jour à cinq ans sur 10,000 habitants. « Un coup d'œil jeté » sur ce tableau, dit-il, montre que les deux arrondis- » sements de Paris où cette proportion est la plus élevée » sont le XIXᵉ (La Villette) et le XIIIᵉ (Les Gobelins), » le premier avec 990 et le second avec 957 enfants » sur 10,000 habitants (1). » Or, si nous nous reportons au tableau des arrondissements de Paris classés d'après le relevé proportionnel de la population indigente en 1883 (2), nous voyons que, sur cette liste, le XIXᵉ ar- rondissement occupe le troisième rang avec une pro- portion d'indigents de 9,41 p. % du nombre des habi- tants ; et que le XIIIᵉ occupe le premier rang, avec 12,37 indigents sur 100 habitants. La contre-épreuve n'est pas moins probante. Les arrondissements de Paris, qui comptent la moindre proportion d'enfants, sont le VIIIᵉ (Champs-Elysées), et le IXᵉ (Opéra), le premier avec 397, le second avec 452 enfants de un jour à cinq ans sur 10,000 habitants. Or, en examinant le recense- ment de la population indigente de 1883, l'on ne tarde pas à être frappé de ce fait que ces deux arrondissements sont précisément ceux où l'on rencontre la moindre proportion d'indigents ; dans le VIIIᵉ, la population in- digente ne représente que 1,64 %, dans le IXᵉ, 1,65 %. M. d'Haussonville ajoute une observation qui vient cor- roborer encore, s'il est possible, ces faits : « Il n'y a » pas, dit-il, de circonscriptions riches où il n'y ait des » indigents, et il n'y a pas de circonscriptions indi-

---

(1) Le XIIIᵉ compterait un plus grand nombre d'enfants par 10,000 habitants, si sa population ne comprenait les 3,000 vieilles femmes ou folles enfermées à la Salpêtrière, qui figurent dans le recensement des habitants, mais ne sauraient compter au point de vue des naissances.

(2) *Annuaire de la Ville de Paris*, année 1883.

» gentes où il n'y ait des gens riches, ou du moins
» aisés. Mais s'il était possible de dresser une statistique
» strictement proportionnelle du nombre des enfants
» qu'on rencontre dans les ménages aisés ou riches et
» de ceux qu'on rencontre dans les ménages indigents,
» on verrait, j'en suis persuadé, que c'est une proportion
» du simple au triple dont il faudrait parler. »

Nous avons choisi Paris comme exemple à l'appui de
notre thèse; c'est qu'en effet notre capitale permet mieux
que n'importe quel centre ou quelle région une étude
de l'influence de la misère sur la natalité. Les démo-
graphes qui nient cette action, et M. Richet est du
nombre, prennent, comme preuve à l'appui de leur affirmation, des régions sur la situation économique desquelles ils sont insuffisamment éclairés. M. Richet, entre
autres, pour démontrer qu'il n'y a aucune corrélation
entre la natalité d'un département et son degré de
richesse ou de pauvreté, cite le département du Nord
qui est un des plus riches de France, et qui donne un
excédent de naissance, tandis que le département des
Basses-Alpes, qu'il dit être un des plus pauvres, est en
même temps un des moins productifs; mais ce publi-
ciste, pour examiner le degré de richesse ou de pauvreté, envisage le rendement des impôts. Or s'il n'est
pas douteux que la valeur du centime départemental
soit extrêmement élevé dans le Nord, extrêmement
faible dans les Basses-Alpes, cela ne signifie pas que le
premier de ces deux départements n'ait pas de pauvres,
et que le second en ait beaucoup. La vérité serait précisément le contraire, et nous aurons plus loin à signaler
le Nord comme étant un des départements où il y a le
plus d'indigence. Pour se rendre compte de l'état de
richesse ou de pauvreté d'une contrée, il faut envisager
la façon dont la propriété est constituée. Or il peut se

faire, et il arrive, en effet, que, dans les Basses-Alpes, la propriété soit extrêmement divisée, et que cette division donne une aisance générale aux habitants, et, à l'inverse, que dans le Nord, à côté de très grandes fortunes, il y ait beaucoup de cas de misère ; pour que l'exemple tiré de ce dernier département soit concluant, il faudrait pouvoir prouver que la grande natalité se répartit également sur toutes les classes de la population, ce qui nous semble peu d'accord avec les faits.

Il est, en effet, certain, et sur ce point les statistiques sont absolument formelles, que la division de la propriété a pour résultat habituel de diminuer les naissances. Le Dr Bertillon a pu soutenir, avec chiffres à l'appui, que « c'est l'aisance qui restreint la natalité » et ajouter que « l'individu qui possède quelque chose, » calcule sur ses doigts le nombre de ses enfants (1). » Dans 21 départements ayant le moins de propriétaires (177 sur 1,000 habitants), on a trouvé une moyenne de 28.1 naissances, et dans les 30 départements ayant le plus de propriétaires (285 sur 1,000 habitants) seulement 24.7 naissances.

D'ailleurs, aurions-nous un doute sur cette question de l'influence de la richesse ou de la pauvreté sur la natalité, il nous suffirait de jeter les yeux autour de nous. Dans un village, qui nous est particulièrement cher, les ménages n'ont qu'un ou deux enfants, quelques-uns trois ; un seul en a huit, mais c'est aussi le seul ménage indigent de la localité. M. Baudrillart, dans ses intéressantes études sur les populations agricoles de la France, a observé le même fait ; par exemple à Molliens-Vidame, dans la Somme, il a remarqué le petit nombre d'enfants, et il dit que les ménages comptant

---

(1) *La statistique humaine de la France*, p. 86.

cinq enfants et plus, appartiennent à la classe la plus
pauvre ; il en est de même, ajoute-t-il, dans les villages
voisins (1).

Nous n'avons pas épuisé la série des causes de la misère. Elles sont de celles dont l'énumération ne peut
être donnée entière. Il en est bien une dernière qui, à
notre sens, ne détermine pas, par elle-même, l'indigence,
mais peut la susciter d'une manière médiate et indirecte : c'est l'ignorance. Celle-ci ne produit pas nécessairement la misère : nous connaissons de braves ouvriers,
ne sachant ni lire, ni écrire, et qui, à force d'énergie et
d'économie, ont franchi peu à peu tous les échelons de
la fortune, et, à l'inverse, nous en avons vu d'autres
qui, malgré une instruction primaire assez complète,
échouaient à l'entrée de leur carrière. Toutefois l'ignorance explique bien des maladies, dues à un défaut
d'hygiène ; elle entraîne fréquemment des habitudes
fâcheuses ; elle ne permet pas au travailleur d'obtenir
une rémunération élevée, et de pouvoir choisir une profession lucrative. Dans les consommations, elle l'empêche
parfois de profiter des économies possibles, et de comprendre notamment le bénéfice des achats au comptant.
Il ne faudrait toutefois pas exagérer, et il n'est pas douteux qu'une intelligence native, vive et ouverte, assure
à celui, qui en est doué, les avantages ou les qualités que
donne l'instruction. Cela ne nous empêche pas toutefois
d'applaudir aux efforts qui ont été tentés depuis quelques
années pour le développement de l'instruction populaire
dans les campagnes (2).

(1) *La Picardie.*
(2) *Du Paupérisme en France*, p. 17.

Les causes de la misère étudiées (1), il nous reste à examiner les variétés du mal. Nous rencontrons dans cette matière des expressions prises fréquemment, mais à tort, comme synonymes : ce sont les mots : pauvreté, indigence, misère, et paupérisme. Chacune de ces expressions correspond à un état bien distinct, à un degré différent du même mal ; aussi le savant historien du paupérisme, M. Victor Modeste, a-t-il pu, avec une certaine raison, affirmer « que la pauvreté devient indigence, » l'indigence misère, la misère paupérisme » (2). Nous ne pensons pas toutefois que la pauvreté devienne toujours indigence, et que celle-ci, à son tour, dégénère nécessairement en un état plus grave. Ce qui est vrai, c'est que chacun de ces mots répond à une variété différente de la même maladie sociale. Les expressions *pauvreté* et *pauvres* expriment des faits relatifs. La pauvreté est l'état d'une personne moins riche ; les pauvres

(1) Nous lisons dans l'*Économiste français* (N° du 16 avril 1887), un extrait d'une statistique de l'assistance publique dans les soixante-dix-sept villes d'Allemagne. Cet extrait est la réponse à la question concernant les causes de l'indigence. 130,000 indigents, secourus directement, soit célibataires, soit chefs de famille, ont eu recours à l'assistance publique pour raison de :

| | |
|---|---|
| Maladie | 44,89 0/0 |
| Age avancé | 15,75 — |
| Chômage, salaire insuffisant | 10,33 — |
| Orphelin (perte de parent) | 5,57 — |
| Trop grand nombre d'enfants | 4,94 — |
| Folie, idiotie | 3,37 — |
| Abandon | 2,53 — |
| Emprisonnement | 1,69 — |
| Accident | 1,09 — |
| Perte de vue | 1,08 — |
| Estropié | 1,01 — |
| Ivrognerie | 0,96 — |
| Fainéantise | 0.75 — |

La maladie représente, dans près de la moitié des cas, l'explication du recours à l'assistance publique.

(2) *Du Paupérisme en France*, p. 17.

sont les moins riches, mais non ceux qui sont privés du
nécessaire. Prend-on une localité où les habitants jouissent en général d'une certaine aisance, on appellera
pauvres ceux qui n'ont pas cette aisance, et cependant
ceux-ci peuvent ne pas manquer des choses indispensables à l'existence. La pauvreté est l'impossibilité de
satisfaire à certains besoins qui ne sont pas les besoins
essentiels, et dont la non satisfaction n'est pas de nature
à atteindre gravement, ni surtout à compromettre la vie.

L'indigence proprement dite est un état absolu, où
les moyens d'existence de l'individu sont insuffisants,
où l'on ne peut assurer la satisfaction des premiers besoins de la vie : la nourriture, le vêtement, le logement.
Elle n'atteint toutefois pas l'énergie morale, et ceux qui
en souffrent, traversent l'indigence plutôt qu'ils n'y tom-
bent (1). Vienne une circonstance heureuse, la découverte d'un emploi lucratif, ou encore une assistance
éclairée, et l'indigent en sort victorieux. Mais il faut
bien avouer qu'il est souvent difficile dans la pratique
de dire où commence l'indigence et où finit la pauvreté.

« Pour les individus, pour les familles atteintes, dit
» M. Modeste, c'est un mal guérissable, et tant qu'il ne
» guérit pas, supportable. Partout, autour d'elles, elles
» trouvent de quoi se fortifier, s'appuyer, se relever,
» si elles le veulent ; en même temps, tout leur en souffle
» la volonté et l'énergie. Que si, malgré tout, elles de-
» meurent, leur mal est sans force pour gagner plus
» loin. Elles ne sont d'aucun péril pour la société qui
» les entoure. »

La *misère* est plus grave, et sa gravité provient de ce
qu'elle est la forme permanente de l'indigence, et de ce
qu'elle implique non seulement des privations de toutes

(1) M. Cauwès, 2, vol. p. 315 (2· éd.).

sortes, un dénûment complet, mais encore une certaine
dépression morale, l'abandon de soi-même. La misère
est donc un mal peu guérissable, assez souvent héréditaire, contre lequel l'assistance est parfois impuissante,
et contre lequel le travail ne peut rien, parce qu'il le
paralyse. Toutefois c'est un mal individuel, non pas qu'il
ne puisse frapper et qu'il ne frappe habituellement une
famille entière ; mais c'est un mal qui atteint isolément
les individus, sans avoir d'effet épidémique ou conta-
gieux.

Tout autre est le paupérisme, maladie sociale nouvelle, aussi nouvelle que le mot qui sert à la désigner.
Ce mot est une expression anglaise, introduite depuis
une soixantaine d'années ; il désigne l'état d'un certain
nombre d'individus manquant d'une manière permanente
des objets nécessaires à la vie. Le paupérisme est un
état nouveau aussi bien par ses causes que par son caractère. Son origine est due à l'organisation industrielle
de notre époque contemporaine ; elle réside dans la manière d'être et de vivre de nos ouvriers de manufactures.
« Qu'est-ce qu'une manufacture ? C'est une invention
» qui produit deux articles : du coton et des pauvres. »
Evidemment le mot est exagéré, et on aurait tort de le
prendre à la lettre ; mais il contient cependant une certaine part de vérité. C'est, en effet, à l'industrialisme
qu'il faut attribuer le paupérisme. Autre chose était la
misère dans l'antiquité ou au moyen-âge, autre chose
elle est dans nos civilisations modernes, où la séparation
des classes, d'une part, la création de la grande industrie, d'autre part, lui ont donné une intensité et en même
temps une étendue inconnues jusqu'ici.

Certains écrivains, empruntant les images de la fable
antique, ont baptisé la civilisation moderne d'un nom,
le *sisyphisme*. On se souvient de ce malheureux, con-

damné par Pluton à rouler une grosse roche jusqu'au sommet d'une montagne, d'où elle retombait aussitôt, et à la remonter sans trève : le *sisyphisme* signifie donc la tâche qui jamais ne disparaît, les efforts ingrats et stériles.

Si l'on veut analyser le paupérisme, l'on doit reconnaître qu'il a ses symptômes spéciaux. Non seulement il implique une privation des choses nécessaires à l'existence, et une privation de nature à atteindre gravement la vie, non seulement aussi il suppose un anéantissement du moral, un abaissement et une corruption des facultés mentales, mais encore il offre des conditions particulières, sans lesquelles il n'existerait pas. En premier lieu, on rencontre celui de l'agglomération et de la concentration des individus, des familles, des populations en proie à des privations ; il n'y a pas paupérisme si le dénûment fait seulement sa victime de certains individus ou même de certaines familles isolées, autour desquelles vivent fortement et sainement des populations placées dans de meilleures conditions. « Le paupérisme, dit M. Modeste,
« c'est la pauvreté accumulée, grandie et étendue à des
« populations entières, qui forment à la surface d'un pays
« comme d'immenses flaques de dénûment et de corrup-
« tion, vastes foyers d'infection et de souffrance, qu'on
« ne visite pas sans tristesse, où les familles ouvrières
« ne résident pas sans atteinte, et qu'une société ne
« porte pas dans son sein sans péril. Là, plus de ces
« parties saines qui limitent le mal et l'arrêtent. Une
« famille malheureuse confine à une famille malheu-
« reuse. Le reste est trop peu nombreux, trop haut,
« trop loin. Les misères alors ne se juxtaposent pas seu-
« lement, elles se multiplient l'une par l'autre. Tout en
« effet, en ce monde, a sa force de rayonnement : la
« santé comme la chaleur, l'honnêteté comme le crime,
« l'aisance, l'énergie, la misère enfin....... »

Le Paupérisme agit donc par la contagion de l'exemple ; aussi l'a-t-on parfois appelé l'épidémie de la misère.

Ce n'est pas tout : le paupérisme ne se caractérise pas seulement par l'étendue et l'agglomération, mais encore par la persistance. C'est un mal chronique ; c'est la misère acceptée, permanente, s'élargissant à chaque génération, par suite de l'imprévoyance qu'elle entraîne, comme une tache d'huile, défiant les efforts de la charité, devant laquelle elle creuse un abîme presque infranchissable.

Enfin, car nous ne pouvons nous appesantir davantage sur les caractéres du paupérisme, celui-ci étant la misère héréditaire, et impliquant la privation pour plusieurs générations successives des choses les plus nécessaires à l'existence, se manifeste également au physique par la dégénérescence de la race, l'anémie, les maladies d'épuisement, et par le déclin des forces.

Cette maladie sociale sévit, avons-nous dit, dans les centres manufacturiers, où elle trouve des conditions favorables à son éclosion et à son développement ; nous ne la rencontrerons pas dans les campagnes, au milieu des populations rurales, qui sont réfractaires à ce mal comme à tant d'autres maladies.

# CHAPITRE II.

## Caractères de l'indigence des populations rurales.

Indigence des villes et indigence des campagnes ; impossibilité de les comparer par des statistiques officielles. — Dans les campagnes, l'indigence n'est
pas agglomérée, et n'affecte ni le moral ni le physique des individus. — Pas
de paupérisme. — La distinction des classes est à peine sensible. — La distance du riche au pauvre est moindre que dans les villes. — Les besoins
sont moins nombreux. — Moins de chômages accidentels ; caractères de la
principale industrie, l'agriculture. — Ressources de la campagne, fournies
gratuitement : glanage, ramassage de bois mort, cueillette.— Avantages physiques de la vie rurale. — En résumé, l'indigence rurale est moins grande
que celle des villes.

L'indigence des campagnes est moins grave que celle
des villes ; ce n'est peut-être point là un fait absolument
nécessaire, et il a pu se trouver des contrées ou se produire des époques dans lesquelles la situation était
inverse. Pour ne parler que de la France, nous signalerons plus loin quel était l'état de misère de nos populations rurales avant 1789. La misère, aux siècles antérieurs, était peut-être un fait plus général et même plus
grave dans les campagnes que dans les villes, quoique,
à certains égards, cette misère y fût plus supportable
que celle de nos villes contemporaines ; il ne faut pas
oublier, en effet, que les pauvres des villages vivaient,
comme aujourd'hui, au milieu de gens aisés ; qu'ils
étaient, de la part de ces derniers, l'objet de secours ;
qu'ils profitaient d'une foule de petits avantages, le
glanage, le ramassage du bois mort, etc. Sans doute,
ces pauvres étaient proportionnellement plus nombreux

dans les campagnes que dans les villes, tandis qu'aujourd'hui ceux des villes sont en plus grand nombre; mais nous pensons que les indigents de nos anciennes campagnes souffraient moins que les indigents qui vivent, de nos jours, dans les grands centres.

Peut-on comparer l'indigence rurale avec l'indigence des villes au moyen des statistiques officielles? Dans un rapport remarquable, mais malheureusement un peu vieilli aujourd'hui, M. de Watteville (1) nous apprend que les départements agricoles ne compteraient que 1 indigent sur 14 habitants, tandis que les départements manufacturiers en comprennent 1 sur 8. Il est vrai de dire, — et cette observation peut sinon faire disparaître, du moins atténuer la différence, — que, dans les campagnes, l'insuffisance des ressources affectées à la bienfaisance, ainsi qu'une plus grande résistance de la part soit des personnes aisées, soit des administrations municipales à déférer aux demandes de ceux qui les implorent, diminuent dans une assez large mesure le chiffre des personnes secourues; et que, à l'inverse, dans les villes, la multiplicité des œuvres de charité et le zèle des personnes charitables stimulent les demandes de secours, et augmentent ainsi d'une manière factice le nombre des nécessiteux ou plutôt de ceux qui vivent de l'assistance. Quoi qu'il en soit, il n'est pas douteux que les indigents soient plus nombreux dans les villes que dans les campagnes (2).

---

(1) *Rapport au Ministre de l'Intérieur sur l'état du paupérisme en France*, p. 64.

(2) Il semble, du reste, que dans certaines petites communes, l'indigence soit nulle ou à peu près nulle; car une statistique sur les bureaux de bienfaisance, dont nous parlerons plus loin, nous montre que les ressources des bureaux, si minimes qu'elles soient, ne sont pas toujours employées. Sans parler de 644 bureaux sans ressources, nous verrons que 352 autres bureaux n'ont fait aucune dépense en 1871, et 1,506 ont dépensé moins de 50 francs.

A un autre point de vue, celles-ci présentent un caractère encore assez favorable; elles ne donnent pas, en effet, le spectacle de la concentration sur d'étroits espaces de nombreuses familles misérables et de leur juxtaposition dans le même lieu ; au contraire, dans les villages, les ménages pauvres sont disséminés au milieu des ménages aisés, qui les entourent, les soulagent le plus souvent, et, dont la présence, en tout cas, a pour effet de circonscrire le mal, quand elle n'a pas pour effet de le guérir. Pas d'épidémie de la misère, pas de contagion surtout. L'indigence n'y est pas héréditaire ; elle n'est même pas chronique; vienne une circonstance heureuse, elle disparaît ; car elle affecte rarement les facultés morales, jamais les forces physiques. Un mariage avec une femme laborieuse et économe sauve le jeune homme de la misère. Un emploi chez un cultivateur, où il trouve la nourriture, le logement, en outre de ses gages, relève le malheureux qui mourait de faim. Une femme est-elle frappée par la mort d'un mari, qui était son gagne-pain, elle se fait servante de ferme, et elle échappe aux angoisses de la misère. Rarement le découragement prend l'indigent : veut-il travailler, il trouve toujours du travail ; révèle-t-il à ses voisins sa gêne, ceux-ci s'empressent de lui donner un outil et de la besogne. Le paresseux seul reste dans l'indigence. Nous ne parlons ici que de l'homme valide; car pour le vieillard et l'infirme, la situation est triste au village, et s'ils n'ont pas de soutiens naturels, l'assistance, qu'ils reçoivent, est assez souvent insuffisante.

Ainsi donc l'indigence des campagnes n'est pas le paupérisme, cette maladie sociale des villes; c'est à peine la misère, laquelle suppose une dépression des facultés, inconnue habituellement dans les campagnes. C'est donc l'indigence proprement dite, souvent même ce n'est que la pauvreté.

L'indigence rurale n'a pas, en effet, l'intensité de celle des villes, et l'explication en est bien simple ; les causes que nous avons assignées à l'indigence ne se produisent pas dans les campagnes, ou y sont moins accusées. Reprenons les : dans les campagnes, les divisions sociales sont à peine perceptibles ; le patron et l'ouvrier ont le même régime de vie, les mêmes habitudes, le même vêtement. Aux champs, le petit cultivateur et son valet de charrue travaillent ensemble ; les voit-on aux heures de repas, ils sont assis devant la même table, et mangent des mêmes aliments ; à l'église, tous deux ont le même costume ; dans les lieux de distractions publiques, ils jouent ou causent ensemble ; quelquefois même, nous avons surpris le domestique faisant au maître la lecture du journal. Vous nous direz que cela ne supprime pas l'indigence ; mais cela contribue singulièrement à servir de calmant. La misère existe sans doute par elle-même, et abstraction faite des situations qu'elle côtoie ; mais il est vrai d'ajouter que la pauvreté ne se sent pas, où se sent moins lorsque les différences de position disparaissent dans une vie commune.

Il faut faire remarquer également que la différence entre la fortune et la pauvreté est moins grande au village qu'à la ville ; là les riches ne possèdent souvent que quelques milliers de francs, quelques dizaines de mille au maximum ; les pauvres ont, au moins, une maisonnette et un jardin qui représentent quelques centaines de francs ; ici, au contraire, le riche s'appelle millionnaire, et le pauvre est quelquefois dans un dénûment absolu. Donc une moindre distance du riche au pauvre.

Au village, les besoins ne sont pas nombreux ; la nourriture est grossière, composée de pain et de quelques légumes récoltés dans le jardin ; de lard, une ou deux

fois par semaine ; de viande très exceptionnellement. Il
est des contrées où l'on mange encore des galettes de
maïs ou de sarrasin ; le logement y est pour rien. On
s'éclaire, dans certains villages de Bretagne, avec des
cordes enduites de résine ; dans le Dauphiné, avec des
branches de sapin. D'ailleurs, les besoins sommeillent,
pour ainsi dire ; ils ne sont surrexcités ni par une comparaison qui manque le plus souvent, ni par la vue
souvent tentatrice des objets. *Ignoti nulla cupido.*
Dans certaines localités, le goût du bien-être pénètre,
mais avec quelque timidité. Les vieilles habitudes, au
milieu desquelles vivent les gens de la campagne, produisent une certaine rudesse, qui enlève au besoin sa
vivacité. La passion du cabaret est malheureusement
trop répandue, et c'est à elle qu'est due le plus souvent
l'indigence ; mais n'est-ce pas précisément parce que les
cabarets existent et produisent une tentation autour
d'eux.

Nous avons parlé, dans l'énumération des causes sociales de la misère, des crises économiques et des chômages qui en sont la conséquence. L'industrie produit
sans cesse, ne connaissant d'autres limites que les ressources disponibles ; la production finit par dépasser la
consommation satisfaite ; ce jour là, il y a engorgement ;
les prix baissent, la demande s'arrête, et le travail cesse ;
tous ou partie des ouvriers sont congédiés, et pour eux
commence la misère. A d'autres moments, une crise
financière ou politique atteint les fortunes, et diminue
les dépenses de chacun. La production en subit le
contre-coup. A la campagne, rien de semblable ; le
travail agricole est destiné à satisfaire des besoins de
première nécessité, des besoins qui ne connaissent
point de ralentissement ; il diffère du travail industriel,
qui peut s'appliquer parfois à des objets de luxe. En

outre, pour le régime agricole, la production est presque adéquate à la consommation; le cultivateur, on le sait, n'obtient de la terre qu'une certaine somme de rendements; il peut sans doute accroître les produits de son exploitation, et nous sommes personnellement de ceux qui pensent que l'état actuel de notre culture nationale comporte de très sérieux progrès; mais cette observation ne doit pas nous faire oublier qu'une certaine limite une fois franchie, les produits de la terre ne sont pas susceptibles d'augmentation, quels que soient le capital et le travail employés. La production se trouve donc forcément proportionnée à la consommation. Et, de là, pour l'ouvrier une certitude. Toutefois la nature même du travail agricole comporte, pendant l'hiver, certains chômages périodiques; ces chômages qui, d'ailleurs, ne se font pas sentir pour le personnel permanent des exploitations, peuvent être atténués par quelques occupations industrielles; l'ouvrier laborieux a constamment de l'ouvrage, et, n'en aurait-il pas, il s'en crée : il bat sa petite récolte, bêche son jardinet, répare sa maison.

Les conditions mêmes de la rémunération du travail sont une garantie pour l'ouvrier. Le domestique de ferme reçoit ses gages en une ou deux fois; il se trouve en possession de quelques cents francs, qu'il peut déposer immédiatement à la caisse d'épargne. Nourri et logé chez le maître, astreint à un labeur régulier, il n'a que fort peu de tentations; le cabaret ne peut l'attirer, ni engloutir son gain. Le travail de la moisson est souvent rémunéré en grain; de cette façon, la nourriture en pain, de l'année, est assurée. Voilà encore une raison qui diminue le champ de l'indigence.

La campagne offre des ressources qui lui sont spéciales : c'est le bois mort, c'est le pâturage commun, l'affouage dans un grand nombre de communes, la cueillette, le glanage après l'enlèvement de la récolte de céréales ou de pommes de terre, le grapillage après la vendange, le varech ou le goëmon pour les populations maritimes. On ne se doute pas de ce que représentent ces avantages. Le bois mort, par exemple, cela ne dit rien à l'habitant des villes, et cependant cela ne laisse pas de procurer un profit appréciable pour les pauvres. Nous lisons dans un rapport préfectoral ces lignes : « En exécution de la décision ministérielle du » 19 septembre 1853, les indigents des communes rive- » raines des forêts domaniales sont autorisés à ramasser » le bois mort gisant. Cette tolérance a eu pour résultat » l'enlèvement de 60.505 charges évaluées à 23.560 fr. » Elle n'a porté aucun préjudice au sol forestier, tout » en étant très favorable aux classes nécessiteuses, et » a empêché les délits de maraudage, qui auraient pu » augmenter pendant le long hiver 1887-1888 » (1). Encore ne s'agit-il dans ces chiffres que des bois soumis au régime forestier ; il y a lieu d'y ajouter les bois particuliers, où généralement les propriétaires tolèrent, eux aussi, le ramassage du bois mort. Le glanage, dont la coutume n'a pas disparu de nos campagnes, pas plus que le droit n'en a disparu de nos lois (2), permet à un enfant ou à une vieille femme de recueillir, en quatre ou cinq semaines, 3 ou 4 hectolitres de blé, 1 ou 2 hectolitres d'avoine ou d'orge. Le pâturage commun dans certaines localités, la vaine pâture dans d'autres, l'herbe qui pousse le long des chemins, donnent aux ménages pauvres, la possibilité d'avoir une vache ou une chèvre, que l'enfant ira garder le soir, en revenant

---

(1) Rapport du préfet au Conseil général de l'Oise (août 1888).
(2) Loi du 6 octobre, 28 septembre 1791, concernant les biens et les usages ruraux et la police rurale, titre 2, art. 22.

de l'école ; distraction salutaire pour l'enfant, aussi hygiénique que le serait peu son travail dans une manufacture. La possession et l'élevage de volailles ajoutent quelques profits au ménage (1). La cueillette des fruits sauvages donne une occupation lucrative aux femmes ou une ressource pour le ménage : dans les environs des villes, la fraise des bois se cueille et se vend avantageusement ; ailleurs la *prunelle*, ou prune sauvage, fournit une boisson ; la faîne, ou produit des hêtres, une huile comestible. Parfois ce sont les fleurs des champs et celles des bois, qui constituent un élément de profit ; nous connaissons une commune des environs de Chantilly, où les femmes, pendant les trois mois du printemps, passent leurs journées dans la forêt à la recherche des fleurs qu'elles expédient régulièrement à Paris ; elles arrivent ainsi à gagner deux à trois francs chaque jour. Ailleurs des villages entiers sont occupés à couper la fougère, objet d'un grand commerce.

Certaines communes ont des possessions foncières ; dans l'Est de la France, on en rencontre beaucoup qui sont propriétaires de bois ou de forêts considérables ! Cette circonstance est un heureux obstacle à l'indigence dans ces localités rurales.

Si l'on examine enfin les conditions individuelles de la vie, on ne peut s'empêcher de reconnaître qu'elles sont, en général, meilleures pour les classes pauvres des campagnes que pour celles des villes. Les salaires y sont

---

(1) M. Baudrillart, à propos de la condition des habitants du Londunais, donne des détails curieux sur une industrie d'élevage,— celle des oies — dans laquelle excellent particulièrement les petits cultivateurs et les journaliers. « On « m'excusera, ajoute-t-il, d'avoir insisté sur un fait qui n'a pas en lui-même « une très grande étendue. J'y ai vu surtout un exemple de ce qu'un produit, « même accessoire, peut apporter de supplément de ressources dans la vie des « gens de la campagne ».
(*Les Populations agricoles du Poitou*).

moins élevés ; mais les besoins sont peu nombreux, les
exigences de la vie en petit nombre ; aussi le gain, malgré son taux relativement faible, est-il, en réalité, aussi
fort ; il laisse même une marge plus grande à l'économie. Le prix des choses, il faut aussi l'avouer, n'est pas
plus faible au village qu'à la ville, et l'ouvrier, qui achète
des denrées chez l'épicier d'une petite localité, les paie
quelquefois plus cher que l'ouvrier des grands centres ;
mais combien peu achète le premier ! Réserve faite de
l'épicerie proprement dite, il n'achète rien ; les pommes
de terre et les autres légumes lui sont fournis par le
jardin qu'il possède ou par le coin de terre qu'il afferme ;
la boisson ne lui revient qu'à peu de chose ; il la fabrique
lui-même, et, d'ailleurs, serait-il exceptionnellement
dans l'obligation de l'acheter, sa présence sur le lieu de
production le dispense des droits de toute nature qui
frappent les liquides. Peut-être, nous direz-vous, l'alimentation du paysan est-elle insuffisante ; l'absence
presque totale de viande, l'usage d'une boisson faible, —
au moins pour les ouvriers non nourris chez le maître, —
pourraient faire croire à une dégénérescence de la race,
à un appauvrissement du sang. et cependant les populations rurales sont, en général, saines et vigoureuses,
peu sujettes à l'anémie ou aux maladies de langueur et
d'épuisement. C'est une remarque qui a été fréquemment faite par les Conseils de révision, appelés à examiner les conscrits : les cantons ruraux fournissent beaucoup
moins de cas de réforme que les cantons urbains. Les
statistiques de la mortalité sont non moins concluantes :
la durée de la vie moyenne est plus longue au village
qu'à la ville. Qu'on ne s'étonne pas de ces faits ! Le
paysan a une nourriture insuffisamment substantielle;
mais il vit aussi d'air. L'air est une sorte d'aliment, qui
ne dispense pas des autres, mais qui les complète. De

même que la plante se nourrit par l'atmosphère, en même temps que par la terre, l'homme des champs se soutient autant par l'air pur qu'il respire, que par les aliments qu'il absorbe. Son travail lui-même, quelque fatigant qu'il soit, ne l'épuise pas ; le repos de la nuit suffit à faire disparaître la lassitude. Ce travail met en jeu toutes les forces du corps qu'il vivifie, loin de les tarir ; il assouplit les muscles et les membres, sans les déformer.

Le grand air, au milieu duquel vivent les paysans, corrige certains des côtés de leur existence physique, que l'hygiène pourrait condamner. Les habitations rurales ne sont pas, en général, très saines : plafond peu élevé, pièces étroites et sales, absence de caves, couvertures insuffisantes, parois de mauvais torchis, plancher en plâtre ou en terre battue, tout cela ne préserve que fort peu de l'humidité de la terre et du ciel ; vienne une pluie, l'intérieur de la maison se transforme en boue glissante et fétide. Encore quelques-unes de ces habitations sont-elles dépourvues de lits ; un million d'êtres humains, affirmait M. Modeste en 1858, couchent sur des amas de paille ou de fougère sèche, et nous pensons, à notre tour, que, malgré les progrès du bien-être général, un grand nombre d'ouvriers ruraux sont encore dans cette situation. En Bretagne, les paysans vivent pêle-mêle avec leurs bestiaux. Mais ne les plaignons pas trop : leur maisonnette est préférable au garni de l'ouvrier des villes ou à la chambre du ménage pauvre des grandes cités. Au village, l'air assainit la maison isolée, celle-ci se purifie par le vent, par le soleil, par la senteur vivifiante des champs et des arbres. L'habitation des villes est élevée, privée d'air ou de lumière, en contact immédiat avec d'autres chambres aussi défectueuses : elle donne sur un escalier humide et fétide, appelé à recevoir les détritus de toutes sortes, et destiné à servir

de réceptable aux odeurs les plus insupportables et les
plus malsaines. Nous ne mettons pas en doute que les
maisons ouvrières des villes ne soient supérieures aujour-
d'hui, comme valeur générale, à ce qu'elles étaient autrefois, et que la construction n'en soit plus parfaite et plus
salubre. Les courettes de Lille ne sont plus aujourd'hui
ce qu'elles étaient en 1860, quand la ville n'avait pas
encore fait reculer ses remparts. *Les caves et la rue
des Étaques* ne sont plus qu'un souvenir douloureu-
sement célèbre. Toutefois, et malgré ces améliorations,
la plupart des logements ouvriers des villes sont loin
d'être sains, et ne valent pas, à coup sûr, la chaumière
du paysan. Et puis il ne faut pas perdre de vue que
celui-ci passe sa journée dans les champs, et se re-
trempe au grand air. L'ouvrier urbain au contraire
quitte sa chambre pour s'engouffrer, avec ses camarades,
dans un atelier, dont l'atmosphère ne tarde pas à se vi-
cier et à se corrompre ; il passe sa soirée dans quelque
taverne ou dans quelque bouge, dont l'air est encore plus
nauséabond et délétère.

En résumé, l'indigence rurale est moins intense que
celle des villes, et elle est beaucoup plus supportable ;
les causes de misère sont moins nombreuses et moins
actives ; la population pauvre est plus clairsemée ; les
conditions du travail et de la vie matérielle sont moins
mauvaises. Mais que de diversités dans la situation des
classes rurales. Dans telle région, en Normandie, par
exemple, les paysans sont généralement aisés ; dans telle
autre, comme en Bretagne, ils sont pauvres pour la
plupart. La fertilité ou l'infécondité du sol, la douceur
ou l'inclémence du climat (1), le grand ou le petit nombre

---

(1) M. Baudrillart, parlant de l'indigence dans les campagnes de la Flandre
française et en recherchant les raisons, s'exprime ainsi. « Enfin une autre ex-
« plication, que je suis tenté de donner à l'indigence, c'est le développement

des enfants, la forte ou la faible densité de la population, la productivité plus ou moins grande du travail, le taux des salaires, les habitudes de la vie, etc., expliquent largement ces différences. Mais les diversités se produisent parfois de commune à commune : dans une localité, le nombre des indigents est proportionnellement assez grand ; dans une autre, voisine et distante de quelques kilomètres de la première, l'on ne compte pas un seul malheureux. L'étendue du territoire, sur lequel s'applique le travail des ouvriers, la nature des occupations, la manière de vivre des habitants, sont autant de raisons de ces diversités : dans les villages exclusivement agricoles, l'indigence existe rarement ; dans les villages industriels, elle se présente avec plus de fréquence.

» des besoins matériels rendus exigeants par leur climat et par leur tempéra-
» ment. On ne peut rien contre ces exigences naturelles, et les habitudes de
» consommation abondante n'ont fait que les développer chez tous ceux qui
» ont les moyens de les satisfaire. On nourrirait cinq ou six départements du
» Midi avec ce qui ne suffit pas à faire vivre le seul département du Nord ».

# CHAPITRE III

## L'indigence dans les campagnes, avant 1789.

Opinion sur la situation des villages français avant 1789. — Règne de Louis XIV ; citations de La Bruyère, du duc de Lesdiguières, de Boisguillebert ; mémoires des intendants. — Salaires au XVII· siècle. — Dix-huitième siècle. Opinions divergentes. Affirmations de Lady Montagu et de Horace Walpole, constatant un état favorable. Saint-Simon, d'Argenson, Massillon. — Révoltes et séditions pour le pain. — Règne de Louis XVI. Autorité qu'il faut accorder aux citations concernant l'ancien régime. Causes de la misère rurale.

Dans son livre sur l'*Ancien régime*, M. de Tocqueville définit ainsi un village français au dix-huitième siècle : « Une communauté, dont tous les membres » étaient pauvres, ignorants et grossiers ; avec des » magistrats aussi incultes et aussi méprisés qu'elle, un » syndic ne sachant pas lire, un collecteur incapable de » dresser de sa main les comptes, dont dépendaient la » fortune de ses voisins et la sienne propre. »

Il semblerait que le tableau fût chargé ; il n'en est rien, et, dans les derniers siècles de l'ancienne monarchie, l'on n'aperçoit qu'une longue succession de tableaux douloureux, un pénible combat du travail contre la faim, combat où le travail était vaincu d'avance. Mais comment l'affirmer, sans recourir aux affirmations mêmes de ceux qui ont vu, de ceux qui en ont été les témoins ! Sans remonter au delà du dix-septième siècle, nous rencontrons dans les historiens, voire même dans les rap-

ports officiels, les faits les plus probants, qui prouvent que, sous le règne de Louis XIV, les campagnes nous présentent un tableau aussi triste que l'éclat de la cour était vif et brillant. Ce n'était pas une boutade de La Bruyère, lorsqu'il écrivait cent ans avant la Révolution de 1789 : « L'on voit certains animaux farouches, des
» mâles et des femelles, répandus par la campagne,
» noirs, livides, et tout brûlés du soleil, attachés à la
» terre qu'ils fouillent et remuent avec une opiniâtreté
» invincible. Ils ont comme une voix articulée, et quand
» ils se lèvent sur leurs pieds, ils montrent une face
» humaine ; et, en effet, ils sont des hommes. Ils se re-
» tirent la nuit dans des tanières où ils vivent de pain
» noir, d'eau et de racines. Il épargnent aux autres
» hommes la peine de semer, de labourer et de recueillir
» pour vivre, et méritent ainsi de ne pas manquer de
» ce pain qu'ils ont semé » (1). Voilà l'impression du moraliste sur l'état des sujets de ce roi qui a donné son nom à son siècle ! L'accusera-t-on d'avoir mis sur son tableau des teintes trop sombres, et d'avoir sacrifié la vérité ? Il est malheureusement d'autres témoignages. Le duc de Lesdiguières, gouverneur du Dauphiné, dans une lettre à Colbert, datée de l'année 1675, écrivait : « La
» plus grande partie des habitants de la campagne n'ont,
» pendant l'hiver, que du pain de glands et des racines,
» et présentement on les voit manger l'herbe des prés
» et l'écorce des arbres. » Sans faire intervenir ici les appréciations de Vauban, de M^me de Maintenon et d'autres écrivains qui sont unanimes sur la misérable condition des habitants de la campagne, citons l'affirmation d'un précurseur de nos économistes : « Le dixième des habi-
» tants est à la mendicité, dit Boisguillebert dans son

---

(1) La Bruyère, édition Destailleurs, II, 97. Add. de la 4ᵉ édition (1689).

» *Détail de la France* ; la moitié du reste n'a qu'à
» peine le nécessaire ; dans l'autre moitié, les trois quarts
» sont mal à l'aise. »

A la fin du dix-septième siècle (1698) les mémoires,
dressés par les intendants pour le duc de Bourgogne,
disent que beaucoup de districts et de provinces ont
perdu le sixième, le cinquième, le quart, le tiers et même
la moitié de leur population (1).

Pour traduire par des chiffres la situation pécuniaire
des travailleurs ruraux dans la seconde partie du XVII$^e$
siècle, il est permis d'évaluer, d'après les affirmations
les plus certaines, et grâce à des données empruntées à
des lieux différents, le salaire moyen de la journée à 6
sols pour les hommes et 3 sols au plus pour les femmes (2).
Le sol ne valait guère, en monnaie de notre temps, que
0 fr. 083. Encore n'était-ce pas un revenu bien régulier !
Il fallait tenir compte des chômages, plus fréquents à
cette époque qu'à la nôtre, à raison de la difficulté des
déplacements et du faible développement de l'industrie
et de l'agriculture (3). A supposer 200 journées de travail, c'était pour l'ouvrier des champs un budget qui ne

---

(1) V. pour les détails la *Correspondance des contrôleurs généraux* de 1683
à 1698, publiés par M. de Boislille.

(2) *Correspondance des contrôleurs généraux*, lettres 163, 1174 et 1423 ;
lettre 163 « 6, 5 ou 4 sous » ; — Lettre 1174 « 4 sous ».
Locke constate que les paysans bordelais avaient à peine 7 sols par jour, et
leurs femmes 3 ; cette contrée était la plus privilégiée sous le rapport du prix
du travail. (*Journal of Travels in France*, t. 1, p. 147.

(3) Il faut tenir compte également, pour expliquer ces nombreux chômages,
du grand nombre des fêtes. En raison seulement de la multiplicité des fêtes
chômées, l'ouvrier avait eu, jusqu'au XVII· siècle, en moyenne deux jours de
repos par semaine ; le travail cessait même souvent, la veille des jours fériés,
à 3 heures de l'après-midi. (M. Babeau, *Correspondant* du 25 décembre 1884).

Il ne faut donc pas voir un simple trait du bonhomme fabuliste dans les vers
suivants :

Le mal est que dans l'an s'entremêlent des jours
Qu'il faut chômer : on nous ruine en fêtes.

(LA FONTAINE, liv. 8, f. 2).

dépassait pas 120 fr. Mais le nombre réel des journées atteignait-il 200 ? Il est permis d'en douter, au moins pour le pays Toulousain ; en effet, nous lisons dans un ouvrage dont l'auteur a compulsé avec soin les archives départementales de la Haute-Garonne : « Tous les habi- » tants sont gens de journée, écrit le curé de la paroisse » de Bruyère, et, pour peu que l'hiver soit mauvais, ils » sont tous à l'aumône. » — « Les ouvriers n'ont rien à » faire pendant huit mois, mandait-on de Caraman. » — « La plupart n'étaient pas employés quatre mois de l'an- » née, sur les paroisses de Castelginest et de Graten- » tour ! » (Archives départementales, *État des paroisses*). Et cependant ces localités sont réputées aujourd'hui pour être les plus riches et les mieux cultivées (1).

Sur le dix-huitième siècle, les jugements paraissent se contredire. Tantôt on parle des populations rurales, comme étant réduites au dernier degré de la misère ; tantôt, au contraire, on peint leur condition sous des couleurs plus favorables.

Il paraît certain que le paysan fut moins constamment malheureux sous Louis XV qu'auparavant, et qu'une amélioration s'était produite sous ce règne pendant cer- taines périodes. On ne peut méconnaître le progrès qui se manifeste sous le ministère du cardinal de Fleury. En 1739, Lady Montagu écrit qu'elle trouve un air d'a- bandon et de contentement répandu dans les campagnes. Plus tard, en 1765, Horace Walpole écrivait : « Je » trouve ce pays-ci prodigieusement enrichi depuis vingt- » quatre ans que je ne l'ai vu. » Affirmations difficiles à concilier avec d'autres documents qui attestent une si- tuation beaucoup moins satisfaisante.

(1) M. Théron de Montaugé, l'*Agriculture et les Classes rurales dans le pays Toulousain*, p. 65.

« En 1725, au dire de St-Simon, au milieu des pro-
» fusions de Strasbourg et de Chantilly, on vit en Nor-
» mandie d'herbes des champs. Le premier roi de
» l'Europe ne peut être un grand roi, s'il ne l'est que
» de gueux de toutes conditions, et si un royaume
» tourne en un vaste hôpital de mourants à qui on
» prend tout en pleine paix. » En 1739, le marquis
d'Argenson note dans son journal : « Au moment où
» j'écris, au mois de février, en pleine paix, avec les
» apparences d'une récolte sinon abondante, du moins
» passable, les hommes meurent, autour de nous, comme
» des mouches, et sont réduits par la pauvreté, à brouter
» l'herbe... Le duc d'Orléans porta dernièrement au
» conseil un morceau de pain de fougère. A l'ouverture
» de la séance, il le posa sur la table du roi, en disant :
« *Sire, voilà de quoi vos sujets se nourrissent.* » —
« Dans mon canton de Touraine, il y a déjà plus d'un
» an que les hommes mangent de l'herbe » (1). Interrogeons une autre source, et jetons les yeux sur une
autre contrée de la France ; nous trouverons même misère, mêmes souffrances ; c'est ainsi qu'en 1740 Massillon, évêque de Clermont-Ferrand, écrivait à Fleury :
« Le peuple de nos campagnes vit dans une misère
» affreuse, sans lits, sans meubles ; la plupart même, la
» moitié de l'année, manquent du pain d'orge et d'a-
» voine qui fait leur unique nourriture et qu'ils sont
» obligés d'arracher de leur bouche et de celle de leurs
» enfants pour payer les impositions. J'ai la douleur,
» chaque année, de voir ce triste spectacle devant mes
» yeux, dans mes visites. C'est à ce point que les nègres
» de nos îles sont infiniment plus heureux, car, en tra-
» vaillant, ils sont nourris et habillés, avec leurs femmes

---

(1) D'Argenson, 19 et 24 mai, 4 juillet et 1ᵉʳ août 1739.

» et leurs enfants, au lieu que nos paysans les plus la-
» borieux du royaume ne peuvent, avec le travail le
» plus dur et le plus opiniâtre, avoir du pain pour eux
» et leur famille, et payer les subsides » (1).

Dix ans plus tard, la situation ne s'est pas améliorée ;
elle est plus mauvaise encore, et c'est d'Argenson qui
nous en donne les détails : « De ma campagne, à dix
» lieues de Paris, je retrouve le spectacle de la misère
» et des plaintes continuelles bien redoublées ; qu'est-ce
» donc dans nos misérables provinces de l'intérieur du
» royaume ?... Mon curé m'a dit que huit familles, qui
» vivaient de leur travail, mendient aujourd'hui leur
» pain. On ne trouve point à travailler. Les gens riches
» se retranchent à proportion comme les pauvres. Avec
» cela, on lève la taille avec une rigueur plus que mili-
» taire. Les collecteurs avec les huissiers, suivis des
» serruriers, ouvrent les portes, enlèvent les meubles et
» vendent tout pour le quart de ce qu'il vaut, et les
» frais surpassent la taille. »... « Je me trouve en ce mo-
» ment en Touraine, dans mes terres. Je n'y vois qu'une
» misère effroyable ; ce n'est plus le sentiment triste de
» la misère, c'est le désespoir qui possède les pauvres
» habitants : ils ne souhaitent que la mort et évitent de
» peupler... On compte que par an le quart des journées
» des journaliers va aux corvées, où il faut qu'ils se
» nourrissent ; et de quoi ?... Je vois les pauvres gens
» y périr de misère. On leur paie quinze sous ce qui
» vaut un écu pour leur voiture. On ne voit que villages
» ruinés ou abattus, et nulles maisons qui se relèvent...
» Par ce que m'ont dit mes voisins, la diminution des
» habitants va à plus du tiers... Les journaliers pren-
» nent tous le parti d'aller se réfugier dans les petites

(1) *Résumé de l'histoire d'Auvergne par un Auvergnat*, p. 313.

» villes. Il y a quantité de villages où tout le monde
» abandonne le lieu. J'ai plusieurs de mes paroisses où
» l'on doit trois années de taille ; mais, ce qui va tou-
» jours son train, ce sont les contraintes... » (1) Ailleurs,
d'Argenson constate que le mariage et la *peuplade* périssent absolument (2). Ainsi de tous côtés ce sont les
mêmes plaintes, les mêmes désespoirs. Faut-il compter
les attroupements et les séditions provoqués par les affa-
més ? Nous n'en finirions pas. Dans la seule province
de Normandie, l'on voit des révoltes, pour le pain, en
1725, en 1737, en 1739, en 1752, en 1764, 1765, 1766,
1767, 1768 (3) ; « des hameaux entiers, écrit le Parle-
» ment, manquant des choses les plus nécessaires à la
» vie, étaient obligés par le besoin, de se réduire aux
» aliments des bêtes... Encore deux jours et Rouen se
» trouvait sans provisions, sans grains et sans pain. »

Sous Louis XVI, la misère est moindre et cela grâce
à l'adoucissement et à l'amélioration de tous les ressorts
de la machine administrative, grâce aussi à un allégement du fardeau de la taille et de la corvée. Mais l'état
de nos populations rurales est encore de ceux que la
nature humaine supporte difficilement. La vie est encore
précaire, au jour le jour ; le paysan n'a le plus souvent
que le peu qui lui est indispensable pour ne pas mourir
de faim, *ne egeat* (4). La nourriture insuffisante et
malsaine engendre des maladies. Vienne une gelée, une
grêle ou un autre accident calamiteux, c'est la famine !
Souvent même et dans certaines contrées, il suffit de

(1) D'Argenson, 4 octobre 1749, 20 mai, 12 septembre, 28 octobre, 28 décembre 1750, 16 juin, 22 décembre 1751, etc.
(2) *Id.* 21 juin 1749, 22 mai 1750, 19 mars 1751, 14 février, 15 avril 1752, etc.
(3) Floquet, *Histoire du parlement de Normandie*, VI, 400 a 430.
(4) *Procès-verbaux de l'Assemblée provinciale de Basse-Normandie* (1787)
p. 151.

l'hiver avec son cortége ordinaire de chômages et en même temps de besoins, pour faire éclater la misère. On compte, dans deux élections seulement, trente-cinq mille individus réduits à la mendicité (1). M. Taine se sert d'une comparaison très exacte pour peindre cette situation : « Le peuple, dit-il, ressemble à un homme qui » marcherait dans un étang, ayant de l'eau jusqu'à la » bouche ; à la moindre dépression du sol, au moindre » flot, il perd pied, enfonce et suffoque. En vain la » charité ancienne et l'humanité nouvelle s'ingénient » pour lui venir en aide ; l'eau est trop haute. Il fau-» drait que son niveau baissât, et que l'étang pût se » dégorger par quelque large issue. Jusque là, le mal-» heureux ne pourra respirer que par intervalles, et, à » chaque moment, il courra risque de se noyer. » (2).

Malgré l'authenticité des citations que nous avons faites, il faut, à notre sens, ne pas prendre absolument à la lettre les affirmations qui y sont contenues. Sans doute, la misère était grande ; mais nous estimons qu'elle était réellement moindre qu'elle ne le paraissait d'après les documents officiels. L'impôt de la taille, perçu d'après l'apparence de la fortune des contribuables, rendait le paysan sournois et plaignard. De plus, il ne faut pas perdre de vue que, la plupart des documents officiels étant demandés pour faire la répartition des impôts entre les villages, les habitants exagéraient avec intention l'état de gêne réelle où ils se trouvaient.

On sait l'anecdote de J. J. Rousseau entrant chez un paysan, auquel il demande à manger ; celui-ci répond

---

(1) Archives nationales. Lettres de M. de Crosne, intendant de Rouen (17 février 1784) ; de M. de Blossac, intendant de Poitiers (9 mai 1784) ; de M. de Villeneuve, intendant de Bourges (28 mars 1784) ; de M. de Cypierre, intendant d'Orléans (28 mai 1784) ; de M. de Maziron, intendant de Moulins (28 juin 1786) ; de M. Dupont, intendant de Moulins (16 novembre 1779).

(2) L'*Ancien régime*, 14· éd. p. 440.

qu'il n'a rien, mais s'apercevant après quelques instants qu'il n'a pas affaire à un commis des contributions, il lui apporte des vivres (1).

Les intendants, à leur tour, étaient intéressés, pour exonérer leurs administrés, à exagérer leur misère ; la taille, en effet, se répartissait arbitrairement entre les provinces.

Nous devons, d'ailleurs, faire une autre observation : c'est que lorsque l'on cite quelques témoignages sur les misères de l'ancienne France, on doit se garder de leur accorder une portée définitive, et de les appliquer à toutes les époques que l'on réunit confusément sous le nom d'ancien régime. Si, par exemple, l'on prend tel tableau de la Bretagne au quatorzième siècle, avant les guerres d'Angleterre, il en ressort certaines idées de richesse ou d'aisance, qui conviendraient mal aux périodes suivantes.

Pour le XVIIᵉ et le XVIIIᵉ siècles, il ne faudrait pas juger une année par celle qui la précède ou qui la suit, une succession d'années par la période antérieure ou postérieure. Les années de disette ou celles qui succédaient à une guerre étaient douloureuses ; elles soulevaient des cris qui ont laissé leur écho dans l'histoire. Mais il ne faudrait pas croire que, par moments, le ciel ne se fût pas rasséréné ; or, ces éclaircies de bonheur ont laissé moins de traces, très probablement par cette raison que les peuples heureux n'ont pas d'histoire.

Quoiqu'il en soit, les populations rurales souffraient d'un état de gêne indiscutable ; et, chose à noter, au rebours de ce que nous voyons aujourd'hui, c'est le paysan qui, autrefois, semble avoir été plus à plaindre que l'ouvrier des villes. La France agricole était plus

(1) *Les Confessions*, part. I, livre IV.

malheureuse que la France industrielle. Quelles étaient donc les causes de ces maux ? Les vicissitudes, par lesquelles passait le paysan, n'étaient pas imputables à quelque vice inhérent à l'ancien régime, aux crimes des rois ou aux erreurs de la politique ; non, elles étaient le fait d'un état général de la civilisation à cette époque. La Fontaine a résumé ces causes à sa manière, et avec une certaine vérité, en quatre mots :

> ............ .... les soldats, les impôts,
> Les créanciers et la Corvée (1).

Pour serrer de plus près le sujet, et pour examiner scientifiquement les causes, auxquelles il faut attribuer l'état misérable des anciennes campagnes françaises, nous devons étudier successivement les conditions du travail et de la vie matérielle, ainsi que les charges de diverses natures, pesant sur les classes rurales. Comparant, sous ces trois points de vue, la situation des ouvriers agricoles de l'ancienne France avec celle de nos paysans d'aujourd'hui, nous verrons dans quelle mesure la situation s'est améliorée dans nos villages.

Nous estimons, en effet, que la misère des deux siècles, qui ont précédé immédiatement celui-ci, était due à une insuffisance des salaires et du travail, à la cherté et à la rareté des subsistances de première nécessité, et enfin à l'inégalité ou à l'excès des charges fiscales. Or, sous ces trois rapports, le sort des populations rurales a largement gagné. Le bien-être général s'est accru dans les campagnes, avec le progrès de l'agriculture, la liberté du commerce, le développement des moyens de communication, et aussi avec une meilleure répartition des charges publiques. C'est ce que nous nous proposons de montrer dans les chapitres suivants.

(1) *La mort et le bûcheron*, livre 1, fable XVI.

# CHAPITRE IV.

## Les salaires ruraux et les conditions du travail avant et après 1789.

Salaires ruraux dans la deuxième partie du XVIIe siècle.—Salaires dans le pays Toulousain au commencement du XVIIIe siècle.— Prix de la main-d'œuvre dans les années précédant la Révolution.—Salaires au XIXe siècle.— Le taux d'accroissement d'après M. de Foville. — Raisons de la modicité du prix du travail : population ouvrière rurale comparée aux deux époques : avantage donné par les lois et les mœurs d'abord au patron, puis à l'ouvrier ; établissement des chemins de fer ; productivité comparée du travail agricole, et état de l'agriculture avant et après 1789. — Conséquences des machines. — Le travail industriel dans les campagnes.

Dans la seconde partie du dix-septième siècle, le salaire moyen, avons-nous dit, pouvait être évalué, d'après les affirmations les plus certaines, à 6 sols pour les hommes et à 3 sols pour les femmes ; encore n'était-ce pas un revenu bien régulier ! avons-nous ajouté. Un savant statisticien, M. Moreau de Jonnès, arrive par un calcul où il fait entrer le chiffre des frais de culture, qu'il divise par celui de la population, à n'attribuer, en 1700, à un ménage composé de quatre personnes et demie, qu'une somme annuelle de 135 francs ; trente-sept centimes par jour ! suivant le même, vers 1769, le budget de la même famille n'aurait été que de trente-cinq centimes par jour ; 125 fr. par an. Quel problème à résoudre que celui de l'existence avec 0.37 ou 0.35 centimes par jour !

Puisons à d'autres sources ; elles nous confirmeront les mêmes faits. A la suite d'un arrêt du Parlement de

Toulouse, ayant pour objet d'enjoindre à l'autorité municipale de fixer le prix de la journée de travail eu égard à la valeur des denrées, et dans le délai de trois jours après la publication de l'arrêt, une ordonnance des consuls de Blagnac, en date du 14 août 1708, fixa le prix des journées d'homme à 6 sols, depuis le 1ᵉʳ octobre jusqu'au 1ᵉʳ février exclusivement; à 8 sols depuis le 1ᵉʳ février jusqu'au 1ᵉʳ avril; et à 10 sols, depuis le 1ᵉʳ avril jusqu'au 1ᵉʳ octobre. On arrêta, en même temps, que la journée des femmes serait payée, à raison de 3 sols, depuis le 1ᵉʳ octobre jusqu'au 1ᵉʳ février; de 4 sols depuis le 1ᵉʳ février jusqu'au 1ᵉʳ avril, de 5 sols depuis le 1ᵉʳ avril jusqu'au 1ᵉʳ octobre; « le » tout à compter du soleil levant jusqu'au soleil couché, et le travail vitement fait..... » (1).

En 1788, à la veille de la Révolution française, le revenu normal d'une famille agricole n'avait pas, d'après M. Moreau de Jonnès, augmenté sensiblement dans les trente années qui avaient précédé. Pour le célèbre voyageur Arthur Young, qui parcourait la France à la même date, le prix moyen des journées pour les ouvriers est de 19 sous; ce chiffre, dont l'exagération est certaine en ce qui concerne les ouvriers agricoles, est corrigé par d'autres écrivains. Le duc de la Rochefoucauld-Liancourt parle de 10 sous par jour; M. Théron de Montaugé, dans l'ouvrage que nous avons déjà cité plusieurs fois, dit avoir compulsé les livres de compte tenus par sa famille, et avoir trouvé que de 1789 à 1790, le prix moyen de la journée d'homme, sur son domaine de Périole, fut de 50 centimes en janvier, février et mars; de 60 centimes en avril et en mai; le prix normal pour les mois de juin, juillet et août, fut

(1) *Archives de la commune de Blagnac.* V. l'ouvrage cité de M. Théron de Montaugé.

de 70 centimes. Mais habituellement les familles, attachées au domaine, avaient un intérêt dans la récolte du
blé, ce que l'on nomme encore la *latte au sol*, et les
solatiers prélevaient le huitième du grain pour sarcler,
couper à la faucille et battre au fléau les récoltes; or,
le produit moyen de la latte, ayant été de 7 hectolitres
70 litres de blé, et la part de l'homme dans la latte
(qui était servie par un homme et une femme) pouvant
être évaluée aux 4/7 de la totalité, le solatier gagnait du
20 juin aux premiers jours d'août, la valeur de 4 hectolitres de blé, qui, au prix de 16 fr. 94 l'hectolitre
(c'est le chiffre moyen constaté sur le marché de Toulouse à cette époque) remet pour la fin du mois de juin
et les mois de juillet et août la moyenne de la journée
de travail à 1 fr. 40. En septembre, la journée fut
payée de 1785 à 1790, 68 centimes; en octobre, 60
centimes; en novembre, 55, et en décembre 50 centimes. Bref, étant donné le nombre de journées de travail, cela fait 162 fr. 43. A la même époque, le salaire
des femmes, sur le domaine de Périole, fut de 0 fr. 30,
depuis le mois de septembre jusqu'au mois de juin, et
de 0 fr. 40 pendant le reste de l'année; mais les femmes, au moment de la moisson recevaient environ 3 hectolitres de blé, ce qui rendait leur salaire supérieur dans
cette saison. A 130 journées de travail par an, nous dit
M. Théron de Montaugé, le salaire annuel des femmes
pouvait être évalué à 75 fr. 40. En ajoutant cette
somme à celle de 162 fr. 43 gagnée par le mari, et en
observant que la femme, pendant les moments où elle
ne trouvait pas à s'occuper à l'extérieur, passait son
temps à filer la laine, le chanvre et le lin, dont s'ha-
billait toute la famille, nous arrivons à un budget supérieur à celui que détermine M. Moreau de Jonnès.

Nous avons sous les yeux l'indication des salaires

payés depuis 115 ans dans une ferme importante (1) :
en 1774, le premier charretier gagnait 130 francs par
an, outre la nourriture ; le garçon de cour avait 27
livres par an, la servante 34 livres. En 1784, soit dix ans
après, les gages n'avaient pas augmenté. En 1794, il y
avait eu une légère amélioration : le premier charretier
nourri avait 120 fr., et recevait, en outre, 1 *setier* de blé
(165 litres); le garçon de cour gagnait 48 fr. et la servante 42. Nous verrons plus loin quelle a été l'augmentation dans cette ferme depuis le commencement du siècle.

Arthur Young constate qu'en douze ans la main
d'œuvre avait augmenté de 100 % en Normandie, de
50 % en Provence, de 50 % dans l'Ile de France, tandis qu'en Anjou, par exemple, elle était restée station-
tionnaire depuis un demi-siècle. Pour l'ensemble de la
France, il admet une hausse de 20 % de 1763 à 1788.
Cette hausse nominale se trouvait annulée par un renchérissement supérieur des denrées, si bien qu'elle n'a-
vait pu profiter aux ouvriers agricoles dont, d'ailleurs,
Young révèle la misérable position. Le blé par exemple, qui avait valu, en moyenne, 18 livres le setier
dans la première moitié du siècle, en valait à peu près
24 depuis 1766 (environ 17 fr. l'hectolitre).

Sous le Directoire, nous avons quelques renseignements. La guerre ayant enlevé une partie des hommes
valides, les gages avaient augmenté; les ouvriers n'é-
taient donc pas ceux qui souffraient le plus. A la campagne, on avait beaucoup défriché, beaucoup emblavé,
surtout pendant la période du maximum; et, quoique
le blé fût à bas prix, les salaires avaient augmenté des
4/5[mes], disait-on (2).

---

(1) Ferme de Brégy (Oise), tenue par M. Moquet.
(2) Fr. d'Ivernois, *Tableau historique des pertes que la Révolution et la
guerre ont causées au peuple français*, 1799. p. 145 et s.

Si nous jetons un coup d'œil sur ce siècle, la progression nous apparaîtra rapide et accentuée.

M. de Foville, embrassant dans une même comparaison le dix-huitième sièle et les trois premiers quartiers de celui-ci, présente le tableau suivant du gain moyen d'une famille de journaliers agricoles composée du père, de la mère, d'un enfant en âge de travailler, et de deux enfants en bas âge :

| | |
|---|---|
| En 1700 | 180 fr. |
| En 1788 | 200 |
| En 1813 | 400 |
| En 1840 | 500 |
| En 1852 | 550 |
| En 1862 | 720 |
| En 1870-1875 | 800 |

L'augmentation n'aurait été que de 11 0/0, de 1700 à 1788, mais elle aurait été de 300 0/0 pendant le dernier siècle (de 1788 à 1875). Il s'agit là du budget d'une famille entière, et encore ces chiffres n'ont-ils trait qu'à l'ensemble de la France (1).

Interrogeons les statistiques particulières de quelques contrées de la France, et revenons dans le pays Toulousain et au domaine de Périole.

En 1868, les salaires des journaliers, nous apprend M. de Montaugé, s'élevaient à 1 fr. pour les mois de janvier, février, mars, avril, octobre, novembre et décembre. En mai, ils étaient de 1 fr. 50 ; en juin, de 2 fr. 20 ; en juillet, de 4 fr. 34 ; en août, de 3 fr. 55 et en septembre de 1 fr. 55. — M. Théron de Montaugé fils, avec une bonne grâce à laquelle nous avons été fort sensible, nous a fourni l'indication des salaires qu'il paie actuellement sur le domaine où il continue les traditions paternelles. En janvier, février, octobre,

---

(1) *Economiste français* du 22 janvier 1876. — V. la *Transformation des moyens de transport*, du même auteur, p. 361.

novembre et décembre, il donne à ses journaliers 1 fr. 50 ;
en mars, 1 fr. 75 ; en avril, mai et juin, 2 fr. ; en juillet
et en août 3 fr. 39 et en septembre, 1 fr. 75. M. Théron
de Montaugé nous fait observer que le prix afférent
aux mois d'été (juin, juillet et août) est, depuis quelques
années, inférieur à ce qu'il devrait être, circonstance
due à la baisse du cours des céréales, constituant
une partie du salaire ; mais, en relevant le prix de ces
mois d'un quart environ, nous constatons que le salaire
a bénéficié depuis un siècle, sur la terre de Périole,
d'une hausse de 200 à 250 0/0.

Dans la ferme de Brégy, les salaires ont plus que
triplé depuis 1774. Nous avons sous les yeux les prix
payés à cette date, et ceux payés en 1884. Le taux
d'accroissement est considérable.

Nous pourrions ajouter à ces exemples d'autres statistiques, que nous avons recueillies ; malheureusement
le point initial ne remonte pas au-delà de 1820. Il est
vrai que l'on peut regarder les salaires de 1820 comme
égaux à ceux de 1800 ; il y avait eu, vers 1810, une
augmentation assez rapide, résultant des vides que les
guerres de l'Empire avait creusés au milieu des classes
laborieuses, mais cette augmentation avait disparu, et
les prix étaient revenus à leur taux ancien ; c'est un
fait sur lequel nous avons l'affirmation fortement moti-
vée d'un statisticien, M. du Chatellier, qui, grâce à une
longévité peu commune, a assisté à la naissance et pour
ainsi dire à la fin de ce siècle (1).

Ceci dit, les salaires ont augmenté dans l'Aisne, de
250 0/0 environ entre 1820 et 1884 (2). Cette propor-

---

(1) *Essai sur les salaires et les prix de consommation de* 1802 *à* 1830,
p. 19. « De 1810 à 1830, les objets de consommation avaient augmenté, dit-
» il, de 12 0/0 ; les salaires des ouvriers avaient fléchi de 6 0/0. »

(2) M. Risler. — *Rapport au Ministre de l'agriculture,* 1884.

tion se retrouve un peu partout. Bref, en résumant les
chiffres fournis par MM. de Foville, Risler, etc., et en
les comparant à ceux que nous avons personnellement
obtenus, l'on constate que la progression du salaire
agricole depuis deux siècles, a atteint 500 à 600 0/0, et,
depuis 1820, 200 à 250 0/0.

Il est permis de se demander à quelles raisons il faut
attribuer, d'une part, la modicité du prix du travail, aux
dix-septième et dix-huitième siècles, et, d'autre part,
l'élévation subite qui s'est manifestée depuis quatre-
vingts ans. Il ne peut nous être possible de traiter à
fond cette question ; nous voulons néanmoins y répondre
en quelques mots.

La différence des conditions du marché du travail est
la principale raison. Que l'on examine l'offre et la
demande de travail dans les deux périodes, et l'on
comprendra pourquoi, dans la première, les salaires se
sont maintenus à un chiffre dérisoire, pourquoi, à
l'inverse, dans la seconde, ils se sont rapidement et
fortement accrus.

Dans les siècles précédents, la population rurale est
surabondante. Les villages sont très peuplés, et il suffirait, pour s'en convaincre, de remarquer que les
édifices, et notamment les églises, qui datent de cette
époque, ont été construits pour une population supérieure à celle d'aujourd'hui.

Les familles sont nombreuses ; les naissances multipliées. Aussi Arthur Young a-t-il pu dire avec raison :
« Je suis tellement convaincu par mes observations
» dans toutes les provinces que la population du royaume
» est hors de proportion avec son industrie et son tra-
» vail, que je crois fermement qu'elle serait plus puis-
» sante et infiniment plus prospère avec 5 millions

» d'habitants de moins. .... » Plusieurs des rédacteurs de l'enquête ouverte en 1763 par l'archevêque de Toulouse, sur l'*Etat des paroisses*, font observer que la gêne des cultivateurs devait être en partie attribuée au grand nombre d'enfants qu'il y avait dans les familles (*Archives départementales*). Et cette observation, plusieurs fois consignée dans ce document, s'applique à la bourgeoisie comme à la classe ouvrière (1). Aujourd'hui la population reste presque stationnaire, et le faible accroissement qui se produit profite uniquement aux villes ; les campagnes se dépeuplent ; chaque recensement quinquennal atteste une diminution dans la population des villages. Les naissances sont moins nombreuses, et nous pensons que c'est surtout dans la classe rurale que se manifeste ce genre de prévoyance, qui est le signe caractéristique de la France du XIXᵉ siécle. Que l'on nous permette à ce sujet deux exemples.

Dans l'enquête poursuivie par M. Baudrillart sur les populations agricoles de la France, un propriétaire de l'un des cantons de l'arrondissement d'Amiens a signalé au savant membre de l'Institut ce fait curieux et concluant. Dans le chef-lieu du canton, où il n'y a pas d'émigration, on comptait 930 habitants en 1830 ; il n'y en avait plus que 800 en 1870, et il n'y en a que 700 aujourd'hui. En prenant les 35 ménages les plus aisés, on trouve un ménage avec 3 enfants, 6 ménages avec 2, 24 avec un seul, et 4 sans enfants, soit 37 enfants pour 35 ménages. Les ménages, comptant cinq enfants et plus, appartiennent à la classe la plus pauvre. Il en est de même dans les villages voisins (2). — Nous avons pu observer nous-même un fait encore plus significatif. Dans une petite commune du canton d'Es-

(1) M. Théron de Montaugé. V. p. 86 et s.
(2) M. Baudrillart. *Les populations agricoles de la Picardie.*

trées-Saint-Denis (arrondissement de Compiègne), un tiers des ménages n'ont point d'enfants, le reste en a un ou deux le plus souvent un ; avoir trois enfants ou plus, c'est presque un déshonneur, et l'on n'a pas d'épithète assez forte pour qualifier cette imprévoyance.

Il ne faut, du reste, pas se dissimuler que c'est moins l'offre du travail qu'il y a à considérer que les conditions sociales au milieu desquelles elle se manifeste. Or, il s'est produit dans ce siècle un fait qui a agi sur le sort des classes ouvrières, et qui a largement contribué à en accroître la rémunération.

Ce fait, que M. Leroy-Beaulieu a été l'un des premiers à exposer dogmatiquement, c'est l'avantage que les lois et les mœurs ont donné aux ouvriers (1). Il est, d'ailleurs, relativement nouveau, et il a coïncidé avec l'énorme augmentation des salaires qui s'est produite depuis une trentaine d'années. Longtemps, la situation fut inverse, et, dans le contrat du travail, l'avantage appartenait aux patrons. Si le législateur intervenait, c'était en faveur de ceux-ci. La loi consacrait-elle une inégalité de traitement, c'était à ceux-ci qu'étaient réservées ces faveurs. Il semblait qu'elle vît dans l'ouvrier le descendant du serf. N'est-il pas étonnant que cette idée, qui hantait à leur insu l'esprit des économistes de la fin du siècle dernier, lorsqu'ils écrivaient sur le salaire, ait inspiré également les actes du gouvernement ? Il n'est pas nécessaire de rappeler les nombreuses décisions par lesquelles les rois de France limitaient le taux des salaires. Toutes sont inspirées par une conception fausse du caractère de la monnaie, mais toutes ont pour résultat de lier l'ouvrier, et de lui

(1) « I merely assert that respect for labor and sympathy with the body of laborers, on the part of the général community, constitute an economical cause. » F. Walker, *the wages question*, p. 371,

soustraire sa liberté. Nous devons, du reste, à la vérité de constater qu'elles étaient bientôt violées ; les lois économiques, plus fortes que les lois positives, ne tardaient pas à reprendre leur empire.

Toutes ces dispositions constituaient une législation de classe, dont le résultat était d'affaiblir la situation de l'une des parties dans le contrat de salaire. Et l'on comprend que Stuart Mill ait pu dire qu'il n'était peut-être pas un métier dans le Royaume-Uni, où les patrons ne pussent, s'ils le voulaient, réduire les salaires au-dessous du taux existant. Aujourd'hui la situation est tout autre. Non seulement toutes les inégalités ont disparu, mais l'on peut même dire que le législateur semble disposé à en créer au profit de l'ouvrier. Ces réformes nous paraissent la conséquence d'une réforme politique, qui n'est entrée dans notre constitution qu'en 1848 : nous voulons parler de cette grande innovation du suffrage universel, qui a investi l'ouvrier de l'électorat et même de l'éligibilité. Les faveurs politiques, dont la classe ouvrière a eu sa part dans les campagnes comme dans les villes, ont eu une certaine action ; il est permis de supposer que le valet de ferme, enhardi par le droit de suffrage qui venait de lui être octroyé, se soit montré plus exigeant ; toutefois il serait non seulement bien malaisé de déterminer dans quelle mesure cette cause a pu agir sur la hausse des salaires, mais même téméraire d'affirmer hautement qu'elle ait eu ici un effet, car l'accession de l'ouvrier aux droits politiques a coïncidé avec l'événement économique qui, selon nous, a contribué pour beaucoup au renchérissement de la main-d'œuvre agricole : nous voulons parler de l'établissement des lignes ferrées (1).

(1) V. notre étude sur les *Salaires au XIX*e *siècle*, où nous avons longuement traité l'histoire des salaires agricoles.

C'est également dans ce siècle, et vers le même moment, que la culture, secouant ses habitudes routiniè-
res, entrait résolument dans la voie du progrès, et
obtenait de ses auxiliaires une plus grande productivité
de travail.

Mais quel était donc la situation de l'agriculture
avant 1789? D'abord, quantité de terres étaient incultes ou abandonnées. « Le quart du sol est absolument
» en friche..... Les landes et les bruyères y sont le
» plus souvent rassemblées en grands déserts, par
» centaines et par milliers d'arpents. » (1). « Que l'on
» parcoure l'Anjou, le Maine, la Bretagne, le Poitou,
» le Limousin, la Marche, le Berry, le Nivernais, le
» Bourbonnais, l'Auvergne, on verra qu'il y a la moi-
» tié de ces provinces en bruyères qui forment des
» plaines immenses, qui toutes cependant pourraient
» être cultivées. » La société d'agriculture de Rennes
déclare que les deux tiers de la Bretagne sont en friche.
La Sologne, autrefois florissante, était devenue un
marécage et une forêt; les deux tiers de ses moulins
ont disparu, et « les bruyères ont pris la place des rai-
sins » (2). Aussi est-il aisé de comprendre le point d'in-
terrogation que se posait Arthur Young! « On s'étonne,
» disait-il, qu'un peuple si nombreux soit nourri, lors-
» que la moitié ou le quart·de la terre arable est occu-
» pée par des friches stériles. » (3). Ajoutons ensuite,
que, lorsqu'on cultive, on le fait d'une manière arriérée
et routinière. Arthur Young, dont la compétence est
indiscutable, affirme qu'en France « l'agriculture en est

(1) M. Théron de Montaugé, p. 25. — *Ephémérides du citoyen*, III, 190
(1766) ; IX, 15 (article de M. de Butré, 1767).

(2) *Procès-verbaux de l'assemblée provinciale de l'Orléanais* (1787) mémoire de M. d'Antroche.

(3) II, 137.

encore au dixième siècle. » (1). Sauf en Flandre, et
dans la plaine d'Alsace, les champs restent en jachère
un an sur trois, et souvent un an sur deux. Les outils
sont mauvais ; les charrues en fer sont ignorées, et, en
mainte contrée, on s'en tient à la charrue de Virgile ;
les herses sont fréquemment une échelle de charrette.
Presque pas de bestiaux, insuffisance de fumures. Aussi
peut-on aisément s'expliquer que les produits agricoles
soient faibles. « Nos terres communes, disait le marquis
» de Mirabeau, donnent environ, à prendre l'une dans
» l'autre, six fois la semence. » (2), et ce témoignage
n'est pas suspect. En 1778, auprès de Toulouse, dans
une riche contrée, le blé ne rendait que cinq pour un.
D'après les appréciations d'Arthur Young, dont les
renseignements sur cette matière sont si précieux,
l'acre anglais, de son temps, produisait vingt-huit
boisseaux de grain, et l'acre français dix-huit, et le
rapport total de la même terre était de trente-six livres
sterling en Angleterre, et seulement de vingt-cinq en
France.

Aujourd'hui la situation est totalement modifiée.
D'abord, et quoi qu'en puissent dire certains esprits su-
perficiels, ou même nos cultivateurs, intéressés à exagérer leurs charges, le travail agricole est rendu plus
productif. Non pas que l'ouvrier soit devenu plus laborieux d'une manière générale ; non pas que sa force
musculaire se soit accrue ; mais il est devenu plus in-
telligent, plus éclairé, et puis, il faut bien le reconnaître, il est mieux secondé, il emploie des outils plus
parfaits. Voyez l'ouvrier sarcler un champ de betteraves : il fait davantage de besogne que son ancêtre,
parce qu'il a un meilleur outil. Il est de cette vérité un

(1) II, 112, 115. — M. Théron de Montaugé, p. 52-61.
(2) *Traité de la population*, p. 29.

exemple bien curieux : le moissonneur se servait autrefois d'une faucille incommode, qui l'obligeait à tenir le dos
courbé pendant toute une journée ; aujourd'hui il a une
sape, et il fait pendant le même temps, et avec moins
de fatigue, le double de travail ; aussi son salaire, qui
nominalement ne se serait augmenté que de 100 p. %,
a-t-il, en fait, triplé. Les charrues sont plus parfaites.
Le brabant et la défonceuse ont pris la place de l'ancienne charrue de bois ; ils font plus d'ouvrage et l'ouvrage est mieux fait. Ce n'est pas tout : aujourd'hui, en
culture, l'on commence à se servir de machines à
moissonner ; l'homme qui les conduit, fait, pendant une
journée, le travail de quatre ouvriers. L'emploi du se-
moir se généralise, et il procure économie de temps et
de semence. La machine à battre a partout remplacé
l'ancien mode de battage ; en douze heures, et avec le
travail de 10 personnes, elle enlève le grain de 1,800
gerbes de blé ; il eût fallu, au temps du fléau, le travail
d'un homme pendant un mois ou plutôt pendant quarante jours ; et encore l'ouvrage eût-il été moins bien fait,
et, en outre, plus coûteux pour le patron lui-même.

Nous n'en avons pas fini avec les progrès agricoles :
la terre, aujourd'hui mieux fumée, complétée par des
engrais chimiques, rapporte davantage. L'assolement
est mieux rempli : l'année de jachère morte a presque
partout disparu, et elle a été remplacée par une récolte
de betteraves, de plantes fourragères, etc. (1). Vous

(1) La superficie, cultivée en blé, a, depuis la Restauration, augmenté de
40 0/0, bien que la perte de l'Alsace-Lorraine (1,447,400 hectares) ait com-
pensé, et au-delà, l'annexion de la Savoie et de Nice (1,277,100 hectares) ; et
une augmentation très sensible a également été obtenue dans le rendement
moyen de l'hectare. Le concours de ces deux faits, superficie plus grande et
rendement supérieur, explique l'accroissement de la production totale qui,
sous la Restauration, variait de 40 à 60 millions d'hectolitres, et qui a pu s'élever en 1874 jusqu'à 133 millions.

nous direz peut-être que tout cela est affaire de direction? Que le cultivateur ait seul le mérite de ces innovations, cela n'est pas douteux; mais le jour où il a augmenté ses rendements, multiplié le nombre de ses récoltes, introduit l'usage des récoltes dérobées, il a, par cela même, obtenu de ses ouvriers un travail plus lucratif, et il est aisé de comprendre que ses auxiliaires aient pu opérer sur la richesse créée un prélèvement plus fort. (1) La productivité du travail résulte de causes extrinsèques, aussi bien que de la volonté de l'ouvrier.

Il est incontestable que tous ces progrès ne datent pas du commencement du siècle, et il serait inexact de dire que si, avant 1789, l'industrie agricole vivait dans la routine, elle a pris son essor depuis cette époque.

La vérité est que, pendant la première partie du XIX^e siècle, elle était demeurée sensiblement dans le même état qu'antérieurement. C'est environ sous le gouvernement de Juillet que la culture a commencé à marcher dans la voie du progrès.

Si maintenant nous envisageons la situation agricole dans ses rapports avec l'indigence, nous aurions quelques distinctions à faire. Il n'est pas douteux que l'accroissement de la production, en augmentant la quantité des subsistances, n'ait largement contribué à rendre la vie matérielle plus aisée et à faciliter les consommations. Mais en tant qu'il s'agit de la rénumération du travail, nous pensons que cet accroissement a pu, au début, contribuer à un plus large emploi de la main d'œuvre, mais que, au fur et à mesure que l'usage des machines se généralisait, il a pu, à l'enverse, tout en élevant les gages et les salaires des ouvriers, agir sur

_____

(1) Une théorie nouvelle des salaires enseigne que le taux en est fixé d'après le rapport entre le nombre des travailleurs et la productivité de leur travail. — V. notre étude sur *Les salaires au XIX^e siècle.*

la diminution du nombre de ceux-ci. La machine à battre a chassé des emplois agricoles une foule de manouvriers, qui, durant la première partie de ce siècle, trouvaient une occupation d'hiver dans le battage au fléau. — L'établissement des prairies, qui a eu sur l'élevage et l'engraissement des bestiaux de si efficaces résultats, a raréfié également la main d'œuvre (1).

Ces ouvriers, expulsés pour ainsi dire de la ferme par les machines, ont-ils trouvé du travail au village même, dans quelques occupations industrielles ? Et quelle différence offre, sous ce dernier point de vue, notre siècle avec ceux qui l'ont immédiatement précédé ? C'est un dernier point de vue qui s'impose à notre attention.

L'alliance du travail industriel et du travail agricole constituait un fait assez rare avant 1789. Elle était limitée par l'esprit réglementaire des corporations. La réglementation était excessive, et il était difficile que le travail industriel pût aller trouver le campagnard à domicile, et lui donner par le tissage, ou telle autre opération, le supplément de salaire pouvant le sauver de la dernière misère. D'ailleurs, en certaines contrées, par exemple en Normandie, l'ouvrier rural n'était pas libre de ses mouvements, et il ne lui était pas possible

---

(1) Nous lisons dans *Les populations agricoles de la France* de M. Baudrillart, les lignes suivantes : « Le retour aux grands pâturages, comme à
» Rome, mais dans des conditions de travail libre toutes différentes ! Ce mou-
» vement commence, il ira loin. Nous le voyons se déclarer en Normandie,
» ailleurs aussi. Ce mode de propriété, le pacage, la prairie aussi, a, aux yeux
» des propriétaires découragés auxquels j'ai fait allusion, un mérite qui les
» décide quelquefois à ne pas abandonner l'exploitation. Il réduit le personnel
» employé. Il supprime des froissements pénibles, des points de contact trop
» fréquents avec le travail et ses exigences. Il est plus simple, plus commode,
» et, circonstance plus décisive encore qui entraîne les propriétaires faisant
» valoir ou affermant, il est souvent plus lucratif dans ces terres humides de la
» Normandie. » *La Normandie et la Bretagne*, p. 295.

de quitter, à sa volonté, les occupations industrielles pour vaquer aux labeurs agricoles, lorsqu'arrivait la saison où la terre réclame tous les bras disponibles ; la succession des travaux était fixée d'une manière impérative : du 1er juillet au 15 septembre, la main-d'œuvre industrielle était mise en interdit, et défense était faite aux maîtres fabricants de Rouen de distribuer de l'ouvrage dans les campagnes, sous peine d'amende et de saisie (1).

Notons cependant l'ordonnance de 1762, qui autorisa les campagnards, dans les villages où il ne s'était pas établi de corporation de tisserands, à filer et à tisser la toile. Cette ordonnance était regardée comme un progrès !

La Picardie offrait toutefois une particularité. Dès Louis XI, l'on voit portée à un degré, où on ne la rencontre peut-être dans aucune province, la réunion de l'élément industriel et de l'élément agricole, « tantôt » distincts, mais encore solidaires et simultanés dans » leur développement, tantôt intimement rattachés l'un » à l'autre, jusqu'à se confondre parfois dans les cam- » pagnes, au sein des mêmes familles...... » (2). On trouvait les métiers à la main établis à demeure dans les agglomérations rurales et même dans des maisons isolées de paysans. C'était la laine, que l'on tissait, seule ou mélangée avec la soie ou avec le lin. La ville d'Amiens était le principal centre de ces travaux qui se distribuaient dans une circonscription étendue. La campagne d'Abbeville, outre ce travail de la laine, fabriquait de grosses toiles propres aux emballages et des cordages pour la navigation. Aujourd'hui certaines de ces industries domestiques, transformées par la

(1) M. Baudrillart, *Ibid.*, p. 83.
(2) M. Baudrillart. *La Picardie.*

mécanique, ont disparu de la Picardie, mais elles ont
été remplacées par d'autres ; d'ailleurs en certains
endroits se sont établies de véritables fabriques rurales,
compatibles avec la résidence des ouvriers dans les
campagnes au milieu de familles qui continuent à s'y
livrer à des occupations agricoles.

Le XIXᵉ siècle, rompant avec les traditions régle-
mentaires de l'ancien régime, a permis ce que nous
appellerons la décentralisation industrielle, et beaucoup
de contrées en ont profité ; les ouvriers ruraux ont pu
ainsi, par un travail complémentaire, recueillir un
soulagement aux souffrances que leur procuraient les
chômages agricoles, les intempéries des saisons, les
crises de toute nature, résultat d'une culture encore
dans l'enfance. Mais, au milieu de ce siècle, il s'est
produit un double événement économique, subit dans
sa venue, comme important dans ses conséquences : la
vapeur et les chemins de fer. Ce jour-là, l'industrie
rurale a perdu une grande partie de ses positions, et la
campagne une forte proportion de ses habitants, fuyant
la misère et allant chercher le travail dans les centres
manufacturiers.

M. Baudrillart, visitant une ferme, aperçut, caché
dans le coin le plus sombre de la maison, un vieux
rouet. Sa vue, dit-il, lui inspira un sentiment de mé-
lancolie ; elle lui rappela une des faces que présenta
l'existence de la femme rurale pendant des siècles.
C'était de sa part, ajoute-t-il, un sentiment indigne de
l'économiste, mais digne, affirmerons-nous à notre tour,
du moraliste, qui ne peut méconnaître la supériorité
morale du travail domestique (1).

_____

(1) *Revue des deux Mondes.* Nᵒ du 15 août 1882, p. 862.

# CHAPITRE V.

## Les conditions de la vie matérielle avant et après 1789.

Variations brusques dans les prix du blé avant l'époque actuelle ; écarts considérables d'un lieu à un autre, d'une année à une autre. — Disettes. — La fin du XIX<sup>e</sup> siècle, et le nivellement des prix. — Transports et liberté de circulation. — Les importations. — Proportion du pain dans l'alimentation. — Pommes de terre. — Diminution du prix de certaines denrées ; produits agricoles et produits manufacturés.

Le prix du blé, la nourriture par excellence et quelquefois exclusive de l'ouvrier rural, variait autrefois de la manière la plus incohérente, non seulement d'une année à l'autre, mais même d'un marché au marché voisin. Aujourd'hui, au contraire, les fluctuations soit dans le temps soit dans l'espace, en sont réduites à leur plus simple expression.

En 1531, en 1574, en 1575, le blé coûte à Paris deux fois autant qu'à Strasbourg. De 1610 à 1620, il en est de même. De 1650 à 1652, et de 1661 à 1663, l'hectolitre vaut 30, 35 et 40 fr. auprès de Paris, à Rozoy-en-Brie notamment, tandis que, sur les bords du Rhin, il ne dépasse pas 7 ou 8 fr. En sens inverse, l'année 1623 voit l'Alsace payer le blé quatre fois le prix qu'on le paie à Paris. Ce n'était pas là une conséquence tirée de la différence de nationalité ; en effet, après la réunion de Strasbourg à la France, en 1681, l'on trouve encore entre cette ville et Paris des différences considérables :

100 p. 0/0 en 1693, en 1699, en 1709, en 1741 ; de 200 p. 0/0 en 1700 et en 1725 ; de 300 p. 0/0 en 1710 ! Nous venons de prendre comme exemples deux points assez éloignés l'un de l'autre, mais l'écart des prix se manifestait quelquefois à quelques dizaines de kilomètres de distance : c'est ainsi qu'au mois de juin 1692, le froment se vendait à Figeac 130 p. 0/0 plus cher qu'à Rodez, qui n'en était séparé que par une quinzaine de lieues anciennes.

Au commencement du XIX$^e$ siècle, l'on retrouve des différences non moins sensibles dans l'échelle des prix : en 1801, par exemple, le blé était à 11 fr. l'hectolitre dans la Marne quand il était à 46 fr. dans les Alpes-Maritimes ; en 1817, il valait 36 fr. dans les Côtes-du-Nord, et 81 fr. dans le Haut-Rhin ; en 1847, l'on voit encore un écart de 20 fr.

Ce n'était pas seulement de marché à marché que se produisaient les divergences de cours, mais encore d'année à année. Ces fluctuations étaient fréquentes ; soudaines et brusques dans leur venue, profondes dans leurs effets, elles étaient de celles auxquelles aucun remède ne pouvait être apporté.

Ces différences de prix d'un lieu à un autre, ou d'une année à une autre, amenaient périodiquement un horrible fléau qui venait décimer nos ancêtres : la famine, ou son diminutif la disette.

Les disettes se pressent à des intervalles si rapides du X$^e$ au XVI$^e$ siècle, que les écrivains, lassés d'en raconter les calamités toujours les mêmes, se bornent à nous citer, pour chaque période séculaire, ce qu'ils nomment les grandes famines, qui, il ne faut pas s'y tromper, embrassent encore sur un siècle, dix, vingt ou trente années. Ces périodes néfastes, pendant lesquelles le pain s'élevait jusqu'à dix et même quinze fois son prix

habituel, amenaient de telles détresses qu'elles empor-
taient en quelques mois, jusqu'au tiers de la population
d'une province. Que l'on ne s'en étonne pas : chacune
de ces périodes était accompagnée d'ordinaire de la
peste ; et cette conséquence de la disette s'est produite
pour les quelques disettes, qui ont sévi chez nous depuis
1817 ; les mortalités exceptionnelles, constatées à Paris
en 1832, 1849 et 1854, ont suivi de près des disettes,
et bien que déterminées par le choléra — cette peste
moderne ! — il n'est pas douteux qu'elles n'aient été
préparées par les privations et la misère résultant du
manque de pain. Autrefois ce n'était pas seulement à la
mort que faisait assister la famine, c'était également à
ces crimes épouvantables, que suscite la faim extrême.
Jusque sous Louis XIV, Louis XV, Louis XVI, et à
la veille de la Révolution, en 1709, 1715, 1741, 1752,
1767, 1768, 1769, 1774, 1778, 1788, 1789, les famines
se renouvellent, graves, douloureuses, mortelles ; elles
sont entourées de tels désespoirs que l'émeute gronde
partout dans les villes, et que les populations rurales,
consternées et abattues, laissent leurs champs sans
culture. On a attribué, en partie, à la famine de 1788 et
de 1789 les événements dont cette dernière année a été
marquée.

M. Maxime du Camp, résumant l'histoire de l'alimentation du peuple pendant le dix-huitième siècle,
a pu dire avec raison : « Ce ne fut qu'une série de
» disettes ; notre pays a souffert de la faim jusqu'aux
» premiers jours du dix-neuvième siècle. »

Dans ce siècle, plus de famines, à peine quelques
disettes dans les cinquante premières années, en 1817,
en 1829, en 1847 et en 1854-1858. Ce seront les dernières, nous pourrons le proclamer hautement. C'est
qu'en effet, il se produit depuis une trentaine d'années

environ un nivellement général des prix entre les pays et même entre les différentes années.

L'écart maximum constaté chaque année entre les prix moyens du blé dans les diverses régions de la France est à peine sensible ; il n'a pas dépassé 3 francs en moyenne dans la période décennale 1859-1868, et, depuis, il a pu tomber au-dessous de 2 francs. Mais ce phénomène du nivellement progressif des prix ne se constate pas seulement dans les différentes parties de la France, il s'étend à l'univers entier. Le prix moyen de l'hectolitre de blé en France ne s'éloigne pas beaucoup de celui qu'on le paie à New-York et à Odessa (1).

D'autre part, il y a un rapprochement graduel des prix successifs de chaque marché ; ce second phénomène, cette fixité des cours locaux n'est, au reste, que la conséquence directe du nivellement des cours simultanés. « En effet, comme le dit excellemment M. de Foville,
» des facilités actuelles de l'échange international ré-
» sulte une sorte d'assurance mutuelle contre l'extrême
» cherté, aussi bien que contre l'avilissement exagéré
» des denrées de première nécessité. Il faudrait aujour-
» d'hui, pour que le niveau général des prix s'élevât ou
» s'abaissât outre mesure, qu'une même année vît la
» récolte partout insuffisante ou partout surabondante.
» Or, c'est ce qui n'arrive jamais ; il s'établit toujours
» une compensation plus ou moins exacte entre le trop
» plein d'une région et le déficit d'une autre. La loi
» des probabilités mathématiques suffirait presque pour
» assurer cette compensation. Mais elle est d'autant
» plus certaine, quand il s'agit de produits agricoles,
» qu'alors tout dépend, non du hasard, mais de l'in-
» fluence météorologique, et qu'il est physiquement
» impossible qu'il y ait à la fois dans toute l'Europe,

(1) M. de Foville. *La transformation des moyens de transport*, p. 244 et s.

» dans toute l'Asie, dans toute l'Amérique, excès d'hu-
» midité ou de sécheresse » (1).

Voici le prix de l'hectolitre de blé dans ces dernières
années :

| | |
|---|---|
| 1875............................ | 19 fr. 32 |
| 1876............................ | 20   59 |
| 1877............................ | 23   44 |
| 1878............................ | 23   » |
| 1879............................ | 21   92 |
| 1880............................ | 22   90 |
| 1881............................ | 22   28 |
| 1882............................ | 21   51 |
| 1883............................ | 19   21 (2) |

Depuis 1883, les prix se sont considérablement abaissés. Comme on le voit, nivellement des prix et bon
marché du blé, voilà ce que la fin du XIXe siècle peut
opposer à l'incertitude de la vie qui pesait sur la population rurale de l'ancien régime.

Il n'est pas sans intérêt d'exposer, sinon de rechercher, — car la question est connue, — les raisons économiques, qui expliquaient ces écarts de prix incohé-
rents et brusques, venant frapper la classe ouvrière
dans ses besoins essentiels. Il en était deux : 1° la difficulté et la cherté des transports terrestres et maritimes; 2° la réglementation du commerce des grains.

Les communications étaient tellement difficiles qu'il en
résultait une localisation forcée des récoltes, qui nuisait
autant au consommateur qu'au producteur. Les provinces, les communes elles-mêmes se trouvaient aussi isolées les unes des autres que les diverses îles d'un même
archipel. Quelques canaux, quelques chemins étaient
les seules voies de communication. La petite vicinalité

(1) *Ibid.*
(2) *Annales du commerce extérieur.* 1885.

n'existait pas. Malgré la sollicitude qu'avaient apportée Colbert sous Louis XIV, et Turgot sous Louis XVI, la viabilité restait à l'état rudimentaire. On sait que c'est seulement sous le gouvernement de Juillet que fut entrepris sur tout le territoire français le réseau de notre vicinalité. Mais à quel prix revenait le transport même sur les meilleurs chemins ! En 1847, la ville de Vesoul, effrayée de la hausse extraordinaire des cours (49 fr. l'hectol. dans le Bas-Rhin) la ville de Vesoul, disons-nous, avait fait à Marseille deux achats de blé successifs dont M. Jacqmin a publié le compte :

*Premier achat (1er février 1847).*

| | | |
|---|---|---|
| Prix de l'hectolitre à Marseille . . . . . . . . . . . . . . . . | 27 fr. | » |
| Prix de transport de Marseille à Vesoul . . . . . . . . | 14 | 75 |
| Total . . . . . . . . . . . . . . . . . . . . | 41 fr. | 75 |

*Deuxième achat (10 mars 1847).*

| | | |
|---|---|---|
| Prix de l'hectolitre à Marseille . . . . . . . . . . . . . . | 29 fr. 30 | |
| Prix de transport de Marseille à Vesoul . . . . . . . . | 14 | » |
| Total . . . . . . . . . . . . . . . . . . . . | 43 fr. 30 (1) | |

Si le blé eût été à un prix normal, le parcours de Marseille à Vesoul (environ 650 kilomètres) aurait suffi pour doubler le prix de la denrée. Aussi était-il très rare, même en 1847, de voir un hectolitre de blé traverser la France d'une extrémité à l'autre. Les chemins de fer ont tout modifié, et la révolution économique, qu'ils ont déterminée, a eu sur l'abaissement des prix les meilleurs résultats. Le voyage de Marseille à Vesoul, qui revenait en 1847 à plus de 14 fr. pour un hectolitre de blé, coûterait aujourd'hui cinq fois moins (2).

(1) *Traité de l'exploitation des chemins de fer.*
(2) *Ibid.*

Ainsi la facilité des communications, et l'économie sur les transports, ont remplacé l'ancien état de choses.

Quant au libre mouvement des grains, il n'existait pas sous l'ancien régime. L'histoire du commerce des céréales n'est que l'histoire invraisemblable, quoique vraie, des réglementations les plus arbitraires et les plus fantaisistes, que l'on puisse imaginer. Tant il est vrai que les lois économiques sont plus puissantes que les lois humaines, et que le fait de vouloir en contrecarrer le jeu au moyen de celles-ci, expose les mains maladroites, qui en modifient le mécanisme, à semer le trouble et le désordre. Nous ne raconterons pas ces réglementations incohérentes, qui prenaient toutes leur base dans le souci fort louable d'assurer la subsistance du peuple, mais qui précisément venaient le plus souvent l'entraver; le détail en a été présenté (1), et notre intention ne peut être d'en faire ici une nouvelle étude. Quoiqu'il en soit, la liberté du commerce intérieur des grains n'a été acquise définitivement qu'en 1796. Quant au commerce extérieur, ou pour mieux dire, quant à l'importation, la suppression des barrières artificielles date seulement de 1861; c'est, en effet, cette année là seulement, qu'une loi du 15 juin, supprimant l'échelle mobile, admit en franchise les grains inférieurs, et réduisit à 0 fr. 60 le droit d'entrée sur les blés. Grâce à cette nouvelle législation, dont les cultivateurs, après l'avoir acceptée, ont fini par obtenir la suppression, les consommateurs français ont pu payer le pain très bon marché. A cette suppression des droits d'entrée est venu se joindre l'abaissement considérable du frêt dans les transports maritimes.

(1) M. de Foville, *loc. cit.* p. 239.

La production indigène a pu ainsi être complétée, au profit de la consommation nationale, par les importations de blé étranger. La Russie méridionnale fut longtemps le grenier d'abondance de la France. L'hectolitre de blé sur le marché d'Odessa ne dépassait pas habituellement, jusqu'en 1853 environ, le prix de 12 fr., et le voyage d'Odessa à Marseille ne l'augmentait que de quelques francs. La guerre de Crimée a élevé le prix, mais comme les frais de transport diminuaient au lieu d'augmenter, c'étaient encore les bords de la mer Noire, qui nous envoyaient les grains destinés à combler les insuffisances de nos récoltes. Depuis 1878, le courant a changé, et c'est de l'Amérique du Nord que nous viennent les importations de blé. Aujourd'hui les Etats-Unis font à l'agriculture française une très vive concurrence. La production en blé, aux Etats-Unis a pris une très grande extension : en 1878, elle atteignait 147,700,000 hectolitres ; en 1879, 165,000,000 hectolitres, alors qu'en 1864, elle n'atteignait que 56,000,000 hectolitres. Sans doute le rendement moyen par hectare y est inférieur à celui de la France, il n'est guère environ que de dix hectolitres. Mais le prix de revient y est bien plus faible : dans l'ouest des Etats-Unis, le *Far-West*, c'est-à-dire dans les Etats du Texas, de Dakotah, de Minesota, etc., l'hectolitre de blé ne coûte environ au producteur que 8 à 10 fr. ; en France, les frais s'élèvent à 20 fr., au minimum. Les motifs de cet écart sont nombreux : En Amérique, la terre ne coûte rien ou presque rien ; quelquefois elle fait l'objet d'une concession gratuite ; habituellement, elle est payée à raison de 100 ou 150 fr. l'hectare. En second lieu, les impôts fonciers sont presque nuls. En troisième lieu, les dépenses d'engrais n'existent pas, le cultivateur américain pratiquant sur une terre vierge la culture extensive avec ses traits les plus caractérisés. Enfin, comme l'exploitation peut se faire sur une très vaste étendue de terre, souvent sur plusieurs milliers d'hectares, l'emploi des machines, qui y devient possible, diminue beaucoup les frais de labour et d'ensemencement (1).

En France, au contraire, le prix de la terre est assez élevé, même encore aujourd'hui ; l'impôt foncier représente, en général, 12 à 15 fr. par hectare, et, dans les communes obérées, atteint quelquefois 20 fr. ; enfin le cultivateur fait des sacrifices pour son exploitation et a des dépenses d'engrais à supporter.

L'hectolitre de blé pourra donc être livré par le producteur américain moyennant une dizaine de francs ; et, malgré les frais de transport, il pourra, sur nos marchés, être vendu à un prix un peu inférieur à celui qu'il coûte au cultivateur français. C'est ce qu'a parfaitement établi un rapporteur à la Chambre des députés, au moment de la discussion du tarif général des douanes : « Le quintal de blé (ou 130 litres environ) dans ce » pays est vendu 13 fr. environ par le producteur ; on » peut le transporter à Chicago, le grand marché des » Etats-Unis, moyennant 1 fr., et de là à New-York pour » 1 fr. 50 par la voie d'eau, et pour 2 fr. 70 par la voie de » terre. De New-York dans un port français, le fret est, » d'après des documents officiels, de 3 fr. 50 ; les frais de » chargement presqu'insignifiants, puisqu'en un jour, au » port d'exportation, un steamer peut, grâce à des éléva-» teurs puissants, charger 80,000 bushels ou 29,040 hec-» tolitres. Si on ajoute au prix d'achat et aux frais de » transport le droit de 0 fr. 60, on trouve pour le prix

---

(1) Il faut lire, pour se rendre compte de la culture des Etats-Unis, un article de M. Frout de Fontpertuis dans la *Revue scientifique* du 7 août 1880 ; il y décrit les travaux d'une ferme de 30,000 hectares.

» d'un quintal de blé rendu en France, un chiffre qui
» varie entre 20 et 21 fr. Ce produit a donc un grand
» avantage sur notre blé dont le prix de revient est de
» 2 fr. supérieur par quintal. »

Depuis l'époque où ces lignes ont été écrites, la législation douanière, relative au blé, a subi diverses modifications. Le *tarif général* avait maintenu le droit de
0 fr. 60 par quintal; une loi postérieure l'a porté à 3 fr.;
enfin un autre acte législatif l'a élevé de 2 fr., de telle
sorte que l'importation d'un quintal de blé est actuellement soumise à un droit de 5 fr. Les cours ne se sont
pas augmentés cependant d'une manière sensible.

Jamais donc les conditions de l'alimentation publique
n'ont été meilleures. Un statisticien, que nous plaisons
à citer, M. de Foville, désireux de montrer, étant donnés le chiffre du salaire et le prix de blé, dans quelle
mesure s'était accrue la quantité de pain, dont le salaire permettait l'acquisition, M. de Foville a, avec un
soin scrupuleusement minutieux, établi sous ce rapport
le progrès du temps présent. Partant de cette idée que
15 hectolitres de blé sont nécessaires pour une famille
rurale moyenne composée de cinq personnes, il obtient
les résultats suivants : (1)

| Epoques. | Revenu moyen. | Prix normal de l'hect. de blé. | Prix de 15 hectol. | Rap. du rev. au prix de 15 hect. |
|---|---|---|---|---|
| 1700............. | 180 f. | 18 f. 85 | 283 f. | 0 63 |
| 1788............. | 200 | 16 » | 240 | 0 83 |
| 1813............. | 400 | 21 » | 315 | 1 27 |
| 1840............. | 500 | 20 32 | 305 | 1 64 |
| 1852............. | 550 | 19 45 | 292 | 1 88 |
| 1862............. | 720 | 21 08 | 316 | 2 37 |
| 1870-1879....... | 800 | 23 » | 345 | 2 32 |

Le pain est sans doute le principal besoin du prolé-

(1) *Loc. cit.*, p. 361 et s.

taire, mais il n'en est pas le seul : la hausse ou la baisse des autres objets de consommation usuelle ne saurait lui être indifférente.

D'après des investigations très-précises (1), la dépense totale d'un ménage ouvrier, ayant des enfants, se décomposerait de la façon suivante :

Logement...................... 15 p. 0/0
Vêtement...................... 16 —
Nourriture.................... 61 —
Dépenses diverses............. 8 —

La nourriture, à son tour, donne les éléments suivants :

Pain.......................... 33 p. 0/0
Viande........................ 14 —
Lait.......................... 13 —
Epicerie...................... 24 —
Divers........................ 16 —

Le pain représenterait donc 33 0/0 de la dépense en nourriture, soit 20 0/0 en chiffres ronds de la dépense totale d'un budget ouvrier.

La moyenne de 61 0/0 pour la nourriture et de 20 0/0 pour le pain varie suivant les divers ménages. C'est ainsi que M. Dollfus a constaté qu'un manœuvre de la teinture, ayant 3 enfants, et dont le budget était assez exigu, consacrait à l'achat du pain 48 0/0 de la somme totale affectée à la nourriture, soit 35 0/0 des dépenses de toutes sortes. Dans le même ordre d'idées, l'on a trouvé un des seize ménages dépensant pour sa nourri-

(1) L'enquête décennale de la Société Industrielle de Mulhouse en 1878 fournit, sur les dépenses des ménages d'ouvriers, des renseignements exacts. M. Engel Dollfus, qui en fut le rapporteur, a étudié avec soin seize familles; il avait choisi à dessein seize ouvriers ayant tous au moins trois enfants, mais appartenant à différentes catégories, depuis un simple manœuvre dépensant annuellement 1,000 à 1,200 fr. par an, jusqu'à un imprimeur au rouleau, dont le budget dépassait 3,000 fr. Les résultats de cette enquête concordent avec les chiffres donnés par MM. Grad, Walker, Dr. Engel, etc.

ture 72 0/0. La proportion du pain varierait donc entre
le cinquième et le tiers des dépenses totales, et celle de
la nourriture, des six dixièmes aux trois quarts. — Si,
au lieu de rechercher les proportions de la dépense en
pain, nous voulons produire des chiffres absolus, l'Enquête nous apprend que la somme totale, dépensée pour
l'achat de cette denrée, a varié entre 260 fr. et 600 fr.,
ce maximum ayant été atteint par un ouvrier père de
cinq enfants, dont trois déjà adultes.

Ces diversités montrent bien que l'on ne peut établir
ici de proportions certaines, ni donner de chiffres fixes.
Il est, en effet, bien évident que, suivant les pays, les
localités, les professions et les usages, les éléments du
budget ouvrier se modifient. Le paysan mange beaucoup
plus de pain que l'ouvrier des villes ; on peut évaluer
sa consommation journalière à 1 kil. 1/2 environ. Plus
que tout autre, il a bénéficié de la diminution du prix
de cette denrée.

A la fin du siècle dernier, un nouveau végétal entrait
dans la consommation publique. La pomme de terre,
importée d'Amérique en Europe, au xve siècle, par le
célèbre navigateur Drake, cultivée en Italie et dans le
Nord, était en France l'objet d'un préjugé invincible ;
on l'y regardait comme pouvant engendrer la lèpre, et
on l'y faisait servir uniquement à la nourriture des bestiaux. Selon Arthur Young, sur cent paysans, quatre-
vingt-dix-neuf refusaient d'en manger. En vain en
servit-on sur la table de Louis XIII dès 1616 ; en vain,
un siècle et demi plus tard, Louis XVI en mangeait-il
à tous ses repas : le peuple refusait de s'en servir. C'est
à un célèbre agronome, Parmentier, qu'on doit la propagation de la culture de la précieuse solanée. Notre
illustre compatriote consacra sa vie à triompher du pré-

jugé public et à populariser la pomme de terre, par des
expériences et de nombreux écrits. Une de ses expériences est demeurée célèbre : cinquante-quatre arpents,
aux portes de Paris, furent, avec l'autorisation royale,
plantés par ses soins en pommes de terre, et, au moment
de la maturité, gardés par des soldats. L'essai réussit
au-delà de toutes les espérances. Tout le monde voulut
goûter d'un légume qui paraissait si précieux, et de
nombreux maraudeurs, grâce à la négligence intention-
nelle des gardes, ravagèrent les champs. Parmentier
offrit en grande pompe à Louis XVI un bouquet de
fleurs du précieux légume, dont la reine tint à orner
son corsage. La pomme de terre prit dès lors rapidement
dans la culture et dans l'alimentation la place qu'elle y
occupe aujourd'hui ; elle permit aux populations françaises de traverser, sans trop de douleur, les disettes des
années 1816 et 1817. Celles-ci consacrèrent d'une manière
définitive le nouveau tubercule.

Il faut avoir habité un village, et avoir vécu avec les
paysans, pour se rendre compte de la ressource inappré-
ciable qu'offre la pomme de terre aux ouvriers ruraux ;
elle est l'assaisonnement obligatoire et journalier du
pain ; elle a été et elle serait encore (si ce fléau n'était
impossible aujourd'hui) le préservatif de la disette.

Sont-ce les seules améliorations dont ait profité la vie
matérielle de l'habitant des campagnes ? Certes non. Il
s'est produit, depuis quelques dizaines d'années, un fait
curieux, qui s'accentue encore à l'heure actuelle : le prix
de certaines choses a diminué. Réserve faite du blé, les
produits agricoles n'ont pas participé à la baisse ; c'est
qu'en effet ces produits, à raison de leur nature ou
plutôt à raison du caractère de la terre, font exception
au principe du rendement proportionnel des industries ;

la terre, une fois une certaine limite franchie, ne fournit pas un rendement en rapport avec les capitaux et le travail qu'elle a reçus. Et comme, d'une part, la consommation de ces produits s'accroît sans cesse, et que, d'autre part, à l'exception des céréales, les frais de transport en rendent parfois difficile l'importation, il en résulte que la baisse est plus rare pour cette catégorie de produits. Dans l'ordre manufacturier, il en est différemment : ceux de ses produits qui n'exigent qu'un emploi restreint de la main-d'œuvre ont baissé de prix, par suite du perfectionnement de l'outillage et de l'introduction des machines, et, pour ceux-ci, l'augmentation de la consommation, loin d'élever les prix, a contribué à stimuler la production, à l'étendre, et à en réduire les frais généraux. Ces progrès dans l'ordre mécanique n'ont pas été spéciaux à l'industrie manufacturière ; l'industrie des transports en a largement profité ; les communications terrestres, grâce aux chemins de fer, deviennent de moins en moins coûteuses ; la navigation maritime, par suite de la découverte de nouvelles voies, par suite de l'ouverture du canal de Suez, par suite de la concurrence qui s'établit entre les diverses compagnies, réduit de jour en jour son fret ; les tarifs des compagnies d'assurances se sont abaissés ; le télégraphe et la poste ont permis d'économiser une foule d'intermédiaires ; les droits de douane sont devenus moins élevés. Le même capital peut ainsi, dans un même temps, faire trois ou quatre fois plus d'opérations qu'il y a vingt ans. Toutes ces causes réunies expliquent la réduction, dont le prix des denrées coloniales a largement profité depuis un demi-siècle. Elles servent à comprendre la diminution du prix des vêtements, diminution certaine, en dépit des apparences. Que tout ce qui est objet de luxe, que tout ce qui sert aux classes élevées de la société ait augmenté,

c'est incontestable : l'homme élégant qui se fait habiller
par un tailleur en renom ne profite en aucune façon de
la diminution ; il paie même ses vêtements plus cher
que ne les payait son père. La population peu aisée a
seule bénéficié d'une baisse due aux progrès mécaniques.
Heureuse loi que celle qui veut que la même invention
ou le même perfectionnement industriel contribue dou-
blement au bonheur des travailleurs, élève leurs salaires
en même temps qu'il abaisse le prix des produits. Nous
ne pouvons suivre la baisse, à travers les siècles, du prix
des tissus, voire même des objets de ménage. Le cadre
de notre étude est déjà trop rempli, pour que nous songions à l'agrandir ; les détails statistiques que nous don-
nerions, outre qu'ils n'offriraient pas un degré de précision
suffisant, à raison même de la variété des objets auxquels ils s'appliqueraient, prendraient ici une place que
nous devons réserver à un autre aspect de l'amélioration
du sort de l'ouvrier rural.

# CHAPITRE VI.

## L'impôt et les charges fiscales.

L'impôt au siècle dernier; ses exès et ses inégalités. — La taille et la capitation; la gabelle; la corvée. — Les charges de nos jours; l'impôt est mieux établi, plus égal, moins lourd.
Résumé de la situation matérielle des classes laborieuses rurales. — Impossibilité de comparer le nombre des indigents ruraux à deux époques. — La statistique peut être faite pour les indigents de Paris; arguments que l'on en peut tirer en faveur de la décroissance de l'indigence rurale. — Autres preuves de cette diminution: les consommations ont augmenté; le bien être est plus grand.

La pesanteur de l'impôt était une des principales causes de la misère, et une des causes qui excitaient le plus de haines dans le cœur du paysan. Arthur Young, pendant son voyage, interroge la femme d'un pauvre cultivateur de la Champagne, sur la situation de son ménage; elle lui fait un tableau fort triste de son existence, et de celle des siens. « Dieu nous vienne en aide, » ajoutait-elle, car les tailles et les droits nous écrasent » (1). Les charges s'élèvent sans cesse. En 1715, la taille et la capitation, que le paysan paie seul ou presque seul, étaient de 66 millions; elles sont de 93 en 1759; de 110 en 1789. En 1757, l'impôt est de 283, 156,000 livres; en 1789, de 476,294,000.

(1) I, 235. — Le célèbre voyageur, qui observe les personnes en même temps que les choses, fait une remarque attristante; « Un anglais qui n'a pas quitté son pays, ne peut se figurer l'apparence de la majeure partie des paysannes en France. »

Cette progression constante est signalée partout. En 1687, à Vermanton, on paie 7,897 livres ; en 1780, 12,761 (1). Sans doute la diminution de la valeur de l'argent y avait contribué. Mais, en revanche, quoique des phénomènes économiques semblables se soient produits depuis cent ans, et quoique le rendement de la terre se soit largement accru, l'impôt foncier d'aujourd'hui est de beaucoup inférieur aux droits royaux et seigneuriaux que les paysans acquittaient avant 1789.

Une autre raison, qui concourt à rendre les impôts écrasants pour le peuple, c'est l'inégalité qui préside à leur répartition, et c'est précisément cette inégalité qui en explique le maintien dans l'ancien régime. Voici ce que dit un auteur qui, certainement, n'est pas suspect de dénigrement envers l'ancien régime, M. Babeau, relativement à la taille personnelle, la plus usitée dans les pays d'élection, et qui constituait un impôt sur le produit de la propriété, du travail et de l'industrie de chaque habitant. « Vexatoire et arbitraire comme » tous les impôts sur le revenu, déclare-t-il, la taille » n'aurait point existé pendant quatre cents ans, si elle » avait atteint toutes les classes de la société. L'un de » ses vices, les plus criants, l'inégalité, en assure la » durée. Les grands et les riches, s'ils en avaient » éprouvé les abus, n'auraient pas manqué d'user de » leur influence pour les faire réformer » (2). Le clergé était exonéré de la taille ; la noblesse en conférait l'exemption ; il en était de même de certains offices que les habitants enrichis s'empressaient d'acquérir, autant à cause de l'honneur que du profit qui y était attaché. Ces exemptions nuisaient aux taillables dont la part

---

(1) D'Arbois de Jubainville, *Voyage paléographique dans le département de l'Aube*, p. 37. — Quantin, *Vermanton*, p. 124.

(2) *Le Village*, p. 239.

devenait, par cela même, plus forte. Nous ne parlons pas du mode de perception et de recouvrement, avec ses vexations, ses rigueurs, et notamment celle résultant du principe de la solidarité entre les contribuables d'un même village (1).

La *capitation* présentait les mêmes inégalités. C'était un impôt à payer par tête, mais calculé sur le revenu de chacun. Etabli en 1695 avec un caractère simplement provisoire, il dura jusqu'à la Révolution. Quoiqu'il fut entendu que tous les sujets y seraient soumis depuis le dauphin jusqu'au pauvre journalier, et quoiqu'à cet effet, tous les contribuables dussent être répartis en 22 classes, la capitation cessa bien vite d'être égale ; un impôt égalitaire pouvait-il subsister dans un pays où l'inégalité était si enracinée et la faveur si puissante ? Le clergé se fit exempter en payant une somme égale à sa contribution de six années. Les nobles, après avoir, mais en vain, essayé de se racheter au même taux, obtinrent que leur part d'impôt serait déterminée, non par les répartiteurs ordinaires, mais par l'intendant, qui, dans la pratique, acceptait l'évaluation qu'ils faisaient eux-mêmes de leur fortune. Les pays d'Etat et les villes obtinrent le système de l'abonnement. Il en résulta que les plus riches trouvèrent moyen d'être ceux qui payaient le moins, et qu'à l'inverse tout le poids de l'impôt retomba sur le peuple, et notamment sur le peuple des campagnes. A la veille de la Révolution, un pauvre journalier, qui gagnait dix sous par jour, payait huit ou dix livres par an.

L'impôt des *vingtièmes*, que Vauban avait imaginé dans le but de le substituer à la taille et à la capitation, et de ménager le peuple dont la misère l'avait ému,

---

(1) Rambaud, *Histoire de la civilisation française*, 2 volume, p. 156 et s.

mais que Louis XIV adopta, en l'ajoutant aux impôts actuellement existants, cet impôt, disons-nous, par suite d'exemptions ou d'abonnements avantageux consentis par le Trésor avec certaines classes privilégiées de la nation, avait également fini par peser d'une façon inique sur le peuple.

Les impôts indirects étaient aussi durs pour la population des campagnes. Est-il besoin, tant le souvenir en est resté impopulaire, de citer la *gabelle* ? L'impôt sur le sel était odieux. Dans les pays de *grande gabelle*, le sel se payait de 55 à 60 livres le quintal ; dans les pays de *petite gabelle*, 28 livres ; les pays *rédimés*, c'est-à-dire qui s'étaient rachetés, le payaient 9 livres ; enfin les pays *francs*, 2 à 7 livres. Pour arriver à maintenir cette inégalité, le transport d'un pays à un autre était interdit. Pour assurer le rendement de l'impôt, l'administration fixait ce que le contribuable devait lui en acheter : cela se qualifiait le *sel du devoir*. Enfin la perception se faisait par une compagnie de traitants, qu'on appelait la *Ferme* ou la *Gabelle*. La Ferme payait au roi une somme fixe, et restait chargée d'exploiter les consommateurs. Ses procédés vexatoires étaient connus. Nous empruntons à l'ouvrage de M. Rambaud les détails suivants : « Etait réputé faux saunier ou » fraudeur non seulement quiconque se procurait du » sel étranger ou passait le sel d'une province à l'autre, » mais le paysan qui épargnait le sel de sa cuisine pour » saler son porc, qui employait à sa cuisine le sel du » poisson ou du porc salé, qui fabriquait du sel avec » l'eau de mer, qui faisait boire de cette eau à ses » bestiaux pour éviter de leur donner du sel. L'homme » de la gabelle entrait dans la chaumière, visitait le » buffet, le saloir, la cave. Il goûtait la salière : si le

» sel était trop bon, il y avait chance qu'il fût de con-
» trebande, car celui de la Ferme était souvent avarié,
» mêlé de sable et de gravier, et contribuait à répandre
» la maladie de la pierre ou de la gravelle. »

Il n'y avait pas jusqu'à la *corvée royale*, destinée à
l'entretien des grandes routes, qui ne fût vexatoire et
inique dans son application. C'était le travail d'une
seule classe de contribuables que l'on exigeait. Le noble,
le prêtre, le magistrat, le riche bourgeois, dont les
carrosses parcouraient les routes, et qui empruntaient le
service de la poste, n'étaient pas astreints à la Corvée.
Mais les pauvres paysans la subissaient seuls, et quelle
charge ! Il suffisait d'un ordre de l'intendant pour
diriger sur un point donné, et pendant un temps fixé
arbitrairement, toute la population valide d'un village.
« On forçait, dit encore un écrivain obscur, les habi-
» tants des villages à faire de nouveaux grands chemins
» à leurs dépens ; il y en avait qu'on envoyait jusqu'à
» quatorze lieues et même davantage. Les hommes n'en
» étaient exempts qu'à 70 ans, les femmes à 60. Quand
» il n'y avait pas assez d'hommes pour y aller, on
» prenait deux femmes pour un homme. On faisait
» relayer les travailleurs au bout de deux jours et
» plus (1) ». « Les corvées, disait à son tour un écono-
» miste du temps, Lubersac, sont un impôt qui coûte
» aux cultivateurs et à l'Etat, en déprédations, en
» anéantissement de production, soixante fois au moins
» la valeur du travail des corvéables ».

Si encore le peuple n'avait eu qu'à supporter les frais
du gouvernement royal ; mais la corvée royale ne donnait pas quittance de la corvée seigneuriale ; les impôts
royaux s'ajoutaient aux droits féodaux et aux dîmes

---

(1) *Manuscrits de Semillard;* III. 923, Bibl. de Troyes.

ecclésiastiques ; et le titre de sujet du roi n'affranchissait pas de celui, que l'on pouvait éventuellement avoir, de sujet d'un seigneur, ou de serf d'une abbaye. Et, ainsi que nous l'avons dit, les charges, qui pesaient sur les classes laborieuses des campagnes, étaient d'autant plus lourdes, que les habitants de la plupart des villes et un grand nombre de privilégiés en étaient exempts. Déjà en 1535 l'ambassadeur vénitien Giustiniano constatait que c'était sur les paysans que pesaient le plus rudement les impôts, et que toute charge nouvelle leur serait insupportable (1).

Faut-il conclure que le roi avait à l'égard du peuple les sentiments du tyran ? Nullement. Ce n'était pas la volonté d'un homme, — que cet homme fut Louis XIV ou Louis XV, — qui opprimait le paysan, mais « une » machine énorme, d'une complication infinie, d'une » activité régulière, qui fonctionnait impassible et in- » différente comme la vis d'un pressoir » (2).

Et ce fut précisément parce que, sous ces deux rois, la France devint un Etat régulier, doté d'une hiérarchie forte et solide, et que, d'autre part, elle devînt un état puissant, avec les exigences que donne la puissance, ce fut précisément à cette époque, que le paysan vit ses charges s'accroître, en même temps qu'il lui devenait plus difficile de s'y soustraire.

Quoiqu'il en soit, la France moderne, avec le principe de la proportionnalité de l'impôt direct, avec les pratiques de justice, présidant à sa perception, avec sa notion de l'égalité, a amélioré le sort des classes populaires et notamment celui des classes rurales. Plus de privilèges, sauf pour les indigents ; plus de vexations

---

(1) *Relations des ambassadeurs vénitiens*, II, 97.
(2) Rambaud, *loc. cit.*

pour les contribuables; plus de charges odieuses, comme la gabelle. Certes, nous ne disons pas que notre système d'impôt soit parfait, mais nous affirmons qu'il a, du moins, le gros avantage de ne pas peser d'une façon particulièrement exagérée sur le peuple. Celui de nos impôts qui l'atteindrait peut-être trop, — proportionnellement parlant, — l'octroi, ne frappe que les habitants des villes, et, dans la pratique, trouve souvent, d'ailleurs, une compensation dans un dégrevement total ou partiel de l'impôt mobilier.

Répartition plus égale des charges publiques, accroissement des salaires, diminution et fixité du prix du pain, assurance contre la disette; voilà, si nous ne nous trompons, autant de témoignages d'un état meilleur pour les classes rurales. L'époque actuelle donne à celles-ci une situation de beaucoup préférable à celle qui leur était faite dans les deux siècles précédents. Il n'est pas douteux même que, si l'on se borne à comparer la première moitié de ce siècle à la seconde, la supériorité de celle-ci au point de vue matériel apparait évidente : c'est dans les quarante dernières années, que les phénomènes économiques que nous venons de signaler, se sont particulièrement manifestés, sous l'influence de causes inutiles à rappeler.

Nous serions toutefois arrêté, s'il nous fallait indiquer, par des chiffres, le nombre des indigents en France. — Une telle statistique ne pourrait être faite que par l'indication du nombre de pauvres secourus par les bureaux de bienfaisance; or, nous l'avons vu, chacune de nos communes n'est pas dotée d'un bureau; il y a même à peine un bureau sur deux communes; on risquerait donc d'omettre une assez grande quantité de pauvres. — A l'inverse, dans les communes pourvues de bureaux, les commissions administratives inscrivent sur leurs listes des individus, qui ne sont pas, à vrai dire, des indigents, mais qui sont les plus pauvres des habitants ; tel individu, par exemple, qui reçoit les secours du bureau de bienfaisance, est un ouvrier valide, marié à une femme également valide, travaillant tous les deux, mais ayant à élever une famille de quatre ou cinq enfants. Nous pensons donc qu'il faut, en ce qui concerne la statistique comparée du nombre des indigents à diverses époques, renoncer à toute prétention de précision (1).

Pour Paris, il serait possible d'avoir des renseignements plus exacts, et ces renseignements, par suite d'un fait sur lequel nous avons insisté plus haut, nous permettront d'affirmer que, loin d'indiquer une recrudescence de l'indigence, ils témoignent de sa diminution. En l'an X, c'est-à-dire sous le Consulat (1803), quand l'ordre était rétabli et que la prospérité commençait à renaître, on comptait à Paris 43,552 ménages indigents, composés de 111,626 individus, sur une population totale approximative de 547,416 habitants ; il s'y rencontrait donc un indigent sur 4,86 habitants. De 1803 à 1814, on ne vit guère d'amélioration bien sensible ; en 1813, on supposait que Paris contenait 1 indigent sur 5,69 âmes ; en 1818, 1 sur 8,08. Depuis lors, les dénombrements ont donné des résultats extrêmement précis :

| | | | |
|---|---|---|---|
| 1829............... | 1 indigent sur | 12.13 | habitants. |
| 1841............... | Id. | 13.30 | Id. |
| 1850............... | Id. | 19.38 | Id. |
| 1856............... | Id. | 16.59 | Id. |
| 1863............... | Id. | 16.94 | Id. |
| 1866............... | Id. | 17.12 | Id. |
| 1874............... | Id. | 16.16 | Id. |

(1) En 1829, d'après M. de Villeneuve-Bargemont, le nombre des indigents était en France de 1,329,000 ; c'était à peu près 1 indigent sur 25 habitants ;

En 1880, alors que Paris comptait 2,239,000 habitants (recensement de 1881), les indigents secourus formaient 46,815 ménages, se composant de 123,735 individus ; c'est une proportion de 1 indigent sur 18 habitants, proportion extrêmement faible et attestant un décroissement de l'indigence.

En l'an X, on recensait 111,626 pauvres ; en 1880, on en recense 123,735 ; et la population a quadruplé dans l'intervalle. Si, comme on l'affirme, les indigents des campagnes se déplacent et quittent leur pays, par suite de l'absence d'institutions d'assistance, ce que nous contestons d'ailleurs, ou si, ce que nous serions plus tenté d'admettre, les ouvriers émigrent, en quête de salaires nominalement supérieurs, et d'une vie moins monotone, toujours est-il que la population immigrante de Paris se compose plus particulièrement des gens non aisés, les familles riches étant retenues dans leur pays d'origine par leurs intérêts et leurs affections ; or, la proportion des indigents décroît à Paris, malgré cet afflux d'ouvriers ; il faut en conclure qu'elle décroît à plus forte raison dans les campagnes, qui se trouvent précisément abandonnées par leurs habitants les plus pauvres.

Faudrait-il donner encore de nouvelles preuves de cette décroissance de l'indigence ? Nous les trouverions dans la manière de vivre des paysans et dans l'augmentation du nombre des propriétaires.

Les consommations du paysan ont pris une plus grande importance. Son alimentation s'est raffinée et

---

en 1837, le nombre des indigents secourus en France par les bureaux de bienfaisance était de 806,000 ; mais il n'existait alors que 6,715 bureaux. En 1860, il y avait 11,351 bureaux, soit près du double ; le nombre des personnes, qu'ils assistaient, montait à 1,159,000. En 1883, on comptait 14,485 bureaux, distribuant des secours à 1,405,552.

s'est étendue : il mange, presque partout, du pain de froment au lieu de pain de seigle ; il consomme de la viande de boucherie au moins chaque dimanche ; il élève et tue un porc par an. Et, pour confirmer cette assertion, qu'il nous soit permis de citer quelques chiffres. M. de Foville reconnaît que la valeur des quantités consommées par tête en 1870, à supposer que le prix n'en ait pas changé depuis 1820, fournirait les résultats suivants (1) :

|  | 1820 | 1870 | Augm. 0/0. |
|---|---|---|---|
| 1o Alimentation végétale............ | 47.05 | 56.86 | 20 |
| 2o Alimentatton animale............. | 24.35 | 33 57 | 30 |
| 3o Boissons indigènes. .............. | 12.30 | 22.60 | 80 |
| 4o Denrées diverses................. | 8.26 | 24.61 | 200 |

Ces denrées diverses, dont la consommation a pris une si grande extension, ce sont toutes ces denrées qui constituaient un luxe, il y a cinquante ou soixante ans, et qui aujourd'hui entrent dans l'alimentation courante des classes ouvrières, et même des classes ouvrières rurales : le café, devenu un besoin quotidien au village comme à la ville ; le chocolat, dont on use dans la chaumière comme dans l'habitation du gros cultivateur, etc. La boisson toutefois, sauf dans les pays de production vinicole, n'est pas assez fortifiante : du mauvais cidre, de la petite bière ; voilà ce que l'ouvrier des campagnes boit généralement dans les régions du Nord, de l'Artois, de la Picardie, de la Bretagne.... ; on attribue, en général, à l'insuffisance de ces boissons, l'abus des liqueurs fortes, et spécialement de l'alcool, que l'on remarque dans ces contrées.

Le vêtement est devenu partout plus confortable. « De solides chaussures de cuir ne laissent guère sub-

(1) *La transformation des moyens de transport*, p. 366.

» sister l'usage des sabots, que pour les plus mauvais
» temps. Des bas épais et chauds, un solide vêtement
» de laine, préservent contre l'humidité » (1). Les
paysans ont tous, à côté de leurs habits de travail, une
blouse neuve, du linge fin...., dont ils se parent le dimanche. Les jours, où a lieu une élection, ils ne vont
déposer leur vote qu'après s'être ainsi revêtus de leurs
vêtements neufs. Vienne un événement, comme un
mariage, un enterrement, c'est un paletot de drap noir,
dont ils s'habillent ; assistent-ils aux offices religieux
du dimanche, c'est encore là leur costume. En est-il de
même du logement ? Il y a en ceci encore une amélioration, plus ou moins sensible suivant les régions. Les
maisons sont incontestablement supérieures aujourd'hui,
comme valeur générale, à ce qu'elles étaient autrefois.
Les loyers sont sans doute plus élevés, mais le capital
incorporé dans les maisons est plus considérable, et la
construction en est plus parfaite et plus salubre. Il suffit,
si l'on veut s'en assurer, de comparer le nombre des
portes et fenêtres à deux époques différentes, fait qui
révèle très exactement les progrès qui se sont réalisés
dans l'hygiène en même temps que dans la valeur de
l'habitation humaine. On comptait en 1822, en France,
6,432,000 maisons ou usines ; en 1876, on en recensait
8,630,000, soit 35 0/0 en plus, quoique la population
n'ait augmenté que de 20 0/0 seulement dans cet intervalle. Si maintenant on laisse de côté les usines et qu'on
s'occupe des maisons seules, on constate que le nombre
des ouvertures, portes ou fenêtres, s'est élevé de
33,949,000 en 1822, à 58,496,733 en 1876, soit un accroissement de 80 0/0 pour une augmentation de 20 0/0
du nombre des habitants. Le nombre des maisons, ayant

_____

(1) M. Baudrillart. *La Flandre française.*

plus de 6 ouvertures, a augmenté ; celui des maisons à une ou deux ouvertures a diminué (1).

M. Baudrillart reconnaît cette amélioration de l'habitation pour la Normandie et la Touraine ; il la constate également pour la Flandre française, qui est peut-être une des contrées où l'indigence rurale est la plus développée : « On ne saurait trop dire combien ont gagné » les logements de l'ouvrier rural du département du » Nord, depuis le temps assez rapproché que nous avons » pris pour terme de comparaison. Même dans ces mo-» destes habitations, on voit des hauteurs de plafond » de 2 mètres 50 ou de 3 mètres, des fenêtres agrandies, » des meubles solides, en quantité suffisante » (2). Pour la Bretagne et la Picardie, tout en affirmant des améliorations certaines, il fait quelques réserves (3). A la Picardie, il reproche « ces petites maisons basses qui » s'enfoncent dans le sol, au-dessous du niveau de la » route. » En Bretagne, « il faut reconnaître, dit-il, les » améliorations du logement , malheureusement avec » des restrictions très grandes. Ces améliorations sont » très marquées dans les bourgs et dans les villages, » comme dans les fermes et dans les habitations rurales · » de construction nouvelle ; elles sont loin, on doit l'a-» vouer, de former la majorité. Même construite plus » récemment, la petite habitation de l'ouvrier rural reste » encore trop fréquemment défectueuse. On ne peut » guère s'en étonner au prix qu'y mettent les plus » pauvres. Nous rencontrons une foule de petites ma-» sures qui se louent 20 francs par an. Même quand

---

(1) M. Leroy-Beaulieu. *Essai sur la répartition des richesses*, p. 31. — V. aussi le *Bulletin de statistique du ministère des finances*, N° de novembre 1877.

(2) *La Flandre française.*

(3) *La Picardie.*

» elles atteignent au prix de 50 francs ou de 100 francs,
» ces habitations sont humides presque toujours et en-
» fumées lorsqu'on y fait du feu. Cette humidité est une
» des causes les plus habituelles des maladies des enfants,
» nulle part plus exposés aux maux de gorge. La toux,
» les fluxions de poitrine, sont fréquentes aussi pour la
» même cause, chez les hommes et les femmes adultes,
» et chez les vieillards.... On peut poser en fait que,
» dans les habitations pauvres en Bretagne, les incon-
» vénients de tout genre redoublent en raison de l'exi-
» guïté du logis. On manque d'air, on vit entassé, une
» cloison seule sépare parfois la chambre du réduit obs-
» cur où le porc est enfermé. Pendant le jour, tout vit
» pêle-mêle, gens et bêtes. C'est de plus en plus la mi-
» norité, mais elle tient encore beaucoup de place.

» Quel visiteur d'une ferme bretonne n'a remarqué
» tout d'abord ces fameuses armoires à lits étagés les
» uns par-dessus les autres, et séparés par un plafond
» en plancher ? Il faut le sentiment de pudeur habituel
» à ces populations pour qu'une telle coutume soit
» presque toujours sans inconvénients pour les mœurs ;
» mais nul système n'est plus incommode. Quelquefois
» le lit du second étage est si haut qu'on n'y monte
» qu'en se hissant sur un coffre, parfois même à l'aide
» d'une échelle. L'air circule peu, on étouffe dans ces
» armoires. Le mal acquiert un degré nouveau de gra-
» vité, quand il y a une personne malade » (1).

(1) *La Bretagne*, p. 620.

# CHAPITRE VII

## L'Intempérance et l'alcoolisme.

Le vice de l'ivrognerie est répandu dans les campagnes, surtout dans celles du Nord et de l'Ouest de la France. — Consommation moyenne, par tête, d'alcool pur. — Impureté des produits. — L'alcoolisme est un mal récent, inconnu aux siècles précédents. — Développement de ce fléau depuis le commencement de ce siècle ; l'accroissement de la consommation a suivi l'augmentation du nombre des débits. — L'ivresse d'autrefois et celle d'aujourd'hui. — L'action physiologique spéciale sur les consommateurs ruraux.

Certes la situation, que nous avons dépeinte, attesterait une amélioration très réelle des moyens de bien-être des ouvriers ruraux. Obtenir des salaires plus élevés, ne pas payer sensiblement plus cher les subsistances, et notamment le pain, être assuré de l'égalité dans la proportion des taxes publiques ; c'est, à coup sûr, le gage d'une condition meilleure, et, nous pourrions ajouter, le droit à l'épargne.

Malheureusement, il est un vice très répandu dans les campagnes, l'ivrognerie, qui fait des ravages énormes dans tout le Nord et l'Ouest de la France, précisément dans celles des contrées où la boisson courante des paysans laisse à désirer au point de vue des qualités nutritives. Dans toute la zone du midi et dans une partie du centre, on consomme peu d'alcool ; ainsi le minimum de l'usage de cette denrée se présente-t-il dans les quatre départements suivants : le Gers, les Landes, la Savoie et la Haute-Savoie ; on n'y absorbe

par an que 0.5 à 1 litre d'alcool, par tête, en moyenne.
Dans l'Aveyron, les deux Charentes, la Corrèze, le
Lot-et-Garonne et cinq autres départements du même
groupe, on n'absorbe encore que de 1 litre à 1 litre 1/2
en moyenne par tête.

Des départements méridionaux, où la population
urbaine est cependant considérable, comme l'Hérault,
ne consomment en moyenne, par habitant, que 2 litres
à 2 litres 1/2 d'alcool. Au contraire, dans l'Eure-et-Loir,
la Manche, la Marne, la Seine et la Seine-et-Oise, on
obtient une consommation de 6 à 7 litres par tête ; on
passe de 7 à 8 litres pour la Somme ; enfin à 13 litres
2 par tête pour la Seine-Inférieure.

Etant donné que les femmes et les enfants font un
moindre usage de l'alcool, que les hommes adultes n'en
consomment pas tous, et remarque faite qu'il ne peut
être tenu compte ni de la production des bouilleurs de
crû, qui est exempte d'impôt, ni de la production
détournée par la fraude, on peut admettre qu'il y a des
individus, dans ces derniers départements, qui arrivent
à absorber dans leur année 50 ou 60 litres, peut-être
même davantage, d'alcool *pur*, correspondant à 130 ou
150 litres d'eau-de-vie. M. Claude (des Vosges) pense
que le huitième seulement de la population constitue
le véritable consommateur d'alcool, et que, par conséquent, la quantité absorbée par tête est, en réalité, huit
fois plus considérable que ne l'indique la moyenne générale.

Il y a une cause aggravante du mal, c'est l'impureté
des produits ; pour un grand nombre d'hygiénistes, les
alcools d'industrie sont particulièrement coupables, et
font entrer dans la consommation courante des produits
renfermant de véritables toxiques. Or, par une véritable fatalité pour les départements non vinicoles, la

consommation porte surtout sur les alcools d'industrie, dont la nocivité est beaucoup plus grave.

Ainsi l'abus des boissons alcooliques, et la mauvaise qualité des produits consommés, qui constituent les deux causes de l'alcoolisme (1), se rencontrent précisément dans les mêmes régions.

L'usage de l'eau-de-vie n'est entré dans les mœurs que vers la fin du XVIIᵉ siècle. Mais ce n'est que dans le siècle actuel qu'il a pris une sérieuse extension. Depuis soixante ans, le développement de la consommation a été considérable en France : en 1830, la consommation moyenne dans notre pays était de 1 litre 12 par habitant ; en 1885, elle atteignait 3 litres 85 par tête, malgré une élévation énorme des droits.

Il n'est pas douteux que l'Etat soit en partie responsable de cet accroissement : en 1880, on a aboli le décret de 1851, qui exigeait pour l'ouverture de cabarets l'autorisation préfectorale. Aussi dans les cinq années, qui ont suivi cette abrogation, le nombre des débits a-t-il augmenté d'environ 40,000, tandis que de 1873 à 1880, c'est-à-dire dans les sept années qui l'avaient précédée, l'augmentation des débits n'avait été que de 8,000. Il y avait environ, en 1885, 1 débitant par 90 âmes (2).

L'augmentation du nombre des débits a entraîné celle des habitudes d'intempérance. Que l'on n'objecte pas que c'est ce dernier fait qui a agi sur l'autre ; il serait facile de démontrer le contraire. D'abord, il a été remarqué que même dans les régions où l'ivrognerie ne sévit pas, dans la classe des propriétaires ou fermiers,

_____

(1) M. Léon Say. *Rapport sur la législation de l'alcool.*—V. aussi l'*Alcool et l'impôt des boissons*, par G. Hartmann.

(2) Rapport de M. Claude (des Vosges) au Sénat.

qui, en général, ne fournît que peu d'ivrognes, il a été remarqué, disons-nous, que la fréquentation des cafés a augmenté, et elle a augmenté parce que ceux-ci sont plus nombreux. En second lieu, on a constaté que les cas d'ivresse ou d'ivrognerie se rencontrent dans les centres où les cabarets sont le plus multipliés; M. Baudrillart en a fait l'observation dans l'Artois : « Quant » aux petits cultivateurs et aux ouvriers ruraux, à qui » ce défaut est plus imputable, voici ce que l'Artois » nous a paru démontrer. Eloignement des cabarets, » peu d'ivrognes, à peine quelques excès le dimanche. » Proximité des cabarets, beaucoup d'intempérants. » Qu'on ne dise pas que c'est l'ivrognerie qui crée, » multiplie ces débits où elle trouve à se satisfaire; en » réalité, l'offre devance, sollicite, crée la demande, » qui malheureusement ne tarde pas à suivre, et imprime » à l'offre un nouvel essor. La camaraderie, l'habitude, » la fatalité de ce besoin, qui s'accroît par la satisfaction » même, achèvent de pousser le mal à l'extrême. Aussi » y a-t-il plus d'ivrognes dans les gros bourgs et les » villages que dans les localités où les demeures sont » dispersées. On s'enivre rarement à domicile. (1) ».

Ces habitudes d'intempérance sont relativement récentes; elles datent de cinquante à soixante ans (2).

En Bretagne, toutefois elles sont invétérées de longue date. Les anciens *mystères* bretons mettent plus d'une fois l'ivrogne en scène. Être Breton et être ivrogne, c'était tout un, selon Nicole. Dans une lettre sur la *prévention*, que le célèbre Janséniste écrivait à Madame de Fonpertuis, il dit, en effet, que tout le monde est

---

(1) L'*Artois*.

(2) Dans une communication faite à l'Académie de médecine le 27 novembre 1886, le docteur Lanceraux s'exprime ainsi : « En France, jusqu'en 1850, le mot *alcoolisme* était à peine connu des médecins. »

sujet à la prévention; mais il s'agit seulement de savoir à laquelle on est sujet; c'est ainsi, continue-t-il, que pour la jeune Bretonne, quand elle veut se marier, elle n'a pas à se préoccuper de savoir si son fiancé est ivrogne, *le défaut qui règne dans ce pays-là étant de s'enivrer, mais de savoir seulement s'il a le vin méchant ou bon*; aussi n'épouse-t-elle pas un homme, *qu'elle ne l'ait vu ivre.* — Dans ce siècle, le terrible vice s'y est catégorisé; il ne fait plus de victimes que parmi les ouvriers; mais il exerce ses ravages au delà des limites de la Bretagne, et il a pris une forme particulièrement fatale, celle de *l'alcoolisme*, qui affecte d'une manière si grave les facultés intellectuelles et les forces physiques.

Le changement dans la nature du produit consommé a, en effet, coïncidé avec l'apparition de symptômes morbides nouveaux: « On a pu comparer l'ivresse gaie, prompte à » venir, prompte à partir, de notre ancienne Gaule, avec » l'ivresse lente, envahissante, progressive, triste et » poussant au crime, qui caractérise les alcoolisés moder- » nes, fils dégénérés des Gaulois. On a même forcé les » couleurs, non pas qu'on ait exagéré les tristesses de » notre époque, mais parce qu'on a peut-être trop pris au » sérieux ce que les poètes ont dit de l'amabilité et de » la gaieté de l'ivresse d'autrefois. » Certes, nous disons avec M. Say, auquel nous empruntons ces lignes, (1) que l'on aurait tort de donner en exemple aux buveurs abrutis et cérébralement affaiblis d'aujourd'hui, l'histoire de l'ivrognerie de l'ancienne France; mais nous ne pouvons toutefois nous empêcher de dire, avec le docteur Rochard, que c'était l'ivresse gaie et bon enfant, l'ivresse gauloise, que tous les poètes ont chan-

(1) *Loc. cit.*

tée, — et qu'à l'heure actuelle, c'est l'abrutissement à
l'état continu.

Quelle condition heureuse serait celle des ouvriers de
nos campagnes françaises, si l'intempérance ne venait
la troubler. Ce vice détruit dans beaucoup de ménages
les habitudes d'épargne, tarit les ressources (1), détermine de fréquents chômages, entraîne de nombreuses
maladies.... Nous ne voulons insister ici que sur une
conséquence de l'intempérance alcoolique, et étudier·le
genre de maladies qu'elle détermine dans les campagnes.

L'action physiologique de l'alcool est quelque peu
différente chez les consommateurs des campagnes que
chez ceux des villes; encore y a-t-il lieu de diviser les
premiers en deux classes : 1° les gens aisés, auxquels
nous joindrons les débitants, qui, comme eux, absorbent
des liqueurs alcooliques variées, se donnent peu d'exercice et vivent dans un air confiné, toutes causes qui
retardent l'élimination de ce toxique, et lui permettent
d'imprégner l'organisme ; 2° les ouvriers agricoles.

Sur ceux-là, l'alcoolisme arrive en peu de temps à
produire des désordres graves, tels que attaques épileptiformes, *delirium tremens*, congestions cérébrales,
amenant quelquefois des morts subites. Le ramollisse-
ment cérébral, suite de l'alcoolisme chronique, est
aussi plus spécial aux gens aisés. Bref, on peut dire
que, chez eux, l'abus de l'alcool entraîne généralement la mort, en plein âge adulte, vers 40 ans. —
Quan aux ouvriers agricoles qui prennent cependant
des alcools inférieurs en qualité, contenant des produits

---

(1) En 1830, alors que la consommation moyenne par tête n'était que de 1
litre 12, l'impôt n'était que de 37 fr. 40 l'hectolitre. En 1885, avec une consommation de près de 4 litres, il est de 156 francs 25 l'hectolitre.

dont l'action est très nuisible, ils ressent en général bien plus lentement les effets de ce toxique. On voit dans les campagnes des buveurs invétérés qui arrivent néanmoins à un âge assez avancé, grâce à l'activité physique qu'ils déploient, et qui, en favorisant la rapide circulation du sang, entraîne la prompte élimination de ces alcools inférieurs, et grâce aussi, pour une grande part, à la vie au grand air ; car la respiration d'un air pur arrive à éliminer, au niveau des poumons, les parties *volatiles* de ces alcools inférieurs, qui sont précisément celles dont la toxicité est la plus élevée. Toutefois l'usage immodéré de l'alcool chez des ouvriers ruraux, pour amener moins de maladies, n'est pas inoffensif ; il entraîne assez fréquemment la gastrite, dite alcoolique, avec ses complications graves : ulcères, vomissements de sang, etc. On voit également des crises épileptiformes, comme chez les buveurs de la classe aisée ; les accidents épileptiques sont, d'ailleurs, presque toujours d'origine alcoolique.

# CHAPITRE VIII.

## De la mendicité.

La mendicité dépend de la situation économique du pays. — L'ancienne législation en France; sa sévérité et son impuissance. — Notre Code pénal et la
jurisprudence. — Les dépôts de mendicité; leur création; leur changement
de destination.
La mendicité des villes; une expérience curieuse. — La mendicité au village;
elle ne se pratique que dans certaines régions; caractères qu'elle y revêt. —
La Bretagne.

Le fléau de la mendicité dépend plus de l'état des
esprits, et de la situation économique du pays, que du
degré de vigilance de la police. Sans doute l'habitude
de mendier, pour l'individu apte à gagner sa vie, révèle un état de dégradation morale, et peut présenter
même un péril pour la société; et l'on conçoit que,
dans ces circonstances, elle soit considérée comme un
fait délictueux. Mais, pour le misérable dénué de tout,
invalide ou impotent, ou encore pour celui, sur lequel
fond un malheur immérité, il serait bien dur de le
frapper comme un coupable parce qu'il a sollicité la
compassion de ses concitoyens.

Aussi qu'arrive-t-il? Les lois sont elles sévères à l'é-
gard des mendiants, elles n'empêchent pas la mendicité,
si la gêne du pays est grande; sont-elles douces, au
contraire, elles ne seront parfois pas appliquées, par
cela même que la mendicité constituera un fait exceptionnel. C'est ce qui s'est précisément passé en France.
Les anciens édits des rois frappaient la mendicité de

peines extrêmement fortes; le fouet, le pilori, et la marque paraissent avoir été les châtiments les plus doux (ordonnance du roi Jean, de 1350); on alla jusqu'à la mutilation, aux galères et à la corde (ord. de Henri II, du 11 juillet 1545; arrêts du Parlement de Paris de 1532). Un édit de 1566 associa dans la répression les mendiants, et ceux qui leur faisaient l'aumône. Quoique fréquemment renouvelées, ces lois répressives ne recevaient pas d'application, à raison même de leur sévérité, et beaucoup aussi à raison de l'état économique du pays. Vauban ne disait-il pas dans sa *Dîme Royale* : « J'ai fort bien remarqué que, dans ces derniers temps, » près de la dixième partie du peuple est réduite à la » mendicité, et mendie effectivement. »

La législation moderne est plus humaine. Le droit de la période Révolutionnaire avait déjà adouci les anciennes rigueurs (1). Le Code pénal vint ensuite, qui ne voulut ériger la mendicité en délit punissable de peines correctionnelles que moyennant le concours de trois conditions (art. 275). Il faut : 1° que l'indigent soit valide, c'est-à-dire en état de travailler; 2° qu'il se soit livré à des actes répétés de mendicité ; 3° qu'il existe, dans le département, un établissement public destiné « à obvier à la mendicité. » La jurisprudence a limité encore la portée des articles du Code pénal par une interprétation restrictive (2). L'article 274 ne serait pas applicable, d'après la Cour de Cassation, lorsque le département n'a que la faculté, en vertu d'un traité, de faire admettre un certain nombre d'individus au dépôt d'un département voisin. De même, le fait de mendicité ne constitue un délit qu'à l'égard des men-

---

(1) V. le décret de l'Assemblée nationale du 30 mai 1790, la loi du 22 juillet 1791, et celle du 24 Vendémiaire an II,

(2) Arrêts de la Cour de Cassation du 11 avril et du 23 mai 1846

diants pour lesquels le dépôt est ouvert, et qui ne profitent pas de la ressource qui leur est offerte. « Si,
» d'après les règlements de l'établissement, certaines
» classes d'individus en sont exclues, la disposition dudit
» dit article cesse d'être applicable à ceux qui ne pourraient
» raient s'y faire admettre, quand même ils le désireraient
» raient » (1). Or les dépôts actuels, établis, d'ailleurs,
sans aucun plan général, avec des règles variant selon
l'esprit, qui a présidé à leur fondation, ne s'ouvrent
généralement qu'après condamnation.

Ces dépôts de mendicité sont en petit nombre, nous
le verrons plus loin. Ils ne contiennent, d'ailleurs, le
plus souvent que des vieillards ou des incurables. Ils
ont donc, en fait, perdu la destination qui leur avait été
donnée par le décret du 5 juillet 1808. Napoléon, à cette
époque, avait ordonné « la réclusion dans les maisons
» centrales de détention des mendiants réputés vaga-
» bonds, » en décidant que pour les autres mendiants
chaque département aurait un dépôt destiné à les recevoir.
voir. L'intention du Gouvernement, écrit le Comte Crétet
aux préfets, est que ces dépôts soient mis sans retard
en activité ; « vous aurez soin, ajoute le ministre, d'en-
» tretenir avec moi, sur cette opération, la correspon-
» dance la plus suivie. » (Juillet 1808). Le 19 décembre
de la même année, un règlement général est rédigé
« afin d'assurer dans la direction intérieure de ces mai-
» sons l'uniformité administrative, qui doit en être la
» base. » Malgré ces invitations pressantes du Gouvernement, la création des dépôts marchait lentement ; des
difficultés nombreuses s'étaient produites. Aussi, le 17
mars 1817, M. Lainé écrivait-il aux préfets : « Il est
» important de vous occuper des propositions, que vous

(1) C. de Cass. 20 février 1845.

» serez bientôt dans le cas de faire au Conseil général
» de votre département relativement au dépôt de men-
» dicité, ou de préparer les mesures propres à donner
» à cet établissement la meilleure destination. Il ne s'a-
» git plus d'examiner si la mendicité peut être suppri-
» mée au moyen des dépôts, mais de pourvoir à la
» dépense de celui qui existe, *si la conservation en est*
» *jugée nécessaire,* ou de bien motiver toute proposi-
» tion dont l'objet serait de lui faire subir des modifi-
» cations, ou *même d'en prononcer la suppression.* »
Les Conseils généraux, habitués à gérer avec économie
les finances départementales, s'empressèrent de profiter
de cette permission, et le nombre des dépôts, qui était
alors de 65, se réduisit dans une forte proportion. Présentement, on en compte 34. Il convient de mettre à
part les deux dépôts algériens, très récents et d'un caractère spécial, ceux de Brest (Poul-ar-Bachet) et de
Chambéry (fondation de Boigne), appartenant exclusivement à ces villes et affectés à leurs incurables, celui de
Mirande (Gers), qui ne fonctionne plus depuis cinq ans,
bien qu'il n'ait pas été officiellement supprimé; enfin,
celui de Romans, qui n'existe encore que sur le papier,
et qui sera municipal. Il n'y a donc, en fait, que 28
dépôts, desservant 51 départements.—Il faut ajouter que
l'institution n'a pas tardé, dans la pratique, à dévier, et
les dépôts furent bien vite transformés en hospices ou
en hôpitaux, cessant d'être pour les indigents encore
*valides* ces refuges où ils devaient trouver l'asile et le
travail qui leur manquaient.

La population des ·Dépôts était, au 31 décembre
1886 (1), de 5,389 pensionnaires, se décomposant ainsi :

_____

(1) Relevés fournis par l'Inspection générale et communiqués par la Direction
de l'Assistance publique.

1,237 reclus, et 4,152 hospitalisés. L'hospice départemental et dépôt de mendicité de Montreuil-sous-Laon
(Aisne), et qui est commun à huit départements, comprend, par exemple, jusqu'à concurrence des cinq sixièmes,
des vieillards et infirmes, le dernier sixième seulement
étant représenté par des mendiants et vagabonds. Aussi
est-il permis de dire que ces dépôts constituent de véritables asiles qui, suivant la judicieuse observation de
M. de Crisenoy, « forment le complément de tout ser-
» vice d'assistance, les asiles communaux ne recevant
» pas certaines catégories d'infirmes qu'on ne peut ce-
» pendant sans inconvénient laisser dans leurs familles
» ou errer à l'abandon. »

En fait donc, les dépôts de mendicité sont de véritables établissements hospitaliers. D'ailleurs, à s'en tenir
même aux principes, ces dépôts sont des maisons de
travail dépendant du service de l'assistance publique,
et non des établissements pénitentiaires ; les individus,
qui y viennent chercher un refuge, ou bien qui y sont
conduits par ordre administratif, ne subissent pas une
peine, et la coercition, dont ils sont l'objet, constitue
une mesure préventive et non répressive.

A un autre point de vue, il est facile de se rendre compte
dans quelle mesure les dépôts ont cessé presque d'être
des lieux de répression, où le travail est obligatoire, pour
devenir des refuges, des asiles, des établissements hospitaliers. Sur les 5,389 pensionnaires, en effet, 2,866 seulement (1,169 reclus, et 1,697 hospitalisés) ont pris part au
travail intérieur, et, sur ce nombre, beaucoup ont sans
doute fort peu travaillé, puisque le produit brut de ce
travail n'est évalué qu'à 178,419 fr. 59, soit une
moyenne par tête de 62 fr. 25.

Ajoutons que les valides y restent fort peu de temps.
Sans doute les décrets, pris en conformité de celui du

5 juillet 1808 pour la création des divers dépôts de mendicité, portent tous la disposition suivante : « Les » individus conduits au dépôt y seront retenus jusqu'à » ce qu'ils se soient rendus habiles à gagner leur vie » par le travail, *et au moins pendant une année*. » Mais, en dépit de cette règle, les arrêtés préfectoraux prescrivent un internement de quinze jours, un mois, deux mois ; et il ne saurait en être autrement, à raison de la population hospitalisée, qui absorbe la plus grosse part des ressources des dépôts.

Y aurait-il lieu, ainsi que le propose actuellement le Conseil supérieur de l'Assistance publique, de revenir à l'ancienne conception, et de ne maintenir les dépôts que pour les mendiants valides. Voici le projet de résolution adopté par la quatrième section de cette assemblée : « Art. 1er. La mendicité est interdite sur le » territoire de la République. Il sera créé un bureau » d'assistance dans chaque commune ou syndicat de » communes. Des établissements seront créés pour » réprimer la mendicité. Ils auront le nom et le carac- » tère de maisons de travail. Ils ne recevront que des » individus valides, âgés de seize ans au moins et de » soixante-dix ans au plus, sous réserve de la dispo- » sition transitoire insérée à l'article 2, et relative à » l'organisation de l'assistance publique. Ces établisse- » ments seront ou départementaux ou communaux. » Deux ou plusieurs départements, deux ou plusieurs » communes pourront se syndiquer pour les fonder, les » administrer et les entretenir. »

C'est l'importation, en France, quoiqu'en dise le rapporteur, M. Charles Dupuy, du *workhouse* anglais. C'est le socialisme d'Etat dans le domaine de la charité. Les dépôts de mendicité, avec le caractère qu'on veut leur rendre, sont-ils bien nécessaires? Nous en doutons ;

et loin d'en souhaiter la généralisation, nous en récla-
merions plutôt la suppression. Indulgence pour le mendiant invalide ou digne d'intérêt, répression pour
l'incorrigible et le vagabond, voilà notre conclusion;
quant à la répression, l'emprisonnement, et, s'il y a
lieu, l'envoi des récidivistes dans des pénitenciers
agricoles situés en Algérie ou dans nos colonies.

Comme on le voit, le législateur moderne n'a pas
entendu retirer au malheureux le droit de tendre la
main, et d'implorer la charité des particuliers; il a
voulu seulement empêcher le vagabondage, qu'accompagne souvent la mendicité. En outre, la police se
montre extrêmement tolérante; elle ferme les yeux, et
n'use pas de l'arme qui lui est donnée. D'ailleurs, il faut
bien le dire, la mendicité est tolérable, et jusqu'à un
certain point un cas de légitime défense dans les pays
où nulle mesure collective n'est prise pour porter secours
à la misère; or c'est ce qui existe dans beaucoup de
campagnes.

Dans les villes, il y a des mendiants de profession,
dont les habitudes tiennent moins à l'état économique
du pays qu'au vice de paresse ou de vagabondage.
Inconnus de ceux dont ils implorent la charité, ils
exercent aisément leur métier, peuvent le continuer
longtemps sans être inquiétés, et en retirer des ressources abondantes. Ils deviennent experts dans l'art
d'émouvoir et de provoquer la compassion. Tel mendiant, accepté par la police, et revêtu parfois de l'autorisation administrative, vit largement, et avec un certain
bien être; l'on nous en a cité un, qui dépense régulièrement 4 fr. pour son repas, et a son couvert mis dans
un restaurant fréquenté par la bourgeoisie; tel autre,
sans doute moins raffiné dans ses goûts, préfère la

mendicité au travail, plus pénible pour ses forces, qui veulent rester oisives; on connaît l'expérience tentée par un philanthrope contemporain : voulant apprendre d'une manière certaine quelle portion de vérité contiennent les plaintes des mendiants valides, il s'entendit avec quelques commerçants et industriels, lesquels s'engagèrent à donner du travail, et à allouer au salaire de 4 francs pendant trois jours à toute personne se présentant munie d'une lettre de lui. « En huit mois, dit M.
» Henri Ch. Monod, qui raconte le fait, il eut à s'oc-
» cuper de 727 mendiants valides, qui se plaignaient
» de n'avoir pas de travail. Aux 727, il dit qu'il avait
» de la besogne pour eux; chacun fut avisé qu'il pou-
» vait faire retirer une lettre, qui lui donnerait entrée
» dans un magasin ou une usine avec un salaire de 4
» francs par jour. C'était le travail demandé; c'était la
» vie assurée, avec la dignité. Plus de la moitié (415)
» ne vinrent même pas prendre la lettre. D'autres, en-
» core en très grand nombre (138) la prirent, mais ne
» la présentèrent pas à son destinataire. D'autres vin-
» rent, travaillèrent pendant une demi-journée, récla-
» mèrent 2 francs, et on ne les revit pas. D'autres
» disparurent, la première journée faite. Bref, des 727,
» dix-huit étaient encore au travail au bout de la troi-
» sième journée » (1).

Ainsi, sur 727 hommes mendiant à Paris, arrêtant les passants dans la rue, se plaignant de mourir de faim, demandant avec larmes du travail, il y en avait 18 qui avaient le désir sincère d'en trouver. C'est un sur quarante. Cette expérience, poursuivie pendant plusieurs mois, et portant sur plusieurs centaines d'individus, permet d'affirmer que dans notre capitale, — et il doit

(1) Conseil supérieur de l'Assistance publique. Séance d'ouverture (13 juin 1888).

en être de même dans les autres grandes villes, — sur quarante hommes valides mendiant, il y en a un qui mérite intérêt.

Mais si, détachant nos yeux des villes, nous les reportons vers les campagnes, nous trouvons que la mendicité n'y est le plus souvent exercée que par de véritables indigents ; quelques-uns, sans nul doute, sont valides ; la plupart sont des femmes, des enfants, des vieillards. Comment, d'ailleurs, pourrait-il en être autrement ? On se connaît au village, et celui-là seul, qui en est digne, inspire la compassion. La mendicité ne se voit que dans les régions, où sévit l'indigence, doublée d'ignorance, ou bien dans les moments de crise, durant lesquels le travail est arrêté.

Les contrées, où la mendicité se voit le plus, ce sont le Nord, l'Artois, la Bretagne surtout. Le Nord et l'Artois sont des pays riches, qu'on cite comme des modèles de culture, et où les ressources des travailleurs se sont accrues avec la prospérité générale. Pourquoi la mendicité y règne-t-elle ? « L'intempérance, l'inconduite, dit M. Baudrillart, y ont leur part, mais non pas la principale. Les infirmités, les incapacités de travail, quelque maladie survenue, une famille trop nombreuse, sont les sources du mal les plus fréquentes. » — La mendicité est restée la plaie de la Bretagne. Les enfants déguenillés, sans souliers, sans bas, sont dressés à mendier. Il ne faut pas attribuer ces habitudes au manque de travail, puisque les bras manquent assez souvent. Nous l'attribuerions plutôt à l'ignorance et à la modicité des salaires, les individus comptant retirer des aumônes un produit supérieur à celui que leur fournirait le travail, et beaucoup aussi à une tradition vicieuse invétérée. En 1847, M. Maxime du Camp parcourait la Bretagne à pied ; à cette époque,

raconte-t-il, la mendicité y était une sorte d'institution agressive, presque menaçante, contre laquelle on avait quelque peine à se protéger. « Flaubert et moi, écrit-il,
» nous avons été bloqués par des bandes de malingreux,
» que nulle aumône ne parvenait à satisfaire. Dans le
» Morbihan, à Baud, comme nous revenions du châ-
» teau de Quinipilly, où nous avions été voir la statue
» de la *vieille couarde*, il fallut l'intervention des gen-
» darmes pour nous dégager (1) ».

Les autres contrées, où la mendicité sévissait avec grande force autrefois, comme la Nièvre, sont aujourd'hui débarrassées de ce fléau. Les mendiants sont en petit nombre partout ; ce sont des vieillards, des infirmes, des faibles d'esprit. « Pas de mendicité, me mande-t-on des
» Pyrénées ; elle n'est pratiquée que par des infirmes
» nomades et par quelques vieilles femmes espagnoles. »

Cette mendicité, devenue un fait exceptionnel, s'exerce à jours fixes ; les mendiants vont une fois par semaine ou une fois par mois à la porte des fermes solliciter leur aumône ; on leur donne un morceau de pain, rarement une pièce de monnaie.

Le plus souvent, les quelques mendiants, que l'on a coutume de voir à chaque distribution, appartiennent à la même commune ; et celle-ci offre l'état d'indigence le plus caractérisé ; tant il est vrai que la mendicité n'est autre chose que l'indigence se révélant à la compassion publique.

Aux époques de misère générale, les mendiants se font nombreux. Nous nous rappelons le terrible hiver de 1870 ; les légions ennemies envahissaient nos plaines couvertes de neige ; la guerre et le froid s'accordaient, par nous ne savons quel fatal concours, pour répandre

(1) *La charité privée*, p. 31.

la misère dans nos campagnes terrifiées ; le travail était suspendu ; des villages entiers allaient à l'aumône ; cela dura trois longs mois. L'invasion terminée, les ouvriers retournèrent à l'atelier ; la mendicité avait disparu avec le dernier soldat allemand. Nouvelle confirmation de cette idée, à l'exactitude de laquelle nous croyons, que la mendicité accompagne la misère, qu'elle nait avec elle pour cesser en même temps qu'elle.

Or la mendicité a perdu dans nos campagnes une grande partie de ses positions ; nous pourrions en conclure, à défaut d'autres preuves, que le champ de l'indigence s'est lui aussi rétréci. Il a pu arriver qu'en certains endroits c'est un mode d'assistance, qui a eu raison de la mendicité, et nous étudierons plus loin les tentatives si heureuses de M. de Magnitot pour arriver à son extinction ; mais là encore, c'est l'indigence, que l'on a cherché à supprimer, pour atteindre la mendicité.

Ceux de nos lecteurs, qui passent une partie de leur année aux champs, seraient peut-être tentés de s'inscrire en faux contre l'affirmation, que nous avons émise, d'une diminution de la mendicité, et de nous objecter ces individus, moitié vagabonds, moitié mendiants, qui, tantôt isolés, tantôt par petits groupes de deux ou trois, parcourent les campagnes depuis quelques années, évitant les grandes routes, préférant les chemins peu fréquentés, venant frapper à la porte des fermes isolées, où ils demandent un gîte, ou encore à celle du petit laboureur, dont ils intimident la femme par leur mine suspecte et leur costume dépenaillé. Ceux-là, on les appelle en certains endroits les *cheminots* (1); la rareté ou la multiplicité du nombre de ces voyageurs est un criterium de l'état des affaires; on les

---

(1) M. de Cherville. *La Vie à la campagne*. (*Temps* du 24 novembre 1887).

rencontre à l'heure actuelle dans toutes les parties de la France; ils quittent la ville, où ils se trouvent plus d'ouvrage, et retournent à leur village; nous pensons qu'il en est pour lesquels le voyage ne finit jamais; car on revoit souvent les mêmes figures. C'est, du reste, une profession que celle-là! Quoiqu'il en soit, ces *cheminots* ne sont pas les mendiants ruraux; c'est l'écume de la grande ville se déversant sur les campagnes qu'elle salit et ronge! (1).

(1) *Journal d'agriculture pratique*. 1887. 2ᵉ vol. p. 433 et 594.

# DEUXIÈME PARTIE

---

## LA PRÉVOYANCE DANS LES CAMPAGNES.

# CHAPITRE IX.

## L'Esprit d'Epargne et les formes de la Prévoyance.

Unanimité sur les bienfaits de la prévoyanco. — Assistance et prévoyance. — Celle-ci ne peut parer à toutes les éventualités de la vie.— L'esprit d'épargne à la campagne ; ce sentiment, inné chez le paysan, s'est un peu altéré. — Formes de l'emploi des économies des ouvriers ruraux : la terre et le paysan propriétaire ; la division de la propriété ; la thésaurisation ; le placement hypothécaire ; les valeurs à lots ; les dépots à la Caisse d'épargne.

S'il y a des divergences sur l'utilité et sur les résultats de la charité privée et de la bienfaisance officielle, il existe, au contraire, unanimité absolue sur le caractère et les bienfaits de la prévoyance. Economistes, philanthrophes, philosophes, moralistes, tous s'accordent à conseiller à l'ouvrier l'épargne, tous s'ingénient à lui vanter, et avec raison, l'excellence de la mutualité, cette seconde forme et peut-être la meilleure de la prévoyance.

Parle-t-on d'assistance, vous entendrez dire qu'elle n'est pas nécessaire, ou qu'elle n'est pas efficace. Mais que vous parliez de la prévoyance, les uns et les autres vous diront que, sur ce point, toute discussion doit cesser. Les premiers ajouteront même que s'ils ne sont pas persuadés des avantages et de l'opportunité de la charité, la raison en est que, selon eux, la prévoyance, dans ses différentes manifestations, peut conjurer la misère. Ce n'est certes pas nous qui nous inscrirons en faux contre les bienfaits de la prévoyance, nous sommes

même de ceux qui, malgré notre aversion pour le
socialisme d'Etat, pensons que le législateur, sans aller
jusqu'à rendre l'épargne ou l'assurance obligatoire,
comme en Allemagne, peut et doit même contribuer à
en propager le sentiment parmi les classes populaires,
soit en assurant une très large publicité aux institutions
de prévoyance, soit en environnant leur fonctionnement
des plus grandes garanties, soit même en créant, à côté
des œuvres d'initiative privée, des services publics.
Peut-être cette dernière affirmation sera-t-elle de nature
à soulever les critiques de quelques économistes ; mais
si, laissant de côté les discussions d'école, ils envisagent
l'efficacité de fondations, comme celle des caisses
d'épargne, comme celle même de la caisse postale, ou de
la caisse des retraites, pourront-ils blâmer l'Etat de
leur avoir donné un caractère officiel, de leur accorder
des faveurs, ou d'exercer sur elles un contrôle. L'Etat
a un rôle d'initiation et d'éducation, et ce rôle doit lui
rester.

En effet, l'épargne, qui est un devoir pour tous, est
une nécessité pour le pauvre, qui n'a que ce seul moyen
de garantir son indépendance, et de s'assurer contre les
risques de la vie. Néanmoins c'est précisément lui qui
épargne le moins. Les tentations du cabaret l'en empêchent. D'ailleurs, il est quelquefois fort difficile de
trouver la possibilité sur un petit budget de faire la part
de l'épargne. Mais, on l'a remarqué, dès qu'une première
économie est faite, elle s'accroît assez vite. Elle fait
l'effet de la boule de neige. Un industriel nous disait
un jour : « Ce sont les 200 premiers francs qu'il est le
» plus difficile d'épargner ». A la société, de rendre
aisée cette première économie, qui permettra ensuite à
l'épargne de suivre son cours régulier.

La concession, que nous faisons ici à une doctrine,

qui n'est pas la nôtre, et dont nous repoussons presque toutes les applications, montre bien que nous sommes pénétré du caractère particulièrement bienfaisant de la prévoyance. L'assistance, quelque ardeur qu'elle déploie, quelque sagaces qu'en soient les formes, quelque considérables qu'en soient les ressources, ne peut guère songer qu'à apporter des soulagements temporaires à la condition des malheureux ; elle est hors d'état de la modifier profondément.

Plus efficace est, à coup sûr, la prévoyance qui, ayant pour but de prévenir la misère, aboutit fréquemment à l'écarter, mais réussit toujours à élever la dignité humaine, et à éveiller le sentiment de la responsabilité personnelle. Lorsque le champ de la prévoyance s'élargit, celui de la bienfaisance se limite.

Mais faut-il pour cela condamner la charité, et affirmer qu'elle n'est pas nécessaire ? Selon l'opinion de Ricardo, aucun plan pour secourir la pauvreté ne mérite attention, s'il ne tend à mettre les pauvres en état de se passer de secours ; après lui, on a renchéri, et on a voulu proscrire l'assistance. « Soyez économes, assurez-vous » contre les risques et les fatalités de la vie » a-t-on voulu dire aux classes pauvres ; « nous ne vous devons » pas le soulagement ; tant pis pour les imprévoyants. » Singulier langage ! N'est ce pas le propre de toute société, qui progresse en civilisation et en richesse, de soulager les infortunes de ses déshérités ? Une armée en marche laisse-t-elle ses blessés en arrière ? N'a-t-elle pas, au contraire, le devoir de les soustraire à l'ennemi ?

Nous maintiendrions la nécessité de l'assistance, alors même qu'il serait démontré que l'espoir ou la certitude d'être secourus, contribuerait à oblitérer chez les ouvriers le sentiment de la prévoyance. Mais est-il vrai qu'il en soit ainsi ? Nous ne méconnaissons pas que parfois des ouvriers, auxquels on conseille l'épargne, répondent : « A quoi bon épargner ? Ne sommes-nous » pas sûrs de finir nos jours à l'hospice ». Mais est-ce la raison qui les dissuade de l'économie ? N'y faut-il pas voir plutôt le besoin de donner une excuse pour ne pas suivre un conseil auquel l'insouciance ou la dissipation ne leur permettent pas d'obéir ! D'ailleurs, la certitude d'être secourus est-elle si complète : dans les villes, et surtout à Paris, les admissions dans les hospices, toujours encombrés et toujours trop exigus, malgré leurs agrandissements et malgré leur multiplication, ces admissions n'ont pas lieu facilement, elles se font attendre pendant de longues années ; on fait, pour ainsi dire, antichambre devant le refuge de la misère. Cette perspective est loin de la certitude. Serait-ce elle qui pourrait être de nature à éloigner un ouvrier de la pratique de l'épargne et de celle de la prévoyance ? Et aurait-elle même cet effet de paralyser ce sentiment chez quelques-uns, qu'il faudrait encore soulager les infortunes imprévoyantes ou imprévues.

D'ailleurs, il suffit de faire l'énumération des causes de la misère, pour montrer qu'il y a témérité à affirmer que la prévoyance soit une panacée souveraine. Elle peut sans nul doute conjurer certains risques individuels, comme la maladie, la vieillesse, etc.; mais encore ne peut-elle parfois que les atténuer : lorsque la maladie frappe une famille entière, lorsque, en même temps, elle arrête le travail du chef, et accroit ses charges, l'épargne est bien vite épuisée; les secours de la société mutuelle sont bien faibles; la convalescence est longue, et le chômage plus long encore. Mais que dire de ces grands désastres, la disette, aujourd'hui plus rare, les inondations, ou, dans un autre ordre d'idées, les crises industrielles qui suspendent la vie économique d'un pays, mais n'en arrêtent pas la vie matérielle, avec ses nécessités et ses exigences? La prévoyance ne peut pas beaucoup ici; elle peut d'autant moins, que ces calamités sont aussi subites dans leur venue que graves et générales dans leurs résultats. La mutualité, la forme peut-être la plus parfaite de la prévoyance, deviendrait elle-même insuffisante, si tous ceux qu'elle doit secourir étaient atteints en même temps. C'est ainsi qu'une société de secours mutuels contre la maladie ne pourrait continuer ses opérations, si tous ses membres étaient frappés en même temps par une épidémie. La même raison est cause qu'il ne sera jamais possible de fonder une société de secours mutuels sérieuse contre le chômage, — le chômage général qui est la plus terrible cause de la misère.

Enfin n'oublions pas que si les conseils de la prévoyance peuvent mettre à l'abri de l'indigence du lendemain, ils ne sauraient empêcher de soulager les misères imprévoyantes de la veille ; ils peuvent pénétrer dans des classes saines au point de vue moral, comme au point de vue physique; mais ils ne pourraient avoir d'action sur des populations atteintes de paupérisme, affaiblies dans leur volonté comme dans leurs forces, incapables de se relever par le travail, et impuissantes à soutenir la lutte de la vie.

La conclusion des lignes qui précèdent, c'est que la prévoyance est nécessaire au pauvre, autant que la charité s'impose au riche. L'assistance, nous le verrons plus tard, guérit mal la misère; elle la soulage seulement. L'œuvre de la charité doit donc être complétée, chez l'ouvrier, par la pratique de l'épargne et par les bienfaits de l'association. Le problème de la misère a une double solution, nous voulons dire que, pour le résoudre, il faut faire appel à deux principes.

Ce lien intime, qui unit la prévoyance et l'assistance, s'observe dans les faits. Nous avons dit que la prévoyance diminue le champ de l'assistance; mais à son tour, celle-ci, bien comprise, intelligemment et consciencieusement pratiquée, stimule et inculque la prévoyance. La remarque en a déjà été faite et les faits se sont chargés de la justifier. Un ancien préfet, qui s'est ingénié à découvrir un système assez curieux d'assistance, et à le mettre en application dans les départements où il a exercé ses fonctions, écrivait ces paroles : « Les » reproches, dirigés contre l'assistance seraient peut- » être fondés, si celle-ci devait avoir pour effet de pro- » provoquer à l'imprévoyance les indigents et les » nécessiteux secourus. Mais notre plus grande préoc- » cupation a été précisément de chercher à prévenir ce » résultat, soit en ne secourant d'une manière absolue » que les invalides reconnus hors d'état de gagner leur » vie, soit en ne délivrant de secours aux autres qu'à » titre de supplément à l'insuffisance du travail, la » justification des efforts personnels étant, d'ailleurs, » pour ceux-là une des conditions essentielles de l'as- » sistance » (1). Et plus loin, il ajoutait, avec preuves et chiffres à l'appui de cette affirmation, que l'application, dans la Nièvre, de son œuvre de l'assistance, qu'il appelait *le secours comme condition du travail*, avait coïncidé de la manière la plus frappante avec le développement de l'épargne dans ce département (2). Il n'est pas douteux, en effet, que la charité privée, faite avec tact et discernement, ou même toute organisation officielle de la charité, dans laquelle on demande aux donateurs de payer autant de leur per-

---

(1) M. de Magnitot. *L'assistance en province*, p. 8.
(2) *Loc. cit.* p. 37.

sonne que de leur bourse, n'ait ce résultat heureux ; elle l'a particulièrement dans les campagnes, où les pauvres sont connus avec leurs qualités ou leurs vices, et où ils peuvent davantage être suivis et surveillés par leurs bienfaiteurs. D'ailleurs, c'est encore dans les villages, où, malgré quelques cas d'insouciance, de paresse ou d'ivrognerie, l'on trouve le plus d'exemples d'ouvriers économes et parcimonieux.

La prévoyance est innée chez le paysan, dont on a pu dire avec beaucoup de raison « qu'il se prive moins de jouir, qu'il ne jouit de se priver » (1). Sans doute, sa prévoyance prend rarement la forme de la mutualité, mais elle donne lieu à l'épargne. Dans un livre, dont la lecture est très attachante (2), M. Othenin d'Haussonville raconte une anecdote fort caractéristique : un paysan lui faisait un jour l'éloge de son fils ; après lui avoir chanté ses louanges sur tous les tons, il finit par ajouter avec émotion. « Et puis, Monsieur, il est si intéressé ! » Mot que nous même, dans nos séjours à la campagne, avons eu fréquemment l'occasion d'entendre. Faut-il donner un autre témoignage des habitudes d'économie, nous allions dire de l'avarice de nos villageois ; la moyenne des versements aux caisses d'épargne, pendant l'année 1883, a été de 198 francs ; elle n'a pas dépassé 98 fr. 16 pour le département de la Seine ; quelques uns des départements, qui passent pour les plus pauvres, offrent une moyenne très élevée ; les Basses-Alpes 359 fr.; l'Ardèche 316 fr.; la Lozère, 369 fr. 75, et les Pyrénées-Orientales, 439 fr. 89.

Mais, il faut bien l'avouer, il y a de grosses différences ici encore entre les régions ; telle contrée,

---

(1) M. l'abbé Roux — *Pensées*, 1885.
(2) *La Misère*, p. 376.

la Bretagne, est naturellement économe; telle autre offre moins d'exemples de gens prévoyants. Dans certains départements, l'on ne compte guère pour la classe ouvrière, qu'un homme économe sur quatre, — proportion trop peu élevée! Il y a trente ou quarante ans, la majorité des paysans épargnaient; aujourd'hui la proportion est renversée; non pas que la population ouvrière rurale égale celle des villes en imprévoyance; mais, il faut bien le confesser, les vieilles traditions de l'économie rurale se sont altérées; un certain relâchement des habitudes parcimonieuses a été la conséquence de la période de prospérité de travail agricole. Un écrivain charmant, qui envoie au journal le *Temps* des causeries hebdomadaires sur la vie aux champs, M. de Cherville, écrivait récemment ces lignes : « La doctrine » de la vie au jour le jour a quelque peu passé de la » ville aux champs, et il n'y manque pas de ménagè- » res, qui comme les femmes des ouvriers de l'indus- » trie, ne voient pas la paye arriver intégralement au » logis. Il est bon de ne plus compter que médiocre- » ment sur l'épargne du travailleur rural » (1).

Mais il serait faux d'induire que le sentiment de la prévoyance a disparu des campagnes ; on trouve heureusement encore de nombreux exemples d'ouvriers économes.

Parcourez n'importe quel village français, et interrogez le maire sur la situation de quelques-uns de ses administrés ; vous serez étonnés du nombre de ceux qui ont une petite propriété, — une maison presque toujours, et souvent avec elle quelques lopins de terre. — Interrogez-le ensuite sur les antécédents de quelque cultivateur ou de quelque vigneron, dont l'aisance vous

_____

(1) *Le Temps*. Jeudi 24 novembre 1887.

aura été révélée par une circonstance quelconque, le nombre des bestiaux dans l'étable, ou l'acquisition d'un gros morceau de terre ; il vous répondra que celui-ci, né sans fortune, s'est fait de bonne heure domestique de ferme, et qu'il économisait chaque année ses gages entiers, sa femme subvenant à ses besoins avec le produit d'une vache, qu'elle faisait paître dans les bois communaux ou sur le bord des chemins, ou encore avec la rénumération de quelques journées de travail, ou enfin avec le secours d'une petite industrie exercée chez elle.

Mais, nous direz-vous, il y a la contre-partie : à côté du pauvre, qui s'est élevé, il y a le riche déchu ; à côté de l'ouvrier qui devient propriétaire, il y a le propriétaire, dont les terres ont été vendues en justice. Ce serait nier l'évidence que de contester que ce dernier fait ne se présente fréquemment : la roue de la fortune tourne sans cesse, et, pendant qu'elle enrichit les uns, elle appauvrit les autres. Cependant, qu'on le remarque bien, ses victimes désertent les lieux, témoins de leur déchéance ; ils abandonnent les occupations, où, après avoir été patrons, ils devraient se résigner au rôle de salariés ; ils émigrent vers les villes, où ils pensent que la fortune leur sera plus souriante, où ils espèrent, dans un emploi ou dans une industrie nouvelle, reconquérir l'aisance, qu'ils ont perdue. Il y a là une cause d'émigration, plus fréquente qu'on ne se l'imagine, cause douloureuse, dont peut-être les publicistes méconnaissent l'importance dans leurs dissertations sur la dépopulation des campagnes.

Mais ne regardons pas trop longtemps le revers de la médaille, attachons nos yeux à la face, et examinons quelle forme les habitants de nos villages français donnent à leurs épargnes, quels placements ont leurs préférences.

La forme la plus ancienne et toujours la plus répandue de l'emploi de leurs économies est la terre. C'est la terre qui est l'objet de leurs plus grandes convoitises, c'est la terre, parce qu'elle est pour eux le moyen d'employer leurs bras et leur activité d'une manière plus fructueuse, parce que, pour eux naturellement méfiants, la terre paraît la richesse par excellence, la richesse qu'une révolution ne leur enlèvera pas. Une commotion politique pourra compromettre, selon eux, les placements mobiliers, mais n'aura pas d'action sur les détenteurs de la fortune immobilière. Ils n'ont sans doute qu'une vague idée de ce que furent les événements de 1789 et des années suivantes ; mais ce qu'ils en savent les rassure ; la Révolution, leur a-t-on dit, n'a pas nui aux paysans, et si la possession du sol a été troublée, elle ne l'a été que pour les nobles et pour le clergé.

Dès qu'il aura économisé quelques centaines de francs, le paysan achètera donc un lopin de terre. Mais il achètera avant tout une maison : car il n'aura de cesse qu'il ne soit propriétaire. Etre locataire de la maison que l'on habite, c'est là pour lui une situation inférieure. Et ce n'est certes pas nous qui blâmerons ce sentiment. Propriétaire de sa maison, il se rend acquéreur d'une parcelle de terre ; puis vienne une nouvelle adjudication publique, il achète une seconde parcelle, et celle-ci n'est pas le dernier terme de ses désirs.

Quel beau sujet d'études que la situation de ces villageois, devenus propriétaires de quelques morceaux de terre, de ces *paysans-propriétaires*, comme on les appelle. Elle a éveillé l'attention, sinon des romanciers, du moins celle des économistes. Il faut lire de Sismondi et Stuart Mill, qui décrivent longuement leur condition. Stuart Mill notamment y a consacré deux chapitres de ses *Principes d'économie politiques* (1) ; il a donné des détails très précis et très minutieux sur les paysans-propriétaires de plusieurs contrées de l'Europe. Pour cette classe d'individus, tout le produit du fonds leur reste : pas de distinction à faire entre la rente, les salaires et les profits ; parfois ils occupent un ouvrier, mais rarement. Ils veulent garder perpétuellement, et transmettre à leurs enfants la terre qu'ils cultivent ; aussi apportent-ils à sa culture une ardeur spéciale et un soin minutieux ; ils ne chôment jamais.

Se reposent-ils, du moins, le dimanche ? Est-ce au moment des grands travaux des champs, de la moisson, des semailles, des vendanges, ils travaillent, quelle que soit leur fatigue ; ne faut-il pas remplir la grange ou la cave ; ne faut-il pas enfouir la semence et donner à la terre une dernière préparation ? Les travaux sont-ils moins pressants ; les paysans-propriétaires se livrent aux menues occupations de la cour et des étables, puis, après le repas de midi, pris d'ennui pour cette terre, *leur maîtresse*, comme a dit Michelet, ils revêtent la blouse neuve, le vêtement des fêtes, et courent aux champs revoir leurs charmes et leurs espérances. Le grand voyageur anglais, Arthur Young, qui était partisan des grandes fermes, ne pouvait cependant s'empêcher de dire à la vue de ces paysans propriétaires ; « Donnez à un individu la possession assurée d'un ro- » cher battu par les vents, et il le transformera en » jardin ; donnez lui un jardin, avec un bail de neuf ans, » et il le transformera en désert. »

La condition matérielle et morale de ces paysans s'en

(1) Chapitre 6 et 7. Livre 2.

ressent : augmentation du bien être, esprit d'économie et de prévoyance, habitude de tempérance, aversion pour les utopies sociales, voilà les résultats que produit chez eux la propriété du sol.

Toutefois il est un inconvénient qu'entraîne cette situation : lorsqu'un individu est propriétaire d'une petite parcelle de terre, il est parfois amené, pour la cultiver lui-même, à refuser son travail aux cultivateurs voisins, lors même que l'exploitation de sa terre ne doit pas être un aliment suffisant à sa force. Aussi, au moins en France, la plupart des petits propriétaires ruraux adjoignent-ils à la culture de leurs propres terres, celle de parcelles qu'ils afferment, et qui, en agrandissant leur exploitation, leur fournissent une occupation suffisante.

Disons aussi que cette ambition d'acquérir a ses dangers : fréquemment le paysan achète au delà de ses ressources disponibles; il a recours à l'emprunt, et les charges de cette dette ne tardent pas à le ruiner. On voit actuellement beaucoup de liquidations au village; elles ont bien souvent cette cause. On avait acheté de la terre, lorsqu'elle était chère, et on avait emprunté pour la payer. Les mauvaises années sont survenues, amenant une diminution du rendement, et un avilissement des prix. On a dû revendre, et toute la propriété a suffi à peine à rembourser ce qui avait servi à en acheter une partie.

La progression du nombre des propriétaires s'est, d'ailleurs, ralentie depuis une trentaine d'années,— fait qui confirmerait, si cela était nécessaire, ce que nous avons dit plus haut sur l'altération de l'esprit d'épargne chez le paysan — : avant la Révolution, l'on comptait environ 4 millions de propriétaires; vers 1825, plus de 6 millions 1/2; vers 1850, de 7 millions à 7 1/2; enfin en

1875, environ 8 millions. D'après ces supputations, le nombre des maîtres du sol aurait doublé depuis Louis XVI, mais n'aurait augmenté que de 20 à 25 p. % dans le demi-siècle compris entre 1825 et 1875. C'est encore une allure plus rapide que celle de la population (15 p. %); toutefois l'écart se trouve réduit (1).

Mais avant l'acquisition du lopin de terre ou de la maison, avant ce placement, qui est le véritable placement du paysan, que fait-il de son argent? Il s'en faut que toutes ses économies prennent le chemin de la caisse d'épargne. Pendant longtemps, il les a gardées chez lui, enfouies dans la partie la plus secrète de sa demeure. Le mot du duc de Morny a été bien souvent répété : « On ne sait pas ce qu'il y a d'argent en » France dans les vieux bas. » Il faut avoir assisté à un inventaire dans une maison de la campagne, pour comprendre la vérité de cette remarque. Nous nous rappelons un souvenir de notre jeunesse; un jour, il y a peut-être vingt-cinq ans, un paysan se présentait chez son notaire: il avait acheté la veille pour quarante mille francs d'immeubles, à une adjudication survenue après le décès du châtelain de son village, et il venait en payer le prix tout entier; il avait dû le charger sur une charrette : c'étaient toutes pièces de cinq francs en argent, toutes noircies par le sol, où elles avaient long-temps séjourné; il fallut les laver, puis les convertir en une monnaie moins encombrante. Sans doute, ce paysan avait déjà une certaine aisance; mais ce fait ne révèle-t-il pas des habitudes de thésaurisation bien invétérées? M. Othenin d'Haussonville, observateur sagace des faits sociaux qui intéressent les classes ouvrières, raconte un fait non moins caractéristique : « Dans un

(1) M. de Foville. *Le morcellement* p. 68.

» petit canton de France, que je connais, dit-il, un
» homme d'affaires me racontait qu'il avait reçu, il y a
» quelques années, le paiement d'une parcelle de terre,
» vendue par lui, en louis d'or, dont les plus récents
» portaient l'effigie de Charles X, et les plus anciens
» ceux de Napoléon 1er. Il y avait donc près de cin-
» quante ans que ces louis étaient enfouis dans quelque
» cachette, et il avait fallu cette occasion, unique peut-
» être, d'une pièce de terre, depuis longtemps convoi-
» tée, pour les en faire sortir » (1).

Aujourd'hui si les vieux bas gardent encore les économies de quelques vieilles gens, il n'est pas douteux
que la caisse d'épargne ne leur fasse une terrible
concurrence. C'est la caisse d'épargne qui est maintenant le réceptacle provisoire de l'économie en voie de
formation ; c'est elle qui la conserve, jusqu'à ce qu'elle
permette un placement plus rénumérateur ou plus à la
convenance du déposant. Nous avons quelquefois assisté
chez le receveur d'une caisse d'épargne, à des rembour-
sements ; ceux-ci étaient motivés par l'acquisition
récente d'une pièce de terre, et l'argent remis était
porté immédiatement chez le notaire.

Quoique la terre soit le placement de prédilection du
paysan, il est deux autres formes de placements qui
sont entrées peu à peu dans ses habitudes. Ce sont,
d'une part, le placement hypothécaire, et, d'autre
part, l'achat de valeurs mobilières. Une circonstance
a contribué beaucoup à diminuer depuis quelques
années le nombre des placements fonciers ; c'est la crise
agricole qui a entraîné, comme on le sait, une très forte
baisse dans le prix et dans le revenu des biens ruraux.
L'événement se charge donc de contredire l'affirmation

(1) *La misère* p. 376 et suiv.

de Michelet ; on connaît son mot : « Aux temps les
» plus mauvais, aux moments de pauvreté universelle,
» où le riche même est pauvre et vend par force, alors
» le pauvre se trouve en état d'acheter : nul acquéreur
» ne se présentant, le paysan en guenilles arrive avec
» sa pièce d'or, et il acquiert (1). »

Les prêts hypothécaires sont fréquents dans les campagnes ; mais ils conviennent surtout aux paysans
riches. L'ouvrier aisé préfère l'achat de valeurs mobilières. L'Empire a fait appel directement et sans intermédiaire au Crédit public ; la République a fait de
même, et elle doit à ce procédé financier le prodigieux
succès de ses emprunts. Ces émissions ont fait pénétrer
dans les campagnes le goût des placements mobiliers.

La rente sur l'Etat, les obligations des villes, des
chemins de fer, du Crédit foncier, etc., ne sont pas
rares dans l'habitation de nos campagnards, dissimulées
dans l'armoire au linge, entre deux paires de draps.
Les valeurs à lots ont produit leur attraction jusque
dans les villages les plus reculés ; les primes ou les lots
constituent un miroitement fascinateur pour le paysan
pour lequel un billet de mille francs est une fortune.

Aussi, dans ces dernières années, a-t-on largement
exploité ce sentiment de convoitise de nos populations
rurales. Certains courtiers, rusés et bavards, se trans-
portent de village en village, offrant à nos paysans des
placements qu'ils qualifient de merveilleux, et, le
croirait-on, ces paysans, d'ordinaire si méfiants, pour
ne pas dire quelque peu madrés, font preuve dans cette
circonstance d'une crédulité inexcusable. Voici en deux
mots l'opération : ces voyageurs offrent des cinquièmes
d'obligations de la Ville de Paris ou du Crédit foncier,

---

(1) *Le Peuple*, ch. 1er.

moyennant un prix qui est, en général, de 150 fr., c'est-
à-dire qui dépasse d'un tiers environ le cours habituel
de la Bourse. Ils les vendent à tempérament : tout souscripteur verse, au moment de son engagement, une
somme minime, en général 10 fr., puis, au moyen de
versements mensuels ordinairement de 5 fr., se libère
du montant de sa souscription. Au second versement,
le souscripteur devient propriétaire d'un titre, dont on
lui envoie le numéro, mais qui ne lui est remis qu'au
moment de sa libération définitive, soit au bout de
deux ans et demi environ.

Cette combinaison, nous n'avons point besoin de le
dire, prête à des critiques très motivées. Notre pensée
n'est pas d'examiner la question sur le terrain des
principes juridiques ; il nous serait cependant aisé,
grâce à une jurisprudence conforme, de montrer l'illé-
galité de ce genre d'opérations. On punit le boulanger
qui ne donne point le poids déclaré, et on laisserait
indemne le banquier, qui vend avec une majoration
odieusement exagérée ! Et voyez où conduit ce marché :
récemment un habitant de notre canton venait nous
trouver, et nous confiait le fait suivant : il avait acheté
4 coupures du Crédit foncier à un de ces courtiers, et il
avait payé 40 fr. comptant ; pris d'un repentir un peu
tardif, ou peut-être devenu hésitant par les conseils d'un
voisin plus instruit et plus madré, il avait refusé le
paiement de la première mensualité : lettre de per-
suasion du banquier, puis ordre de payer, rien ne put
vaincre sa détermination ; enfin il reçut l'avis de la
vente à la Bourse de ses quatre titres, à raison de
109 fr. l'un ; la vente avait donc produit, pour les
quatre titres, 436 fr., auxquels il fallait ajouter les
40 fr. versés comptant; notre homme, qui avait acheté
600 fr., restait devoir 124 fr. C'est au reçu de cette

dernière lettre, qu'il s'en vint nous consulter ; car les gens de la campagne sont ainsi faits, qu'ils ne demandent des conseils, que lorsqu'il est déjà trop tard pour qu'ils puissent les sortir d'embarras. Nous passons sur la réponse que nous fîmes au brave laboureur. Mais ce fait, joint à bien d'autres, montre que la méfiance du paysan a ses lacunes. Quoiqu'il en soit, nos villageois recherchent de plus en plus les placements mobiliers ; puissent-ils, dans ces actes, être conseillés par une personne sage et désintéressée.

Nous allons, dans les chapitres suivants, étudier quel a été, dans les campagnes, le développement des caisses d'épargne et des autres institutions de prévoyance populaire. Au commencement de ce siècle, ces institutions étaient inconnues, et, d'autre part, le nombre des valeurs mobilières très restreint. La cote de la Bourse de Paris, en 1818, au moment de la création des caisses d'épargne, comprenait seulement sept valeurs : la rente 5 0/0 sur l'Etat français qui venait en tête, les obligations de la Ville de Paris, les actions de la Banque de France, les actions du Canal du Midi ; celles des « Trois Vieux Ponts sur la Seine », et enfin les actions Jabach, dont on ne sait plus ce qu'elles étaient. Voilà ce qui, en dehors de la terre, était donné à l'épargne populaire ! Aujourd'hui, à soixante-dix ans de distance, plusieurs centaines de valeurs mobilières, quelques milliers de caisses d'épargne ou de guichets dépositaires, attestent un progrès précieux en faveur du développement de la prévoyance.

# CHAPITRE X.

## Les institutions de prévoyance.— Les caisses d'épargne.

Utilité des caisses d'épargne. — Leur origine, — Organisation. — Insuffisance du nombre des caisses privées dans les campagnes. — Comment l'institution des caisses d'épargne a été généralisée : Caisse d'épargne postale ; et caisses scolaires, — Caisse d'épargne postale. — Elle tire son origine de l'Angleterre. — Elle n'a reçu, en France, son application qu'à dater du 1er janvier 1882. — Organisation et fonctionnement des caisses privées et postales. — Emploi des fonds des caisses d'épargne; il devrait être fait en placements particuliers, et notamment en placements agricoles. — Belgique et Italie. — Stock actuel des caisses d'épargne. — Caisses scolaires. — Leur influence sur l'épargne. — But, histoire et résultats de l'institution.

Une des institutions de prévoyance les plus précieuses et les plus fertiles en résultats utiles, est à coup sûr celle des caisses d'épargne. Elle a, en outre, ce caractère complexe que son but est moins spécial que celui des autres institutions de ce genre, puisqu'elle donne éventuellement la possibilité d'échapper à l'indigence, de supporter les frais de la maladie et de fournir une aide à la vieillesse ; enfin elle est un moyen de formation du capital, le livret de caisse d'épargne étant un acheminement vers la fortune, ou du moins vers l'aisance. Elle est toutefois beaucoup moins ancienne que la Société de secours mutuels, dont l'idée est plus savante et plus compliquée.

Le 22 mai 1818, deux hommes dévoués aux intérêts de l'humanité, le duc de La Rochefoucauld-Liancourt et Benjamin Delessert, fondaient sous le nom de « Caisse d'épargne et de prévoyance de Paris », une société

anonyme composée de vingt-deux administrateurs de
la Compagnie royale d'assurances maritimes, et dont
l'objet était de recueillir l'épargne populaire. L'idée,
pour n'avoir pas encore reçu son application, n'était pas
neuve dans notre pays : deux siècles auparavant, en
1611, un Français, Hugues Delestre, proposait le « plan
» d'une caisse pour recueillir et faire fructifier les éco-
» nomies de serviteur ou servante et de tout autre
» mercenaire qui loue ou engage son labeur par an ou
» à journées ». Mais son projet était resté lettre morte,
quoiqu'il en ait été question dans l'Encyclopédie de
Diderot.

En 1791, on avait proposé également un projet de
tontine viagère et d'amortissement, dont l'objet était
d'amener l'extinction d'une partie fort importante de
la dette publique, en offrant aux riches le moyen
d'exercer la bienfaisance envers les malheureux, et aux
pauvres eux-mêmes la faculté de s'assurer, moyennant
un sacrifice insensible, des ressources précieuses pour
la vieillesse. Dans la séance du jeudi 3 mars, Mirabeau intervint dans la discussion, et, s'attachant au
côté vraiment moral de cette institution, qu'il voulait
appeler *Caisse des épargnes*, *Caisse des pauvres* ou
*Caisse de bienfaisance*, il le signale en termes élo-
quents : « Vos comités, s'écrie le grand orateur, trou-
» vent une foule d'avantages dans l'adoption du projet
» de M. Lafarge. Il en est un dont ils ne nous parlent
» point : c'est qu'un pareil établissement, rappelant
» sans cesse à la classe indigente de la société les res-
» sources de l'économie, lui en inspirera le goût, lui en
» fera connaître les bienfaits et en quelque sorte les
» miracles. J'appellerais volontiers l'économie la se-
» conde providence du genre humain. La nature se
» perpétue par des reproductions ; elle se détruit par

» les jouissances...... » Malheureusement pour le succès de ce projet, Mirabeau, demandant à l'Assemblée
Constituante de consentir à ce qu'il fut prélevé par le
trésor public cinq jours du traitement de chaque député
pour former la dotation de douze cents familles pauvres, fut très vivement pris à parti par Robespierre;
ce dernier vint soutenir à la tribune que le salaire des
représentants de la nation n'était point une propriété
individuelle, mais une propriété nationale; qu'il leur
était alloué parce que l'intérêt public exigeait qu'ils
fussent indépendants. Le projet tout entier fut rejeté à
la presque unanimité; et la Caisse Lafarge, s'étant vu
refuser l'autorisation de paraître sous la forme d'une
institution publique, n'en crut pas moins devoir s'établir comme institution privée.

Ce n'était pas dans ces deux projets que le duc de la
Rochefoucauld devait puiser l'idée de l'institution, dont
il allait doter son pays. Ce fut après avoir étudié cette
institution dans un pays voisin, qu'il établit avec le
concours de M. Delessert, notre première caisse d'é-
pargne.

En Angleterre, en effet, sous le nom imagé de *savings banks* (banques de salut) les caisses d'épargne
s'étaient largement développées. De 1806 à 1816 plusieurs établissements de cet ordre s'étaient fondés; en
1816, on en comptait 58. L'année suivante, le Parlement, dont l'attention avait été appelée sur les *savings
banks*, réglait, par un *act*, les conditions d'érection et
de fonctionnement de ces caisses. La loi anglaise eut
pour résultat d'éveiller sur tout le continent le plus vif
intérêt, et l'institution franchit les limites de son pays
natal pour se propager dans les diverses contrées de
l'Europe.

En France, la Caisse d'épargne de Paris, devait servir de modèle; bientôt, en effet, des caisses analogues furent créées dans nos principales villes. En 1819, Bordeaux et Metz en étaient dotés; en 1820, Rouen avait sa caisse d'épargne. Il en était de même, dès 1821, pour Marseille, Nantes, Troyes, Brest, etc. Néanmoins, malgré leur extension, les caisses d'épargne durent attendre plusieurs années leur législation : la première loi organique n'intervint que le 15 juin 1835. Une deuxième loi, votée le 22 juin 1845, modifia quelques unes des dispositions de la précédente, et notamment le taux maximum des dépôts, qui fut encore réduit par une loi postérieure.

Les caisses d'épargne sont créées par des sociétés privées ou des communes, et elles sont autorisées par décret. Elles constituent des établissements d'utilité publique, autonomes, ayant leur vie et leur action propres. Elles se gèrent elles-mêmes, et ont à leur tête des administrateurs qui apportent à leur direction le concours gratuit de leur expérience et de leur garantie; toutefois l'Etat les surveille par ses inspecteurs des finances.

Quant aux fonds qu'elles reçoivent, ils sont transmis par elles à la Caisse des Dépôts et Consignations, qui les contralise en compte courant, se charge de les gérer, et les bonifie d'un intérêt. Les caisses d'épargne françaises se trouvent donc, en fait, de simples agences administratives, destinées à être les intermédiaires entre les déposants, dont elles reçoivent et remboursent les épargnes, et la Caisse des Dépôts et Consignations, tenue de réunir et de faire valoir les fonds déposés.

Le fonctionnement des Caisses d'épargne était resté défectueux jusque dans ces dernières années. Le nombre notamment en était trop faible. L'institution des succursales est même relativement récente. Les caisses d'épargne ne se sont décidées que tardivement et timidement à faire usage de ce moyen d'étendre le cercle de leurs opérations : et pourtant ce moyen n'a rien de redoutable. Il n'y avait, en 1881, que 541 Caisses et 800 succursales à peine. Aussi beaucoup de localités importantes n'avaient-elles ni caisses ni succursales : 1 chef-lieu de département, 15 chefs-lieux d'arrondissement, et 1,599 chefs-lieux de canton en étaient dépourvus ; la plupart des simples communes en étaient privées. Il y a vingt ans, la situation était plus mauvaise encore, et, pour ne citer qu'un seul exemple, un de nos départements les plus importants, la Haute-Garonne, n'avait que quatre caisses : une au chef-lieu, et trois dans les autres communes, dont deux dans les villes de St-Gaudens et de Revel (1). Sans doute, lorsque le chef-lieu de canton est doté d'une caisse d'épargne, les habitants du canton peuvent assez facilement y porter leurs économies, la distance n'est pas grande, et puis n'y sont-ils pas fréquemment appelés : c'est au chef-lieu de canton que se trouvent le marché, la justice de paix, l'étude de notaire, le percepteur. Mais tous les chefs-lieux de canton n'avaient pas une caisse d'épargne, venons nous de dire, et trente ou quarante kilomètres séparaient souvent une commune de la caisse la plus voisine. Les caisses, d'ailleurs, ouvertes à jours et à heures fixes, n'offraient pas aux déposants toutes les facilités désirables ; quelques-unes d'entre elles n'é-

---

(1) M. Théron de Montaugé, p. 473. — En 1873, dans l'*Enquête parlementaire sur l'organisation de l'assistance publique dans les campagnes,* nous lisons, dans le rapport du Conseil Général de l'Aube, ces lignes : « Des » relevés récents tendent à établir qu'il y a encore aujourd'hui chez nous » 36.000 communes, qui en sont dépourvues, parmi lesquelles on compte 2.000 » chefs-lieux de canton, et 19 chefs-lieux d'arrondissement. Ce serait environ » 29.000.000 d'habitants de la campagne n'ayant qu'un accès difficile vers ces » sages et utiles maisons. » p. 178.

taient ouvertes qu'un jour par semaine, pendant quatre heures; il est vrai de reconnaître qu'en général les administrateurs choisissaient le jour, où, pour quelque raison locale, comme la tenue d'un marché, l'affluence était plus grande dans la ville.

Quoiqu'il en soit, on avait eu la pensée de généraliser l'institution des caisses d'épargne, et d'en faire bénéficier toutes les parties du territoire; cette pensée a reçu son exécution par le vote de la loi du 9 avril 1881, sur la création d'une *Caisse d'épargne postale.* Quelques années avant cette loi, une institution très heureuse avait pénétré dans la plupart de nos écoles, et, en initiant la jeunesse au sentiment de la prévoyance, avait stimulé et accru l'épargne populaire dans notre pays. On peut affirmer que la fondation de la Caisse postale et la création, en apparence, plus modeste des Caisses scolaires, sont les deux meilleures œuvres qui aient été imaginées en faveur de notre population rurale.

Pour comprendre l'organisation de la Caisse postale, nous devons retourner en Angleterre, et faire, en même temps, un pas en arrière. Jusqu'en 1860, les Caisses d'épargne anglaises étaient toutes des fondations privées, comme chez nous avant 1881. A la suite de certains abus, et après une enquête minutieuse, l'on institua, en 1861, une Caisse d'Etat, relevant de l'administration des postes *(post office saving bank)*, et desservie par tous les bureaux de poste du royaume. Cette innovation était destinée à assurer aux déposants une sécurité nouvelle, et en même temps à leur offrir de plus grandes facilités pour effectuer leurs dépôts; mais elle ne portait pas atteinte aux caisses privées *(old* ou *trustees saving banks),* auxquelles on ne voulait pas toucher. Si quelques-unes de ces dernières, dont la gestion était mauvaise, cessèrent leurs opérations, la plupart ont survécu à la création de la Caisse postale, et ont même acquis une prospérité, qu'elles n'avaient jusque-là; en effet, en 1860, avant la réforme, il y avait 638 caisses privées, avec un stock de dépôts s'élevant à 1,031,418,625 francs, et un nombre de livrets se montant 1,585,778 ; en 1878, les 454 *old saving banks*, qui subsistaient, possédaient un chiffre de dépôts de 1,106,371,250 francs représentés par 1,515,725 livrets. A la même époque, la Caisse postale, avec 5,831 bureaux ouverts aux déposants, atteignait 760,839,075 francs, compris sur 1,892,756 livrets. Il est facile de remarquer, d'après les chiffres que nous venons de citer, que, tandis que le nombre des livrets de la Caisse postale est supérieur à celui des livrets des *old saving banks*, la somme totale de ces dépôts est inférieure au stock de ces dernières. C'est qu'en effet le *Post Office* attire de préférence les plus faibles épargnes, à raison de la multitude de ses bureaux, et des facilités plus grandes qu'offrent aux déposants ses guichets ouverts chaque jour du matin au soir.

De l'Angleterre, le système de la Caisse d'épargne postale a passé en Belgique, où il fonctionne depuis 1870; en Italie, où il est appliqué depuis une loi de 1875; aux Pays-Bas, etc. Le Japon lui-même a inauguré ce service le 1er janvier 1875. En Italie, la création des *Casse postali di ressarmio* a eu pour première conséquence d'augmenter le nombre et d'accroître la prospérité des caisses privées elles-mêmes.

Nous sommes, en France, dotés de cette institution depuis le 1er janvier 1882. Un projet de réforme avait déjà été présenté en 1875; mais il n'aboutit qu'à une demi-mesure : un décret du 23 août 1875 autorisa les Caisses d'épargne à demander le concours des receveurs des postes et des percepteurs des contributions directes; il n'avait reçu, du reste, dans la pratique, qu'une application excessivement restreinte. La question fut reprise, et, après des études très sérieuses faites par le gouvernement et par des publicistes, parmi lesquels il faut citer M. de Malarce, un projet de loi fut déposé et voté; il a été appliqué à partir du 1ᵉʳ janvier 1882. La création de la Caisse postale était l'objet unique du projet de loi présenté par le gouvernement. Mais le Sénat a, en outre, par des amendements, apporté des modifications sérieuses à la législation organique des anciennes Caisses d'épargne, modifications relatives à l'importance des versements et des dépôts, au droit accordé aux mineurs et aux femmes mariées de pratiquer librement l'exercice de l'épargne, et enfin à ce que l'on appelle la *clause de sauvegarde.*— La caisse d'épargne postale, placée sous l'autorité du ministre des Postes et des Télégraphes, et ayant pour agents les bureaux de poste français, qui ont été organisés en agences d'épargne, opère de la même manière que les caisses d'épargne ordinaires, c'est-à-dire qu'elle se borne à servir d'intermédiaire entre les déposants et la Caisse des Dépôts et Consignations. Nos Chambres législatives ont formellement adopté la disposition, qui caractérise, en Angleterre, le *Post office saving bank,* et en vertu de laquelle tout déposant, muni d'un livret de la Caisse postale, pourra continuer les versements et opérer les retraits dans tous les bureaux du territoire dûment organisés en agences de cette Caisse. Le livret devient ainsi une sorte de chèque, dont on peut obtenir la représentation pécuniaire à chacun des guichets de l'administration des postes.

Comparant les résultats de l'acte de 1846, de Robert Peel, sur le commerce des grains, avec ceux de **l'acte de**

1861, qui fut si favorable au développement des Caisses d'épargne en Angleterre, M. Gladstone disait : « De-
» puis la loi pour la liberté commerciale, il n'y a pas en
» Angleterre de loi qui ait contribué à améliorer la
» condition des classes les moins fortunées, et, en gé-
» néral, les mœurs et la richesse nationale, autant que
» l'acte de 1861.... » On pourrait peut-être dire de la loi française ce que le grand homme d'Etat anglais disait du *bill* de 1861 ; on l'affirmerait à coup sûr, si l'on songe que, grâce à la Caisse postale, l'institution des Caisses d'épargne profite aux habitants des villages les plus reculés de notre pays.

Nous exposerons très rapidement les régles relatives au fonctionnement des caisses d'épargne :

Les caisses, soit privées, soit postales, doivent accepter tout dépôt à partir de 1 franc, mais, à l'inverse, elles ne pouvaient, avant 1882, recevoir d'une personne plus de 300 francs, dans le cours de la même semaine. Cette dernière disposition faisait perdre le temps au déposant, qu'elle obligeait à se transporter plusieurs fois au guichet du caissier, et elle compromettait même son épargne exposée dans l'intervalle à de nouvelles tenta-tions ; aussi la loi de 1881 l'a-t-elle supprimée, et a-t-elle permis le versement, en une ou plusieurs fois, de la somme pouvant constituer le maximum d'un livret. Aujourd'hui, il est possible au ménage rural, qui a recueilli une succession de quelques centaines de francs, ou qui a vendu avec profit la vache de l'étable, d'en déposer le montant ou le prix à la Caisse d'épargne ; de même, celle-ci pourra recevoir les gages du valet de ferme, qui, nourri chez son patron, n'ayant à satisfaire qu'aux nécessités de l'habillement, a pu économiser la presque totalité de son salaire, et qui, selon l'usage de certaines contrées, l'aura reçu en une ou deux fois à la fin de l'année ou de la saison. — Les dépôts peuvent être faits par un intermédiaire : ainsi, par l'instituteur pour le compte d'un élève, par le contre-maître pour le compte d'un ouvrier. Ils peuvent aussi être faits pour son propre compte par une personne incapable, un mineur ou une femme mariée ; avant la loi nouvelle, les mineurs et les femmes mariées étaient, en vertu d'une simple tolérance, admis à se faire ouvrir un livret sans l'intervention de leur représentant légal ; mais ils ne pouvaient, sans ce concours, en demander le remboursement. Ils ont maintenant la libre pratique de l'épargne, et ils peuvent même opérer seuls le retrait de leurs dépôts, sauf le cas d'opposition de leur tuteur ou de leur mari ; les mineurs toutefois ne le peuvent qu'après l'âge de seize ans révolus. — Tout déposant reçoit de la Caisse d'épargne, où il fait un premier versement, un livret numéroté, qui est son titre de créance à l'égard de la Caisse, et qui est destiné à recevoir l'inscription de toutes les opérations. Ce livret est, comme on l'a dit très justement, l'instrument le plus précieux de propagande ; il rend palpable et constamment sensible l'institution. Aucun déposant ne peut avoir plus d'un livret, soit dans la même caisse, soit dans des caisses différenntes. Est-il nécessaire d'ajouter que nul ne peut être en même temps titulaire d'un livret de la Caisse d'épargne postale et d'une caisse d'épargne ordinaire ? Le contrevenant serait aussitôt remboursé de ses dépôts sans aucune bonification d'intérêts. — Le compte d'un déposant, en capital et intérêts, ne pouvait, avant la loi de 1881, excéder 1,000 fr. ; il était, d'ailleurs, fait exception en faveur des sociétés de secours mutuels, admises à déposer jusqu'à concurrence de 8,000 fr. La dernière loi a porté le maximum à 2,000 fr. Dans tous les pays d'Europe,

le chiffre maximum des dépôts était plus élevé que
1,000 fr. : en Belgique et en Angleterre, il est de 5,000 fr.
En France, le taux maximum, avant d'être réduit à
1,000 fr. avait été successivement de 3,000 fr. et de
1,500 fr. Ces restrictions avaient été déterminées par la
crainte des difficultés de remboursement qu'éprouverait
l'Etat en temps de crise ; nous n'avions pas en France,
avant la loi de 1881, la *clause de sauvegarde* dont
l'existence assure l'Etat contre cette appréhension. —
Arrivons au taux d'intérêt ; chaque Caisse d'épargne
touche l'intérêt à 4 0/0 des fonds, qu'elle remet à la
Caisse des dépôts et consignations, et elle sert aux
déposants un intérêt de 4 p. 0/0, moins une retenue
qu'elle prélève afin de couvrir ses frais ; cette retenue
est de 25 ou 50 centimes ; le déposant touche ainsi un
intérêt de 3 fr. 75 ou 3 fr. 50. Dans les caisses privées
bien organisées, le produit du prélèvement couvre
largement les dépenses. Ces établissements ont, d'ailleurs, en outre, quelques ressources éventuelles : les
reliquats des comptes, atteints par la prescription tren-
tenaire, les donations ou legs qui peuvent leur échoir,
les subventions communales qui leur sont parfois
accordées, etc. ; souvent même les Caisses d'épargne
arrivent à se constituer un petit fonds de réserve.
Quant aux sommes versées par la Caisse postale, ils lui
produisent un intérêt de 3 fr. 25 p. 0/0 par an. Un
intérêt de 3 p. 0/0 est servi aux déposants par la Caisse
d'épargne, la différence entre l'intérêt, servi par le
Trésor, et celui dont on tient compte aux déposants,
permettant de couvrir les frais d'administration de ce
service. Ainsi, pendant que la Caisse postale ne donne
aux déposants qu'un intérêt de 3 fr., les Caisses d'épargne
privées continuent à servir à leurs clients un intérêt de
3 fr. 75 ou de 3 fr. 50. En Angleterre, les *old savings*

*banks* servent 3 p. °/₀ ; le *Post office*, 2 1/2. — Les fonds déposés sont toujours remboursables à la demande du déposant ; les retraits se font à vue, sauf toutefois certains délais de trésorerie ; beaucoup de caisses, grâce à un fonds de roulement qu'elles réservent, remboursent même sans délai et séance tenante. Ce que nous venons de dire s'applique, réserve faite des époques de crise, où, en vertu de la loi de 1881, et ainsi que nous l'avons dit plus haut : « des décrets rendus, le Conseil d'Etat » entendu, pourront autoriser... les caisses à n'opérer » le remboursement que par acomptes de cinquante » francs au minimum et par quinzaines. »

Ces diverses règles indiquées, nous nous hâtons d'arriver à une amélioration, dont notre législation est susceptible, et qui aurait pour résultat de faire servir davantage l'institution des Caisses d'épargne au profit des classes laborieuses de nos campagnes. En France, les Caisses d'épargne et la Caisse postale versent leur avoir à la Caisse des dépôts et consignations, institution d'Etat. Celle-ci emploie tous ces fonds qu'elle recueille, soit à acheter des rentes, soit à faire des versements en compte courant au Trésor ; ce dernier, à son tour, les applique suivant ses besoins à des usages divers, tantôt il les emploie à combler un déficit, tantôt à exécuter des travaux publics ou à régulariser des crédits supplémentaires. « Il n'y a pas, dit M. Leroy-Beaulieu, de » dette aussi inconsciente de la part de l'emprunteur » que cette dette toujours croissante de l'Etat envers » les Caisses d'épargne... Le Trésor s'endette chaque » jour davantage, furtivement, à l'insu des pouvoirs » publics, à l'insu presque des ministres. » Vienne une crise ; les déposants accourent aux guichets réclamer ce qu'ils ont versé et l'Etat peut momentanément ressentir un malaise qu'une organisation différente des Caisses

d'épargne eut évité. Pour la partie des fonds employée
en rentes, la situation n'est pas meilleure pour l'Etat;
la Caisse des dépôts et consignations achète des rentes,
qui lui rapportent de 3.50 à 3.75 p. 0/0, et elle sert
aux Caisses d'épargne un intérêt de 4 p. 0/0. De même
une crise aurait pour effet, pendant qu'elle susciterait
les demandes de remboursement, d'avilir le prix des
rentes et d'entraîner une perte énorme à la charge de
l'Etat. Au reste, que les fonds soient convertis en rentes
ou qu'ils soient remis au Trésor en compte courant,
leur mode d'emploi est stérile pour la production nationale : ni l'industrie, ni l'agriculture n'en bénéficient;
la classe ouvrière n'en tire aucun profit que l'intérêt
élevé qui est versé aux déposants. Bien autrement
fécond est le mécanisme des Caisses en Belgique et en
Italie. Dans ce dernier pays, les Caisses d'épargne font
fructifier les dépôts au profit de la région où ils se sont
formés; elles drainent les économies des ouvriers, des
agriculteurs, pour les remettre sous forme de prêts à
leurs compatriotes moins fortunés. La Caisse de Milan,
sur laquelle se porta plus particulièrement l'attention
de M. Léon Say pendant un voyage récent dans la
Haute-Italie, est « un grand banquier privé, qui fait
» toutes les affaires de banque, et qui les fait très bien,
» qui prête sur marchandise et sur hypothèque, et qui
» est un crédit foncier en même temps qu'une banque
» d'escompte. » Les fonds, qu'elle attire, reçoivent, au
lieu d'un emploi administratif, une destination commerciale, industrielle et civile; elle reçoit également le
portefeuille agraire des banques populaires. Dans le
système Belge, la Caisse générale d'épargne dépend de
l'Etat : c'est une banque de dépôts portant intérêts, et
ces intérêts, comme les dépôts eux-mêmes, sont garantis
par l'Etat. Mais cette Caisse est autorisée à consentir

des prêts agricoles contre sûreté hypothécaire ou même mobilière, à escompter des lettres de change ou des billets à ordre créés ou souscrits par des agriculteurs. Comme le disait le rapporteur à la Chambre des représentants, M. Jottrand : « Puiser le capital aux sources » nombreuses et obscures où l'activité nationale l'en- » fante, l'accumuler en de grands réceptacles, et de là le » refouler vers le travail d'où il est provenu, tel est le » rôle que, semblables au cœur, les institutions na- » tionales doivent remplir. » En Belgique, cette orga- nisation a permis de résoudre le problème du crédit agricole.

Les facilités nouvelles accordées aux déposants, ainsi que l'augmentation de l'aisance parmi les classes moyennes, inférieures et ouvrières, auxquelles les caisses d'épargne s'adressent le plus directement, expli- quent assez l'importance qu'ont prise les opérations de cette institution.

Dupin disait que la France devrait s'estimer heu- reuse, si les Caisses d'épargne pouvaient un jour com- prendre un million de déposants et un milliard de dépôts. Le premier chiffre est aujourd'hui presque quin- tuplé et le second sera triplé avant cinq ans, dépassant ainsi l'un et l'autre toutes les prévisions. Comparons, en effet, sous le rapport du nombre des livrets et du solde dû aux déposants, l'année 1835 avec quelques-unes de ces années dernières. L'année 1835, on se le rappelle, est l'année où a été faite la première loi organique des caisses d'épargne.

| Années. | Livrets | Stock. | |
|---|---|---|---|
| 1835.................... | 200.000 | 35.000.000 fr. | » |
| 1879.................... | 3.497.930 | 1.149.417.028 | 68 |
| 1880.................... | 3.838.427 | 1.280.824.349 | 42 |
| 1881.................... | 4.199.228 | 1.408.903.630 | » |

L'année 1881 marque la fin d'une période pour les
Caisses d'épargne : c'est la dernière année, pendant
laquelle il a été interdit aux déposants de verser plus de
300 fr. à la fois, et d'avoir plus de 1,000 francs à leur
compte.

En 1882, sous l'empire de la nouvelle législation, ces
progrès se sont continués d'une manière encore plus
remarquable : s'ils se sont un peu ralentis en 1883, cela
a tenu a des circonstances particulières, et néanmoins les
opérations des caisses d'épargne en cette dernière année
ont eu une tendance ascensionnelle.

| Années. | Livrets. | Stock. |
|---|---|---|
| 1883...................... | 4.533.431 | 1.816.088.527 fr. » |
| 1884...................... | 4.704.452 | 2.025.280.640 » |
| 1885...................... | 4.926.391 | 2.212.983.892 » |
| ...................... | ........ | ............... |
| 1888...................... | 5.364.306 | 2.493.104.388 » |

En 1835, le solde dû aux déposants ne s'élevait qu'à
175 fr. en moyenne par livret ; en 1884, le chiffre moyen
par livret est de 430 fr. La proportion des livrets au
nombre d'habitants était, en 1884, de 125 par 1,000,
soit un livret pour huit habitants ; en 1835, il n'était que
de 4 pour 1,000. L'épargne moyenne par habitant est
de 53 fr. ; elle n'était seulement que de 1 fr. 91 en 1835.

Parmi les causes de l'accroissement prodigieux, qui
s'est produit dans les opérations des caisses d'épargne,
il faut en citer une, qui, de l'aveu de tous, a contribué
puissamment à développer l'épargne populaire : nous
voulons parler de la création des caisses scolaires qui,
importées en France, vers 1874, s'y sont bientôt multipliées.

On constatait déjà leur influence, il y a quelques années : à Bordeaux, par exemple, ville où les caisses

scolaires fonctionnent depuis le mois de janvier 1875, leur application dans les écoles a déterminé immédiatement un mouvement ascentionnel très accentué dans le nombre des livrets et sur le montant des dépôts de la grande caisse. En 1872, l'on comptait 32,663 déposants, et le stock s'élevait à 12 millions et demi. En 1874, il n'y avait encore que 35,185 déposants, et un stock seulement de 13 millions. En 1875, nous trouvions 41,820 déposants, avec 15 millions de dépôts. En 1878, les dépôts y dépassaient 19 millions.

Si nous examinons cette influence pour la France entière, nous voyons que de 1851 à 1869, en dix-huit ans, le nombre des déposants avait augmenté seulement de 1,500,000 ; en quatre ans, au contraire, de 1875 à 1878, il a augmenté de plus d'un million. Dans la première période, le stock des dépôts n'avait augmenté que de 553 millions de francs ; dans la seconde, en quatre ans, il augmenta de 442 millions.

Influence très explicable d'ailleurs : nous ne parlons pas de l'augmentation qui se produit par l'addition des écoliers déposants aux anciens clients des caisses d'épargne, quoique, à vrai dire, elle constitue par elle même un appoint assez sensible ; mais ne faut-il pas ajouter l'exemple donné par l'enfant, titulaire d'un livret, à ses parents, auxquels il montre chaque semaine ou chaque mois ses progrès dans la voie de l'économie (1)? Ne devons-nous pas tenir compte également de la propagande active faite par la presse en faveur de l'épargne populaire, à l'occasion de la création de nos caisses sco-

---

(1) Le rapport officiel du 15 avril 1875 sur les caisses d'épargne de Belgique constate le fait, et ajoute : « Le plus grand nombre des parents des élèves ne » connaissaient pas les caisses d'épargne, et ne s'en faisaient pas une idée avant » d'avoir vu les livrets de leurs enfants. » Cette observation ne pourrait-elle pas s'appliquer aux habitants de la plupart de nos villages français.

laires ? Quel est le journal qui n'ait annoncé leur fondation, et qui n'ait insisté en même temps sur les bienfaits de l'épargne ?

Présentons en quelques lignes le but et l'histoire de l'institution.

Les caisses d'épargne ordinaires, dont on a dit qu'elles sont *l'école primaire* de l'épargne, ont besoin d'institutions, qui les complètent. Elles ne reçoivent pas les dépôts inférieurs à 1 franc ; elles ne sont ouvertes qu'à certains jours et à certaines heures ; elles ne provoquent pas l'épargne, et ne vont pas au devant des déposants dans l'atelier ou dans l'école. Enfin toutes les localités n'en sont pas pourvues. Il leur faut donc le concours de caisses situées au milieu des déposants eux-mêmes, et accessibles aux épargnes les plus rudimentaires. Avant l'école, il faut la salle d'asile. De là, la création des caisses scolaires, des *penny-banks*, et des bureaux d'épargne dans les manufactures, qui, nous pouvons le dire, sont la *salle d'asile* de l'épargne.

Les penny-banks sont inconnus en France ; les bureaux d'épargne dans les usines et manufactures y sont encore trop peu répandus ; quant aux caisses scolaires, importées d'hier, elles ont aujourd'hui leur place dans presque toutes nos écoles. Aussi nos lecteurs nous pardonneront-ils de les entretenir d'une institution, qui, pour avoir particulièrement sa raison d'être pour les enfants de nos classes pauvres, n'en présente pour cela que plus d'intérêt.

Il faut entendre M. de Malarce exposer l'objet de ces caisses, dont nous lui sommes redevables :

Enseigner, dit-il, l'économie comme on doit enseigner une vertu, en la faisant pratiquer. Enseigner l'économie aux enfants, plus faciles à façonner que les hommes faits, et qui sont les meilleurs agents de toute renovation sociale.... Apprendre aux futurs travailleurs que les petites épargnes, répétées et bien placées, ont leur valeur, et une valeur considérable ; qu'ainsi un enfant de sept ans, qui prendrait l'habitude d'épargner deux sous par semaine sur les sous qu'on lui donne le dimanche pour les friandises, se trouverait à sa majorité propriétaire d'une somme de 100 fr. ; et qu'avec un franc d'épargne par semaine un jeune apprenti, continuant cette sage pratique dans sa vie d'ouvrier, posséderait, à vingt-huit ans, vers le temps de son mariage, une belle somme de plus de mille francs.

On sait l'histoire des Caisses scolaires. Créées en Belgique par l'initiative d'un jurisconsulte éminent, M. Laurent, professeur de droit civil à l'Université de Gand, elles furent importées en France, en 1874, par l'honorable M. de Malarce. L'institution se propagea rapidement dans notre pays, et la plupart de nos écoles en sont aujourd'hui dotées.

Grâce aux renseignements, que nous offre le ministère de l'instruction publique, nous connaissons les progrès de nos caisses scolaires.

Le nombre des caisses, fondées de 1874 à 1877, était de 8,033 ; à la date du 1er janvier 1881, 14,372 écoles étaient munies de ce nouvel élément de moralisation ; en 1885, l'on en comptait 23,222 ; en 1886, 23,960.

Le nombre des livrets de grande caisse d'épargne, c'est-à-dire, le nombre des livrets possédés par des écoliers ayant atteint le franc, minimum admis dans les grandes caisses, (nous ne comprenons point, par conséquent, les élèves épargnants, qui n'ont pas encore atteint ce franc,) le nombre des livrets, disons-nous, était, à la fin de 1880, de 302,841 ; en 1885, de 458,624, et, en 1886, de 491,160.

Quant au total des sommes inscrites, il était déjà de

2,984,352 fr. en 1877 ; il s'accroissait bientôt de 618,269 fr. et atteignait, en 1879, 3,602,621. Il atteignait 11,285,046 f. en 1885, et 11,934,268 fr. en 1886.

Voilà les résultats produits par une institution, qui n'a que quinze ans à peine d'application.

Nos instituteurs ont rivalisé d'intelligence et de dévouement dans ce nouveau service, et, nous sommes fier de le dire, ils s'y sont montrés supérieurs aux instituteurs des nations voisines. Un peu moins empressées ont été les institutrices françaises ; peut-être ont-elles cru cette partie de l'éducation moins nécessaire aux filles, chez lesquelles l'économie est un sentiment inné. Toutefois il est un certain nombre d'écoles, tenues par des institutrices, dotées actuellement de caisses scolaires.

Veut-on connaître le versement moyen de l'écolier par semaine ? Il est de 10 à 15 centimes. Détail, nous dira-t-on ; mais c'est à ce détail que nous voyons que l'institution a conservé son caractère ; la caisse scolaire, en effet, n'est pas faite pour recevoir les économies de la famille ; l'enfant ne doit pas être l'intermédiaire de ses parents. Non ; la caisse scolaire n'est destinée qu'aux centimes épargnés par l'écolier ; elle ne doit servir qu'à l'édification de son petit pécule personnel. La caisse scolaire est la salle d'asile de l'épargne, disions-nous plus haut. C'est en conservant fidèlement ce caractère qu'elle aura vraiment sa puissance éducatrice ; car il ne faut pas seulement envisager l'économie réalisée par l'enfant pendant son séjour à l'école ; il faut surtout apprécier l'esprit de prévoyance, qui lui a été inculqué, la victoire de chaque jour remportée par lui sur ses désirs (1).

---

(1) A côté de ces institutions d'épargne, ayant une origine ou des attaches officielles, il en est d'autres qui ont un caractère purement privé ; nous signalerons particulièrement les sociétés ayant pour but l'achat en commun de valeurs à lots (type de la *Fourmi*). Malheureusement ces institutions restent confinées dans les villes.

# CHAPITRE XI.

## Les institutions de prévoyance (SUITE). — L'assurance et les sociétés de secours mutuels dans les campagnes.

La prévoyance collective et son utilité. — L'assurance contre les risques des choses. — L'assurance sur la vie est peu répandue dans les campagnes. — Création par l'Etat de deux caisses publiques, l'une en cas de décès, l'autre en cas d'accident, pour développer les assurances ouvrières. — Caisse des retraites pour la vieillesse. — Ces institutions n'ont pas pénétré dans les campagnes. — Les sociétés de secours mutuels. — Comparaison des sociétés de secours mutuels avec les caisses d'épargne. — Objections formulées contre ces sociétés ; leur réfutation. — Friendly societies. — Statistique des sociétés en France et de leurs opérations. — Fonctionnement de ces associations. — Les sociétés de secours mutuels dans les campagnes ; leur petit nombre, et raisons de cette lacune ; leur utilité,

Les institutions de prévoyance populaire affectent des formes diverses, quoiqu'elles aient un objet identique, et quoiqu'elles se proposent toutes de lutter contre la misère : les caisses d'épargne représentent la prévoyance individuelle ; au-dessus de celle-ci, il y a la prévoyance collective qui se manifeste par l'association, et dont la forme la plus curieuse et la plus attachante est représentée par les sociétés de secours mutuels.

La prévoyance collective n'est autre que l'assurance, c'est-à-dire une combinaison par laquelle plusieurs individus s'associent afin de supporter en commun, et par conséquent d'alléger les accidents calamiteux, qui peuvent atteindre quelques-uns d'entre eux (1). Les

(1) Le mécanisme de l'assurance est fort bien expliqué dans l'excellent *Précis d'Economie politique* de M. Levasseur p. 291.

variétés de l'assurance sont nombreuses; les personnes, comme les choses, y donnent lieu; les divers fléaux sont prévus, et leurs dommages réparés. Ces bienfaits sont tels que, dans certains pays, on a songé — à tort, selon nous, — à en rendre l'usage obligatoire.

L'idée de l'assurance contre les risques de la propriété est unanimement acceptée dans les villes. Dans les campagnes même, elle fait des progrès. Peu pratiquée il y a une trentaine d'années, l'assurance contre l'incendie ne compte guère plus aujourd'hui d'adversaires parmi nos paysans; la plupart s'assurent, et, chaque nouveau sinistre provoque quelques nouveaux contrats d'assurance; on peut même remarquer que ce sont les villages les plus éprouvés par le feu qui fournissent le plus fort contingent de personnes assurées.

Les assurances contre la grêle, la gelée, l'épizootie, ne sont guère connues dans nos campagnes; quelques riches propriétaires ou quelques grands fermiers y recourent seuls.

Les risques de maladie, de décès prématuré, d'incapacité de travail par suite de la vieillesse ou d'accidents, donnent lieu aux principales applications de l'assurance personnelle. A ces risques correspondent les assurances sur la vie, les sociétés de secours mutuels, les caisses de retraites, etc.

L'assurance sur la vie est presque inconnue dans les campagnes. Elle est, d'ailleurs, une institution bourgeoise; non pas qu'elle ne puisse s'ouvrir aux ouvriers, mais parce qu'elle est uniquement pratiquée par les classes aisées, puisque, en France, sur 100,000 polices, la moyenne est d'environ 15,000 fr.

Plus appropriées, à coup sûr, aux besoins et aux ressources des ouvriers, sont les assurances en cas d'ac-

cident et de décès. Celles-ci ont pour but : les premières de créer des ressources aux ouvriers mis par suite
de blessures dans l'impossibilité permanente de travailler; les secondes, en cas de mort prématurée, de venir
en aide aux veuves ou aux enfants mineurs et de les soustraire à la nécessité de faire appel à la charité publique.
Dans la plupart des usines, les patrons forment un fonds
de secours, soit au moyen d'une retenue sur les salaires,
soit au moyen de sacrifices personnels, consentis par
lui. Dans les exploitations agricoles, au contraire, rien
de semblable; les ouvriers ne sont jamais assurés; l'assurance en cas d'accident est un fait extrêmement rare
dans les campagnes.

L'Etat, pensant qu'il était bon d'encourager les assurances ouvrières, et craignant que les compagnies d'assurances ordinaires ne négligeassent souvent des contrats
de très faible valeur, institua, en 1868, par la loi du
11 juillet, deux caisses publiques, l'une en cas de décès,
l'autre en cas d'accident, et accorda une subvention à
ces deux caisses.

Aux termes de la loi du 11 juillet 1868, tout individu,
qui verse à la caisse d'assurance en cas d'accident une
cotisation annuelle, variant de 3 à 8 fr., a droit, en cas
d'incapacité de travail, à une pension viagère, qui peut
s'élever, suivant l'âge et suivant le chiffre de cotisation
de 150 à 624 fr. Un chiffre de cotisation aussi faible ne
permettrait pas d'assurer aux clients de la caisse une
pension aussi élevée, si l'Etat n'intervenait pour doubler le chiffre auquel chaque assuré aurait eu droit.
Bien que toute la publicité nécessaire ait été donnée à
ces deux institutions, il faut bien avouer qu'elles n'ont
porté jusqu'à présent aucun fruit; dans un document,
nous lisons : « *La caisse des assurances en cas de décès*
» fonctionne à peine, et on peut dire que celle des *assu-*

» *rances en cas d'accidents* ne fonctionne pas du » tout » (1). Il y a cependant des exemples qui devraient recommander l'usage de ces assurances. En 1869, dit-on, un maçon, victime d'un accident, fut blessé grièvement; bien qu'il n'eût payé qu'une seule fois la cotisation annuelle de 8 fr., une rente viagère de 384 fr., représentant un capital de 5,000 fr. lui fut reconnue; c'était 640 fois la prime payée ! (2). A quoi tient l'échec des excellentes institutions, créées par la loi de 1868? En partie peut-être à la complication des formalités à remplir pour opérer un versement, mais principalement à ce que l'existence même de ces institutions est inconnue de la grande masse des travailleurs. Et ceci montre bien quelle est l'infériorité de l'Etat dans l'ordre économique. L'Etat a créé les Caisses, mais il ne se préoccupe plus de leurs destinées. A sa place, une compagnie privée ferait une publicité incessante : articles et annonces de journaux, représentants, elle emploierait tous les procédés. Il est vrai d'ajouter qu'une compagnie privée n'aurait pas fondé ces institutions, qui seraient ruineuses pour l'Etat, si elles étaient davantage connues et pratiquées.

L'Etat, afin de répandre dans les classes pauvres l'idée de la prévoyance en vue de la vieillesse, a institué par une loi du 18 août 1850 une *Caisse de retraites pour la vieillesse*. Mais en réalité, cette caisse des retraites ne sert que fort peu d'instrument d'épargne aux travailleurs. Elle est, au contraire, devenue pour le placement de certains capitaux et non des petites économies, une source de spéculations et de bénéfices; il suffirait, pour s'en convaincre, de suivre le mouve-

---

(1) Proposition de loi relative *à la caisse des retraites pour la vieillesse*, etc. présentée par M. Waldeck-Rousseau (*Chambre des députés*, session de 1882).

(2) M. Cauwès. *Précis d'Economie politique*, 2ᵉ ed. t. II p. 307.

ment des versements reçus par elle depuis sa fondation. Nous sommes même tenté de supposer que les compagnies d'assurances sur la vie ont retiré un bénéfice considérable de la Caisse des retraites, dont les tarifs sont plus avantageux que les leurs. Ce que nous venons de dire s'applique aux versements directs, lesquels ont été presque uniquement réalisés par de petits capitalistes, de petits rentiers, attirés par l'appât d'un placement avantageux; en effet, jusque dans ces derniers temps, la Caisse avait continué à calculer le taux de capitalisation à 5 p. %, longtemps après que l'intérêt de l'argent ne dépassait plus 4 p. %. La caisse profite donc, non pas aux ouvriers, auxquels elle était destinée, mais surtout aux gens, pourvus déjà d'une certaine aisance, et qui se préoccupent de l'accroître en cherchant les meilleurs combinaisons. Les versements par intermédiaires, au contraire, sont faits, soit au nom des membres des sociétés de secours mutuels, soit au nom d'employés d'une foule de sociétés industrielles ou financières.

Nous devons nous demander les raisons de cette abstention de la classe ouvrière à l'égard d'une institution dont la création a eu lieu à son profit. Il est d'abord une cause qui s'explique par la nature même de l'institution : l'ouvrier laborieux et prévoyant préférera placer ses économies à la Caisse d'épargne, où il pourra les reprendre, lorsqu'un placement plus avantageux s'offrira à lui; il ne veut pas renoncer à la chance. L'ouvrier rural, dont la situation nous préoccupe principalement en ce moment, ne consentira jamais à aliéner d'une façon définitive ses petits capitaux, présents ou futurs, en vue d'une éventualité douteuse, et au risque de perdre l'occasion d'acheter un champ, ou d'augmenter l'effectif de l'étable. Cette forme de la prévoyance populaire n'est pas du goût du travailleur , auquel la Caisse d'épargne convient d'avantage. Ce n'est pas tout : la Caisse des retraites, moins sans doute que les Caisses d'assurances en cas de décès et d'incapacité de travail, reste ignorée des classes ouvrières. Le notaire de campagne pourra-t-il utilement en révéler l'existence aux travailleurs, qui vivent autour de lui ? Nous n'oserions nous prononcer à cet égard, lorsque nous réfléchissons aux formalités sans nombre, aux déplacements considérables qu'exigent les versements. Est-ce un ouvrier de village, que nous engagerions à se transporter, pour effectuer un versement de quelques francs, au chef-lieu de département ou de l'arrondissement ; est-ce lui qui pourra raisonnablement y retourner pour faire viser son reçu à la préfecture ou à la sous-préfecture ? Une institution de prévoyance ne peut convenir à la classe populaire, qu'à la condition de n'imposer ni frais, ni déplacements, et c'est là le motif pour lequel les caisses d'épargne, dont nous avons parlé, et les sociétés de secours mutuels, auxquelles nous arrivons, ont pris un si prodigieux accroissement.

La forme de l'assurance la plus intéressante peut être est la société de *secours mutuels,* qui s'adresse aux classes pauvres, de la même manière que la Caisse d'épargne, dont les ouvriers constituent aussi la principale clientèle.

Chacun des membres de la société de secours mutuels s'engage à verser périodiquement une faible cotisation à la caisse commune ; les cotisations réunies constituent un capital destiné à secourir ceux des associés, qui seront frappés par la maladie, les infirmités ou par toute autre éventualité fâcheuse , spécifiée dans les statuts. Rien de plus ingénieux que cette combinaison, qui, moyennant un versement insignifiant, donne droit à la réparation du préjudice causé ; rien de plus compréhensible à la fois : tous les associés ne seront pas atteints en même temps et dans la même mesure : tous n'arriveront pas à la vieillesse.

La Caisse d'épargne et la société de secours mutuels sont l'une et l'autre des institutions populaires, elles sont l'une et l'autre l'expression la plus belle de la prévoyance ; mais elles se différencient dans l'application. Le déposant de la Caisse d'épargne est créancier pur et simple ; il peut retirer quand bon lui semble ce qu'il a versé. Le membre d'une société de secours mutuels n'est que créancier conditionnel ; il ne peut demander le secours où l'indemnité que si l'événement prévu, maladie, infirmité, se produit. Le premier reprend seulement son dépôt, augmenté des intérêts ; le second obtient beaucoup plus qu'il n'a apporté. Le retrait effectué, celui-là reste sans droit vis-à-vis de la Caisse d'épargne ; celui-ci, après l'obtention d'un premier secours, conserve sa créance intacte ; son droit renaît à chaque nouvel incident calamiteux. Mais la somme déposée à la Caisse d'épargne profite aux héritiers du déposant, le membre d'une société de secours mutuels est seul à pouvoir éventuellement bénéficier de ses mises.

Cette dernière règle a autorisé certaines personnes à blâmer les sociétés de secours mutuels, et à leur reprocher de prendre leur point d'appui dans un sentiment d'égoïsme. S'affilier à une association de ce genre, disent-ils, qu'est ce autre chose qu'aliéner un capital à fonds perdu. Singulière appréciation ! Peut-on qualifier de capital une faible cotisation, qui probablement eut été dissipée sans la société qui l'a appelée pour la faire fructifier.

D'ailleurs, la famille ne profite-t-elle pas indirectement des secours, en ce qu'elle se voit dispensée de faire face avec ses propres ressources aux dépenses que l'association supporte. Enfin il n'est pas permis d'oublier que, grâce à elle, le malade évite l'hôpital, le vieillard l'asile.

Les sociétés de secours mutuels ne sont pas une invention moderne ; elles sont, en effet, dans les instincts les plus profonds de l'humanité. Elles étaient pratiquées sous des noms divers par les artisans de la Grèce et de Rome ; les esclaves s'en servaient également pour s'assurer une sépulture (1). En France, les sociétés de secours mutuels ont une origine assez reculée ; celle des portefaix de Marseille prétend remonter jusqu'à la domination romaine ; celle des pilotes et lamaneurs du Havre a été fondée sous Louis XIV ; à Lille, il existe de ces associations, qui ont 300 ans d'existence.

De France, ces sociétés se sont propagées en Angleterre sous le nom de *friendly societies (sociétés amicales)*. La première que l'on rencontre dans ce pays a été fondée par les réfugiés français à la suite de la révocation de l'édit de Nantes. Si cet acte n'avait eu que ce résultat, nous n'en blâmerions pas moins le caractère souverainement odieux et inique, mais nous n'aurions pas à en déplorer les conséquences. En 1763, en 1764, en 1765, les émigrés créèrent plusieurs associations qui existent encore aujourd'hui. L'idée de la mutualité, pour n'être que d'importation étrangère sur le sol britannique, y a donné les résultats les plus féconds. D'après les statistiques les plus dignes de foi, il existerait actuellement près de 30,000 sociétés, ou branches de sociétés de secours mutuels, comprenant environ 7 millions de membres et possédant en fonds accumulés une somme de 15 millions

---

(1) M. Maxime Du Camp cite la Société de Secours mutuels des pensionnaires de Bicêtre, dont l'objet est identique à celui des associations des esclaves romains (*Paris*, t. IV).

sterling (375 millions de francs). Sur ces 30,000 sociétés, près de 11,000 ne sont pas enregistrées.

Dans notre pays, les sociétés de secours mutuels sont loin d'être aussi nombreuses. Il y en avait, au 31 décembre 1885, 7,960, comprenant 1,251,831 membres, honoraires ou participants (1).

Notre législation, qui résulte d'une loi du 15 juillet 1850, et d'un décret du 26 mars 1852, reconnaît trois sortes de sociétés de secours mutuels; 1º les sociétés *libres* ou *autorisées;* 2º les sociétés *approuvées* ; 3º les sociétés *reconnues*. Les premières se forment sans aucune restriction, sauf l'observation des lois générales, et elles peuvent se gouverner suivant leur gré. Si elles comptent plus de vingt membres, elles sont tenues de demander et d'obtenir la permission de l'autorité, comme toutes assocations, conformément à l'article 291 du Code pénal. Ces sociétés, dites *autorisées*, sont au nombre de 2,216, comptant 316,634 membres, dont 22,974 honoraires. Les sociétés *approuvées* soumettent leurs statuts à l'examen et à la révision de l'administration, qui doit se préoccuper de la proportionnalité des recettes avec les dépenses, de l'exclusion des dépenses étrangères à la mutualité, etc., et qui rectifie s'il y a lieu. En échange de cette approbation, les sociétés obtiennent l'existence civile, et jouissent de quelques uns des droits, attachés à la personnalité; elles peuvent notamment acquérir des meubles, mais elles n'ont, quant aux immeubles, que la capacité de les prendre à bail. Elles ont, en outre, part aux subventions de l'Etat et des départements, et jouissent de certains privilèges sur lesquels il ne nous est pas possible ici d'insister. A la fin de 1885, il existait 5,744 so-

---

(1) L'Algérie comprise. — Il est vrai que l'Algérie ne compte pas quarante sociétés.

ciétés approuvées, qui comptaient 935,197 membres,
dont 158,383 honoraires, et 770,814 participants (hommes et femmes) auxquels il faut ajouter 21,424 enfants.
Lorsqu'une société approuvée s'est signalée par l'accroissement rapide de son personnel, et par l'extension
des divers services destinés à accroître le bien être de
ses membres, elle peut recevoir, le Conseil d'Etat entendu, la reconnaissance comme établissement d'utilité
publique; cette faveur lui confère la faculté d'acquérir
des immeubles à titre gratuit ou onéreux. Il n'existe que
neuf sociétés *reconnues*, comprenant 10,611 membres.

Qu'elles soient *libres*, *reconnues* ou *approuvées* les
sociétés de secours mutuels ont toutes le même objet
et reposent sur le même principe.

Les sociétés de secours mutuels se forment tantôt
entre individus d'une même profession, tantôt entre
gens de professions différentes. En général, elles ne
comprennent que des ouvriers ; mais il en existe beaucoup entre employés. Certaines mêmes sont formées
entre artistes; il en est ainsi des sociétés formées par le
baron Taylor. Les unes ne se composent exclusivement
que d'hommes ou de femmes; les autres sont mixtes.
Pendant longtemps, les sociétés hésitaient à prendre
ce dernier caractère, et à comprendre des femmes parmi
leurs associés; on alléguait que leur constitution physique donne lieu à un plus grand nombre de maladies.
Il est aujourd'hui démontré que les femmes sont moins
souvent malades que les hommes : en 1885, la moyenne
des journées de maladie par malade a été de 17.7 pour
les hommes, et de 12.4 seulement pour les femmes. Il
est vrai d'ajouter que la moyenne des malades par cent
sociétaires a été : hommes, 26.1; femmes 27.5.

La loi impose dans certains cas, et lorsque la société
veut entreprendre d'autres services que l'assurance des

associés en cas de maladie, la présence de membres honoraires, c'est-à-dire de membres contribuant aux charges, mais ne participant pas aux avantages. Il y avait primitivement dans cette exigence une idée gouvernementale : le régime Impérial tenait à garder la haute direction des sociétés, dont il venait de formuler la charte. Il est regrettable que l'existence des membres honoraires soit parfois imposée : elle dénature la société, et change une institution de prévoyance en une œuvre d'assistance. Aussi quelques sociétés se refusent-elles systématiquement à l'admission de membres honoraires. Le concours de ceux-ci ne laisse pas que d'attribuer à la généralité des sociétés une prospérité qui, sans cela, leur ferait défaut : à Paris, pendant l'année 1879, sauf trois, toutes les sociétés municipales n'ont pu faire face à leurs dépenses ordinaires avec les cotisations des membres participants; sans l'appoint fourni par les recettes, provenant des membres honoraires, le déficit eut été réel, et les versements à la Caisse des retraites n'eussent pu avoir lieu.

L'allocation des subventions, dont profitent les sociétés approuvées, donne, ainsi que la présence des membres honoraires, un caractère de bienfaisance aux associations de secours mutuels. Nous n'oserions cependant blâmer ces subventions, qui leur fournissent un secours très précieux. M. Say dit très finement : « Si on vou-
» lait définir la subvention de l'Etat à une société de
» secours mutuels, ne pourrait-on pas dire que c'est
» une manière de faire de tous les citoyens des membres
» honoraires obligatoires de ces sortes de sociétés? » (1).
M. Say n'est pas partisan de ces subventions, mais il tolère les *lois d'assistance*; or ne vaut-il pas mieux pour un Etat, prévenir le mal que d'avoir à le réprimer.

(1) *Solution démocratique de la question des impôts*, 3· conférence.

En général, les sociétés fixent pour l'admission un âge extrême : cela provient de ce que la cotisation étant habituellement égale pour tous les membres, et la présence d'un vieillard étant plus onéreuse que celle d'un membre jeune, elles hésitent à grever leurs budgets sans compensation suffisante. Il est bien vrai que le nombre annuel de jours de maladie s'accroît avec l'âge : quatre jours à vingt ans, trente et demi à soixante. Mais l'on aurait pu tenir compte de ces différences, grâce à un système de cotisations variables avec l'âge du membre admis.

Les sociétés de secours mutuels sortent quelquefois de leur premier objet ; il en est qui entreprennent des opérations de pensions de retraites (1). Le décret de 1852 ne les y autorise qu'à la condition qu'il y ait un nombre suffisant de membres honoraires, et qu'elles soient approuvées. Sans doute, il est bien difficile à une société de servir des pensions avec les seules ressources provenant des membres participants ; toutefois, l'on doit critiquer le décret qui fait de la présence de ces derniers une condition essentielle. Le minimum et le maximum de la pension de retraite ont été fixés par l'article 8 du décret réglementaire du 26 avril 1856 respectivement à trente francs et au décuple de la cotisation annuelle. Le minimum de trente francs, qui est bien peu avantageux dans les villes, est, au contraire, accepté et maintenu dans les sociétés rurales.

Nous nous sommes étendu un peu trop longuement sur l'organisation et sur le fonctionnement des sociétés de secours mutuels. Mais il n'était peut-être pas inutile

---

(1) Si les sociétés de secours mutuels pouvaient disposer de ressources plus abondantes, elles devraient faire, en faveur de leurs membres, des opérations d'assurances en cas d'accidents et de décès.

de rappeler quelques-unes des règles sur lesquelles elles sont assises, et qui peuvent dans une certaine mesure expliquer pourquoi ces sociétés si intéressantes ne se sont pas propagées davantage dans les campagnes. Il est, en effet, à noter que, lorsque, dans chacune des grandes villes, on constate la présence de quelques dizaines d'associations de cette nature, les villages en sont presque dépourvus. Il suffit d'ouvrir l'*Annuaire statistique* pour remarquer combien inégale est la répartition des sociétés par départements : d'un côté, on voit la Seine, avec 653 sociétés ; le Nord, 418 ; le Rhône, 319 ; la Gironde, 515 ; d'un autre côté, les départements, où se trouvent le moins de villes, comptent un très petit nombre de sociétés : les Basses-Alpes, 12 ; les Hautes-Alpes, 27 ; le Cantal, 7 ; la Corse, 4 (1) ; la Creuse, 7 ; la Corrèze, 11 ; la Haute-Loire, 8 ; la Lozère, 6 , la Haute-Marne, 11 (1885).

Il résulte d'un état dressé au 31 décembre 1879 que les sociétés, qui fonctionnaient à cette époque, se répartissaient ainsi qu'il suit :

| Population des communes. | Nombre des communes. | Sociétés approuvés |
|---|---|---|
| Au-dessous de 200 habitants. | 3.948 | 14 |
| De 101 à 500 — | 12.595 | 224 |
| De 501 à 1.000 — | 10.867 | 626 |
| De 1.001 à 5.000 — | 8.137 | 1.845 |
| De 5.001 à 10.000 — | 306 | 358 |
| De 10.001 à 50.000 — | 180 | 637 |
| De 50.001 à 100.000 — | 14 | 189 |
| Au-dessus de 100.000 — | 9 | 687 |

Les grandes villes ont un nombre important de sociétés ; les petites communes n'en ont guère. Le fait a

(1) L'analogue de l'institution des secours mutuels existe en Corse dans toutes les communes: ce sont les confréries ; chaque associé paye une cotisation annuelle, moyennant laquelle il s'est assuré les prières publiques et les honneurs funéraires au moment de la mort. — (*Enquête sur l'assistance*, etc.).

été signalé, il y a une vingtaine d'années déjà dans un
livre, que nous nous plaisons à citer. M. Théron de
Montaugé s'exprime ainsi : « Les sociétés de secours
» mutuels, qui exercent une action si féconde sur la
» condition morale et matérielle de leurs membres, se
» trouvent en bien petit nombre dans nos campagnes.
» L'institution n'est pourtant pas nouvelle dans le dé-
» partement, puisque, parmi les sociétés existantes, il
» en est six, qui sont antérieures au dix-neuvième siècle.
» En outre, la Haute-Garonne occupe le huitième rang
» parmi les départements qui possèdent le plus grand
» nombre d'associations de ce genre. Elle n'en compte
» pas moins de 172, mais presque toutes sont renfermées
» dans l'enceinte des villes. Toulouse en possède à elle
» seule 88 ; Muret, Saint-Gaudens et Villefranche en
» ont ensemble 6. Les autres communes du département,
» dont le nombre s'élève à 574, n'en comptent que 78 ;
» d'où il résulte que près de 500 communes, c'est-à-dire
» plus des 6/7 du nombre total, s'en trouvent privées » (1).

A quoi tient cette infériorité des campagnes ? Les villages français ont une population très restreinte, nous
l'avons remarqué : presque la moitié des communes ne
possède pas 500 habitants. Il est difficile d'y former une
société : trouverait-on assez de personnes qui consentiraient à accepter la qualité de membres honoraires ? Le
paysan, même aisé, fait volontiers une aumône en pain,
en laitage, en fromage, en boisson ; on n'obtiendrait pas
de lui facilement qu'il versât une cotisation d'une quinzaine de francs. Ajoutez à cela que les subventions départementales, en général assez faibles, ne peuvent
profiter aux villages d'une façon appréciable ; nous
assistions récemment à la répartition d'un crédit de

_____

(1) P. 473. — La même remarque a été faite dans l'*Enquête*, 1ᵉʳ vol. p. 119.

3,000 fr. voté par un Conseil général en faveur des sociétés de secours mutuels : le Préfet proposait de répartir cette somme entre les sociétés au prorata du nombre de leurs membres participants, mais il ajoutait qu'il avait dû pour les associations les moins nombreuses s'arrêter à un chiffre minimum de 10 fr. Or, les sociétés, qui n'obtenaient dans ce travail de fractionnement qu'une subvention de 10 fr., étaient relativement les plus nombreuses. Dix francs, ce n'est pas l'équivalent de la cotisation d'un membre honoraire.

Les associations rurales ne peuvent donc compter sur des ressources abondantes ; trouveraient-elles du moins un nombre de membres participants suffisant ? Le petit cultivateur, habitué à ne compter que sur lui-même, hésiterait à en faire partie ; l'ouvrier, dont le salaire est peu élevé, ne consentirait pas à un sacrifice annuel d'une douzaine de francs ; son caractère est ainsi fait, qu'il ne veut dépenser un argent péniblement gagné, que s'il en retire un avantage immédiat, en quelque sorte visible, et il ne peut se résigner à verser une cotisation, dont profitera peut-être un autre habitant qui lui est indifférent, antipathique ou qu'il regarde comme moins malheureux ; pour lui, l'argent versé à la caisse mutuelle est argent perdu ; s'il n'est pas malade, il ne veut point faire partie de la société.

L'esprit de fraternité existe moins chez l'ouvrier des campagnes que chez celui des villes ; l'utilité de l'association lui apparaît moins qu'à l'ouvrier d'usine, qui voit de plus près quel est l'emploi donné aux fonds de la société, dont il fait partie, et qui peut apprécier chaque jour pour ainsi dire l'avantage énorme retiré de la mutualité. C'est un peu le résultat de son travail plus solitaire, beaucoup aussi la conséquence d'une certaine défiance innée.

Bref, les éléments d'une société de secours mutuels manquent le plus souvent dans nos villages. Mais ne pourrait-on pas recourir à l'association entre plusieurs communes ? Ce serait là une solution, mais nous ne croyons pas qu'elle soit partout possible. Chaque fois qu'il se rencontrera un homme éclairé et capable de répandre la conviction au milieu des populations rurales, il pourra tenter avec succès la formation d'une société de secours mutuels entre les habitants de plusieurs communes ; mais en dehors de cette hypothèse, nous n'osons compter sur l'initiative locale.

Les villages, en effet, diffèrent essentiellement, quant à leur esprit, à leurs habitudes, à leurs ressources ; dans telle localité, la population est absolument agricole ; peu ou point de malheureux ; dans telle autre, distante de 2 ou 3 kilomètres de la première, les ouvriers s'adonnent à une industrie, peu rétribuée, fréquente en chômages ; les propriétaires ne sont pas nombreux ; le territoire est restreint ; la misère y est grande, la mendicité y règne à l'état de mal chronique. Pourrez-vous associer ces deux localités ? A supposer deux communes presque identiques à tous égards, l'on ne trouverait pas d'individus qui consentiraient à prélever sur leur salaire une cotisation, qu'ils sauraient devoir profiter éventuellement à l'habitant d'une commune voisine, inconnu de lui. La solidarité déjà très restreinte, qui existe dans les campagnes, ne se produit guère qu'à l'ombre du clocher.

Et cependant, c'est au village que la société de secours a sa place marquée. Elle pourrait y combler les lacunes de notre système d'assistance qui, nous le verrons, y est si défectueux. Elle contribuerait à arrêter l'émigration vers les villes, et à fixer les laboureurs aux champs ; en cela, elle serait utile aux campagnes, où elle retiendrait la main-d'œuvre, qui devient de plus en plus rare ; utile aux villes, dont elle empêcherait l'accroissement de la population indigente, utile enfin à la société tout entière qui, pour tarir la misère, doit, comme on l'a dit, en disperser les sources, et non les concentrer. Le sociétaire, sachant que, s'il transporte sa résidence hors de la commune, il perdra tous ses droits, ne quitte pas le village, où, d'ailleurs, il n'a pas tardé à ressentir, grâce à la société, une amélioration de bien-être et une plus grande certitude du lendemain.

Nous ajoutons que les associations de secours mutuels auraient, dans les campagnes, pour résultat d'inspirer à tous ses membres, des sentiments d'union fraternelle, et de rapprocher non seulement les individus de la même condition, mais encore les diverses classes de la société. En Angleterre, où la mutualité est très développée, on voit les plus hautes notabilités de la bourgeoisie et de la noblesse rechercher, comme un honneur, les titres de commissaire ou de trésorier des sociétés de prévoyance.

Enfin le choix des dispositions ou des règles à intervenir dans les statuts, pourrait entraîner une grande amélioration morale des populations rurales. Les sociétés contribuent à répandre les idées de tempérance, de probité et de douceur, en excluant de leur sein tous les individus frappés de condamnation infamante ou ceux qui ont une conduite scandaleuse, ainsi qu'en refusant tout secours pour les maladies causées par la débauche ou l'intempérance, ainsi que pour les blessures reçues dans une rixe, où le sociétaire aura été l'agresseur. On pourrait, grâce à une réglementation sage et intelligente, arriver à donner satisfaction à l'intérêt agricole. C'est ainsi que la société de Moulis, dans le département de la Gironde, et celles, qu'à son exemple, M. Théron de Montaugé fonda à Balma et à Croix-Daurade, dans l'arrondissement de Toulouse, excluent tout membre convaincu d'avoir porté préjudice aux récoltes d'autrui, de les avoir dérobées ou détruites sur pied, d'avoir nui aux arbres, aux vignes, etc., alors même que le fait n'aurait pas entraîné de poursuites judiciaires (1).

L'utilité des sociétés de secours mutuels dans les campagnes est donc manifeste. Et si l'on consulte l'enquête sur l'*organisation de l'assistance publique*, l'on voit cette opinion se faire jour dans chaque réponse. Une des questions posées était précisément celle de savoir s'il était opportun d'étendre aux communes rurales le bénéfice des associations de secours mutuels; les réponses ont été unanimement affirmatives.

Il serait donc bon que les personnes mises, par leur situation, en mesure d'exercer une influence sur l'esprit des classes ouvrières, fissent des efforts pour faire comprendre aux populations rurales l'utilité et le rôle des sociétés de secours mutuels. Chez les peuples démocratiques, ce sont, en effet, les associations qui, selon la juste observation de M. de Tocqueville, « doivent tenir » lieu des particuliers puissants, que l'égalité des conditions a fait disparaître. »

Peut-être aussi y aurait-il lieu, afin de parer à certains des inconvénients, que nous avons signalés, d'étudier un système de sociétés de secours mutuels formées dans chaque commune, mais reliées entre elles par un comité cantonal. En Angleterre, il y a ainsi de grandes fédérations, qui se sont établies entre les *friendly societies*.

---

(1) M. Théron de Montaugé, *loc. cit.* p. 504.

# TROISIÈME PARTIE

---

## DE L'ASSISTANCE DANS LES CAMPAGNES.

# SECTION PREMIÈRE

## L'ASSISTANCE GÉNÉRALE [1].

---

## CHAPITRE XII

### La charité privée au village.

Assistance privée et assistance officielle ; utilité respective. — De l'assistance privée dans les campagnes. — Des secours avant 1789 ; les châtelains et les ecclésiastiques résidents ; les absents. — De l'assistance des cultivateurs ; aumônes en nature.— La Bretagne. —Tolérances agricoles.—L'hospitalité de nuit dans les campagnes.— Irrégularité de l'assistance rurale.— Utilité d'une organisation régulière.— Essais : 1º Système de M. de Magnitot ; la Nièvre et l'Orne ; — 2º Comités cantonaux ; Aisne ; avantage du comité cantonal.

L'assistance peut être privée ou publique ; nous ajoutons qu'elle doit être tout à la fois l'une et l'autre. L'assistance privée répond à un besoin de la conscience,

(1) L'assistance, eu égard au but qu'elle se propose, est tantôt générale, tantôt spéciale, distinction qui s'applique à l'assistance privée comme à l'assistance publique. La charité privée recherche toutes les variétés de la misère. Pratiquée individuellement, elle a un caractère général au point de vue des souffrances à soulager ; sous la forme de l'association, elle s'applique fréquemment à des situations spéciales de la misère ou à des âges différents de la vie. — Parmi les institutions publiques d'assistance, il en est qui s'appliquent à toutes les

besoin impérieux et salutaire ; elle a, en outre, des qualités que ne possède pas l'assistance publique, froide et formaliste dans ses procédés, réussissant parfois à soulager le malheureux, mais inefficace à le relever, agissant sur le physique, mais sans action sur le moral de l'assisté. Celle-ci, à son tour, est une nécessité : elle recueille et stimule les secours des indifférents, se substitue à ceux que leurs occupations empêchent de pratiquer la charité, et se fait la dispensatrice de leurs aumônes ; elle peut presque seule contribuer au soulagement de certaines misères qui, à raison de leur nature spéciale, exigent le service d'une organisation administrative et la concentration de grandes ressources ; il en est ainsi notamment de la maladie, de la vieillesse, etc. ; sans doute, il existe certains établissements hospitaliers privés, mais ils n'ont qu'une importance relativement très faible. Enfin l'assistance publique s'impose souvent à la société comme mesure de police et de salut public.

Le concours de la charité privée et de l'assistance officielle est indispensable : les branches principales de la bienfaisance publique constituent le rouage nécessaire de toute société avancée en civilisation ; mais les œuvres si variées et si ingénieuses de l'assistance privée viennent combler les vides de la première ; moins apte pour les

manifestations de l'indigence et qui sont éventuellement appelées à porter remède aux maux de diverses natures et à soulager les divers âges de la vie ; le bureau de bienfaisance, pour ne citer que ce seul exemple, a une variété infinie de fonctions, et secourt toutes les formes de la misère. Mais à côté de ces œuvres qui ne distinguent ni entre les caractères du mal, ni entre les sujets, il en est qui ont une fonction spéciale, en ce qu'elles s'appliquent nécessairement à des variétés particulières du malheur ou à des étapes différentes de la vie humaine ; les misères spéciales appellent des remèdes spéciaux : la folie, ses asiles avec leur traitement approprié, la maladie, l'hôpital, ou du moins, les soins médicaux ; la vieillesse, ses refuges, etc. ; l'abandon de l'enfant crée à la société l'obligation de l'adopter et de se substituer à ses parents.

services étendus, celle-ci sait, en se spécialisant, perfectionner l'action de la charité ; elle peut même, à un moment donné, et lorsqu'il s'agit de soulager de grandes calamités accidentelles, offrir un ressort incomparable, et réunir en quelques jours des sommes importantes. L'auteur d'un ouvrage sur l'économie politique, qui a consacré aux questions d'assistance quelques chapitres intéressants, M. Cauwès, fait remarquer que, lors des inondations, dont les départements du bassin des Pyrénées et de la Garonne ont été victimes en 1874, les souscriptions privées ont dépassé plusieurs fois le montant des secours votés par l'Assemblée nationale.

Mais il est à remarquer que l'assistance privée se montre plus active et plus empressée là précisément, où l'assistance publique a les manifestations les plus multiples. Dans les villes, où les services de l'assistance officielle sont si divers et si complets, où ses ressources sont si abondantes, l'on voit les exemples les plus nombreux d'assistance privée, et l'on en obtient les contributions les plus larges, les souscriptions les plus abondantes. A Paris spécialement, où le budget de l'assistance publique est très largement doté, on évalue à 21 millions au moins celui de la charité privée. Dans les campagnes, au contraire, dépourvues presque toujours d'établissements hospitaliers, assez souvent de bureaux de bienfaisance et de services médicaux, la charité privée elle-même est peu ingénieuse et peu féconde. Les habitants, moins riches, donnent moins ; parfois égoïstes, ils sont peu charitables, l'assistance, selon eux, engendrant la misère, retenant ou appelant les pauvres dans leur commune ; alors même qu'ils sont bienfaisants, ne comptez pas qu'ils organisent un service d'assistance : ce serait peu connaître leur tempérament rebelle à toute idée d'initiative.

Parfois le château fait de larges aumônes, en argent, pain, viande et vêtements ; les fait-il toujours avec discernement ? Les familles, domiciliées dans le pays, et y résidant toute l'année, connaissent les pauvres, et exercent sur eux une action moralisatrice. Elles les visitent, les assistent et les consolent. M. Baudrillart le constate pour la Normandie (1). « Ici encore, dit-il, on » retrouve l'action secourable des femmes, empressées » à venir en aide aux pauvres, et aux malades. » Mais les châtelains nouveaux venus dans la localité, souvent étrangers aux mœurs et aux habitudes de la commune dans laquelle ils se sont établis après une fortune rapidement faite dans l'industrie ou dans le commerce, sèment assez fréquemment leurs aumônes avec une abondance peu éclairée, et changent souvent les ouvriers en mendiants.

Le château est bienfaisant, il l'a toujours été. L'ancienne France nous en fournit de nombreux et salutaires exemples. Au mois de mars 1783, le général La Fayette visitait sa terre de Chavaniac, en Auvergne. La récolte paraissait devoir être mauvaise ; on craignait de manquer de blé pour la subsistance, et même pour les semailles suivantes ; le grain était donc cher, et le régisseur, montrant avec orgueil à son jeune maître les greniers abondamment pourvus, lui disait : « Monsieur » le Marquis, voici le moment de vendre ! — Non ! ré- » pondit le vainqueur de York-town, c'est le moment » de donner ! »

En 1780, les abbés, prieurs et chapitres de la même province offrent 60,000 livres de leur argent, et quelques gentilshommes, en moins de 24 heures, 17,000 livres. En 1787, dans l'Assemblée d'Alençon, la noblesse et le

(1) *Les populations agricoles*, p. 146.

clergé se cotisent de 30,000 livres pour soulager d'autant les taillables indigents de chaque paroisse (1). Aucun prince n'a été plus humain et plus charitable que Louis XVI. En 1784, année d'inondations et d'épidémies, il fait distribuer pour trois millions de secours.

On peut se faire une idée des libéralités charitables de certains couvents de la province, par ce qui avait lieu au monastère de Bolbone situé dans le diocèse de Mirepoix. Voici ce que le prieur écrivait confidentiellement au mois de mars 1789 à un de ses amis : « Il y a » tous les jours de la semaine une aumône générale, où » assistent trois ou quatre cents pauvres, indépendam- » ment de celle qu'on fait aux vieillards et aux mala- » des, qui est plus abondante; nous n'avons pu vendre » aucun grain; le peu que nous en avons recueilli, » nous l'avons donné aux fermiers et même à des » cultivateurs pour ensemencer et se nourrir. La seule » ressource, dont nous aurions pu tirer parti, aurait été » du gros millet que nous avons avec assez d'abondance; » eh bien! nous en donnons aux personnes qui en » demandent, non pas à prix d'argent, mais sous la » condition qu'elles nous le rendront en nature, et cela » ne s'appelle pas faire ses affaires pour gagner ».

Aussi n'était-ce pas contre les résidents, mais contre les absents que les plaintes s'élevaient. Nous lisons, dans un volume curieux, ceci : « L'abbé de Couches touche la » moitié des dîmes et ne contribue en rien au soulage- » ment de la paroisse.» Ailleurs, le chapitre d'Ecouis, qui possède le bénéfice des dîmes, « ne fait aucun bien aux

---

(1) *Procès-verbaux de l'Ass. provinciale de Normandie, généralité d'A-lençon*, p. 252. — C. f. *Archives nationales*, H. 1149 : en 1778, dans la généralité de Moulins, trente neuf personnes, la plupart nobles, ajoutent, de leur argent, 18,950 livres aux 60,000 allouées par le roi pour routes et ateliers de charité.

» pauvres, et ne cherche qu'à augmenter son revenu. »
Près de là, l'abbé de la Croix-Leufroy, « gros décima-
» teur, et l'abbé de Bernay, qui touche cinquante-sept
» mille livres de son bénéfice, et ne réside pas, gardent
» tout et donnent à peine à leurs curés desservants de
» quoi vivre » (1). Et malheureusement, il ne reste en
province que la noblesse pauvre et rustique; pour y
vivre, il faut être arriéré, dégoûté ou exilé. « Sire,
» disait M. de Vardes à Louis XIV, quand on est loin
» de Votre Majesté, non seulement on est malheureux,
» mais encore on est ridicule. » La plus grande dis-
grâce pour un grand seigneur, c'était le renvoi dans
ses terres. « L'exil seul, dit Arthur Young, force la no-
» blesse de France à faire ce que les Anglais font par
» préférence : résider sur leurs domaines pour les em-
» bellir. » D'autre part, le marquis de Mirabeau écrit :
« Il n'y a pas dans le royaume une seule terre un peu
» considérable, dont le propriétaire ne soit à Paris, et
» conséquemment ne néglige ses maisons et ses châ-
» teaux. » (2).

Aujourd'hui la situation, pour ne s'être pas absolument modifiée, s'est néanmoins améliorée, et les grands
seigneurs ont l'habitude de passer une partie de l'année
dans leurs terres, au plus grand avantage des indigents.
Leurs privilèges ont, d'ailleurs, disparu, et c'est une
cause moindre de misère pour la population ouvrière.

En dehors du château et du presbytère, comment
s'exerce la charité privée? Le cultivateur aisé fait peu
d'aumônes en argent; il donne du pain aux mendiants,
parfois il y ajoute un verre de petit vin ou une bolée

(1) M. Boivin-Champeaux. — *Notice historique sur la Révolution dans le
département de l'Eure*, p. 63.
(2) *Traité de la population*, p. 108 (1756).

de cidre; il répugne à donner une aumône pécuniaire, il en craint le mauvais emploi.

On sait que les économistes déconseillent l'aumône pécuniaire faite aux mendiants sur la voie publique; ils soutiennent que c'est là une assistance qui n'offre aucune garantie de contrôle, soit quant à la réalité de l'indigence ou quant à ses causes, soit enfin quant à l'usage que fera l'assisté de l'aumône reçue. Certes ils ont raison, et nous sommes le premier à reconnaître que leur thèse est juste chaque fois que la charité n'est pas réclamée par des infirmes, des vieillards ou des individus, qui présentent des symptômes de misère difficiles à simuler. Mettent-ils toujours en application leur théorie? Nous en doutons, et l'un de ceux, dont nous invoquons en ce moment l'autorité, fait une confession qui détruit en partie la valeur de son augmentation : « Je commence, dit-il, par déclarer au lecteur que je » suis le plus inconséquent des hommes ; que mes » préceptes valent mieux que mon exemple; que je » donne volontiers à tout venant, même à ceux que je » sais ne pas le mériter; que si j'ai jamais regretté de » ne pas être riche, c'est quand je n'ai pu donner autant » que j'aurais voulu; que je donne alors même que je » suis convaincu de l'inutilité du don, uniquement » parce qu'il m'est doux de donner, qu'il m'est pénible » de refuser.... » (1).

Les objections, que l'on fait justement contre l'aumône pécuniaire, perdent leur force, quand il s'agit des campagnes. Là, réserve faite des mendiants de passage, on connaît les indigents et leurs mœurs; à ceux qui ont des habitudes de fainéantise, on pourrait refuser l'assitance; aux ivrognes, ne faire l'aumône qu'en nature;

(1) Jourdan. *Epargne et capital*, p. 203.

aux seuls indigents dignes d'intérêt, donner quelques menues pièces de monnaie. L'assistance pourrait être éclairée.

En fait, elle l'est le plus souvent. On refuse assez fréquemment l'aumône aux paresseux; à ceux qui se plaignent de ne pas avoir d'ouvrage, on offre du travail, épreuve infaillible de la véritable misère; les ivrognes eux non plus ne trouvent pas grâce, et, à moins qu'ils ne soient affligés de quelque infirmité, ils sont fréquemment éconduits. Mais, nous l'avons dit, l'assistance pécuniaire est rare, même lorsqu'elle serait utile; on se borne à donner du pain au mendiant; le cultivateur donne à son voisin indigent quelques mesures de pommes de terre, quelques fagots pour son hiver, quelques vieux vêtements pour ses enfants, quelques bottes de paille pour refaire la toiture de sa chaumière. L'indigent est-il malade, on le visite, on cherche à le consoler : mais le plus souvent, l'assistance reste uniquement morale.

Une des régions les plus pauvres de France, la Bretagne, est celle où la charité privée est la plus active ; mais, là encore, les secours en nature sont presque la seule forme de l'assistance. On donne beaucoup aux pauvres, mais d'argent jamais, de viande rarement, le paysan, étant trop pauvre pour en manger, ne peut songer à en donner. Le jour du *Pardon*, on distribue de grandes aumônes, les restes des repas, du ragoût, des viandes cuites au four, des crêpes, du *far*, etc. M. Baudrillart, dans ses savantes études sur les *Populations agricoles*, écrit ceci à propos de la Bretagne : « *Est-on quelquefois malade? — Oui. — Comment faites-* » *vous alors ? — Il faut bien compter sur les secours* » *des propriétaires riches du pays. Le médecin fait* » *payer ses visites 4 ou 5 francs et pour les pauvres* » *gens au moins 2 fr. Cela dépasse nos moyens.—Ces*

» réponses nous frappent. En effet, ces gens ont l'air
» assez fier, on voit qu'ils ne souffriraient pas une inso-
» lence, mais ils ne sont ni arrogants, ni envieux, à
» l'égard de leurs voisins riches; ils reçoivent leurs
» secours en nature, bouillon, vin, mets réconfortants.
» *Si nous étions riches, nous en ferions autant*, di-
» sent-ils; ceux, qui nous secourent, sont de braves gens,
» qui travaillent et qui ont besoin. Cette manière d'en-
» visager les choses, de quelque manière qu'on la juge,
» simplifie bien des questions. Ni serviles, ni orgueilleux,
» ils reçoivent, comme ils donnent eux-mêmes, à de
» plus pauvres qu'eux. On ne comprendrait pas d'ail-
» leurs une autre manière de procéder, dans des pays
» où l'assistance publique fait défaut, et elle-même,
» d'ailleurs, ne saurait se dispenser de ces secours de
» bon voisinage (1) ». Un usage fort touchant subsiste
en Bretagne : les pauvres, la nuit qui précède l'enterrement d'une personne riche, viennent prier auprès du
mort ; on les nourrit pendant ce temps, et, après la
cérémonie à laquelle ils assistent, on leur distribue du
pain ; les parents et une partie des assistants dînent
ensemble à l'auberge ; huit jours après, a lieu un service
solennel, suivi d'une autre distribution de pain, et d'un
autre repas commun.

Dans presque toutes les campagnes de France, on
donne aux pauvres les plus grandes tolérances pour le
glanage, le grapillage, le ramassage du bois mort ; on
abrite pendant la nuit les indigents de passage, et, avant
de les conduire dans la grange, où ils trouvent de la
paille ou du foin pour se coucher, le fermier leur
donne une soupe chaude. Certaines municipalités, pour
enlever aux habitants l'ennui de recueillir les passants,

(1) P. 611.

ont édifié dans la commune un abri, destiné à les recevoir. C'est là la forme de l'hospitalité de nuit dans les campagnes.

Même réduite à des secours en nature, l'assistance rurale n'a rien de régulier. Vous me direz que, dans beaucoup de contrées, les mendiants vont à jour fixe implorer la charité des habitants de leur village ou des villages voisins. Ce qui est régulier ici, c'est moins l'assistance, que le fait de la demander.

Abstraction faite des cas où elle est sollicitée par la mendicité, l'assistance n'a rien de fixe, ni de constant pour l'indigent. Il ne mourra pas de faim au village, mais il n'y verra pas quotidiennement ces manifestations si touchantes de la charité privée, qui se voient dans les grandes villes, ces distributions journalières de soupe à la porte des grands restaurants, à celle des casernes ; ces quêtes faites par des dames pieuses, ou des religieuses, allant, de maison en maison, recueillir ou arracher même quelques oboles, les unes pour les enfants pauvres, ou pour de malheureux vieillards, les autres pour l'entretien d'une crèche ou d'une société maternelle ; ces sermons et ces ventes de charité, etc. Et cependant quels avantages n'aurait pas au village une organisation régulière de la charité privée ? La tâche a été parfois entreprise ; elle n'a jamais abouti ; elle est fatalement arrêtée par l'indifférence du paysan qui, devenu riche à force d'économie ou d'avarice, ne comprend pas qu'il y ait des pauvres, et attribue l'indigence aux vices ou à la paresse. N'est-ce pas au paysan que l'on devrait tenir le langage qu'une religieuse, dont le nom est resté vénéré, la sœur Rosalie, tenait aux dévouées compagnes, qui l'assistaient dans son œuvre, lorsqu'elle remarquait en elles quelque découragement, ou lorsqu'elle sentait leur zèle refroidi par de

nombreux mécomptes : « N'accusez pas les pauvres.
» C'est leur faute, dit le monde ; ils sont lâches, ils sont
» inintelligents, ils sont vicieux, ils sont paresseux.
» C'est avec de telles paroles qu'on se dispense du
» devoir si strict de la charité... Les vertus, qui nous
» sont si faciles, coûtent à leur indigence de lourds et
» perpétuels sacrifices, et, pour ne pas mal faire, ils ne
» sont pas obligés de résister seulement à l'attrait du
» plaisir, mais à la tyrannie du besoin (1) ».

Il y a eu certains essais d'organisation de l'assistance
privée dans les campagnes ; mais ces essais ont rarement pu fonder des institutions durables. Un ancien
préfet de l'Empire, M. de Magnitot, a attaché son nom
à une organisation communale de l'assistance, qui, sous
son administration, a donné les meilleurs résultats dans
les deux départements, où il a exercé ses fonctions,
mais qui, après lui, a quelque peu dégénéré.

Une autre organisation de l'assistance rurale, que l'on
a tenté d'édifier, a été l'organisation cantonale : des
comités cantonaux de bienfaisance ont été établis dans
certaines parties de la France ; mais, en général, ils ont
peu duré. Nous allons dire quelques mots de ces deux
systèmes, qui ont l'un et l'autre de grands avantages, et
dont l'application généralisée et durable eût été si souhaitable.

M. de Magnitot mit d'abord en pratique son système
dans le département de la Nièvre, qu'il administra
pendant dix ans. Ce système, qu'il a exposé dans un
ouvrage couronné par l'Académie des sciences morales
et politiques (2), est des meilleurs et des plus simples :
il consiste à donner à la charité une forme plus efficace,

---

(1) M. Othenin d'Haussonville. *La misère*, p. 169.
(2) *De l'assistance et de l'extinction de la mendicité*, 1856.

et plus morale que cette aumône faite aux portes ; la
question est résolue par des souscriptions volontaires,
organisées dans les communes, consenties pour cinq ans,
versées dans une caisse commune, et distribuées en
secours à domicile par les délégués des souscripteurs et
sous leurs yeux ; un fonds commun de secours, inscrit
au budget départemental complète ces dons volontaires.
Dans quelles circonstances M. de Magnitot a-t-il été
amené à imaginer son organisation de l'assistance, et à
la mettre en pratique? Il nous le dit lui-même (1).

« L'administration d'un département important venait
» de nous être confiée presque au lendemain des mau-
» vais jours, dont le souvenir avait laissé une si triste
» impression dans l'opinion publique. Évidemment la
» Nièvre valait mieux que sa réputation, et l'examen
» le plus superficiel de sa situation amenait avec lui la
» preuve des ressources infinies que présentaient l'esprit
» éclairé de ses habitants et l'intelligence d'une nom-
» breuse population industrielle et agricole, avide de
» travail et de progrès.

» Cependant au milieu de toutes ces conditions de
» bien-être, un mal profond exerçait traditionnellement
» ses ravages dans le pays. Il y régnait partout et en
» despote. Ce mal, c'était la *mendicité ;* non seulement
» la mendicité, triste et dernière ressource des vrais
» pauvres, mais encore la mendicité, refuge ou prétexte
» de la fainéantise et du libertinage ; la mendicité, élevée
» à la hauteur d'une profession des plus lucratives par
» des industriels émérites, se recrutant, soit dans le
» département, soit dans les départements limitrophes ;
» la mendicité, enfin, considérée par les meneurs poli-
» tiques de l'opposition la plus dissolvante, comme un

_____

(1) *De l'assistance en province* (cinq années de pratique), 1861.

» moyen d'action et de propagande auprès de popula-
» tions crédules et impressionnables. A tous les points
» de vue, notre devoir était de la faire disparaître. »

En 1855, la Nièvre comptait quatre mille deux cent
vingt-deux mendiants, qui prélevaient sur les populations un tribut qu'il était permis d'évaluer à 1 fr. en
moyenne et par tête, ce qui donnait un chiffre de
1,541,030 fr. par an. On dit aux populations : donnez-
nous la moitié, le quart même de ce que vous distribuez
à vos portes, le plus souvent au hasard ; gardez cependant, pour les libéralités secrètes et mystérieuses du
foyer domestique, une part encore suffisante, et nous
vous garantissons la suppression des abus qu'engendre
l'exercice libre et impuni de la mendicité. Le langage
fut entendu, et la réponse traduite en un chiffre de
souscriptions s'élevant, par an, à 242,382 fr., c'est-à-dire
au sixième de la somme perçue annuellement par la
mendicité libre sur les populations du département. Sur
cette somme, 40,000 fr. représentaient les dons en nature. Ces 242,382 fr., joints aux revenus ordinaires des
bureaux de bienfaisance, s'élevant à 42,000 fr. environ,
ont non seulement suffi au soulagement de toutes les
misères, mais encore ont permis de réaliser d'importantes économies, destinées à constituer ainsi, pour les
pauvres de chaque commune, de véritables rentes perpétuelles. L'organisation de l'assistance dans la Nièvre
eut pour résultat d'arrêter la mendicité, d'établir une
sélection entre les véritables indigents et les paresseux,
de diminuer le nombre de ceux-ci, d'amener une fréquentation plus complète des écoles par les enfants,
autrefois les agents les plus actifs de la mendicité (1),

(1) Le produit de la rétribution scolaire s'élevait, en 1855, à 104,136 fr. 16 ;
en 1860, il atteignit le chiffre de 145,718 fr. présentant ainsi une différence,
en plus, de 41,581 fr. 84.

de restreindre le nombre des délits et celui des crimes, etc.

En 1860, le renouvellement des souscriptions quinquennales se produisit; en 1855, l'ensemble des ressources réunies dans chaque commune, atteignit le chiffre de 284,541 fr. 69; en 1860, il ne s'est élevé qu'à 254,417 fr. 69, soit une différence en moins de 30,123 fr. 91 ; mais, en fait, cette diminution était loin d'atteindre un chiffre aussi élevé, et elle s'expliquait naturellement par la valeur originairement attribuée aux souscriptions en nature, valeur qui, rapprochée du cours des céréales, en 1860, faisait une différence de près de moitié en sus. Il était encore une ressource qui n'existait pas la première fois, et qui apparaissait, en 1860, dans la nomenclature de l'actif de l'œuvre. Cette ressource, qui était créée par le revenu des économies réalisées sur les budgets précédents ou par les fondations spéciales provenant de la même source, s'élevait à 15,191 fr. 50 par an.

M. de Magnitot quitta la Nièvre vers 1862, et fut appelé à administrer le département de l'Orne, où il resta jusqu'en septembre 1870. Dans ce dernier département, dès son arrivée et à la sollicitation du Conseil général, le préfet mit en pratique l'organisation de la même œuvre, après de longues tournées et de nombreuses conférences dans les cantons; les résultats n'ont pas tardé à se produire, non moins importants, et non moins justifiés, dans leurs effets, par le renouvellement des souscriptions à l'expiration de la première période quinquennale. Le souvenir, et les effets de cette mesure ne se sont pas effacés dans cette partie de la Normandie; c'est ce que constate un observateur impartial, M. Baudrillart (1). On ne comptait pas moins de 10,000

---

(1) *Les populations agricoles de la France (Normandie)*, p. 343.

mendiants dans l'Orne, en 1863. Ces 10,000 mendiants,
dont la moitié seulement appartenait au département,
prélevaient, en moyenne, comme dans la Nièvre, chacun 1 fr. par jour, soit collectivement 10,000 fr. par
jour, 300,000 fr. par mois, et 3,600,000 fr. par an,
c'est-à-dire un chiffre de beaucoup supérieur à l'impôt
foncier, qui ne s'élevait, dans l'Orne, qu'à 2,400,499 fr.
Cette populatiion énorme de mendiants ne comprenait
qu'un très petit nombre de pauvres dignes d'intérêt;
la plus grosse partie faisait de la mendicité une industrie, dont les moyens d'action étaient la ruse, la
menace, et au besoin la violence.

Que reste-t-il de l'œuvre de M. de Magnitot dans ces
deux départements? Peut-être, selon lui-même, une
*légende* et un simple *souvenir*. Dans l'Orne, après le
départ du créateur, le Conseil général dut prendre en
main l'œuvre de l'assistance, et en garder la direction.
Mais elle ne tarda pas à dégénérer. C'est qu'en effet,
c'était là une œuvre personnelle, à laquelle la direction
de son auteur eût été nécessaire; il en est souvent des
institutions sociales comme des établissements industriels, que compromet la disparition de leur fondateur.
Et puis, après 1870, la pensée des gouvernants et des
administrateurs ayant été d'effacer les souvenirs du
régime précédent, il est permis de supposer que les
préfets, qui se sont succédé dans ces départements,
n'aient pas eu à cœur de maintenir l'œuvre de leur
prédécesseur. L'administration, au reste, a perdu de son
influence sur les populations, et ce qu'un préfet pouvait
obtenir en 1855 ou en 1860, ne pourrait être obtenu
aujourd'hui par le même fonctionnaire. Les maires, au
surplus, agents indispensables de l'œuvre d'assistance de
M. de Magnitot, ne sont plus maintenant dans la main
du préfet; plus indépendants vis-à-vis du pouvoir central,

ils le sont moins de leurs conseils municipaux, desquels ils tiennent leur nomination; ils sont, d'ailleurs, fréquemments suspects, au point de vue politique, à l'administration, et celle-ci ne veut pas s'appuyer sur eux. Enfin la crise agricole, en réduisant les profits des cultivateurs, a pu tarir la source de leurs libéralités charitables.

Les comités cantonaux, dont nous devons parler maintenant, ont-ils eu une meilleure fortune ? Cette organisation a été expérimentée avec succès dans plusieurs cantons du département de l'Aisne; elle a fonctionné également dans l'Ain. Les comités cantonaux recevaient du département des subventions consacrées à venir en aide aux malheureux. Les pauvres étaient secourus dans leur commune : l'expérience leur avait fait apprécier la justice des distributions de secours, et l'on avait pu dès lors interdire, et faire effectivement cesser la mendicité et le vagabondage. Les comités cantonaux étaient appelés à faire des souscriptions et à distribuer les secours exceptionnellement accordés par l'Etat, comme celui que les Chambres ont voté pendant l'hiver 1879-1880.

On a fort vanté parfois le système des comités cantonaux, et, dans l'*Enquête* poursuivie par l'Assemblée Nationale, plusieurs déposants ont réclamé la mise en pratique de cette organisation. Nous avons voulu savoir ce qu'en pensent les personnes qui ont vu de près le fonctionnement de ces comités, et nous nous sommes adressé à M. Fischer, conseiller général de l'Aisne, qui avait organisé lui-même le comité cantonal d'Anizy. D'après sa réponse, que nous avons sous les yeux, nous voyons que, dans le département de l'Aisne, il n'y aurait pas plus de 3 à 4 comités qui eussent fonctionné régulièrement plus de 5 à 6 ans : celui d'Anizy, que M. Fischer a fondé avec le concours des municipalités, il y a environ dix ans, n'a vécu que 7 ans, de 1874 à 1882 ; encore son existence a-t-elle été très pénible dans les dernières années. En 1874, le montant de la souscription a été de 2,403 fr. 75, et plus de la moitié des communes y a pris part ; en 1875 et en 1876, on a obtenu les sommes de 927 fr. 29 et 928 fr. 50, produites par les quêtes faites dans cinq communes seulement ; mais les communes les plus riches, n'ayant plus voulu aider les plus nécessiteuses, se sont volontairement retirées de l'association, et le Comité a dû cesser de fonctionner.

Les comités de l'Aisne avaient pour ressources principales les souscriptions recueillies chez les personnes habituées à faire l'aumône à leur porte ; le montant de leur versement, volontaire du reste, devait représenter environ la moitié de ce qu'elles donnaient aux mendiants. Une subvention départementale venait s'y ajouter. Ils donnaient des secours aux communes trop pauvres ou trop chargées de familles nécessiteuses. Chaque maire se chargeait des pauvres de sa commune, et prenait l'engagement de les empêcher de mendier en dehors de la localité. Les mendiants étrangers au canton n'avaient droit à aucun secours. Mais ce sont précisément eux qui ont entravé l'œuvre des comités cantonaux ; en effet, passant en trop grand nombre, et arrachant des aumônes aux personnes charitables qu'ils intimidaient, ils empêchaient celles-ci de continuer leurs souscriptions au comité de leur canton, qui, privé de sa ressource principale, ne pouvait continuer à fonctionner utilement.

Cette institution mériterait, à coup sûr, d'être reprise et généralisée (1). Non pas que nous pensions que le

(1) M. Nadaud, député, a déposé le 13 mars 1886 un projet de loi qui rend l'assistance obligatoire ; dans son système, il y a création d'un comité cantonal.

Comité Cantonal doive se substituer à l'organisation communale de l'assistance ; la commune doit rester la distributrice des secours, surveiller l'emploi de ses deniers, et reviser les listes d'indigents ; les pauvres ont tout à gagner à un service d'assistance localisé. Mais nous croyons le comité cantonal appelé à exercer un rôle moral, et à être l'initiateur vis-à-vis des communes, parfois lentes à se mouvoir ; il pourrait aussi très justement répartir les subventions de l'Etat et du département, et, dans les temps de crise ou d'épidémie, provoquer des quêtes ; enfin, pour assurer soit le fonctionnement des services médicaux et pharmaceutiques, soit les rapports avec les établissements hospitaliers du département, l'existence d'un Comité de canton rendrait les plus grands services.

# CHAPITRE XIII.

## Les bureaux de bienfaisance et l'assistance communale.

Caractère du bureau de bienfaisance. — Secours de toute nature distribués par les bureaux. — Origine de cette institution charitable. — Ordonnance de 1536. — Loi du 7 frimaire an V. — Bureaux créés depuis le commencement du siècle ; autorité compétente pour leur établissement ; conditions exigées. — Nombre de bureaux ; importance des ressources. — Répartition inégale des bureaux et des ressources entre les départements et les communes. — Nature des ressources financières. — Réformes qui s'imposent. — Commissions charitables. — Communes dépourvues de bureaux de bienfaisance et de commissions charitables. — Ateliers de charité. — Industries accessoires.

Le bureau de bienfaisance est le type de l'institution communale d'assistance; il ne sert qu'à la commune, et, d'autre part, il ne peut en exister qu'un par commune (1). Le bureau de bienfaisance réalise de plus, dans notre organisation charitable, l'assistance de droit commun. Non seulement, il est l'auxiliaire né de l'hôpital et de l'hospice, dont il enlève une partie de la clientèle, mais il est chargé de soulager les situations les plus variées de la misère. Il suffit, pour se rendre compte de la diversité des secours qu'il peut distribuer, de parcourir la nature des dépenses effectuées en 1871 par les 301 bureaux de bienfaisance, dépensant plus de 10,000 fr. (2). Ces dépenses comprenaient, outre les

(1) Sauf à Paris ; mais il y a pour notre capitale des règles spéciales.
(2) Enquête ordonnée le 30 mai 1872, et conduite par les inspecteurs généraux des établissements de bienfaisance. L'enquête ne dura pas moins de vingt mois. Le rapport fut dirigé par M. Paul Bucquet, président du Conseil de l'inspection générale, et présenté au ministre le 2 décembre 1874.

charges de la dotation et les frais d'administration : 1°
des secours en nature (aliments, fourneaux économiques, combustibles, vêtements, literie, lingerie, habil-
lements de première communion, dépenses diverses);
traitement médical, frais de sages-femmes, secours aux
convalescents, indemnité pour la vaccine; pensions de
vieillards, orphelins et frais de nourrices; frais d'inhu-
mation; 2° des secours en argent, dont une assez forte
partie pour loyers; 3° des secours moraux et préventifs
(travaux et ateliers de charité, crèches, salles d'asile,
écoles, pensions aux lycées, institutions, séminaires, —
apprentissage en ouvroirs, orphelinats, ou chez les particuliers, fournitures d'outils, livrets de caisse d'épargne, — primes de moralité, dots et trousseaux; —
maisons de retraite, asiles des vieillards, dépôts de
mendicité, — secours aux prisonniers libérés, — subvention à la société de charité maternelle, au bureau de
charité du comité cantonal, à l'extinction de la mendicité, à la commune, à la médecine gratuite, aux œuvres
particulières d'assistance, etc.) (1).

Comme on le voit, le bureau de bienfaisance est
appelé éventuellement à porter remède aux situations
les plus variées de l'indigence. Si nous ajoutons que
souvent le bureau de bienfaisance possède, à titre d'établissement annexe, une maison de secours, où se donnent

(1) Le nouveau règlement de l'assistance publique à Paris distingue les secours *temporaires* et les secours *annuels*, notamment en ce qui concerne les
personnes qui les peuvent obtenir. Les premiers peuvent être donnés à toute
personne qui se trouve en état d'indigence momentanée, et, en particulier, par
suite de blessures, maladie ou couches; les secours annuels sont réservés par
le décret nouveau à trois catégories de personnes : 1° à celles atteintes d'infirmités ou de maladies chroniques; 2° aux vieillards âgés de soixante-quatre
ans révolus: 3° aux orphelins âgés de moins de treize ans. — S'il y avait, dans
chaque commune de France un bureau de bienfaisance, et si les ressources en
étaient suffisantes pour assurer des secours aux mêmes catégories d'indigents,
le problème de l'assistance dans les campagnes serait résolu.

les consultations gratuites qui n'exigent pas le transport du médecin au lit du malade, et où se trouve un dispensaire, institution, dont le but est de donner aux indigents, avec des consultations gratuites, les médicaments nécessaires, — que même quelques bureaux possèdent un certain nombre de lits, où les malades sont reçus en attendant leur admission à l'hôpital, si nous ajoutons, disons-nous, ces extensions possibles, l'on comprendra les immenses bienfaits, que les bureaux de bienfaisance richement dotés sont destinés à rendre, et l'on dira qu'ils constituent l'institution d'assistance la plus complète et la plus souple en même temps.

Malheureusement toutes les communes de France n'ont pas, à beaucoup près, un bureau de bienfaisance, et ce sont évidemment les villages qui en sont le plus dépourvus. En outre, les bureaux existants sont loin d'être tous richement dotés, et, en face de 301 bureaux qui, en 1870, pouvaient faire dix mille francs de dépenses, nous en trouverons un grand nombre, dont les ressources n'atteignent pas 50 fr. C'est ce que nous nous proposons d'examiner, après avoir dit quelques mots de l'origine historique des bureaux de bienfaisance et de leur création.

Dès le XIV<sup>e</sup> siècle, les municipalités de quelques grandes villes organisent des secours pour les indigents. Mais c'est, paraît-il, dans la ville de Lille que la distribution à domicile des secours publics, sous la forme d'une institution régulière, aurait été appliquée pour la première fois. La mendicité ravageant cette région, les magistrats locaux signalèrent à Charles-Quint l'existence dans leur cité d'une administration privée, qui recueillait les aumônes, et réunissait dans une bourse commune les ressources de la charité. L'empereur, frappé des résultats obtenus, autorisa les magistrats à

désigner dans leur ville douze bourgeois « gens de bien,
» d'honneur, de moyens et de bonne renommée »
chargés de recueillir et de distribuer les aumônes, sous
le nom de ministres généraux des pauvres (1).

Il semble que le XVIᵉ siècle devait posséder le privilège de voir se généraliser le service des secours aux
indigents ; et pendant que Charles-Quint instituait à
Lille les *ministres généraux des pauvres,* son rival
François Iᵉʳ, dans son ordonnance de 1536, et plus tard,
par la création à Paris, en 1544, du bureau général des
pauvres, organisa les secours à domicile.

L'ordonnance de 1536 portait :

« Que les pauvres impuissants, qui ont chambre et
» logement et lieux de retraite, seront nourris et
» entretenus par les paroisses, et qu'à ces fins les *rooles*
» en seront faits par les curez, vicaires ou marguilliers,
» chacun en son église et paroisse, pour *leur distribuer*
» *en leur maison,* ou en tel autre lieu commode, et
» qui sera par lesdits curez, vicaires ou marguilliers,
» advisé en chaque paroisse *l'aumosne raisonnable.*
» A ce seront employés les deniers provenant des questes
» et aumosnes qui se recueilleront chaque jour, tant és-
» églises que par les maisons desdites paroisses. Ordon-
» nons pour cet effet que, *par chaque paroisse, seront*
» *establis boëtes et troncs, qui, chaque jour de di-*
» *manche, seront recommandés par les curez et*
» *vicaires en leurs prosnes, et par les prédicateurs*
» *en leurs sermons.* Les abbayes, priorez, chapitres et
» collèges qui, d'ancienne fondation, sont tenus faire
» aumosnes publiques, seront aussi tenus de bailler et
» fournir en deniers, à la paroisse où elle est située et
» assise, la valeur d'icelle aumosne ».

(1) Ravarin. *De l'assistance communale,* p. 183.

Charles IX confirme cette législation par la célèbre ordonnance datée de Moulins.

L'institution se propagea rapidement en France, sous des noms différents, et devint le modèle de nos bureaux de bienfaisance actuels.

On sait quelles furent les tentatives mal étudiées et infructueuses, d'ailleurs, de la Révolution française, en matière d'assistance. Les bureaux de charité de l'ancien régime sombrèrent pendant cette époque, et leurs biens furent saisis par l'Etat. Nous avons parlé plus haut du décret du 19-24 mars 1793, qui, en créant des agences cantonales pour la distribution des secours, en édictant à l'avance la quotité des secours auxquels chaque catégorie d'indigents aurait droit, imposait au Trésor national une charge énorme et incalculable. Mais les crédits « ouverts par la législature à l'indigence », n'arrivèrent jamais. Le pouvoir législatif eut des idées plus pratiques : il rendit leurs biens aux établissements de bienfaisance, fit la loi du 7 frimaire an V, et reprit l'idée des anciens bureaux de charité, auxquels on donna une dénomination différente. On emprunta à l'abbé de Saint-Pierre un mot, et on appela ces institutions du nom qui leur est resté depuis : *bureau de bienfaisance.*

Ce n'est qu'en l'an VIII (loi du 28 pluviose) que les bureaux revêtirent le véritable caractère. communal, qu'ils avaient failli ne pas recouvrer, par suite de la fausse conception des municipalités de canton, appliquée, comme on le sait, en l'an III.

Depuis le commencement du siècle, beaucoup de bureaux ont été créés. La législation, d'ailleurs, en avait facilité l'établissement. La loi du 24 juillet 1867 transporta de l'administration centrale aux préfets le droit de créer des bureaux de bienfaisance  Avant la loi de 1867, par une pratique constante, approuvée par l'administration supérieure, les préfets procédaient eux-mêmes déjà à des créations de ce genre, en dépit du décret du 25 mars 1852. La législation de 1867 a, d'ailleurs, été abrogée par la loi municipale du 5 avril 1884 (art. 168 15°) et, avec elle, a disparu la disposition qui avait conféré aux préfets le droit de créer un bureau de bienfaisance : l'article 70 de cette dernière loi vise la création de cette classe d'établissements, pour dire qu'elle sera désormais soumise à l'avis préalable du conseil municipal, mais ne détermine pas l'autorité compétente pour procéder à cette importante mesure. Aussi une circulaire du 15 mai 1884 a-t-elle décidé que la compétence appartiendrait au gouvernement après avis du Conseil d'Etat. Il n'est pas douteux que cette solution, qu'imposent les textes de la loi de 1884 ainsi que les traditions, ne soit davantage en harmonie avec les principes généraux de notre droit, qui font de la création d'établissements publics, c'est-à-dire de personnes morales, ayant capacité de recevoir des dons et legs, et de posséder des biens, un acte de haute administration (1); mais, en sens inverse, on peut regretter que, pour l'établissement d'un bureau de bienfaisance, il faille accomplir des formalités souvent longues, qui peuvent faire reculer les autorités municipales ; d'ailleurs, la pratique antérieure n'avait entraîné aucun abus, ni aucune plainte. L'exposé des motifs de la loi de 1867 disait: « Ces utiles établis- » sements sont les auxiliaires les plus populaires de la » charité : il importe, dans l'intérêt des pauvres, d'en » multiplier le nombre et d'en favoriser la fondation. » Nous craignons que la nouvelle législation ne se soit trop écartée de cet objectif.

Existe-t-il quelque condition pour la fondation d'un

_____

(1) Ravarin, *loc. cit.* p. 198.

bureau de bienfaisance ? Avant la loi de 1884, le pouvoir du préfet n'était limité par rien ; mais le pouvoir ministériel avait recommandé à ses subordonnés « dans » l'intérêt de ces établissements, et pour assurer leur » stabilité, d'exiger qu'ils fussent pourvus d'une dotation » d'au moins 50 francs, soit en revenus, soit en rentes. » Une règle semblable doit être suivie aujourd'hui par le ministère de l'intérieur.

Quelle est l'importance numérique des bureaux de bienfaisance ?

Au 31 décembre 1871, date à laquelle ont été arrêtés tous les résultats de l'Enquête, le nombre des bureaux de bienfaisance légalement constitués était de 13,367.

Ce chiffre se décomposait ainsi :

1° Bureaux ayant des ressources et fonctionnant régulièrement.......................... 12.723

2° Bureaux ne fonctionnant pas, faute de ressources............................ 644
                                                        ———————
                                                        13.367

La comparaison des résultats statistiques de cette enquête avec ceux inscrits dans les remarquables travaux de M. de Gasparin, en 1833, et de M. le baron de Watteville, en 1847, d'une part, et, d'autre part, ceux trop sommaires de l'*Annuaire statistique*, nous permet de montrer quelle a été la progression du nombre de bureaux :

| | 1833 | 1847 | 1871 | 1884 | 1887 (31 déc.). |
|---|---|---|---|---|---|
| Bureaux..... | 6.275 | 9.336 | 13.367 | 14.760 | 15.250 (1) |
| Population totale des communes ayant un bureau de bienfaisance. | 695.932 | 1.329.659 | 1.608.129 | » | » |

(1) Chiffre du ministère de l'intérieur.

Les bureaux sont inégalement répartis sur le territoire. Les départements qui, en 1871, comptaient le
plus grand nombre de bureaux, étaient (1) :

Seine, autant de bureaux que de communes.
Nord, 631 bur. sur 661                    —
Pas-de-Calais, 575 bur. sur 904           —
Basses-Pyrénées, 387 bur. sur 558         —
Calvados, 354 bur. sur 764                —
Seine-Inférieure. 386 bur. sur 759        —
Seine-et-Oise, 387 bur. sur 685           —

Ces départements étaient encore, en 1882, ceux qui
comptaient proportionnellement le plus de bureaux : la
Seine avait 91 bureaux pour 72 communes : le Nord,
640 sur 665 communes ; le Pas-de-Calais, 586 sur 904 ;
les Basses-Pyrénées, 409 sur 558 ; le Calvados, 407 sur
764 communes ; la Seine-Inférieure, 387 sur 759 ; Seine-
et-Oise, 411 bureaux sur 686. On voit que certains de
ces départements sont restés presque stationnaires.
Quelques autres départements doivent être également
cités : la Lozère a 183 bureaux sur 197 communes ; le
Gard, 224 sur 350 ; le Rhône, 211 sur 264 ; la Sarthe,
237 sur 387 ; le Var, 95 sur 145 ; l'Aveyron, 182 sur
301 ; la Loire, 201 sur 330 (2). Il est vrai de dire que,
dans quelques uns de ces départements, les bureaux
n'ont que de faibles ressources.

Les départements qui, en 1871, avaient le moins de
bureaux sont encore ceux qui étaient le plus mal pourvus en 1882. Nous les citons, en mettant en regard le
nombre de communes, ainsi que le nombre de bureaux
en 1871 et en 1882 (3).

(1) *Enquête.*
(2) Annuaire statistique de 1885.
(3) *Enquête* de 1874, et *Annuaire statistique.*

| Nombre de communes. | | Nombre de bureaux. | |
|---|---|---|---|
| | | 1871 | 1882 |
| Corse.................... | 364 | 5 | 6 |
| Deux-Sèvres.............. | 356 | 39 | 49 |
| Allier................... | 317 (321 en 1884) | 19 | 42 |
| Vienne................... | 300 | 34 | 46 |
| Cher..................... | 291 | 23 | 36 |
| Finistère................ | 285 (290 en 1884) | 26 | 38 |
| Creuse................... | 263 (266 en 1884) | 21 | 32 |
| Haute-Loire.............. | 262 | 37 | 53 |
| Morbihan................. | 248 (250 en 1884) | 23 | 41 |
| Pyrénées-Orientales....... | 231 | 12 | 15 |
| Haute-Vienne............. | 202 (203 en 1884) | 24 | 32 |
| Belfort.................. | 106 | 5 | 11 |

L'enquête constate que les communes, possédant un bureau, se divisent ainsi quant au chiffre de la population :

Population supérieure à 2,000 habitants........... 1.961 bureaux.
Population de 1,000 à 2,000 habitants.......... 3.248 —
Population au-dessous de 1,000 habitants....... 8.168 —

Les Inspecteurs généraux concluent de ces chiffres que « les bureaux sont établis principalement dans les » communes dont la population ne dépasse pas 2,000 » habitants, et existent en plus grand nombre dans les » communes rurales. » Conclusion qui pourrait faire croire que les communes rurales ont proportionnellement plus de bureaux que les communes urbaines. Mais il ne faudrait pas oublier qu'il y a 27,524 communes qui n'ont pas mille âmes (1), c'est-à-dire que, sur les communes rurales, il n'y en a pas le tiers qui aient un bureau de bienfaisance.

Dans une note, publiée par les soins de la Direction générale *de l'Assistance publique au ministère de l'In-térieur*, il a été fait un tableau des communes classées

---

(1) *Recensement de* 1886.

par catégories, suivant le chiffre de leur population, et
indiquant le nombre et la proportion pour cent des bureaux de bienfaisance et des Commissions de charité pour
chaque catégorie. En voici le résumé :

| Population des communes. | Nombre des communes. | Bureaux de bienfaisance. | Commissions de charité. | Nombre de communes dépourvues. | Proport. p. 0|0. des communes pourvues. |
|---|---|---|---|---|---|
| — | — | — | — | — | — |
| Nombre de communes au-dessous de 500 habitants.......... | 17.090 | 4.548 | 1.031 | 11.511 | 32.6 |
| Nombre de communes de 501 à 1,000 habitants........... | 10.434 | 4.910 | 464 | 5.060 | 51.5 |
| Nombre de communes au-dessus de 1,000 habitants......... | 8.597 | 5.792 | 265 | 2.540 | 70.4 |
| | 36.121 | 15.250 | 1.760 | 19.111 | 47.1 |

Un graphique, qui accompagne cette note, montre
bien que la proportion du nombre des communes
pourvues de bureaux de bienfaisance et de commissions
de charité, est en rapport inverse du chiffre de leur
population : 8.5 pour les communes ayant 100 habitants et au dessous, 100 % pour les villes dépassant
20,000 âmes.

D'ailleurs, il y a dans la manière dont les bureaux
sont repartis sur le territoire du même département,
des diversités très grandes : ainsi dans un département,
que nous connaissons bien, l'Oise, où il y a environ
un bureau sur deux communes, on voit un canton
dont toutes les communes sont dotées d'un bureau de
bienfaisance, (1) et, à côté, un canton limitrophe, présentant les mêmes conditions économiques, où l'on ne
compte que 4 bureaux sur 20 communes (2).

Du nombre de bureaux, passons aux ressources. Ici

(1) Nivillers.
(2) Crèvecœur.

encore, rien de plus variable : l'Enquête nous apprend qu'en 1871 les recettes ordinaires ayant été de 26,424,691 fr. 58 pour la totalité des bureaux, la répartition se faisait de la manière suivante :

644 n'avaient pas de ressources;

1.062 ne dépassaient pas 50 fr. de recettes ordinaires.

1.116 avaient de 51 à 100 fr.    id.

5.240 avaient de 100 à 500 fr.    id.

2.216 avaient de 500 à 1.000 fr.    id.

3.089 au dessus de 1.000 fr.    id.

Le plus grand nombre des bureaux de bienfaisance sans ressources se rencontrait dans les départements suivants : Gers, 98; Cantal, 78; Basses-Pyrénées, 61; Ardèche, Seine-Inférieure, Loire, Ain, Lozère (1).

Les bureaux, dont les recettes ordinaires ne dépassaient pas 50 fr., se remarquaient principalement dans les départements ci-après : Basses-Pyrénées, Manche, Haute-Garonne, Lozère, Aveyron, Gard, Corrèze, Vosges, Meurthe-et-Moselle, Drôme, et Aube. Ces bureaux, et même ceux dont les ressources ne dépassaient pas 100 fr., ne peuvent contribuer que dans une très faible mesure au soulagement des pauvres; en général, ils se bornent à donner des secours en nature; (2) parfois, une clause de l'acte de donation en vertu duquel le bureau a été créé, ou qui l'a gratifié, lui impose l'obligation de donner des secours de telle ou telle sorte, et d'en faire profiter un nombre fixé de pauvres ou de ménages; ainsi le bureau d'une commune, dont le maire est un de nos amis, a 65 fr. de revenus, mais il doit les employer en acquisition de vêtements pour les

---

(1) Le bureau de Lombrès (Basses-Pyrénées) a 1 centime de rente ; celui de Samouillan (Garonne) a 0 fr. 02 de revenu.

(2) Le législateur de l'an V a posé comme règle générale que « les revenus seront donnés en nature, autant que possible. »

douze personnes les plus pauvres de la commune (1).
Ne voit-on pas qu'un bureau, constitué de cette façon,
ne peut remplir efficacement son but? En fixant d'a-
vance le nombre d'individus que le bureau est appelé à
secourir, on s'expose à donner à trop ou à trop peu de
personnes.

Ajoutons que ce ne sont pas les communes les plus
peuplées, dont les bureaux ont le plus de ressources,
et, à l'inverse, que certaines communes n'ayant qu'une
population très faible, ont des bureaux très largement
dotés. Nous citerons, par exemple, la commune de Mou-
chy-le-Châtel, qui n'a que 165 habitants, et dont les revenus du bureau de bienfaisance atteignent 3,309 fr.;
dans le même canton, la commune de Silly, ayant une
population de 542 habitants, n'a que 40 fr. pour son
bureau de bienfaisance (2).

Les ressources financières, que la loi a mises à la disposition des bureaux de bienfaisance, sont : 1° les revenus de la dotation, 2° le produit des droits attribués,
et notamment de la taxe des pauvres, et d'une partie
du prix des concessions de terrain dans les cimetières;
3° les recettes tirées de la charité privée (dons, quêtes
et collectes); 4° les subventions de la commune, du
département et de l'Etat.

Dans la plupart des communes rurales, les revenus
de la dotation constituent la principale ressource des
bureaux de bienfaisance. Ces localités ne retirent rien
de la taxe sur les spectacles, et négligent la branche si
importante de revenu que fournissent les concessions
dans les cimetières. L'enquête a constaté qu'en 1871,

---

(1) Puy-la-Vallée (Oise).
(2) Canton de Noailles (Oise). Voir la *Situation financière des communes*,
pour 1886.

sur les 13,367 bureaux, il n'y en a que 3,750, qui aient
perçu un droit sur les spectacles ou aient encaissé la
part leur revenant sur les concessions de terrain dans
les cimetières (1). Il y aurait cependant de ce chef des
éléments de ressources pour les communes rurales;
d'abord, le droit des pauvres pourrait être levé sur les
bals publics, les concerts et autres fêtes, et, si les bureaux de bienfaisance ou les municipalités connaissaient
mieux leurs droits, ils ne laisseraient pas se perdre cette
source de recette; en second lieu, les communes rurales, en négligeant de faire des concessions dans les cimetières, se privent de produits, qui pourraient être
consacrés à augmenter la dotation de leur bureau, ou
même être employés à la création d'un bureau de bienfaisance dans les localités qui en sont privées. Pour les
quêtes, souscriptions, loteries en faveur des pauvres,
nous en dirons de même. La plupart des petites communes ne s'ingénient pas à stimuler par ces moyens la
charité privée; nous lisons, dans le rapport des Inspecteurs généraux, que « le produit des quêtes, souscrip-
» tions, loteries en faveur des pauvres et le montant des
» subventions du département et de l'Etat se sont
» élevés, en 1871, à un total de 4,145,209 fr. 21 cent.
» Les subventions du département figurent dans ce
» chiffre pour 61,468 fr.; celles de l'Etat, pour 251,765
» fr.; ce qui porte, en 1871, à 3,831,976 fr. 21 la part
» de la charité privée. La charité privée, si active, n'a

---

(1) Le décret du 23 prairial an XII sur les cimetières, disposait, dans son
article II, que : « Des concessions ne seront accordées qu'à ceux qui offriront
» de faire des fondations ou donations en faveur des pauvres et hopitaux, indé-
» pendamment d'une somme qui sera versée à la commune. » Des difficultés
s'étant produites sur la proportion à établir entre la part revenant aux indigents,
et celle réservée à la commune, l'ordonnance du 16 décembre 1843 la fixa, en
décidant que les deux tiers du capital versé tourneraient au profit de la commune, et le tiers au profit des pauvres.

» été sollicitée qu'en faveur de 4,774 bureaux de bien-
» faisance; 8,593 bureaux, en 1871, n'ont reçu aucun
» secours des habitants, et n'ont participé à aucune
» subvention de l'Etat et du département. »

Les administrateurs des bureaux de bienfaisance,
dans les communes rurales, oublient trop facilement les
dispositions de l'arrêté du 5 prairial an XI, qui leur
permet « de faire quêter dans tous les temples consa-
» crés au culte, de placer des troncs dans les églises et
» dans les édifices affectés à la tenue des corps civils,
» militaires et judiciaires, dans les établissements d'hu-
» manité, enfin de faire procéder tous les trois mois à
» des collectes publiques, dans leurs arrondissements
» respectifs. »

Cette recommandation était reproduite de l'ordonnance de 1536. Il n'est pas douteux que des troncs,
placés en différents endroits de la commune, recevraient
quelques offrandes : un don de fortune, un heureux
événement, un vœu exaucé, une guérison inespérée,
provoquent la charité ; ils la provoquent surtout lorsque
le moyen de la faire rapidement s'offre à leurs yeux.
La quête amènerait quelques ressources, surtout si les
administrateurs savaient y faire procéder aux moments
où les gens de la campagne sont heureux, à la fin de la
moisson ou de la vendange, par exemple, à la fête
locale, etc.

Les subventions municipales en faveur des bureaux
de bienfaisance, ne sont pas elles-mêmes nombreuses,
et les communes sont toutes loin de faire des sacrifices.
Sur 13,367 bureaux, en 1871, il n'y en avait que 2,498
qui reçussent des subventions des conseils municipaux.
Dans le département de la Lozère, aucune commune ne
subventionnait le bureau de bienfaisance ; l'Aveyron, la
Corse, les Pyrénées-Orientales, n'avaient qu'un seul

bureau subventionné ; la Haute-Savoie, 2 ; la Haute-Loire, le Haut-Rhin (Belfort), la Vienne, 3 ; l'Ardèche, 4 ; les Hautes-Alpes, la Corrèze, la Creuse, 5 ; seize autres départements avaient de 6 à 10 bureaux subventionnés.

Les départements, dans lesquels il y avait le plus grand nombre de bureaux subventionnés, étaient : le Pas-de-Calais, le Nord, la Seine-Inférieure, l'Oise, le Calvados, la Seine-et-Oise, la Seine-et-Marne et l'Ain.

Vingt-deux villes ayant plus de 50,000 âmes (moins Paris) fournissaient à elles seules plus de la moitié du chiffre total des subventions municipales (3,014,664 sur 5,858,596 fr. 49) laissant ainsi seulement 2,843,932 fr. de subvention à partager entre les 2,476 communes, qui subventionnaient leur bureau.

La situation que nous venons d'exposer sur le nombre et l'importance des bureaux de bienfaisance, commande de nombreuses réformes. La loi de l'an V prescrivait l'établissement d'un bureau dans chaque commune ; faudrait-il en exiger l'application rigoureuse ? Nous ne le pensons pas ; et nous croyons, avec l'Inspection générale, que cette mesure ne servirait qu'à multiplier les bureaux sans ressources. Ce que l'on pourrait faire dans le but d'en augmenter le nombre, ce serait d'engager les conseils municipaux à procéder à des créations, en leur en montrant les avantages, en leur expliquant que certaines taxes, comme le droit des pauvres qui ne peuvent être levées que par les bureaux de bienfaisance, se trouvent perdues pour les pauvres dans les localités dépourvues de bureaux; même s'il le fallait, en leur assurant le concours financier de l'Etat, ou du département (1), qui pourrait promettre une petite dotation en

(1) Voir dans la *Revue des Etablissements de bienfaisance*, d'octobre 1887,

faveur de tout bureau que l'on viendrait à fonder. Ce serait aussi de convertir en bureaux les commissions charitables qui existent dans un grand nombre de localités. Pour augmenter les ressources des bureaux existants, il faudrait rappeler aux administrateurs de ces bureaux et aux municipalités leurs droits et leurs devoirs, les engager à tenir la main aux diverses dispositions de la loi qui leur donnent certains produits éventuels : il y aurait lieu aussi d'assurer d'une autre manière la répartition des subventions de l'Etat et du département dont nous parlerons dans le chapitre suivant.

Dans les communes, qui ne sont pas pourvues d'un bureau de bienfaisance, et c'est la majorité, comment l'assistance communale est-elle exercée ? La réponse n'est pas une, et elle varie nécessairement avec chaque localité.

Les Inspecteurs généraux ont, dans leur enquête de 1871, rencontré, dans la plupart des départements, des *commissions charitables*, qui suppléent à l'absence d'un bureau de bienfaisance, et qui distribuent des secours accidentels ou temporaires. En 1871, 5,878 commissions charitables ont distribué à 116,923 indigents des secours dont le total s'élevait à 1,002,693 fr. 06 cent. provenant de :

| | |
|---|---|
| Souscriptions................ | 358,927 f. 44 |
| Allocations budgétaires..... | 530,098  22 |
| Subventions du département. | 84,069  40 |
| Subventions de l'Etat....... | 29,598  » |
| Total........  .... | 1,002,693 f. 06 |

une circulaire de M. le Préfet de la Loire aux maires, les engageant à créer des bureaux de bienfaisance, et promettant à celles des communes, qui pourraient justifier qu'elles possèdent au moins une rente de 30 francs, le concours du

Dans vingt départements, on ne trouvait pas de commissions charitables. Cette absence s'expliquait, dans
quelques-uns de ces départements, par le grand nombre
de bureaux de bienfaisance, et, dans les autres, par la
modicité des ressources des communes, qui ne leur permettait pas de voter des secours.

Les départements, dans lesquels les souscriptions
atteignaient le chiffre le plus élevé, étaient : l'Orne,
118,000 fr. ; la Sarthe, 77,000 ; le Cher, 62,000 ; l'Ille-
et-Vilaine, 47,000 ; la Nièvre et le Morbihan, 24,000 fr.
Nous retrouvons, dans cette énumération, les départements de l'Orne et de la Nièvre, que M. de Magnitot
avait administrés.

Aussi l'Inspection générale avait-elle pu dire, dans
son rapport, que « les départements qui se distinguent
» par l'élévation du chiffre de leurs souscriptions et des
» allocations budgétaires des communes, sont ceux dans
» lesquels des administrateurs éclairés ont essayé d'or-
» ganiser un système complet d'assistance publique. »

Les départements, dont les budgets communaux comprennent les plus fortes sommes destinées à être distribuées par des commissions charitables, étaient en 1871 :
l'Eure-et-Loir, 74,591 fr. ; la Gironde, 63,867 ; le Calvados, 50,281 ; la Seine-Inférieure, 48,295 ; la Seine-et-
Marne, 48,214 ; le Cher, 38,725 ; la Somme, 27,611 ; la
Mayenne, 27,993.

Le nombre relativement assez important des commissions de charité, qu'ont trouvées, en 1871, les Inspecteurs généraux, peut s'expliquer par les circonstances
particulièrement douloureuses au lendemain desquelles
l'Enquête s'est poursuivie ; pour 1887, le ministère de

Conseil général pour parfaire la dotation minima de 50 fr. Le Conseil général
a déjà voté une somme de 6,582 fr. pour faciliter la création de bureaux
dans 13 communes.

l'Intérieur ne signale que 1,760 commissions charitables (1).

Mais dans les communes non dotées d'un bureau de bienfaisance, et n'ayant pas de commissions charitables, fait-on œuvre d'assistance publique ? Certaines, n'ayant que peu de pauvres et pas d'indigents, n'inscrivent rien à leurs budgets pour le soulagement de la misère ; elles se bornent à faire des distributions de pain et de viande, le jour de la fête Nationale et à l'époque de la fête locale, en faveur des familles les plus pauvres de la · localité, distributions qui ont moins le caractère d'un acte d'assistance que celui de la glorification d'une fête publique. D'autres, sans rien inscrire davantage à leurs budgets, n'hésitent pas, le cas échéant, à secourir, sur leurs disponibilités, les misères qui viennent à se produire ; elles paient, par exemple, les frais de médecin pour un ouvrier malade, supportent les dépenses de médicaments, donnent du pain à sa famille ; elles paient les frais funéraires d'un individu décédé ; elles donnent quelques secours à des veuves chargées d'orphelins. Bref, elles n'ont pas un système, même rudimentaire, d'assistance publique ; elles se bornent à assister temporairement les indigences qui viennent à se produire. Enfin beaucoup de communes votent annuellement une somme destinée aux malheureux ; la répartition en est faite par le Conseil. Les projets de budgets imprimés, qui sont envoyés aux communes, portent même deux articles se rapportant à l'assistance.

*Dépenses ordinaires facultatives.*

. . . . . . . . . . . . . . . . . . . . . . . .

Art. 82. — Subvention communale pour l'extinction de la mendicité...................................

Art. 83. — Atelier de charité...................................

(1) Rapport au Conseil supérieur de l'assistance publique (fascicule n° 7).

Les ateliers de charité, dont l'origine est ancienne (1), consistent en travaux, généralement de vicinalité, que l'on fait exécuter par les indigents pendant les époques de chômage. Ils constituent un mode très recommandable d'assistance, qui malheureusement tend à disparaître dans les campagnes. Il serait pourtant désirable que, dans les villages dont la population ouvrière est exposée pendant l'hiver à manquer de travail, on pût l'employer à des travaux d'amélioration communale, dont la rémunération pourrait la soulager, en même temps qu'elle diminuerait la somme des aumônes ; toutefois il faudrait éviter le retour aux *ateliers nationaux*, qui, organisés naguère dans un but charitable, n'ont pas tardé à devenir des foyers de désordre ou d'insurrection. Un mode d'assistance, plus recommandable encore aux communes, consisterait dans l'introduction *d'industries accessoires*, qui s'exerceraient individuellement, et ne demanderaient qu'un apprentissage facile et peu coûteux ; telles seraient les industries de la boissellerie, de la menue quincaillerie, du façonnage du bois ou du fer, qui, dans les Vosges, dans le Forez et en Allemagne surtout, fournissent une occupation aux ouvriers des villages. Ce serait, à notre sens, faire un sage emploi des ressources dont l'assistance peut disposer, que de faire venir dans un village, aux frais de la commune ou du bureau de bienfaisance, un contre-maître qui enseignerait à tous

---

(1) Voir de Calonne. *La vie agricole sous l'ancien régime dans le Nord de la France.*—Babeau. *Le village sous l'ancien régime.*—Les ateliers de charité furent établis en 1770 par l'abbé Terray pour donner du travail pendant une disette aux ouvriers sans ouvrage ; ils furent appliqués principalement à la réparation et à l'ouverture des chemins vicinaux. Les allocations de l'Etat étaient proportionnelles aux fonds versés par les communautés et les seigneurs. Déjà, en 1686, le roi avait fait ouvrir des ateliers publics pour faire travailler les pauvres aux chemins.

l'exercice de l'une de ces industries sédentaires et lucratives.

Une jurisprudence administrative constante ne permet pas aux communes de voter des centimes spéciaux en faveur de l'assistance, et de s'imposer volontairement pour secourir les malheureux. Il y aurait là une sorte de taxe des pauvres qui, si elle n'est pas défendue formellement par un texte, heurterait, du moins, l'esprit général de notre législation.

# CHAPITRE XIV.

## L'assistance nationale et l'assistance départementale.

Rôle de l'Etat. — Sommes votées au budget de l'Etat pour l'assistance. — Secours aux hospices, bureaux de charité et institutions de bienfaisance. — Crédits extraordinaires en cas de grandes calamités. — Budgets départementaux ; crédits votés en faveur de l'assistance. — Concours du département dans l'assistance générale. — Secours en cas d'extrême misère.

L'assistance communale constitue le droit commun en France. C'est, du reste, le système qui assurerait à l'assistance la plus grande efficacité, si tous les budgets communaux étaient suffisamment dotés; l'organisation de l'assistance publique, dans notre capitale, en est la meilleure confirmation; c'est également le plus rationnel, puisqu'il impose le devoir d'assistance à ceux auprès desquels vivent les indigents. La commune est, en quelque sorte, le prolongement de la famille. Malheureusement les ressources des communes sont trop souvent insuffisantes, et elles doivent être complétées par des subventions de l'Etat et du département.

L'Etat devait, dans la conception du législateur de l'époque Révolutionnaire, être le grand dispensateur de la charité. Cette thèse n'a pas prévalu, et la commune a été substituée à l'Etat. Toutefois celui-ci exerce plusieurs rôles en matière d'assistance : il contrôle et surveille au moyen de ses inspecteurs : il dirige quelques grands établissements d'assistance, affectés à des misères spéciales, qui ne seraient qu'imparfaitement dotés avec les ressources locales : il subventionne diverses œuvres ou divers services d'assistance; enfin, dans les cas de calamités générales, frappant des populations entières, il vote des crédits extraordinaires, destinés à apporter des soulagements aux victimes. Nous avons, du reste, reproduit dans notre Introduction les sommes votées au budget de l'Etat pour l'assistance.

Les établissements nationaux d'assistance sont au nombre de dix; tous constituent un mode particulier d'assistance, et sont consacrés même, pour la plupart, au soulagement de misères spéciales : nous aurons *passim* à examiner les services que quelques uns d'entre eux peuvent éventuellement rendre aux populations des campagnes.

L'Etat, avons-nous dit, subventionne annuellement certains services d'assistance; il contribue, par exemple, aux dépenses du service des enfants assistés, aux frais de protection des enfants du premier âge, au service de la médecine gratuite dans les départements, etc.; ce sont là des subventions à certains services d'assistance, et nous aurons à les citer, lorsque nous étudierons chacun de ces services en particulier. Mais, dans le budget de l'Etat, l'on voit plusieurs crédits affectés à l'assistance générale, et non réservés à telle ou telle variété de la misère. Au budget du ministère de l'Intérieur, est inscrite une somme de 530,000 fr. pour « se- » cours aux hospices, buréaux de charité et institutions » de bienfaisance. » Ce crédit est annuellement l'objet d'une répartition de la part du ministre de l'Intérieur entre les départements. Chaque Conseil général détermine ensuite, aux termes de l'article 68 de la loi du 10 août 1871, les établissements de bienfaisance du département, auxquels il propose d'accorder des secours. Nous avons sous les yeux un état de répartition dressé pour les diverses communes d'un département (1); 44 communes sur 701, que comprend le département, sont comprises sur le tableau, ce sont toutes communes rurales, à l'exception de deux ; les secours accordés varient entre 50 et 120 fr. ; le total s'élève à 2,500 fr. (2).

Les calamités, qui frappent certaines parties de la population française, et qui ont un caractère accidentel, sont de deux natures ; il en est qui se reproduisent constamment, de manière a être comprises dans les matières qui peuvent former l'objet d'une sorte d'assurance; il en est d'autres absolument imprévues, et qui sont produites par des circonstances exceptionnelles, échappant à tout calcul.

L'Etat subvient aux premières au moyen de crédits régulièrement inscrits chaque année au budget. Ces crédits « forment, en quelque manière, l'assurance des » crédits généraux dont la collectivité de la nation » prend la charge dans une mesure plus ou moins » grande » (3). Nous les examinerons dans un chapitre suivant.

En ce qui concerne les calamités imprévues, l'Etat y subvient au moyen de crédits extraordinaires, ou par des mesures particulières qui peuvent varier selon la nature de la calamité elle-même. Lorsqu'une grande calamité vient à frapper une partie du territoire, ou à atteindre une grande fraction de la population, lorsque, par exemple, une inondation désole les rives d'un fleuve, qu'un incendie détruit une ville, qu'une tempête s'abat

(1) Oise.

(2) Le ministère de l'intérieur vient d'inaugurer une jurisprudence nouvelle : il ne comprend dans la répartition du crédit que les départements les moins riches.

(3) *Répertoire du droit administratif*, par MM. Béquet et Dupré ; V. *Assistance*.

sur les côtes, que la guerre accumule ses misères, il ne saurait être question de soulager les maux produits par ces calamités avec les seules ressources mises annuellement à la disposition du gouvernement par les lois de finances. A ces malheurs exceptionnels et étendus, il faut des subventions exceptionnelles et considérables. Le gouvernement et nos Chambres législatives ont toujours compris qu'il est de leur devoir de proposer et de voter de larges crédits, en faveur des victimes de grands cataclysmes ou de graves événements calamiteux. Il n'est malheureusement pas d'années, où les pouvoirs publics n'aient à émettre un vote de cette nature. Faut-il citer des exemples ? Le 31 janvier 1863, une loi ouvrait un crédit de 5 millions en faveur des ouvriers des industries cotonnières frappées par la guerre de sécession en Amérique. En 1870-1871, le Gouvernement de la Défense Nationale, par de nombreux décrets, portait secours aux habitants et aux communes, victimes de la guerre. Une loi du 12 décembre 1879 a affecté 5 millions pour secours aux misères produites par un hiver exceptionnellement rigoureux. Tout récemment nos Chambres votaient, à quelques mois d'intervalle, des crédits relativement importants pour secourir les populations éprouvées par les inondations, puis celles éprouvées par les tremblements de terre du Midi.

Dans ces hypothèses, l'assistance est bien spéciale à raison de la cause qui la motive, mais elle est générale, en ce qu'elle s'applique à toutes les variétés de la misère.

De même que le budget de l'Etat, les budgets départementaux consacrent des crédits aux œuvres d'assistance, et l'on peut même le dire à la louange des Conseils généraux, les sacrifices qu'ils font en vue de l'assistance publique sont relativement considérables. Les œuvres subventionnées, ou les services assurés sur les ressources départementales varient selon les pays ; tel crédit qui figure au budget d'un département depuis un demi siècle, et que le Conseil général se ferait un scrupule de réduire, est absent, au contraire, du budget du département voisin, lequel, en revanche, concourt très largement au soulagement d'autres infortunes. Aussi est-il bien difficile de dire d'une façon générale quelles sont les dépenses faites par les assemblées départementales en matière d'assistance publique. Le ministère envoie bien aux administrations préfectorales un budget-type, sur lequel se trouvent imprimées diverses rubriques, que l'on suppose devoir être accompagnées d'un vote de fonds ; mais chacune de ces rubriques n'obtient pas partout ce résultat ; ici, par exemple, l'on subventionnera les sociétés de charité maternelle ; là, au contraire, on ne fera rien en leur faveur ; dans tel département, on dotera le service de la médecine gratuite, dans tel autre, on lui refusera toute subvention. A l'inverse, il arrive fréquemment que le Conseil général vote des secours en faveur de telle ou telle nature de misère, que le budget-type ne prévoit pas ; c'est ainsi que nous voyons, dans un budget départemental, un crédit en faveur des *enfants non assistés par la charité légale*, lequel ne donne pas lieu à un article imprimé dans le projet du budget.

Nous avons, dans notre Introduction, indiqué sommairement les diverses natures de crédits inscrits par les départements à leur budget; nous n'y reviendrons pas ici, d'autant plus que nous aurons souvent l'occasion, dans les chapitres suivants, de montrer dans quelle mesure interviennent les départements dans le soulagement des infortunes particulières à chacun des âges de la vie. Nous aurons notamment à déterminer comment, en ce qui concerne l'enfance, les finances départementales assurent l'assistance ou la protection avec le concours de l'Etat et des communes. Nous verrons aussi de quelle manière les départements organisent le service de la médecine en faveur des indigents malades ; comment ils subviennent aux dépenses du traitement des aliénés, dont la charge leur incombe en vertu de la loi, etc. Enfin la vieillesse est l'objet de leur sollicitude, et nous aurons à étudier la manière dont se traduisent en sa faveur leurs préoccupations. A chaque étape de notre étude, nous rencontrerons donc le département, tantôt à côté de l'Etat et de la commune, tantôt seul.

Dans le présent chapitre, notre tâche est circonscrite. Nous devons nous demander seulement si le département contribue de ses deniers à l'assistance générale, c'est-à-dire au soulagement des misères, quelle qu'en soit la nature. Nous avons déjà vu que plusieurs Conseils généraux subventionnent les bureaux de bienfaisance et les Commissions charitables des communes, et contribuent ainsi au développement du service des secours à domicile. Il en est quelques-uns, en petit nombre il est vrai, qui votent un crédit en faveur des ateliers de charité. Presque tous inscrivent à leur budget des sommes pour « secours en cas d'extrême misère » ; ces sommes varient généralement, selon l'importance des ressources départementales ; mais il est assez rare qu'elles dépassent quatre mille francs. Le département du Nord lui-même, si riche, et dont le centime a une si grande valeur, n'inscrit, pour les secours d'extrême misère, que cette somme de 4,000 fr. C'est le préfet qui a la disposition de ce fonds ; et il s'en sert pour distribuer des secours qui varient entre 15 et 30 fr.

Nous avouons que ce crédit n'est pas appelé à produire beaucoup de bien ; le préfet peut-il de loin apprécier l'état d'indigence de l'individu pour lequel on sollicite un secours ? dans l'impossibilité, où il se trouve, de juger la situation exacte, ne peut-il pas être tenté de statuer plutôt d'après l'insistance de la recommandation qui lui est faite, ou d'après l'autorité dont jouit auprès de lui le protecteur ! Si nous nous permettons d'émettre ce doute, c'est que nous avons vu, dans la pratique, des secours pour extrême misère accordés à des individus qui, sans être dans l'aisance, ne connaissaient cependant pas la véritable indigence. D'ailleurs, quel soulagement peut apporter un secours passager de 15 à 20 fr. ? Nous préférerions beaucoup que les départements, au lieu de voter ce crédit, se servissent de ces ressources, soit pour subventionner les bureaux de bienfaisance ou les Commissions charitables, soit pour organiser, de concert avec les administrations communales, un système complet d'assistance publique.

L'article 46 de la loi du 10 août 1871 attribue aux Conseils généraux le droit de fonder ceux des établissements de bienfaisance ou de créer celles des œuvres d'assistance dont l'utilité leur paraîtra démontrée.

# SECTION II

## DE L'ASSISTANCE SPÉCIALE.

### I. — L'ENFANCE

## CHAPITRE XV

### Œuvres et services de protection de l'enfance.

Légitimité de l'assistance relative à l'enfance. — Le XIXᵉ siècle est le premier qui s'en soit occupé. — Sociétés de charité maternelle ; leur origine ; leur utilité ; leur nombre. — Crèches ; leur origine ; leur objet. — Encouragements donnés par l'administration. — Crèches rurales. — Salles d'asile. — Protection des enfants du premier âge. — Mortalité infantile.—Règlement de l'industrie nourricière sous l'ancien régime. — Loi de 1874. — Sociétés protectrices de l'enfance.

Chaque âge de l'existence, en même temps qu'il a ses misères propres, jouit de modes propres d'assistance. L'enfance, en particulier, devait provoquer la charité privée ou publique : elle est innocente de l'état de dénûment, dont elle souffre et dont elle est la première victime. Quelle que soit l'opinion que l'on se fasse de l'assistance, qu'on la considère comme devant être rendue inutile par la prévoyance, ou devant être inefficace dans ses résultats, on ne pourra certes pas adresser ces objections à l'assistance, dont l'enfant doit être l'objet : celui-ci succède à une situation qu'il n'a pas créée, et qu'il ne pouvait conjurer ; il est la victime des vices ou des malheurs de ses auteurs, ou victime de leur indifférence.

L'enfance, d'autre part, constitue l'espoir de la société ; elle est le germe dont la floraison viendra rénumérer la société des peines qu'elle aura prises pour son éclosion.

C'est la gloire de notre époque de s'être préoccupée de l'enfance. La bienfaisance y a voulu assister la mère au moment de son accouchement, et ne quitter le lit de cette mère que pour s'approcher du berceau de l'enfant; elle a tenu à se faire l'auxiliaire de la maternité. Coïncidence curieuse ! Au moment où s'ouvrait le dix-neuvième siècle, qui devait assister à la création des sociétés de charité maternelle, des crèches, des salles d'asile, et à l'organisation du service de protection des enfants du premier âge, au moment, disons-nous, ou naissait ce siècle, un économiste anglais, aussi bien intentionné dans ses aspirations que faux dans ses raisonnements et dangereux dans ses déductions, Malthus, écrivait ces lignes : « L'homme, qui s'est marié sans avoir l'espé-» rance de nourrir sa famille doit être laissé à lui-même; » son action est immorale, la misère en est la peine » naturelle et juste : livrons donc cet homme coupable » à la peine prononcée par la nature !.... » et ailleurs : « Un homme qui naît dans un monde déjà occupé, si » la famille n'a pas les moyens de le nourrir ou si la » société n'a pas besoin de son travail, cet homme n'a » pas le moindre droit à réclamer une portion quelcon-

» que de nourriture, et il est réellement de trop sur la
» terre. Au grand banquet de la nature, il n'y a point
» de couvert mis pour lui. La nature lui commande de
» s'en aller, et elle ne tarde pas à mettre elle-même
» cet ordre à exécution. » (1).

Obéissant à des idées toutes autres, et préoccupée du
sort des jeunes enfants, dont elle veut restreindre la
mortalité, la société contemporaine a multiplié les œuvres de protection de l'enfance ; ces œuvres ne peuvent
malheureusement pas profiter toutes à la population des
campagnes.

L'institution des *Sociétés de charité maternelle* a un
but aussi touchant qu'utile : elle a pour mission de secourir les mères pauvres au moment de leurs couches,
et de soustraire ainsi au dénûment et à l'abandon l'être
qui vient au monde. Il est donc permis de regarder à
juste titre cette société comme la première œuvre de
protection de l'enfance, puisqu'elle assure sa tendre prévoyance à l'enfant, dès avant sa naissance. On sait que,
dans la classe ouvrière, les mères, obligées pour la plupart de travailler jusqu'au jour de leur délivrance, n'ont
ni le temps, ni les moyens de préparer les objets nécessaires à l'enfant qu'elles vont mettre au monde ; quelle
angoisse pour elles de songer que l'enfant, qu'elles portent dans leurs entrailles, est exposé, dès sa première
heure, à manquer des soins indispensables ! Outre qu'elle
enlève à la mère cette cruelle appréhension, la société
de charité maternelle vient fortifier les liens de la famille, en lui laissant la faculté de ne pas se séparer de
son nouveau-né, et de l'allaiter elle-même.

Essentiellement consolante et morale dans sa destina·

(1) *Essai sur la population*, liv. IV, ch. 8, 10.

tion, la société de charité maternelle est également salutaire et touchante, dans les procédés qu'elle emploie.
Elle a voulu faire servir à son œuvre les mères de la
classe aisée, et celles-ci, dans leur pieuse mission, savent
assaisonner le bienfait matériel de paroles de consola-
tion, d'encouragement, d'exhortation ; l'efficacité du
secours en argent et en nature en est doublé.

La plus ancienne des sociétés de charité maternelle
remonte à l'année 1785 ; c'est celle de Paris. Elle n'a
jamais cessé d'être en progrès. Ses distributions annuelles dépassaient, en 1876, 166,000 fr. (90 fr. par famille
assistée). Cette institution était trop utile pour ne pas
devenir féconde ; aussi des associations, organisées à
l'exemple de celle de Paris, se fondèrent-elles dans
notre pays ; on en compte actuellement quatre-vingt-
trois, qui fonctionnent dans 54 départements ; trente-
trois d'entre ces œuvres ont obtenu la consécration
légale de la reconnaissance comme établissements d'u-
tilité publique ; toutes les autres sont pourvues de l'approbation du ministre de l'intérieur prévue par l'ordonnance du 31 octobre 1814.

Dans la dernière période quinquennale, près de cinq
millions de francs ont été répartis entre quatre-vingt
mille femmes. Ces dépenses ont été supportées, en grande
partie, par la charité privée ; à sa contribution sont venues s'ajouter les allocations portées aux budgets départementaux ou communaux. Le ministère de l'Intérieur,
en outre, dispose d'un crédit de 146,000 fr. pour l'encouragement de ces sociétés et des crèches (1).

Les sociétés de charité maternelle ne se sont malheureusement pas multipliées en assez grand nombre, et
l'action en est inconnue dans les campagnes. Et cepen-

(1) V. Béquet. *Répertoire du droit administratif.* — V. *Assistance.*

dant, mieux que les crèches, elles pourraient être facilement organisées au profit des populations rurales ; ne supposant pas, comme elles, l'établissement d'un local, elles pourraient être fondées soit au chef-lieu de canton, soit dans une commune importante, et faire rayonner leur action dans les localités voisines. Il y a là une solution facile d'un des problèmes que soulève l'assistance enfantine.

L'assistance, appliquée à l'enfant, ne doit pas se borner à assister la mère au moment de l'accouchement ; elle doit conduire l'enfant de sa naissance à l'école, et même jusqu'à sa sortie de l'école ; car l'instruction n'est-elle pas une forme de l'assistance ? — L'enfant est né ; que va-t-il devenir ? Est-il élevé par sa mère, celle-ci devra concilier les soins de la maternité avec la nécessité pour elle de gagner son pain. La bienfaisance s'est chargée de cette conciliation, et elle a fondé la crèche. Auxiliaire de la maternité, la crèche a pour objet de recevoir, pendant la journée, les enfants dont les mères travaillent hors de leur domicile. Elle n'enlève pas, comme on le voit, l'enfant à sa mère ; *elle le lui emprunte*, selon la jolie expression de son fondateur, et cela afin de la seconder et de la suppléer, tandis qu'elle travaillera à l'atelier ou aux champs. Elle le lui rend, d'ailleurs, chaque soir, elle le lui laisse les dimanches et jours de fête, et, de cette manière, ne saurait altérer ni le sentiment de la famille, ni l'amour maternel ou filial. Elle lui permet, en outre, de continuer à l'allaiter.

Les crèches sont une institution essentiellement française. La première, modèle de toutes celles qui se sont depuis fondées dans tous les pays civilisés, a été organisée à Paris, le 14 novembre 1844, par M. Firmin Marbeau. Ce philanthrope avait remarqué une lacune dans l'organisation de l'assistance, et il avait voulu créer, pour les pauvres mères obligées de travailler hors de leur domicile, un service d'assistance qui fût le trait d'union entre l'hospice ou la société maternelle, qui s'adresse à l'enfant, et la salle d'asile, qui ne le reçoit qu'à partir de l'âge de deux ans. De là la crèche, destinée à recevoir les enfants de 15 jours à 3 ans.

L'administration n'a point épargné ses encouragements aux fondateurs des crèches. Une circulaire du ministre de l'Intérieur du 15 août 1845, et rappelée plusieurs fois et à diverses dates, en signale l'utilité aux préfets. Puis un décret du 26 février 1862, complété par un règlement ministériel du 30 juin de la même année, détermine leur situation et les conditions auxquelles leur création est soumise. Récemment une circulaire ministérielle (du 3 mars 1883), provoquée par un avis du Conseil Supérieur de protection des enfants du premier âge, a signalé à nouveau les avantages que présentent les crèches (1).

Mais, malgré ces encouragements et malgré les efforts de l'initiative privée, l'institution des crèches n'a pas encore pris l'extension qu'il serait permis de souhaiter. En 1886, on ne comptait que 189 crèches, dont 36 à Paris, et 17 dans les autres communes du département de la Seine. La province n'en possède que 133, et l'Algérie 3. A supposer qu'il en existât quelques-unes dont l'existence n'est pas connue de l'administration, toujours est-il que l'on ne trouverait pas plus de 200 crèches en France ; 55 départements ignoraient encore, en 1876, les bienfaits de l'institution. On a peine à croire à une insuffisance semblable, surtout si l'on songe que celle-ci est déjà vieille de quarante-trois ans. De grandes villes industrielles de province en sont totalement privées.

(1) V. *Revue des établissements de bienfaisance.* Année 1885, p. 161.

Faut-il ajouter que les communes rurales, qui en sont dotées, constituent une très rare exception? Dans un département, que nous avons déjà cité plusieurs fois, l'Oise, il y a cinq crèches subventionnées sur les fonds départementaux, dont 3 à Beauvais, 1 à Senlis et 1 dans une commune de 816 habitants; il existe, en outre, quelques crèches privées, fondées par des industriels.

Les crèches destinées à la population agricole, sont donc rares; sont-elles inutiles? Loin de là, et nous nous associons pleinement aux paroles de M. Béquet, qui, dans son *Répertoire de droit administratif*, s'exprime ainsi : « Un desideratum est à formuler aussi en ce qui
» concerne la création de crèches rurales, qui seraient
» non moins utiles que ne le sont les crèches urbaines.
» Souvent la femme de l'ouvrier agricole trouverait à
» gagner un modique salaire, s'il lui était possible d'aller
» travailler aux champs. Ses petits enfants l'en em-
» pêchent; elle est fréquemment obligée, néanmoins,
» de porter le repas à son mari, et alors il lui faut les
» laisser seuls pour un temps parfois assez long. Que
» d'accidents peuvent survenir dans ce moment d'ab-
» sence ! Là où il n'existe pas de crèche, la mère se voit
» fréquemment dans la nécessité de retenir les aînés à
» la maison pour garder les plus jeunes. Outre les dan-
» gers que présente cette surveillance incertaine, elle a
» de plus pour grave conséquence d'éloigner les aînés
» de l'école. » Il n'est pas douteux que, dans beaucoup de centres agricoles, l'établissement de crèches soit réalisable. La commune fournirait le local; la charité privée et la contribution des mères, auxquelles viendraient se joindre les subventions de l'Etat et du département, en feraient les frais. Mais le moyen de créer une crèche dans une commune rurale de cent ou deux cents habitants ? De plus, lors même que les ressources financières

ne feraient pas défaut dans les campagnes, il s'en faudrait bien que la situation topographique des habitations, qui sont en grande partie disséminées, se prêtât facilement à cette fondation.

La crèche, le plus souvent, est une œuvre privée, quoiqu'alimentée presque toujours par la charité publique. La *salle d'asile*, appelée aujourd'hui école maternelle, est, à l'inverse, le plus fréquemment une institution publique. Son but est de servir de refuge à la petite enfance, et de lui procurer l'avantage d'une retraite sûre, en même temps qu'elle lui inculque, au moyen de procédés ingénieux et récréatifs, un ensemble de notions élémentaires qui la préparent aux travaux de l'école. Malheureusement les salles d'asile ne se rencontrent que dans les gros villages ; ailleurs, elles sont rares. Toutefois, dans certaines communes, par une tolérance, qu'il ne nous est permis ni d'approuver, ni de condamner, les instituteurs reçoivent les enfants bien avant l'âge scolaire ; cette pratique supplée à l'absence de salles d'asile.

De l'enfant élevé par sa mère, passons à celui qui est élevé loin d'elle. L'assistance ne doit pas lui faire défaut ; elle lui est même plus utile qu'au premier ; l'enfant n'est-il pas confié à une femme étrangère, dont les soins n'ont pas le caractère éclairé et affectueux de celle-là.

Aussi avait-on remarqué depuis longtemps la très grande mortalité des enfants en bas-âge, et avait-on constaté que les plus menacés sont : 1° les enfants confiés à l'industrie nourricière ; 2° les enfants illégitimes et les enfants assistés.

Par suite de pratiques coupables et d'une hygiène vicieuse, la mortalité infantile s'élève en quelques pays à des proportions effrayantes : 30 o/° en Bavière et en

Wurtemberg ; 26 $_o/^o$ en Russie ; 25 $_o/^o$ en Autriche ; 22 $_o/^o$ en Prusse, et 16 $_o/^o$ en France. Voici comment la statistique de la France établit le chiffre annuel du décès des enfants de 0 à 1 an : dans l'année 1884, il y a eu 937,944 naissances d'enfants nés vivants ; 45,286 morts-nés, et il y a eu 165,943 décès de 0 à 1 an. La proportion la plus élevée de décès de 0 à 1 an pour 100 naissances, dans la période de 1875-1884, est de 18.01 (année 1880) ; la plus faible est de 15.77 (année 1879). Encore cette proportion est-elle de beaucoup dépassée dans certaines régions de notre pays, et principalement pour les nourrissons !

La mortalité excessive des enfants en bas âge et des nourrissons avait donné lieu, dès 1858, à l'objet d'une communication à l'Académie de médecine, par le Dr Bertillon. Au mois d'octobre 1865, un médecin de campagne, qui depuis de longues années se livrait personnellement à l'étude des enfants nourris dans son pays, M. Monot, envoyait à l'Académie de médecine une note terrifiante sur l'industrie des nourrices, telle qu'elle se pratiquait depuis 1850 dans le Morvan, et démontrait que la mortalité des enfants de 1 jour à 1 an s'élevait à la proportion monstrueuse de 70 $_o/^o$.

Dans sa brochure de la *Mortalité des nourrissons en France* (1886) le docteur Brochard disait : « Sans comp- » ter les enfants assistés, 100,000 nourrissons meurent » annuellement en France de faim, de misère, faute de » soins et de surveillance. » Le docteur Félix Boudet déclarait à la même époque : « La France perd tous les » ans par sa faute 120,000 habitants de 0 à 1 an. »

Le Dr Roussel, aujourd'hui sénateur, dans son célèbre rapport à l'Assemblée Nationale, du 9 juin 1874, constatait à son tour, d'après les nombreux témoignages apportés à la Commission, qui élaborait sa loi, que, dans

certaines régions, la mortalité des enfants en nourrice
atteignait réellement la proportion fabuleuse de 70 à 80
p. 100. Il ajoutait que, dans les conditions les plus communes de la vie de province, en Creuse, par exemple,
la moyenne des décès des enfants en bas âge n'était que
de 13 p. 100 ; elle descendait même à 10 et même à 5
p. 100 dans plusieurs localités, où l'allaitement maternel
était resté général. Et il concluait que, si les conditions
de l'hygiène maternelle et nourricière étaient observées,
la mortalité des nouveaux-nés ne devrait guère dépasser
10 p. 100.

De ces terribles constatations est née la loi des 9, 14
et 23 décembre 1874, pour la protection des enfants du
premier âge, loi à laquelle restera attaché le nom de
M. Roussel. Grâce à cette glorieuse initiative, notre législateur a compris qu'il est de l'intérêt de la société de
diminuer la mortalité infantile. Sans doute, le moyen le
plus assuré d'obtenir cette réduction serait l'allaitement
maternel ; ainsi, même à Paris, dans les établissements
des sociétés de charité maternelle, la mortalité n'a été,
en 1873, que de 7.5 p. 100, tandis que, pour l'allaitement
artificiel et mercenaire, la mortalité est au minimum de
40 p. 100. Malheureusement il ne peut appartenir au
législateur de tracer des prescriptions à cet égard ; la
seule chose qu'il lui soit permis de faire, c'est de réglementer l'industrie nourricière.

Sous l'ancien régime, cette industrie avait déjà donné
lieu à une réglementation extrêmement minutieuse. Les
lois et mesures relatives aux nouveaux-nés non allaités
par leurs mères étaient, à la fin du règne de Louis XV,
réunies en un *code des nourrices* (in-12, 1781). Parmi
une foule de dispositions surannées ou vexatoires, il y
avait quelques prescriptions excellentes, notamment l'o-
bligation pour les nourrices, venant chercher un nour-

risson, d'avoir un certificat du curé (c'était l'officier de l'état civil) constatant l'âge de l'enfant de la nourrice, et indiquant si elle s'était ou non chargée d'autres nourrissons ; la défense d'avoir en même temps deux nourrissons, ainsi que la visite de la nourrice et du nourrisson par le médecin de police, pour préserver éventuellement la première ou le second de toute maladie contagieuse.

L'article premier de la loi des 9, 14, 23 décembre 1874 porte : « Tout enfant âgé de moins de deux ans qui est
» placé, moyennant salaire, en nourrice, en sevrage ou
» en garde, hors du domicile de ses parents, devient,
» par ce fait, l'objet d'une surveillance de l'autorité pu-
» blique, ayant pour but de protéger sa vie et sa
» santé. »

A cette surveillance sont soumis (art. 6) : « Toute
» personne ayant un nourrisson, ou un ou plusieurs
» enfants en sevrage ou en garde, placés chez elle,
» moyennant salaire ; les bureaux de placement et tous
» les intermédiaires qui s'emploient au placement, des
» enfants en nourrice, en sevrage ou en garde. » La résistance aux visites des inspecteurs ou de leurs délégués est punie d'une amende de 5 à 15 francs, et, en cas d'injures ou de violences, d'un emprisonnement de 1 à 5 jours. A l'inverse, des récompenses sont données aux nourrices les plus méritantes. La surveillance des nourrices et des nourrissons est confiée au préfet de police à Paris, au préfet partout ailleurs, avec l'assistance d'un *comité départemental*, étudiant et proposant les mesures à prendre.

Puis viennent une série de prescriptions, contenues dans la loi, et que le cadre de notre étude nous empêche de reproduire ici.

Les dépenses, pouvant résulter de l'application de la loi, sont mises par moitié à la charge de l'Etat et des

départements intéressés ; la part départementale est
supportée par les départements d'origine et par ceux de
placement en proportion du nombre des enfants, d'après
des bases arrêtées tous les trois ans par le ministère de
l'Intérieur (art. 15). Le crédit inscrit pour 1888 au budget de l'Etat pour le service de la protection des enfants
du 1er âge est de 750,000 fr. D'autre part, le total des
crédits votés pour ce service, en 1888, par les Conseils
généraux s'élevait à 1,627,817 fr. 90, en augmentation
de 12,831 fr. 50 sur les crédits de 1887. Sept départements n'ont rien voté : l'Ardèche, la Charente, la Cha-
rente-Inférieure, la Dordogne, le Finistère, le Tarn et
la Vendée; quatre de ces départements avaient voté un
crédit en 1887. Quelques autres départements votent des
sommes insignifiantes : Maine-et-Loire, 100 fr.

Néanmoins, il y a encore beaucoup à faire. La loi
est générale et partout obligatoire : pourtant, faute de
fonds, elle n'est malheureusemeut pas appliquée dans
tous les départements ; dans quelques-uns même, elle
reste à l'état de lettre morte ; car, malgré le caractère
impératif de la loi, l'on discute la question de savoir si
la dépense, résultant de l'organisation de la protection
du premier âge, est obligatoire ou non pour les départements et si elle peut être inscrite d'office à leur
budget.

Ce point n'a pas encore été tranché par le Conseil
d'Etat. L'affirmative ne nous paraît pas pouvoir être
sérieusement soutenue. Il y a là un exemple de loi sans
sanction, *imperfecta lex*, comme disaient les juriscon-
sultes romains. Nous appelons de tous nos vœux une
disposition législative complémentaire.

Dans les départements où il est appliqué, le service
de protection comporte de nombreuses améliorations ;

il y a encore trop de laisser-aller de la part des autorités chargées d'y veiller (1).

Quoiqu'il en soit, la loi Roussel a déjà produit quelques résultats, et la mortalité infantile suit une marche décroissante. En effet, la proportion des décès de 0 à 1 an pour 100 naissances, donne la moyenne de :

18.44 pour la période de 1868 à 1872
16.62        —              1873 à 1877
16.76        —              1878 à 1882
16.50                    pour   1883 (2)

La protection des enfants du premier âge n'est pas assurée seulement par la loi Roussel ; l'initiative privée avait précédé sa promulgation, et elle lui a survécu avec une action parallèle. Il existe, en effet, des *sociétés protectrices de l'enfance*, dont le but est d'organiser pour les nourrissons placés hors de la famille une surveillance médicale sérieuse, et de propager l'allaitement maternel. Les médecins, qui leur prêtent un concours gratuit, visitent régulièrement les enfants, et adressent chaque mois un bulletin de visite détaillé, qui constate l'état général des enfants, et la manière dont ils sont soignés.

Les sociétés protectrices sont au nombre de 11. Elles ont été créées à Paris, Lyon, Le Havre, Rouen, Tours, Marseille, Pontoise, Essonnes, Bordeaux, Reims et Alger. La société protectrice de l'enfance de Paris, fondée en 1865, reçoit chaque mois des renseignements sur la situation de 500 enfants placés en nourrice.

(1) V. le rapport présenté au ministre par M. Paul Bucquet au nom du comité supérieur de protection des enfants du premier âge.
(2) *Ibid.*

# CHAPITRE XVI.

## L'éducation des infirmes. — Jeunes aveugles et Sourds-Muets.

Privation d'un sens. — Situation physique de l'aveugle ; son état intellectuel. — L'éducation des jeunes aveugles est un devoir social.— Les aveugles dans l'antiquité. — Valentin Hauy. — Institution nationale des jeunes aveugles.— Etablissements privés. — Sourds-Muets. — Leur éducation.— Méthode nouvelle. — L'œuvre de l'abbé de L'Epée. — Institution nationale des sourds-muets de Paris ; celle de Bordeaux ; celle de Chambéry. — Etablissements privés. — Bourses créées par les départements au profit des enfants des communes rurales.

La privation d'un sens est pour l'enfant la plus triste des infirmités. Non seulement elle constitue par elle-même une grande affliction pour son être physique, mais elle paralyse l'essor de son intelligence, dont elle restreint forcément le domaine. En même temps qu'elle lui enlève la possibilité de jouir d'une partie du monde extérieur, elle lui ôte la faculté de fournir à la société le concours utile que celle-ci est en droit d'attendre de chacun de ses membres. Jamais nous n'avons pu voir un jeune enfant aveugle ou sourd-muet, sans ressentir la plus vive compassion, sans maudire le sort fatal qui présida à sa naissance. Sans doute, il est chez l'enfant des infirmités tellement hideuses, qu'elles soulèvent à la fois la pitié et une sorte de répulsion ou de dégoût ; mais nous ne pensons pas qu'aucune n'éveille un sentiment mélangé d'intérêt et de peine, comme la surdi-mutité ou la cécité. Et, en effet, pendant que chez l'idiot, l'hydrocéphale, la vie animale apparaît seule à l'observateur, le sourd-muet ou l'aveugle révèle, à travers les lacunes de son corps, une âme qui sent, un esprit désireux d'apprendre.

L'aveugle ne peut connaître que les objets sur lesquels il porte la main, mais il ne peut avoir la perception de ceux que le volume ou l'éloignement dérobe à son toucher. Sous le rapport intellectuel, il lui est possible d'acquérir les notions ou les idées que ses autres sens peuvent communiquer à son esprit. L'ouïe, jointe à la faculté de la parole, lui laisse la possibilité de goûter les joies de la conversation, et d'en recueillir les fruits ; elle lui permet l'échange des pensées, elle le met également à même de profiter des lectures qu'il entend ; sans doute, l'aveugle ne peut contrôler l'exactitude de celles de ses pensées qui ont pour objet une partie du monde extérieur, et s'appliquent à des choses que la vue seule peut juger. Mais cette nuit éternelle, au milieu de laquelle il vit, augmente certaines de ses facultés, et développe certains de ses sens. Son esprit est plus enclin à la méditation ; il écoute mieux, précisément parce qu'il est moins distrait par la vue des objets (douloureuse compensation !) ; il a une plus grande soif de s'instruire, parce que son horizon est plus borné ; il est doué d'une meilleure mémoire, étant obligé de lui confier davantage. Dans l'ordre physique, ses sens acquièrent une subtilité et une finesse que nous ne pouvons connaître ; l'ouïe, par exemple, devient plus sensible ; le tact, notamment, arrive chez lui à remplacer presque la vue. L'aveugle, pourrait-on dire, voit par ses doigts, tant ceux-ci arrivent à obtenir une impression exacte des objets qu'ils touchent ; c'est sur ce fait d'observation qu'est basé le système de leur éducation. On apprend à l'aveugle à lire par le toucher, comme on nous apprend à lire par la vue. De là la méthode des signes ordinaires en relief, dont on doit l'invention à Valentin Hauy, de là la méthode qui s'y est substituée des signes particuliers, ou méthode d'écriture au moyen de points saillants, imaginée par Barbier, et perfectionnée par Braille.

L'éducation des jeunes aveugles est un devoir d'assistance au premier chef; elle s'impose à l'Etat et à la société, d'une manière d'autant plus impérieuse que cette éducation doit être à la fois intellectuelle et professionnelle. Il ne suffit pas d'apprendre à l'aveugle à lire, il faut encore lui enseigner un métier qui lui serve de gagne-pain. L'aveugle, en effet, est apte, sinon à toutes, du moins à la plupart des professions manuelles ou industrielles; mais encore faut-il des ateliers spéciaux, où il puisse, sous la direction de maîtres, faire l'apprentissage particulier qu'exige son infirmité!

Dans l'antiquité, les aveugles étaient abandonnés à eux-mêmes; on les considérait comme inutiles à la société. Ils ne pouvaient donc compter que sur la pitié qu'ils pouvaient inspirer; elle seule leur procurait quelques aumônes. Heureusement, il n'en est plus ainsi : l'Etat comprend l'assistance aux aveugles parmi les services nationaux, et deux grands établissements, qui relèvent de lui et qui sont subventionnés sur son budget, sont destinés à secourir cette classe si intéressante de malheureux. L'un de ces établissements, les Quinze-Vingts, dont la fondation est ancienne, sert de refuge ou donne des secours aux indigents frappés de cécité; nous en parlerons plus loin. L'autre est une maison d'éducation pour les adolescents; c'est l'Institution nationale des Jeunes Aveugles.

L'idée d'instruire les jeunes aveugles appartient, nous l'avons dit, à Valentin Hauy. Ce bienfaiteur de l'humanité a rappelé lui-même la circonstance qui l'amena à la concevoir : « Une nouveauté d'un genre particulier

» attirait, il y a plusieurs années, un concours de monde
» à l'entrée d'un de ces lieux de rafraîchissements situés
» dans les promenades publiques, où d'honnêtes citoyens
» vont se délasser un instant vers la chute du jour. Huit
» à dix pauvres aveugles, des lunettes sur le nez, placés
» le long d'un pupitre qui portait de la musique, exé-
» cutaient une symphonie discordante, qui semblait
» exciter la joie des assistants. Un sentiment tout diffé-
» rent s'empara de notre âme, et nous conçumes à
» l'instant la possibilité de réaliser, à l'avantage de ces
» infortunés, des moyens dont ils n'avaient qu'une jouis-
» sance apparente et ridicule. L'aveugle, nous dîmes-
» nous, ne connaît-il pas les objets à la diversité de leurs
» formes ? Pourquoi ne distinguerait-il pas un *ut* d'un
» *sol*, un *a* d'un *f*, si ces caractères étaient rendus pal-
» pables ? »

L'origine de l'Institution des Jeunes Aveugles date
d'un siècle (1784). Nous passons sur tous les faits, qui
concernent l'historique de cette maison, non sans mentionner toutefois un arrêté de Chaptal, alors ministre de
l'Intérieur, en date du 23 ventôse de l'an IX, qui donna
à l'établissement son organisation. Réunie pendant
quelque temps avec l'hospice des Quinze-Vingts, l'Institution nationale recouvra son autonomie par une ordonnance royale en date du 8 février 1815.

Cet établissement reçoit des jeunes aveugles des deux
sexes ; la durée des études est de huit années pour les
élèves garçons qui se destinent à la musique ou à l'accord des pianos, et de cinq années seulement pour tous
les autres. Les enfants ne sont reçus ni avant l'âge de
dix ans, ni après celui de treize ans révolus, à moins
qu'ils n'aient un commencement d'instruction. Le nombre
des pensionnaires est de 300.

L'Institution nationale, constituant une personne morale, a des biens. Elle reçoit, en outre, comme établissement national, une subvention de 179,000 fr. de l'Etat (1), qui, à raison de ce sacrifice, y entretient des boursiers. Indépendamment des boursiers de l'Etat, on y admet des élèves boursiers des départements, des villes et des maisons hospitalières ; le prix de ces bourses est de 1,200 fr. Nous n'avons pas besoin d'ajouter que l'on y reçoit aussi des pensionnaires, confiés par les familles.

L'Institution nationale n'est pas le seul établissement d'éducation pour les jeunes aveugles. Il en existe plusieurs en France, fondés par des sociétés charitables.

Ce fait montre que l'assistance en faveur des jeunes aveugles est assurée en France, aussi bien au profit des populations rurales que des populations urbaines. Pour les villes, les bourses sont données le plus souvent sur le budget communal ; pour les campagnes, elles sont entretenues sur les fonds départementaux. Il arrive souvent que l'Etat accorde une demi-bourse, l'autre moitié étant supportée par le département et la commune.

Une douloureuse similitude confond dans le même sort le jeune aveugle et le sourd-muet, et impose à la société des devoirs semblables. Même difficulté d'éducation, même nécessité dès lors d'approprier l'éducation à ces natures incomplètes. A-t-on quelquefois réfléchi à la situation où se trouve l'enfant sourd-muet au moment où, vers l'âge de dix ans, il arrive dans l'institution où il doit recevoir l'instruction ? Tandis que, depuis sa naissance, l'enfant non privé de l'ouïe et de la parole, a fait une partie de son éducation, soit sur les genoux de sa mère, soit au milieu de ses jeux, soit parmi les personnes qui l'entourent et dont, sans comprendre

_____

(1) Budget de 1888.

entièrement les paroles, il retient les mots, les sons et
parfois aussi une partie des idées; tandis qu'il est
ainsi initié à une foule de connaissances diverses, avant
de s'asseoir sur les bancs de l'école, le pauvre sourd-muet,
au contraire, resté étranger à tout ce qui s'est dit autour
de lui, ignorant du moindre son, et du nom des choses,
se trouve presque dans la situation du nouveau-né. Ses
maîtres devront opérer sur lui une nouvelle création, et
l'instruire comme on pourrait instruire un enfant sortant
du berceau.

Si jamais tâche exige du dévoûment, c'est bien celle
d'éducateur des sourds-muets. Elle demande plus que
de la science, elle impose avant tout un cœur plein de
compassion. Comme le dit si bien M. O. Clavean, inspecteur général des établissements de bienfaisance (1),
les institutions vouées à cette branche d'assistance,
« ne sont point de simples refuges ouverts par la cha-
» rité à des enfants pauvres pour la plupart, et dont
» l'état réclame des soins particuliers. Ce ne sont pas
» seulement de simples écoles; leur but est de donner
» à toute une catégorie de déshérités, jusqu'à ce qu'on
» puisse les rendre à la société, tout ce qu'ils ne sau-
» raient trouver dans la famille : un langage qui fasse
» cesser leur isolement, et par le moyen du langage,
» la culture de l'intelligence, l'éducation du cœur, un
» commencement d'instruction professionnelle, et tout
» cela dans la mesure que comporte la capacité, grande
» ou faible, de chacun. »

Dans ces institutions on doit donner au sourd-muet
une instruction tout à la fois intellectuelle et professionnelle. L'enseignement intellectuel a subi depuis environ sept ans une transformation heureuse. Jusque-là

(1) Rapport paru au *Journal officiel* des 7 et 9 janvier 1886.

il se basait sur la méthode mimique. Maintenant c'est la méthode orale qui consiste à faire de la parole *vue* par l'élève, et articulée par lui, le procédé prédominant de communication (1). Cette évolution, qui a eu pour point de départ l'institution nationale des sourdes-muettes de Bordeaux, se trouve aujourd'hui généralisée. Nous croyons devoir citer ici un passage du directeur de l'une des institutions privées de sourds-muets : « Ah ! » vienne la parole, cette parole intelligente, vivante, » qui n'est que l'enveloppe de la pensée, qui s'identifie » même si entièrement avec elle qu'elles ne font plus » qu'un, et tout change. Par la faculté qu'aura désor- » mais le sourd-muet de l'émettre et de la percevoir, » les notions arriveront à son esprit nettes, précises, » complètes. Il ne prononcera plus le mot *homme*, il » ne le lira plus sans que son intelligence puisse s'élever » à la pensée de cette admirable union d'un corps et » d'une âme raisonnable réalisée en lui-même... Lors- » qu'il écrit ou qu'il parle, n'ayant plus à traduire sa » pensée d'un langage rudimentaire et mutilé, sans » analogie, ni avec le français, ni avec aucune langue » organisée, il saisit mieux le mécanisme de la phrase » et le rôle des mots; il donne plus d'attention à la » forme de ceux-ci, et la nécessité de les prononcer, » non sans effort assez souvent, lui en fait retenir plus » fidèlement l'orthographe.

» L'isolement enfin cesse lui-même ; instruit à en- » tendre des yeux et à s'exprimer de vive voix, il est » rendu à la société, et n'est plus un exilé au milieu » des siens.... »

Les progrès réalisés depuis peu dans l'éducation in- tellectuelle des sourds-muets, et l'invention d'une nou-

---

(1) *Revue des établissements de bienfaisance*, février 1886.

velle méthode ne doivent pas nous empêcher de rappeler ici le nom de l'abbé Michel de l'Epée, ni celui de son successeur, l'abbé Sicard. C'est vers 1760 que l'abbé de l'Epée commença son œuvre d'instruction des sourds-muets. Il avait réuni, ou plutôt recueilli, quelques jeunes enfants, dans une humble maison de l'ancienne rue des Moulins, près de Saint-Roch; cette école fut, par arrêt du conseil du roi, en date du 25 mars 1785, érigée en établissement d'éducation pour les sourds-muets; elle fut plus tard transférée au séminaire Saint-Magloire, rue Saint-Jacques, séminaire qui lui fut définitivement affecté par la loi du 16 nivose an III. C'est encore là que se trouve l'Institution, mais les bâtiments de l'ancien séminaire ont été reconstruits en 1823. L'Institution Nationale de Paris est installée pour recevoir trois cents garçons.

La durée du cours d'études est de sept ans. Les conditions et l'âge de l'admission sont les mêmes que pour l'Institution Nationale des jeunes aveugles.

En 1786, l'abbé Sicard fondait à Bordeaux une école semblable à celle de Paris, pour les enfants sourds-muets des provinces du midi de la France; un décret du 12 mai 1793, lui donna le caractère d'établissement national. Installée primitivement dans l'ancien couvent des Catherinettes, qui lui avait été affecté, l'Institution Nationale a vu ses bâtiments reconstruits entièrement en 1863.

Depuis un décret de 1859, l'Institution Nationale de Bordeaux est réservée exclusivement aux jeunes sourdes-muettes, et celle de Paris aux garçons.

Il existe un troisième établissement national d'éducation pour les sourds-muets; c'est l'Institution de Chambéry, qui, d'abord école privée, fondée en 1841 par une française, devint établissement public en 1846, et placé sous la protection immédiate du roi Charles-Albert. Au moment de l'annexion du duché de Savoie à la France, un décret, en date du 21 octobre 1861, donna à l'institution de Chambéry le caractère d'établissement général de bienfaisance.

Cette école reçoit des enfants sourds-muets des deux sexes, auxquels on donne l'instruction intellectuelle, et que l'on prépare à l'exercice d'un métier ; l'agriculture est au nombre des professions dont on fait l'apprentissage.

Ces trois Institutions nationales, outre leur patrimoine propre, bénéficient annuellement d'un crédit inscrit au budget de l'Etat : l'Institution Nationale de Paris reçoit 264,300 fr., celle de Bordeaux, 110,000 fr., enfin celle de Chambéry 77,000 fr. En revanche, l'Etat y place des boursiers.

A côté ou au-dessous de ces trois établissements, il y a, en France, 65 institutions départementales et institutions privées, à l'usage des sourds-muets. Toutes ces maisons ont, outre leurs élèves pensionnaires, des élèves boursiers, entretenus aux frais des départements, des communes ou des établissements hospitaliers. Nous rappellerons ici une observation que nous avons faite pour les jeunes aveugles, c'est que les budgets départementaux contiennent presque tous des crédits qui permettent aux jeunes sourds-muets des communes rurales de trouver une place dans un de ces établissements d'éducation.

# CHAPITRE XVII

## Les enfants abandonnés ou délaissés.

Infanticides et mortalité des enfants illégitimes. — Nécessité de l'assistance en faveur des enfants abandonnés. — Cette assistance est obligatoire dans notre loi ; historique ; décret du 19 janvier 1811, et loi du 5 mai 1869. — Catégories de pupilles confiés à la charité publique. — Les hospices dépositaires et les tours ; suppression de ceux-ci. — Origine des secours temporaires aux filles-mères. — Les placements à la campagne. — Mode d'admission ; immatriculation ; les nourrices ; ressources du service. — Critiques adressées au système des secours temporaires. — Enfants non assistés par la charité légale. — Orphelinats.

Les enfants nés hors mariage doivent être l'objet de mesures spéciales de protection. Ce sont eux, en effet, dont l'existence est la plus menacée, soit par les infanticides, soit par une mortalité comparativement plus grande. On a constaté, en effet, que les infanticides sont commis presque exclusivement par les filles-mères, et, d'autre part, que la mornatalité des produits illégitimes forme le double à peu près de celle des enfants légitimes, mornatalité qui n'a souvent d'autre cause qu'un infanticide plus ou moins déguisé. « Le crime, dit le docteur
» Bertillon, se fait plus habile et profite de la répugnance
» que les médecins éprouvent à faire tomber sous le
» coup de nos sévères lois les malheureuses filles-mères
» coupables d'infanticide, répugnance que j'ai plus d'une
» fois entendu expressément formuler. »
Presque autant que la mornatalité, l'excès de la mortalité chez les enfants illégitimes durant les premières

semaines de la vie est encore une preuve du développement de l'infanticide dissimulé : « Car, dit le savant » démographe, on n'ose pas toujours tuer l'enfant par » la violence, mais on a le triste courage de le laisser » mourir de faim. Le nouveau-né, en effet, ne succombe » pas la première semaine, pendant laquelle il se nourrit » de sa propre substance, mais dans la seconde... En » résumé, et pour les seuls crimes que la statistique, » éclairée par la physiologie, puisse supputer, il y a, » d'une part, 1,500 infanticides de prétendus mort-nés, » et, de l'autre, 1,400 petits enfants morts d'inanition » volontaire, à ajouter aux 205 infanticides dénoncés » par la statistique judiciaire, en tout plus de 3,100 ! (1)»

M. Lagneau, par des procédés différents, prouve également que, sous l'influence de l'illégitimité, la proportion des mort-nés est près de deux fois plus forte, dans la proportion de 4 à 7.5 ; deux fois plus forte également, dans le rapport de 16 à 31, est celle des décès de la première année de vie. A la fin de cette première année, la perte en mort-nés et décédés se chiffre par 206 sur 1,000 conceptions légitimes déclarées , tandis que le total des décès et mort-nés provenant des conceptions illégitimes déclarées s'élève à 390 ; pour la première catégorie, il reste à la fin de l'année 793 survivants ; pour la seconde, 609 ; les 4/5 dans le premier cas, les 3/5 dans l'autre (2).

Il y a dès lors un intérêt social à préserver ces existences menacées, et à détourner d'elles l'infanticide, les mauvais traitements ou l'absence de soins. Faciliter l'abandon de l'enfant, afin d'éviter sa mort ; ou, à l'inverse, engager par la promesse d'un secours la mère à le garder

---

(1) *Démographie figurée.*
(2) *Annales d'hygiène*, 1875.

et à en prendre soin, tel doit être l'objet des préoccupations du législateur.

Les enfants illégitimes ne sont pas les seuls sur lesquels doivent se concentrer la sollicitude de l'administration ; les orphelins y ont les mêmes droits, ainsi que tous ceux qui ont été victimes d'un abandon de la part de leurs parents.

On a tellement senti en France ce devoir qu'on a fait de l'assistance des enfants délaissés un cas obligatoire. Cette assistance et celle des aliénés sont les deux hypothèses où, dans notre loi, la charité soit légale. C'est dire par avance que, sauf de très légères variantes, la bienfaisance publique ici se comporte partout sur notre territoire de la même façon. La loi reçoit, en effet, son application jusque dans les plus petites communes, et, parmi les dépenses obligatoires, qui sont inscrites à leur budget, figure la dépense de pension des enfants trouvés (art. 47 du budget communal).

La question des enfants trouvés soulève des difficultés d'une nature spéciale, elle est aux prises avec ce dilemme : augmenter le nombre des naissances illégitimes en recueillant les enfants trouvés et abandonnés, ou augmenter le nombre des infanticides en refusant les secours aux enfants naturels. Ce dilemne se posait déjà, il y a plus de quatre cents ans ; témoin la prohibition formulée le 7 août 1445 par Charles VII, au moment où il fondait l'hôpital du Saint-Esprit : « Si on les recevait, disait-il » dans ses lettres patentes, il y en aurait une si grande » quantité, parce que moulte gens feraient moins de » difficultés de s'abandonner à pécher, quand ils ver- » raient que tels enfants bâtards seraient nourris davan- » tage, et qu'ils n'en auraient pas les charges premières » et sollicitudes. » La condition des enfants trouvés a beaucoup varié suivant les époques : on les obligea pen-

dant longtemps à porter le costume bizarre, qui leur valut
le nom d'*Enfants rouges*, mais qui, comme le fait observer M. Othenin d'Haussonville (1), « ne leur assurait
» pas toujours l'affectueuse protection qu'il leur garantit
» dans les pays où cet usage est conservé, en Hollande,
» par exemple. » Avec cet esprit de réaction brusque
et violente, qu'elle apporta en toutes choses, la Convention proclama les bâtards « enfants de la patrie, » et,
ne s'en tenant pas à cette déclaration emphatique, elle
les assimila aux enfants légitimes.

Nous passons rapidement sur l'histoire de la condition
des enfants trouvés ; elle a été souvent écrite ; elle a
fait l'objet de monographies complètes (2). D'ailleurs
cette partie de la bienfaisance publique serait plutot un
chapitre d'un traité sur l'*Assistance en général*, que
d'une étude sur l'*Assistance rurale*.

Aujourd'hui la condition des enfants assistés est réglée par le décret du 19 janvier 1811, et par la loi du
5 mai 1869. Entre ces deux actes législatifs sont inter-
venues différentes circulaires ministérielles, ayant en
général pour but de s'abroger les unes les autres ; il faut
citer également deux enquêtes, poursuivies la première
en 1849, la seconde en 1860.

Le service des enfants assistés constitue un service
départemental ; de là, d'un département à un autre, une
certaine diversité, sinon dans l'assistance, du moins dans
sa réglementation.

Le décret loi du 19 janvier 1811 (tit. Ier) détermine
les pupilles dont l'éducation est confiée à la charité publique ; il y en a trois classes : les enfants *trouvés,* les
*abandonnés*, et les *orphelins* pauvres. Les dépenses

---

(1) *L'Enfance à Paris.*
(2) Notamment l'*Histoire des enfants abandonnés el délaissés*, par M. Léon
Lallemand.

d'entretien de ces enfants, qui, avant la Révolution, incombaient aux seigneurs haut justiciers, étaient réparties entre l'Etat, qui s'engageait à fournir une subvention annuelle de 4 millions, et les hospices *dépositaires*, qui devaient pourvoir à la dépense sur leurs revenus. Le nombre de ces hospices était limité à un par arrondissement, et chacun d'eux devait ouvrir un *tour* destiné à recevoir les enfants. Une série de lois de finances déchargea l'Etat des dépenses dites *extérieures*, et les mit à la charge des départements avec le concours éventuel des communes.

Le système, inauguré par le décret de 1811, eut pour résultat d'augmenter considérablement le nombre des abandons : le chiffre des enfants assistés, de 62,000 auxquels il s'élevait en l'an IX, atteignait 106,000 en 1821, et 131,000 en 1833. En outre, on constata une effroyable mortalité sur ces petits êtres. Une réaction se produisit donc, et elle fut due, quelque pénible qu'en soit l'aveu, à un sentiment d'économie, plutôt que d'humanité; comme le dit M. d'Haussonville « on s'in-
» quiéta d'abord de savoir ce que la trop grande facilité
» des abandons coûtait aux finances publiques avant
» de se demander ce que les abandons coûtaient aux
» enfants eux-mêmes » (1).

L'institution des tours était donc condamnée, et, comme à l'intérêt financier des départements, venait précisément se joindre l'autorité d'économistes éminents, comme J. B. Say et de Gerando, qui l'attaquaient, au nom des principes de la morale sociale, le nombre des tours décrut continuellement. Lors de l'enquête de 1860, l'on n'en comptait plus que 25, auxquels les conclusions de cette enquête portèrent le dernier coup.

(1) *Loc. cit.*

On a, depuis cette époque, réclamé à diverses reprises le rétablissement des tours, en alléguant que, si l'existence en avait multiplié d'une façon déplorable le nombre des abandons, à l'inverse, la diminution des facilités d'abandon pouvait avoir pour effet de relever le chiffre des infanticides, et en ajoutant, à l'appui de cette affirmation, que le nombre des infanticides a doublé depuis cinquante ans (1). Cette augmentation du nombre des infanticides est-elle la conséquence de la suppression des tours ? Nous hésitons, pour notre part, à le croire ; nous pensons, au contraire, que l'admission à l'assistance publique produit à très peu près, comme mesure préventive des infanticides, les mêmes résultats que les tours, avec cette différence toutefois qu'elle ne donne pas lieu aux-mêmes abus ; elle n'est plus l'abandon anonyme ; car l'admission ne s'opère pas sans qu'un dernier appel n'ait été fait à la conscience des parents, et sans qu'elle n'ait été précédée d'une enquête sur les moyens d'existence de la mère. La pratique, au reste, avait inauguré un nouveau système, destiné à prévenir tout à la fois l'abandon et l'infanticide : celui des secours temporaires accordés aux mères d'enfants naturels, dont l'indigence était constatée et qui consentaient à garder leurs enfants. Ce système a été législativement consacré par la loi du 5 mai 1869, qui a classé au nombre des dépenses des enfants assistés « les secours temporaires destinés à prévenir et à faire cesser l'abandon. » Cette loi a affranchi les hospices de la dépense et de la surveillance des enfants assistés, dont elle a fait une dépense et une administration départementales, mais en posant toutefois à nouveau le principe de la contribution de l'Etat et des communes (2).

---

(1) Cauwès, *Précis d'économie politique*, t. I, p. 442.
(2) M. Othenin d'Haussonville fait une critique à la loi de 1869, dont les dispo-

Pendant le temps, une autre réforme pratique était réalisée. Les enfants assistés ont cessé d'être élevés tristement dans les hospices, où la mortalité était très forte; ils ont été placés à la campagne dans les familles de cultivateurs honnêtes, où, en même temps, que leur santé s'améliore, ils apprennent le métier agricole.

Ces détails historiques donnés, nous allons examiner très brièvement la législation concernant ce service d'assistance. Nous insisterons plus particulièrement sur le système des secours aux filles-mères, dont nous aurons à étudier l'application et la valeur morale, ce système étant plus spécialement relatif à la population des enfants assistés des campagnes.

L'admission des enfants, depuis la suppression des tours, suppression qui fut définitive en 1860, comme nous l'avons dit, l'admission s'opère différemment à Paris et en province. A Paris, la seule préoccupation du Conseil général étant d'assurer la vie de l'enfant et aussi de sauvegarder les secrets de famille, les enfants abandonnés ou orphelins sont admis directement à l'hospice ou par l'intermédiaire des commissaires de police. On exige le bulletin de naissance; encore si le déposant déclare que des raisons graves s'opposent à la divulgation du nom de la mère, passe-t-on outre. En

---

sitions ont eu pour résultat « de *bureaucratiser* le service des enfants assistés,
» suivant une expression très juste de M. Husson, l'ancien directeur de l'assis-
» tance publique. Les membres des commissions administratives des hospices,
» qui n'ont accepté le plus souvent que par esprit de dévouement leurs fonc-
» tions laborieuses, apportaient par cela même dans le service des enfants
» assistés plus de zèle et de charité que n'en pourra mettre un inspecteur
» départemental agissant, ajoute M. Husson, sans contrôle sérieux. La ten-
» dance de l'inspecteur départemental sera toujours de mériter les éloges de
» l'administration préfectorale, en diminuant à tout prix les charges de son
» budget, et il ne cessera d'être encouragé dans cette tendance par l'économie
» des Conseils généraux ».

province, au contraire, le souci constant des inspecteurs est de réduire autant que possible les dépenses ; ils obéissent en cela au sentiment des Conseils généraux, pour lesquels la question budgétaire tient la première place ; d'ailleurs, la plus grosse part des ressources départementales est absorbée par les dépenses de vicinalité. Aussi restreint-on, autant que faire se peut, les admissions, et accumule-t-on enquêtes sur enquêtes, au risque de violer les secrets des familles; on se montre, d'ailleurs, relativement large dans la délivrance des secours aux filles-mères. Il en résulte que le nombre des admissions par département est peu considérable, surtout si l'on ajoute que beaucoup de mères viennent à Paris y faire l'abandon de leur enfant. « A l'heure » actuelle, dit M. Lallemand, 22 départements seule- » ment reçoivent en moyenne, plus de cent enfants, » appartenant aux catégories du décret de 1811, c'est-à » dire trouvés, abandonnés ou orphelins. En 1881, le dé- » partement de l'Eure n'eut qu'une seule admission » (1). Encore, dans le nombre des immatriculations, faut- il faire rentrer celle des orphelins, des enfants de parents condamnés ou disparus, qu'il est impossible de ne pas admettre.

L'enfant admis est aussitôt immatriculé. Une instruction ministérielle du 31 octobre 1861 prescrit la tenue de trois registres. « Ces trois registres, portant chacun » la dénomination de *livres matricules*, devront con- » tenir tous les détails possibles sur la vie de l'enfant, » depuis son admission jusqu'à l'accomplissement de sa » douzième année. L'état de sa santé, sa situation chez » les nourrices, sa conduite, son intelligence, le degré » de son instruction morale et religieuse, tous les faits,

(1) *Loc. cit.*, p- 21.

» en un mot, qui l'intéressent, toutes les dépenses, aux-
» quelles il donnera lieu, devront y faire l'objet d'une
» mention spéciale. » Au moment de l'immatriculation,
on passe au cou du pupille un collier rivé supportant
une médaille qui reproduit le numéro du registre et on
lui donne un nom qui, aux termes d'une circulaire ministérielle, doit être « emprunté soit à l'histoire des temps
» passés, soit aux circonstances particulières à l'enfant,
» comme sa conformation, ses traits, son teint, le pays,
» le lieu, l'heure où il a été trouvé. Il faut éviter toute
» dénomination indécente, ridicule ou propre à rappeler
» en toute occasion que celui à qui on donne le nom est
» un enfant trouvé. »

Les nouveaux-nés, admis dans un hospice dépositaire,
sont immédiatement confiés à des nourrices sédentaires
ou élevés au biberon. Mais ils ne doivent, en règle générale, séjourner à l'hospice que pendant quelques jours
à peine, et ils sont aussitôt confiés à des femmes de la
campagne. Les Conseils généraux cherchent tous à assurer
un bon recrutement de nourrices, et, malgré leur esprit
habituel de parcimonie, n'hésitent pas à accorder des
pensions de plus en plus élevées ; certains départements
donnent des pensions mensuelles de 25 francs pour les
enfants âgés de moins d'un an. Comme le fait remarquer
M. Lallemand : « Cette question du choix de la nourrice
» a une influence très grande sur l'avenir des enfants.
» Le pupille hospitalier n'est pas un nourrisson que l'on
» doit rendre aux parents, une fois le sevrage terminé.
» Il faut trouver non seulement une femme ayant un
» lait suffisant et pouvant lui assurer le bien-être indis-
» pensable, mais encore donner la préférence à des nour-
» riciers en mesure de le conserver dans la maison où
» il aurait été élevé. C'est à cette condition seule que
» l'on peut constituer au pauvre abandonné une seconde

» famille, et en faire un jour un honnête et laborieux
» cultivateur. Si l'élève, placé de prime abord chez des
» personnes misérables, a survécu et que, plus tard, il
» passe de mains en mains sans s'attacher à aucun des
» nourriciers qui l'auront recueilli, il deviendra un mau-
» vais sujet, et, indépendamment du tort fait à ce pupille,
» la société supportera peut-être, pour le punir de fautes
» dont l'origine ne lui sera pas imputable, des dépenses
» plus élevées que celles qu'il aurait fallu pour lui assu-
» rer, dans son enfance, la protection tutélaire d'un
» foyer (1). »

La pension, il y a quelques années encore, cessait à
douze ans. La loi du 28 mars 1882, sur l'instruction
obligatoire, a eu comme résultat indirect d'obliger la
plupart des assemblées départementales à la continuer
jusqu'à la treizième année accomplie. Cet âge faisant
cesser la pension, les administrations hospitalières cherchent à maintenir autant que possible les enfants à la
campagne, et font des arrangements avec ceux qui s'en
chargent.

Avant de passer à l'étude des secours aux filles-mères,
disons un mot des ressources du service : aux termes
de la loi de 1869, qui, nous l'avons vu, a modifié les
règles à cet égard, les ressources du service consistent
dans : 1° le produit des fondations ; 2° le produit des
amendes de police correctionnelle ; 3° le contingent des
communes ; 4° les subventions de l'Etat ; 5° enfin les
ressources fournies par les budgets départementaux, qui
doivent parfaire le surplus des dépenses. — Le produit des
fondations, affectées au service des enfants assistés, est
moindre qu'on ne pourrait le croire : 406,938 fr. pour
toute la France (en 1884) ; sur cette somme, la Seine

(1) *Loc. cit.*, p 23.

arrive avec 290,000 fr., et le Doubs avec 53,842 fr. ; certains départements n'ont que des fondations insignifiantes : l'Eure-et-Loir, 21 fr. ; le Loiret, 41 fr. ; la Seine-et-Oise, 24 fr. ; beaucoup n'ont pas de fondations. La plus grosse part de ces fondations remonte aux anciens établissements de la *Couche parisienne* et du *Saint-Esprit* de Besançon. Le XIX<sup>e</sup> siècle, si généreux et si charitable envers les établissements de bienfaisance, n'a presque rien donné pour le service des enfants assistés, ni, pouvons-nous ajouter, pour celui des aliénés. Ne serait-ce pas parce que ces deux branches d'assistance donnent lieu à une dépense obligatoire ? La charité privée s'arrête là où elle voit une obligation à la charge de la société.

Le produit des amendes de police correctionnelle n'est guère élevé ; on sait, d'ailleurs, qu'une portion seule de ces amendes est affectée au paiement des mois de nourrice des enfants trouvés, le reste étant destiné à donner des secours aux communes.

Les communes fournissent un contingent, qui, d'après diverses circulaires ministérielles, et d'après la loi du 5 mai 1869, qui est venue les confirmer, ne doit pas dépasser le cinquième des dépenses extérieures. C'est le Conseil général qui est chargé de la fixation et de la répartition du contingent ; il n'existe aucune uniformité dans cette répartition ; certains départements ont fixé les sommes à demander à chaque commune proportionnellement à la population ; d'autres soit aux revenus bruts, soit aux revenus fonciers ou affouagers, soit aux revenus restant libres après les dépenses obligatoires acquittées ; enfin il en est qui, se conformant aux indications contenues dans une instruction ministérielle, prennent comme base le revenu ordinaire de chaque commune, combiné avec le chiffre de la population. Le ministre fait remarquer, avec raison, que cette base est préférable, attendu qu'elle réunit les deux éléments naturels de l'opération ; d'une part, en effet, par le chiffre de la population, on fait contribuer la commune à raison du nombre probable des enfants trouvés qu'elle produit ; et, d'autre part, par le chiffre du revenu ordinaire, on ne lui impose qu'un sacrifice proportionné aux moyens qu'elle a de le supporter. Nous n'avons pas besoin d'ajouter, parce que cela ressort des explications qui précèdent, que toutes les communes, qu'elles fournissent ou non des enfants, participent aux dépenses du service ; comment serait-il, en effet, possible de faire une distinction ? Il en est autrement, nous le verrons plus loin, du service des aliénés.

En regard du contingent des communes, destiné à couvrir les dépenses extérieures jusqu'à concurrence du cinquième, il y a lieu de placer le contingent de l'Etat, qui prend à sa charge les frais d'inspection et le cinquième des dépenses intérieures. Ce concours se traduit par l'inscription à son budget d'une somme considérable (1). Le contingent de l'Etat découle de cette idée consignée dans le rapport, dont la loi de 1869 a été l'objet, que « les hospices ayant des destinations spé-
» ciales et des circonscriptions territoriales restreintes,
» toute dépense qu'on leur impose avec une affectation
» générale, contrevient au but de leur fondation et aux
» intentions de ceux qui les ont dotés.... Votre com-
» mission croit, ajoute le rapporteur, qu'il est juste de
» décharger les hospices de la dépense du service des
» enfants assistés, pour la faire supporter par les com-
» munes, les départements et l'Etat (2) ».

---

(1) Au budget de 1888, la somme est de 1,045,000 fr. (ch. 27).
(2) *Exposé des motifs*, par le baron Buquet.

Enfin la différence existant entre les dépenses du service des enfants assistés, et les diverses recettes, que nous venons d'indiquer, est supportée par les budgets départementaux. L'État supportant les frais d'inspection et le cinquième des dépenses intérieures, les communes le cinquième des dépenses extérieures, les quatre cinquièmes, restant dans ces deux ordres de dépenses, sont à la charge des départements.

Les secours aux filles-mères constituent aujourd'hui le mode d'assistance le plus habituel des enfants de nos campagnes. C'est dans un rapport de M. de Gasparin au roi, en 1837, que l'institution a été recommandée :

« La débauche, disait-il, peuple sans doute les hos-
» pices d'enfants trouvés ; mais la misère est aussi l'une
» des causes les plus fréquentes des abandons.

» Si la mère pouvait nourrir son enfant, si, au moment
» de sa naissance, elle n'était pas souvent dépourvue du
» plus strict nécessaire, elle se déterminerait difficile-
» ment à l'abandonner ; si la femme véritablement
» indigente avait l'espoir d'obtenir un secours alimen-
» taire qui lui permettrait d'élever son enfant pendant
» les premiers temps, elle le garderait et ne s'en
» séparerait plus.

» Il s'agirait donc de remplacer, par un bon système
» de secours à domicile pour la mère, les secours que
» l'on donne aujourd'hui à l'enfant dans l'hospice ; il
» s'agirait de payer à la mère les mois de nourrice
» qu'on paie actuellement à une nourrice étrangère ».

Malgré cette recommandation, le nombre des enfants ainsi secourus s'accroissait avec lenteur. Douze ans après, en 1849, il n'y en avait que 8,072 pour toute la France. Le ministre de l'intérieur avait beau, en 1856, dire dans une circulaire, et faire remarquer que « ce

» n'est point à la mère, mais à l'enfant qu'est accordé
» le secours » ; la mesure rencontrait des oppositions,
et l'on continuait à appeler ce secours : *secours aux
filles-mères.* Ce n'est guère que depuis 1860, après
l'enquête, que les secours temporaires furent généralisés,
et que les enfants admis à en profiter augmentèrent
considérablement en nombre. Au reste, la loi de 1869
comprit ces secours parmi les dépenses extérieures, et
une circulaire ministérielle du 3 août de la même
année s'exprima ainsi : « Dans la nouvelle classification
» des dépenses extérieures, les secours temporaires
» occupent le premier rang. Appliquée dans la plupart
» des départements, réglementée par des instructions
» ministérielles, cette institution n'avait pas reçu encore
» la consécration de la loi ; elle vient de l'obtenir, et
» désormais, j'en ai la confiance, aucune entrave n'en
» ralentira les progrès. Les sympathies des Conseils
» généraux lui sont acquises, et l'on peut prévoir le
» moment où, grâce à leur concours, le secours tempo-
» raire créé, selon l'expression même de la loi, pour
» prévenir ou faire cesser l'abandon, deviendra la règle
» ordinaire du service (1) ».

Aujourd'hui le nombre des enfants secourus temporairement est considérable : 41,806 au 31 décembre
1887, contre 49,491 enfants des hospices. Si nous jetons un regard en arrière, nous voyons qu'en 1833,
alors que le système des secours temporaires ne fonctionnait que dans peu de départements, le nombre des
enfants à la charge de l'assistance publique était de

---

(1) Ce sont les inspecteurs départementaux qui sont les dispensateurs des
secours temporaires, sous la responsabilité des préfets. Beaucoup de départements allouent, en cas de légitimation d'un enfant naturel, une prime variant
de 50 à 60 fr. Le paiement de cette indemnité met fin à l'allocation du secours
mensuel.

130,945. En 1849, alors que ce système était adopté par environ les deux tiers de nos départements, ce chiffre tombait à 100,719 dont 92,647 élèves des hospices et 8,072 enfants secourus et conservés par leurs mères. On ne saurait donc nier que le système des secours temporaires n'ait considérablement diminué le nombre des abandons, et ne trouve ainsi sa justification dans la pratique. Aussi la suppression du système des secours temporaires ne compte-t-elle que peu de partisans.

Faut-il ajouter que les secours temporaires diminuent la mortalité infantile? S'il s'agissait de la population des nouveaux-nés des villes, nous hésiterions à l'affirmer, et nous dirions volontiers avec M. Lallemand que, malgré les bons effets de l'allaitement maternel, « étant donnés deux enfants pauvres également bien » portants, placés l'un en nourrice sous la surveillance » paternelle d'une administration vigilante, vivant au » grand air, ayant du lait pur en abondance; l'autre » confié à une mère maladive, comme le sont habituel-» lement les ouvrières de villes, gagnant péniblement » sa vie, ou recevant des amants, habitant un grenier, » brûlant en été, glacial en hiver, ne possédant qu'un » peu de lait falsifié pour suppléer à l'insuffisance du » sien, nous ne comprenons pas pourquoi le premier de » ces enfants mourrait plutôt que le second. Et encore » admettons-nous, dans cette hypothèse, que les mères » n'élèvent pas leur nouveau-né au biberon ou ne l'en-» voient pas en nourrice, au rabais, dans des conditions » déplorables, ce qui a lieu généralement. »

Mais lorsqu'il s'agit de filles-mères de la campagne, nous pensons que le secours temporaire peut diminuer, dans une grande proportion, la mortalité infantile. Si, grâce à ce secours, l'abandon peut être évité, l'enfant

reste au village avec sa mère, il ne change pas de sein,
il ne subit pas de déplacement; aucune modification ne
se produit dans son organisme, à un âge où la plus
petite fatigue peut être mortelle, et où la substitution
d'une alimentation à une autre peut avoir des conséquences irréparables.

De même, nous pensons que les autres critiques,
susceptibles d'être adressées au système des secours
temporaires, et pouvant, dans une certaine mesure,
être justifiées en ce qui concerne les secours attribués
aux filles-mères des villes, ne peuvent, au contraire,
être faites, si la fille-mère habite un village; là, les
mœurs sont moins corrompues; la fille-mère aura commis une faute, mais ne sera pas dépravée, elle vivra
au milieu de ses parents que sa faute aura surpris,
mais qui la lui auront pardonnée; elle élèvera son enfant avec soin, avec affection; souvent elle épousera
un brave garçon, qui le légitimera; combien en avons-
nous vues dans nos campagnes, qui, après une chute,
se sont relevées, ont eu une existence exemplaire, se
sont mariées, et sont devenues de bonnes mères de famille! Pour celles-ci un secours est un acte d'assistance
utile et fructueux; il peut être une sauvegarde pour
la mère qui sera purifiée par le contact de son enfant;
une sauvegarde aussi pour l'enfant, dont l'éducation
sera souvent celle d'un enfant légitime.

Mais, dira-t-on, n'est-il pas à craindre que la moralité
publique n'ait à souffrir de ces secours que l'on peut
être tenté de qualifier de primes à l'immoralité? Quoi,
ajoutera-t-on, voici deux mères : l'une est une fille,
que l'inconduite, ou, du moins, la faiblesse, a faite
mère; elle reçoit mensuellement un secours; à côté
d'elle, vit une malheureuse restée veuve avec plusieurs

enfants, après avoir soigné son mari malade pendant de longs mois, épuisé pour lui ses faibles économies, et ruiné sa santé; aucun secours ne lui est alloué sur les fonds départementaux : elle ne peut compter que sur les faibles secours du bureau de bienfaisance ou de la commune, secours bien problématiques et éventuels, nous l'avons vu. Cette situation est-elle morale?

Il n'est pas douteux que les secours temporaires aux filles-mères auxquels on peut toujours reprocher qu'ils effacent, dans une certaine mesure, les conséquences de la faute commise, et diminuent ainsi l'effet de la responsabilité; il n'est pas douteux que ces secours deviennent complètement immoraux, lorsque des secours analogues sont refusés aux veuves, mères de jeunes enfants. Aussi plusieurs départements inscrivent-ils à leur budget des crédits en faveur « *des enfants non assistés par la charité légale* ». C'est là, à notre sens, un vote de justice ! Ces crédits permettent l'allocation de petits secours mensuels de 5 à 10 fr. ; les conditions, qui en autorisent la délivrance, sont fixées, soit par un arrêté préfectoral, soit par une délibération du Conseil général. Le plus souvent, ces secours sont réservés aux mères ou aux pères veufs, ou encore aux parents, qui, se chargeant d'un orphelin, évitent ainsi son dépôt à l'hospice. Les enfants, dont l'existence ouvre le droit au secours, doivent être âgés de moins de 4 ou 6 ans, suivant les départements. Il n'est certes pas de dépense d'assistance plus légitime ni mieux placée. Il est toutefois à regretter que ce genre de secours ne se pas plus généralisé ; un certain nombre de départements se sont refusés jusqu'ici à les donner, le département du Nord, entre autres ; il est vrai de dire que, dans ce département, les bureaux de bienfaisance existent dans la presque totalité des communes, et sont largement dotés.

Une autre institution, existant dans un grand nombre de départements, s'adresse à la même catégorie de déshérités : ce sont les bourses données par les Conseils généraux dans les orphelinats agricoles. Les orphelinats reçoivent les enfants orphelins, ou les demi-orphelins, ou encore ceux qu'il est permis de regarder comme moralement abandonnés ; les premiers pourraient être compris parmi les enfants assistés, et secourus par ce service, mais souvent recueillis par des membres de leur famille, ils ne sont pas abandonnés, et le département préfère leur donner une bourse dans un orphelinat agricole plutôt que de les prendre à sa charge. Pour les demi-orphelins et les moralement abandonnés, c'est le seul mode d'assistance qui leur soit applicable.

Ces bourses coûtent fort peu : pour 150 à 200 fr., un conseil général peut placer un enfant dans un orphelinat. Beaucoup de départements inscrivent à leur budget une somme, qui est tout à la fois une subvention pour l'orphelinat, et en même temps, la représentation d'un certain nombre de bourses. C'est la Commission départementale qui concède ces bourses, au fur et à mesure des vacances.

Ces orphelinats rendent de grands services : ils apprennent à leurs pupilles le métier agricole ; ils en font des domestiques ou des servantes de ferme, habitués de bonne heure aux travaux des exploitations rurales, au milieu desquelles leur existence est appelée à s'écouler. Sans doute, les enfants des hospices, élevés à la campagne, sont eux aussi accoutumés à la vie des champs ; malheureusement, il ne sont pas tous recueillis par des cultivateurs ; de plus, leur éducation ne peut être aussi soignée que celle des pensionnaires d'un orphelinat. Il y a aussi une considération qui doit frapper le assemblées départementales : les enfants assistés sont assez souvent élevés chez des nourriciers étrangers à leur département d'origine ; il est, en effet, certaines régions de la France où le prix de pension est moindre que dans d'autres, et où le recrutement des nourriciers se fait assez facilement ; pour ces motifs, ces régions sont choisies preférablement à toutes autres par les Conseils généraux. Or les enfants ne reviennent jamais dans leur pays ; ils demeurent et se marient dans le département, où s'est écoulée leur enfance. Il y a là un déplacement regrettable de population, dont l'observation a été maintes fois faite (1).

(1) Le maire d'un chef-lieu d'arrondissement de l'Oise remarquait depuis longtemps qu'on lui demandait fréquemment de l'Yonne des extraits de naissance en vue de mariages à célébrer dans ce dernier département. Il ne tarda pas à reconnaître que ces actes concernaient des individus, autrefois enfants assistés de l'Oise, et qui étaient établis dans l'Yonne. Le département de l'Oise envoie, en effet, la plus grande partie de ses enfants assistés dans l'arrondissement d'Avallon.

## II. — L'AGE MUR.

---

# CHAPITRE XVIII

## La maladie. — Les hôpitaux.

Pour l'homme adulte, la bienfaisance officielle ou privée est moins éveillée que pour l'enfant, et c'est avec raison. L'homme est en pleine possession de sa force et de ses facultés; il n'a à être ni soutenu, ni protégé, il est responsable de ses actes, et la société n'a pas charge de le relever, lorsqu'il tombe; qu'elle se sente émue et le soulage, comme le ferait la charité privée, plus pitoyable de sa nature, nous sommes l premier à le recommander; mais toujours est-il que le devoir moral d'assistance ne se commande pas aussi impérieusement. Est-ce à dire qu'en face de l'âge mûr, nous n'ayons point à placer certains devoirs d'assistance? La maladie, les infirmités physiques, et cette infirmité beaucoup plus grave, celle de l'esprit, qui double les forces du corps pour les faire servir au triomphe du mal et du désordre, tous ces états, en même temps qu'ils éveillent notre pitié et notre commisération, commandent à la société de leur porter remède. La maladie est un fait involontaire, quoiqu'elle soit parfois le résultat de causes volontaires; les infirmités constituent un évènement aussi fatal dans leur origine que dans leurs résultats ; la folie suit l'exés de travail ou de peine, comme celui des plaisirs et des mauvais penchants; elle est malheureusement aussi la conséquence de l'hérédité, et, à ces différents titres, elle impose l'assistance; ne la motiverait-elle pas elle-même, elle la justifierait par l'intérêt de la société, dont elle peut mettre en danger la vie et les biens des membres?

L'assistance aux malades est celle dont les manifestations sont les plus anciennes et les plus universelles. A l'époque où l'assistance publique était l'apanage du clergé et de la noblesse, et pendant longtemps il en fut ainsi, prêtres et seigneurs contribuèrent à la fondation de nombreux établissements hospitaliers dans les campagnes, créations qui s'expliquaient : les seigneurs ne pouvaient, en effet, laisser sans secours les serfs malades ou infirmes qui avaient travaillé pour eux, et, d'autre part, le clergé, en stimulant la foi religieuse, si féconde en œuvres de charité, développa ce mouvement; souvent même il fonda de ses propres ressources des hospices ou hôpitaux. Le nombre des établissements à l'usage des malades ou des vieillards était considérable

au XIII<sup>e</sup> siècle ; on comptait par exemple, sur le territoire formant aujourd'hui un seul département, au
moins soixante-deux hopitaux et maladreries ; vingt et
un d'entre eux se trouvaient dans de petites communes
rurales ; de ces vingt et un hôpitaux, un seul subsistait
au XVIII<sup>e</sup> siècle. Actuellement le département ne possède que neuf hospices ou hôpitaux, tous situés dans les
villes (1). Il faut remarquer que ces hospices et maladreries, dont étaient dotés, au moyen âge, de pauvres
villages, recevaient non seulement les malades, mais
encore les voyageurs (2) envers lesquels on exerçait tous
les devoirs de l'hospitalité.

Il est vrai de dire que les établissements hospitaliers
de village n'étaient que très humblement dotés ; ils
contenaient quelques lits seulement.

La plupart de ces hôpitaux ou hospices, fondés au
moyen âge dans les communes rurales sous le nom de
*maladreries*, n'existaient plus au XVIII<sup>e</sup> siècle ; leurs
biens avaient été réunis aux établissements hospitaliers
des villes voisines, dans lesquels les communes avaient
acquis le droit , trop souvent contesté par la suite,
d'envoyer un certain nombre de malades ; quelquefois
leurs biens avaient été confondus avec ceux des fabriques. Les malades des villages n'étaient donc plus sou-
lagés comme par le passé. Sans doute, certains seigneurs,
mûs par un sentiment de pitié bienfaisante, avaient
appelé dans le pays des religieuses pour soigner les
malades et instruire les enfants. Mais, ainsi que le fait
justement observer M. Babeau « c'était l'exception, et,
» dans beaucoup de paroisses, les habitants mouraient
» sans secours médicaux et sans remèdes. » (3).

---

(1) M. D'Arbois de Jubainville. *Voyage paléographique dans l'Aube*, p. 264.
(2) M. Babeau, *Le Village sous l'ancien régime*, p. 320.
(3) *Le Village*; etc., p. 329.

La royauté, qui personnifiait l'Etat, crut de son devoir d'intervenir : « Le roi Louis XV, disait une » circulaire de 1728, touché de compassion pour les » pauvres malades des campagnes qui périssent la » plupart faute de soins, ordonne qu'il soit envoyé tous » les ans aux intendants des provinces des remèdes de » la composition de feu M. Helvétius, pour être distri-» bués par les intendants à leurs sus-délégués, et par » ceux-ci aux sœurs grises, curés ou autres personnes » intelligentes dans les villes, bourgs et villages.... Il » se conformait à cet égard, ajoutait la circulaire, aux » vues charitables du roi, son bisaïeul. »

Les pauvres purent dès lors se procurer des drogues de bonne qualité sans avoir recours aux charlatans qui vendaient au cher denier « des purgatifs incendiaires, » de nature à affaiblir et à brûler les meilleurs tempé-» raments, médecines qui laissaient croître le mal, et » ne guérissaient que l'indigence de ceux qui en faisaient » le commerce » (1).

Ces distributions, qui étaient gratuites et destinées uniquement aux pauvres habitants des campagnes, se firent longtemps avec régularité. Les remèdes envoyés s'appliquaient aux maladies les plus fréquentes (2) ; non-seulement ils portaient une étiquette, et étaient accompagnés de notices explicatives pour les distributeurs et les malades, mais encore les doses en étaient-elles déterminées pour être appropriées à l'âge, au sexe et au tempérament de ceux qui devaient s'en servir.

(1) *Archives de l'Aisne.* C. 19,
(2) *Inv. des arch. de l'Hérault.* C. 531. Cet article contient la désignation des remèdes envoyés en 1770 ; en voici la liste : tartre émétique, kermès minéral, poudre purgative universelle, poudre fébrifuge purgative, poudre hydragogue purgative, poudre pour la dyssenterie, poudre incisive fondante, poudre anodine, quinquina en poudre, thériaque, emplâtres de Nuremberg, quintessence d'absinthe, pierre bleue, boules médicamenteuses.

On distribua longtemps 126,910 boîtes. En 1769, on en envoya 952,130. Louis XVI en tripla le nombre (1).

L'intendant était tenu de faire connaître au ministre le nom et la demeure des personnes chargées de la distribution. Ces personnes étaient généralement des curés, des dames de bienfaisance, ou des sœurs de charité. Mais il arrivait parfois que les boîtes de remèdes n'étaient point réparties avec équité. Quelques-unes étaient envoyées directement par l'intendant à des seigneurs influents ou à des chirurgiens protégés.

Le gouvernement ne se bornait pas à donner des médicaments : il envoyait des médecins dans les cas urgents. Lors de la peste qui exerça des ravages en 1722 dans le Midi, il dépensa, dans la seule intendance de Montpellier, plus d'un million en secours, en remèdes et en honoraires de médecins. Survenait-il une épidémie moins grave et moins étendue, le gouvernement envoyait néanmoins à ses frais des médecins dans les localités atteintes (2), et il distribuait, en outre, des secours en argent et en nature. En 1779, dans l'intendance de Tours, les maladies épidémiques entraînèrent à la charge de l'administration une dépense de 80,000 livres (3).

Dans la subdélégation de Soissons, un médecin, nommé par la société royale de médecine, avertit les curés et les syndics que tout pauvre, qui aurait besoin de conseils ou de remèdes, pourrait venir le consulter à Soissons, et qu'il recevrait conseils et médicaments gratuitement (4).

---

(1) *Arrêt du Conseil* du 1ᵉʳ mars 1769. *Anc. lois*, XXII, 486. Lettre du 12 février 1780.

(2) *Inv. des Archives de l'Hérault*, C. 597 ; *Côte-d'Or*, C. 369 et 370.

(3) *Inv. des Archives d'Indre-et-Loire*, C. 401 et suiv.

(4) *Arch. de l'Aisne*, C, 23. Lettre du 21 février 1783.

Le service de la médecine gratuite était, d'ailleurs, organisé dans beaucoup de localités aux frais des abbayes. Ainsi le chirurgien de Dommartin visite les pauvres de ses environs et leur fournit, au nom des moines, des médicaments, du linge, du bouillon, du pain, de la viande, etc., A Saint-Médard de Soissons, les malades reçoivent du potage, des œufs frais, du vin, du poisson, du pain blanc, et « autres petites douceurs ». (1).

Notre siècle a-t-il progressé au point de vue de l'assistance des malades, dans les campagnes ? Nous n'oserions, s'il nous fallait fournir une réponse générale, la donner affirmative. Dans certaines contrées, l'assistance ne laisse rien à désirer ; dans d'autres, au contraire, elle est restée à l'état rudimentaire. On peut même affirmer que c'est la branche de l'assistance publique qui est la moins bien organisée dans les communes rurales, alors qu'elle est dans les grands centres, l'objet d'une organisation complète.

Fidèle à notre système d'établir un parallèle entre les villes et les villages, voyons ce qui existe dans les villes.

Au 1er janvier 1869, il existait 1,557 établissements hospitaliers, dont 415 hôpitaux affectés au traitement des malades, 291 hospices recevant des vieillards, des infirmes, des enfants et des femmes pauvres ; 851 hôpitaux-hospices, à la fois, maisons de santé et refuges. Ces établissements étaient répartis sur le territoire : 190 dans les chefs-lieux de département, 331 dans les chefs-lieux d'arrondissement, 755 dans les chefs-lieux de canton, et 281 dans les communes rurales. Paris en

_____

(1) *Histoire de l'abbaye de Dommartin*, p. 73. *Mémoires de la Société académique de Soissons*, IX, p. 106.

possédait 32 à lui seul ; Lyon, 7 ; Lille, Bordeaux et Valenciennes, 5 ; Nancy, Rennes et Saint-Omer, 4 ; 21 communes, 3 ; 85 communes, 2.

Le nombre des établissements, existant avant 1790, était de 1224. La première République en a fondé 10, le premier Empire 16, la Restauration 53, le règne de Louis-Philippe 71, la seconde République 11, le second Empire 172 (1).

Le nombre des maisons hospitalières, altéré par la perte de l'Alsace-Lorraine depuis la *Situation de 1869*, était :

|  | 1871 | 1875 |
|---|---|---|
| Hôpitaux...................... | 334 | 383 |
| Hôpitaux-hospices.............. | 727 | 761 |
| Hospices..................... | 399 | 384 |
|  | 1.460 | 1.528 |

De 1875 à 1883, le nombre s'en est encore augmenté; dans cette dernière année, il y avait 1,684 établissements hospitaliers.

La plupart des établissements hospitaliers sont, nous venons de le dire, situés dans les villes ; nos nombreuses communes rurales en sont presque dépourvues. M. Théron de Montaugé faisait déjà observer que, dans le département de la Haute-Garonne, sur près de 600 communes, il n'y avait que 13 établissements hospitaliers (2). Plus récemment M. Baudrillart, dans ses savantes études sur les populations agricoles, constatait le même fait, la même lacune dans l'Artois, et son observation peut s'appliquer à presque toutes les parties de la France. « Combien il y a à faire pour l'assistance dans nos cam- » pagnes ! écrivait-il. Nous aurions plus d'une critique

---

(1) *Journal officiel*, 3 novembre 1878. — V. aussi la *Situation administrative et financière des hôpitaux et hospices de l'Empire*, 1869.

(2) *Loc. cit.*

» à adresser à l'assistance en Artois. On nous assure
» qu'elle y est beaucoup mieux organisée qu'autrefois,
» et nous le croyons sans peine. Mais cela suffit-il ? Le
» Pas-de-Calais compte plus de 747,000 habitants ; il y
» a 6 arrondissements, 43 cantons, et on y trouve 903
» communes ; combien pense-t-on qu'il y ait de ces
» communes qui aient des hospices ? Six, et ce sont des
» villes ! Ces hospices reçoivent les gens de la campagne
» à condition que la commune rurale paiera les journées.
» Une partie trop faible des pauvres travailleurs agricoles
» en profite. Telle est la distribution de ces établisse-
» ments : 191,000 habitants les ont à leur portée, le reste
» en est privé, et cependant ces hospices sont richement
» dotés ! Ils avaient ensemble, il y a une dizaine d'an-
» nées, un revenu de 949,929 fr. ; mais les administra-
» tions hospitalières mettent leur gloire, on le sait, à
» faire des économies. Ces économies, récemment, mon-
» taient annuellement à une somme de 113,300 fr.,
» tandis que la partie malheureuse des campagnes ne
» peut se procurer les secours nécessaires (1) ».

Ce qui frappe, en effet, dans tous les documents concernant les établissements hospitaliers, c'est la grande
proportion des lits inoccupés. A la date du 31 décembre
1882, c'est-à-dire à l'époque de l'année où la rigueur de
la saison occasionne le plus grand nombre de maladies,
il restait vacant plus d'un tiers des lits (37 %) si l'on
ne tient pas compte des hospices de la Seine et du Rhône,
qui sont toujours pleins (2). Ces lits restent donc inutiles, alors que les malades, qui pourraient les occuper,
sont loin de faire défaut. De plus, ce grand nombre de
places inutilisées a pour résultat d'élever le prix de jour-

(1) M. Baudrillart, l'*Artois*.
(2) M. de Crisenoy , *Revue générale d'administration*, septembre et
octobre 1886.

née des lits occupés par suite de la répartition des frais généraux sur un plus petit nombre de journées, résultat qui ne se produirait pas, si les places disponibles étaient, ainsi que cela a été proposé, et ainsi que nous le proposerons nous-même plus loin, affectées, moyennant une faible rémunération, aux malades des communes rurales.

Au reste, la proportion de 37 °/₀ n'est qu'une moyenne portant sur l'ensemble de la France. Il peut être intéressant d'en examiner les principaux éléments, en envisageant successivement les lits d'incurables, et les lits de malades. On sait, en effet, que dans les établissements hospitaliers, les lits ont des destinations diverses : les uns sont affectés aux vieillards et aux incurables ; les autres, aux malades ; il en est aussi, qui sont affectés aux enfants recueillis dans les orphelinats annexés aux hospices, soit dans les hospices dépositaires ; ces derniers ont trait à des services spéciaux, et nous n'en parlerons pas ici.

Au 31 décembre 1882, le nombre des lits d'incurables, en France, était de 54,839, soit une proportion de 15 lits par 10,000 habitants. Mais la répartition de ces lits est bien différente selon les départements : la proportion la plus forte est fournie par le département de la Seine (38.6 pour 10,000 habitants), la plus faible par la Corse (1 seulement par 10,000 habitants) ; 19 départements ont moins de 5 lits pour ce chiffre d'habitants, 30 en ont de 10 à 15 ; 14, de 15 à 20 ; 11 en ont plus de 20. Il est à remarquer que ce ne sont pas toujours les départements les plus riches qui fournissent le plus grand nombre d'établissements hospitaliers, c'est ainsi que la Haute-Garonne, la Dordogne et les Basses-Pyrénées fournissent

_____

(1) M. de Crisenoy, dans l'étude citée plus haut, donne, pour chaque département, la proportion exacte de lits par rapport à la population.

une proportion de lits inférieure à 5 par 10,000 habitants, et, qu'à l'inverse, la Mayenne et le Vaucluse viennent presque en tête de tous les départements, le premier pays avec 21.7 lits et le second avec 28.0 (1). Or, sur ces 54,839 lits d'incurables existant en 1882, 48,837 seulement, c'est-à-dire 90 % étaient occupés au 31 décembre. Comme le fait remarquer M. de Crisenoy, « l'é-» poque de l'année n'a ici aucune influence, puisqu'il » s'agit presque toujours de pensionnaires à vie. » Dans 28 départements, plus du quart des lits était vacant ; dans six d'entre eux, la vacance portait même sur la moitié.

Si nous jetons maintenant notre attention sur les lits de malades, nous pouvons constater qu'à la même époque, le nombre était de 72,025, représentant une proportion moyenne de 19 lits par 10,000 habitants, c'est-à-dire une proportion de 4 lits supérieure à celle du nombre de lits d'incurables.

Sur les 72,025 lits de cette catégorie, 48,874 seulement se trouvaient occupés au 31 décembre 1882, c'est-à-dire les deux tiers. Dans certains départements, cette proportion était dépassée : les vacances atteignaient, en effet, 67 % dans le Gers, 69 dans les Basses-Alpes, 71 dans les Hautes-Pyrénées, 73 dans le Var, et 78 dans la Vienne. Que l'on ne dise pas que le mois de décembre soit une époque mal choisie pour la comparaison des lits vacants et des lits occupés ; sans doute, lorsqu'il s'agit de lits de malades, l'époque de l'année, où se fait le relevé, a une grande importance ; mais le mois de décembre est précisément celui de tous les mois, où, en temps normal, les hôpitaux sont le plus remplis. Donc,

(1) Les hospices ne sont pas les seules maisons hospitalières qui reçoivent des incurables ; la plupart des lits des dépôts de mendicité sont, nous l'avons dit, affectés à ceux-ci.

si au lieu de s'attacher au nombre de lits occupés à cette époque de l'année, on considère le nombre de journées de malades, et si on le compare au nombre total de journées, que pourraient fournir les lits existants, on ne tarde pas à constater que la proportion des lits occupés s'abaisse considérablement. Pour l'ensemble de la France, la moyenne de celle-ci descend de 68 % à 58 %. La proportion des journées utilisées ne dépasse pas la moitié dans 48 départements, et n'atteint pas le tiers dans 12. Elle ne dépasse les 2/3 que dans 15 départements, et les 4/5 que dans 5 ; encore importe-t-il de constater que, dans ces 5 départements, se trouvent le Rhône, la Gironde et la Seine, c'est-à-dire des départements composés de grandes villes (1).

Nous nous sommes étendu assez longuement sur ce défaut d'utilisation des lits d'hôpitaux ; c'est qu'en effet toute la question de l'assistance rurale est là : pendant que les lits des hôpitaux des villes restent vacants au moins jusqu'à concurrence d'un tiers, les malades des campagnes ne peuvent obtenir leur hospitalisation.

Nous disons qu'ils ne peuvent l'obtenir ; il y a évidemment quelque exagération dans notre affirmation, mais toutefois celle-ci contient la plus grande part de vérité. Sans nul doute, il est des malades appartenant

---

(1) M. de Crisenoy a donné des détails extrêmement complets sur la situation, que présentent à cet égard les divers départements.

Dans une note présentée au Conseil supérieur de l'Assistance publique par M. Monod, directeur au ministère de l'intérieur, nous lisons que, sur un nombre de 1,159 établissements hospitaliers, pour lesquels des renseignements complets ont pu être fournis, lesquels comprenaient 39,248 lits de malades, et 47,964 lits de vieillards et d'incurables, il y en avait eu, en 1886, parmi les lits de la première catégorie, 23,539 occupés et 15,709 inoccupés (soit respectivement 60 0/0 et 40 0/0) ; et, parmi les lits de la seconde catégorie, 37,192 occupés et 10,772 inoccupés (75,55 0/0 et 22.45 0/0).

à des communes rurales, dotées d'hôpitaux (elles sont
en très petit nombre); il en est habitant des localités
qui consentent et peuvent consentir au placement de
leurs indigents dans les établissements hospitaliers des
villes voisines; il en est enfin dont les communes ont
droit, en vertu d'actes de fondation, à l'hospitalisation
gratuite de leurs malades dans des établissements cantonaux ou dans les établissements des villes. Mais, en
fait, l'on peut dire que l'assistance rurale, en ce qui
concerne l'hospitalisation, n'est pas organisée.

Il faut convenir que, pour les campagnes, c'est peut-
être la forme d'assistance dont les indigents ressentent
le moins la privation. En effet, l'hôpital, que redoute
déjà le malade des villes, est davantage encore la terreur
de celui des campagnes. S'éloigner de son domicile, de
sa famille et de ses enfants, abandonner sa demeure, se
priver des visites des amis et des voisins, si empressés
au village à consoler celui qui souffre, c'est là un parti
auquel on ne peut facilement se résigner. Et puis quelles
difficultés matérielles de transport pour conduire le
malade à l'hôpital désigné par le département pour recevoir les indigents de la commune. Souvent quelques
dizaines de kilomètres séparent celle-ci de la ville; il
faut les faire franchir au malade, exposé, dans une
mauvaise voiture, au froid, à la pluie ou à l'excès de
chaleur. Ajoutez à cela que la maladie est le plus souvent à sa période aiguë, lorsque l'on songe à conduire
le malade à l'hôpital. Ce n'est pas au moment où la
maladie débute, que sa gravité se révèle et commande
le transport à l'hôpital; à son origine, elle ressemble le
plus souvent à une simple indisposition, appelée, le
croit-on, à céder à la première médication. C'est après
quelques jours, et lorsque l'on a constaté l'impuissance
des premiers remèdes, c'est alors, disons-nous, que le

transport à l'hôpital peu paraître nécessaire ; mais à ce moment, il est souvent trop tard, la faiblesse du malade est grande, et rendrait souvent dangereux le déplacement. Ce n'est donc qu'au cas d'un accident, plutôt que d'une maladie, que l'hospitalisation des indigents des campagnes est possible, tant qu'il n'y aura pas d'hôpitaux ruraux.

La répugnance du paysan est la même pour l'hospice que pour l'hôpital : le vieillard des campagnes ne se résout à accepter un lit dans un asile que lorsqu'il est sans parents, et lorsque, par suite de l'absence de toutes ressources, il lui est absolument impossible de demeurer dans son village. C'est là une constatation qu'il nous a été donné de faire plusieurs fois ; ainsi, dans un hospice destiné à recevoir les vieillards d'une ville de 4,000 habitants, et de dix communes rurales, formant une population de 8,000 habitants, les vieillards de la ville fournissent les deux tiers des pensionnaires, et ceux des villages voisins n'en fournissent que le tiers, soit une progression précisément inverse du nombre respectif de la population de la ville et de celle des campagnes (1).

Les femmes ressentent davantage que les hommes cette répugnance instinctive pour l'hospice et l'hôpital : à l'hospice-hôpital Condé, à Chantilly, la moitié des lits des *cadettes* est toujours inoccupée ; les lits des *cadets*, au contraire, sont le plus souvent tous occupés (2). Il est vrai que, en tant qu'il s'applique à l'hos-

(1) Liancourt (Oise).

(2) Par un acte de 1647, la princesse Charlotte-Marguerite de Montmorency, sœur de Henri II de Montmorency, princesse douairière de Condé, dame de Chantilly, établit la charité de Chantilly. C'est par lettres-patentes de février 1711 que Louis XIV autorise Louise-Françoise de Bourbon, veuve de Louis XIII de Bourbon, sixième prince de Condé, et tutrice de Louis-Henri, duc de Bourbon, septième prince de Condé, à établir un hôpital dans le lieu de Vineuil ou de Chantilly, dont le prince Louis-Henri est déclaré *fondateur* (sic). — Les

pitalisation des vieillards, ce fait pourrait s'expliquer
par une autre raison : la femme âgée, tant qu'elle reste
à peu près valide, rend des services à ceux qui l'entourent ; elle soigne les enfants pendant que la mère
est aux champs ou à l'atelier ; elle prépare les aliments,
elle s'occupe des menus soins du ménage ; et puis, il
faut bien l'ajouter, la femme, à la dernière étape de la
vie, a moins de besoins que l'homme : elle est plus
sobre, et dès lors sa présence entraîne moins de charges
au foyer.

Les communes rurales, avons-nous dit, possèdent
parfois des hôpitaux : le nombre de celles qui en sont
dotées n'est pas bien considérable. Et cela se comprend :
les établissements hospitaliers sont fondés tantôt et le
plus souvent au moyen de libéralités particulières,
tantôt avec les ressources communales. Cette explication montre assez que très rarement les communes
rurales verront des fondations à l'usage de leurs habitants ; il est bien évident que ce n'est pas avec les
ressources, généralement très restreintes, dont elles
disposent, qu'elles peuvent établir des hôpitaux et des
hospices à l'usage de leurs habitants ; d'autre part, ce
n'est pas dans une localité de quelques centaines d'âmes
que le besoin d'un établissement hospitalier se fait
sentir à ce point que les personnes charitables songent
à donner à leurs libéralités cette affectation particulière, et, d'ailleurs, ainsi que nous l'avons mentionné
plus haut, ce n'est pas, en général dans les petits vil-

vieillards de l'hospice sont appelés *Cadets*. On ne sait exactement l'origine de
cette appellation : D'après une explication, lorsque les princes de Condé venaient
à Chantilly, ils étaient escortés d'une garde d'honneur dont les hommes s'appelaient *cadets*, nom synonyme de chevalier ; d'après une dernière explication,
les princes, parlant des domestiques de leur maison, auraient dit : « *Ils sont
les aînés de la famille, et les pauvres en sont les cadets* ».

lages que se trouvent ni les plus grosses fortunes, ni
les sentiments de charité les plus intenses. Les familles
les plus riches habitent les villes ; c'est aussi dans les
villes que les élans de la compassion sont le plus vifs.
Les hôpitaux s'y établissent plus fréquemment.

Que l'établissement hospitalier soit fondé dans une
ville ou dans un simple village, il est appelé, si cet
établissement est affecté aux malades, à recevoir tous
les malades, résidant dans la commune, « la maladie,
» selon l'ingénieuse expression de M. de Melun, leur
» conférant le domicile de secours. » (1). Dans notre
législation, le domicile de secours est régi par la loi du
24 vendémiaire an II (titre V), qui est encore appliquée
aujourd'hui par notre jurisprudence, faute de textes
plus modernes ; elle avait été édictée à une époque où
notre pays était placé sous le régime de l'assistance
obligatoire par l'Etat. On pourrait donc, étant donnée
cette origine, douter de son application. Quoiqu'il en
soit, elle est encore observée, mais, en fait, son application est restreinte aujourd'hui à l'assistance des enfants abandonnés et des aliénés, c'est-à-dire aux deux
seuls cas où l'assistance soit obligatoire (2). Ce n'est que
dans ces deux hypothèses seulement que la question de
domicile de secours pourra être posée et qu'il pourra y
avoir des recours à exercer.

Quand il s'agit de l'admission au traitement à l'hôpital, l'indigent, qui n'a pas de droit, mais un simple

---

(1) M. F. Ravarin, *L'assistance communale*, p. 159. — M. Cheysson, *L'assistance rurale et le groupement des communes*, p. 7.

(2) La loi de vendémiaire définit le domicile de secours « le lieu où l'homme
» nécessiteux a droit aux secours publics. » Elle le place au lieu de la naissance, comme règle générale, sauf la possibilité d'en acquérir un autre par un
séjour habituellement d'un an, par exception de six mois. Le lieu de naissance
n'est pas celui où l'homme a vu effectivement le jour, c'est celui où sa mère
avait son *domicile habituel* au moment de sa naissance (V. les articles 1 à 4)

titre à cette assistance, n'est soumis à aucune condition de domicile. L'article 3 de la loi du 6 août 1851 pose le principe que « si un individu privé de ressources, » tombe malade dans une commune, aucune condition » de domicile ne peut être exigée pour son admission » à l'hospice existant dans la commune. » Sans doute, cette disposition peut imposer des charges assez lourdes aux hôpitaux, qui doivent s'ouvrir. aux indigents de passage, tombés malades durant leur séjour, sans possibilité d'un recours contre la commune, où ils sont domiciliés, ou dont ils sont originaires. Mais elle se justifie aisément par des considérations humanitaires et rationnelles. Au contraire, pour l'admission à l'hospice d'un vieillard ou d'un incurable, le législateur de 1851 s'est laissé guider par une pensée restrictive. « Il a craint d'être » trop libéral, en fixant lui-même un principe appli- » cable dans tous les hospices de France, et qui impo- » serait à beaucoup de ces établissements des charges » impossibles à porter » (1). Aussi a-t-il laissé à chaque commission hospitalière le soin de déterminer, par un règlement spécial, les conditions d'âge et de domicile nécessaires à l'admission dans l'hospice.

Les communes rurales sont-elles admises à profiter de l'assistance hospitalière ? On comprend qu'il est de toute justice que les bienfaits de cette assistance ne soient pas exclusivement réservés aux habitants des villes ; celles-ci étant appelées, par les circonstances et pour les raisons que nous avons décrites plus haut, à être choisies préférablement pour la fondation des hôpitaux, il semble équitable que la population rurale puisse être admise à en bénéficier. Le législateur l'a compris,

(1) Ravarin, *loc. cit.*, p. 178.

et sans imposer aux établissements hospitaliers l'obligation de recevoir gratuitement les malades des communes voisines, ce qui eût été leur ruine, il a voulu donner satisfaction aux deux intérêts en présence, et il a tenté de les concilier. Voici comment s'exprimait le rapporteur de la loi de 1851 : « L'hôpital, désigné par le Conseil » général, juste appréciateur des circonstances locales, » devra fournir un certain nombre de places, à un prix » modéré, et apporter son contingent par la jouissance » des bâtiments, mis à la disposition de ceux qui, jus- » que-là, en avaient été exclus. La commune, cette ex- » tension de la famille, qui, lorsque celle-ci fait défaut, » doit la remplacer, pourvoira à l'entretien du malade, » qu'elle n'enverra à l'hôpital que dans une absolue né- » cessité. Mais, par une disposition empruntée à la loi » de 1838, touchant les aliénés indigents non dangereux, » le Conseil général qui aura déterminé la circonscrip- » tion rurale, admissible dans chaque établissement, » pourra venir en aide par le vote annuel d'un subside » aux communes trop pauvres, et fixera d'avance, eu » égard à leurs revenus, dans quelle proportion il con- » tribuera à une bonne œuvre, qui aurait dépassé leurs » ressources. »

La combinaison de la loi 1851 repose donc sur le triple concours de l'hospice, de la commune et du département. Malheureusement cette loi n'a pas reçu, dans la pratique, l'application que l'on pouvait espérer. La division par « circonscriptions hospitalières » n'a pas été partout opérée (1) ; les conseils généraux ne votent pas tous un crédit destiné à alléger la charge des communes ; leur subvention, d'ailleurs, n'est pas assurée à celles-ci ; les communes, à raison de l'exiguité de leurs ressources,

(1) Rapport de M. Tallon, sur l'enquête ordonnée par l'Assemblée nationale.

se refusent fréquemment à s'imposer les dépenses d'assistance hospitalière de leurs malades ; les hospices enfin fixent parfois des prix de journée relativement trop élevés.

Les conseils généraux votent presque tous des crédits destinés à permettre l'hospitalisation des malades, privés d'établissements hospitaliers. Les crédits votés permettent de décharger les communes d'une partie des frais de séjour. L'allocation des secours est faite par le préfet, et elle atteint en général le tiers de la dépense. Parfois le Conseil général fixe une proportion différente, suivant l'importance des ressources de la commune (1).

Mais la part restant à la charge de la commune est encore bien élevée, et, quoique le prix de journée soit, en général, assez faible et ne dépasse pas 1 fr. 50, il ne faut pas se dissimuler qu'une somme de 1 fr. par jour (soit les deux tiers de la dépense) constitue encore une lourde dépense pour une commune pauvre, dépense devant laquelle elle recule presque toujours. Aussi voit-on, dans la pratique, les faits les plus extraordinaires de la part des communes et de leurs administrateurs pour se soustraire à l'obligation de faire soigner leurs malades dans les hôpitaux. On voit, ou plutôt on a vu des maires payer de leurs deniers les frais de voyage de malades ou de vieillards, et les envoyer dans une

---

(1) Le Conseil général de la Sarthe a établi pour l'admission à l'asile départemental la proportion des communes de la manière suivante :

1º Communes dont le centime rapporte moins de 30 fr.......... 40 fr. ;
2º Communes dont le centime vaut de 30 à 40 fr.............. 60 fr. ;
3º        id.            de 40 à 100 fr............. 80 fr. ;
4º        id.            de 100 à 300 fr............ 100 fr. ;
5º        id.            au-dessus de 300 fr......... 150 fr. ;

Pour la maison départementale de secours de Meurthe-et-Moselle, le prix de journée est de 1 fr. 20, et le concours des communes varie entre une proportion de 75 0/0 et de 15 0/0 ; cette dernière proportion est fixée pour les communes ayant de 500 à 5,000 fr. de revenus ordinaires.

(V. *Revue des établissements de bienfaisance*, années 1885 et 1886).

ville, dotée d'un établissement hospitalier ; on en a vu
qui les conduisaient avec leur propre voiture jusqu'à
la porte de l'hôpital de la ville voisine. Là, on a vu
des administrateurs d'établissements hospitaliers, qui,
très charitables de leur nature, refusaient l'admission à
de pauvres malheureux, venus frapper à la porte, en
demandant un lit pour mourir !... Et cependant les
revenus restaient, en grande partie, sans emploi et se
thésaurisaient chaque année.

Sans doute, certains hôpitaux, dotés de ressources
abondantes, ou administrés par des personnes à l'esprit
large et au cœur compatissant, font de grandes concessions aux communes rurales. Parmi ceux-ci, il faut
citer en première ligne les hospices de Lyon. Dans
cette ville, l'Hôtel-Dieu reçoit dans ses lits, non seulement les malades de Lyon, mais ceux du département
du Rhône, des autres départements et même ceux de
l'étranger, si par impossible, on lui en envoie. Il est
arrivé qu'en certains hivers rigoureux, plus d'un tiers
des lits étaient occupés par des malades, expédiés, en
chemin de fer, des départements voisins. Cette pratique
a entraîné parfois des abus ; car souvent la présence de
nombreux malades, étrangers à la ville de Lyon, a obligé
l'administration à refuser les secours aux pauvres de la
ville, où à leur faire attendre longtemps leur admission.
— Cette extension de l'esprit charitable remonte haut
dans le passé, et s'explique historiquement. « L'industrie
» de la soie attira de bonne heure à Lyon de nombreux
» étrangers, dont beaucoup se fixaient dans la ville,
» après avoir fait fortune. Souvent ils faisaient des libé-
» ralités à l'Hôtel-Dieu, et comme, à cette époque, la
» législation ne péchait pas par excès de tendresse pour

_____

(1) Ravarin, _loc. cit._, p. 387.

» les *aubains*, ils stipulaient que leurs compatriotes se-
» raient reçus et traités à l'égal des Français ».

Nous devons mentionner aussi le sacrifice fait par les
hospices d'Orléans, qui, alors que la journée y revient
à 1 fr. 80, ont pu, à raison de leur situation exceptionnellement prospère, abaisser successivement à 0, 70 et à
0, 40 centimes le prix de journée pour les malades étrangers à la ville, et placés au compte des communes ou
du département. La moitié de la dépense est payée par
le département pour les communes où le centime ne
produit pas plus de 50 fr. (1).

Selon nous, l'assistance hospitalière rurale a sa seule
solution dans une combinaison analogue à celle dont les
hospices d'Orléans ont pris l'initiative. L'utilisation des
lits actuellement existants, l'abaissement des prix de
journées en faveur des communes rurales, tel est le
système que nous soutiendrons plus loin ; celui-ci est, à
coup sûr, préférable au système des hospices cantonaux,
dont la création serait fort onéreuse, et l'administration difficile à raison de l'imperfection de notre législation (2).

Il existe cependant en France un certain nombre d'hospices cantonaux ou régionaux sur lesquels plusieurs communes ont des droits. En premier lieu, il y a les établissements qui proviennent, surtout dans le nord de la
France, de la fusion de nombreuses maladreries, ou qui
ont été enrichis par leur suppression. C'est ainsi qu'en
1672, Louis XIV a supprimé 1879 maladreries et a

---

(1) Les malades des communes de la Seine sont admis, en vertu d'anciens
traités, moyennant une somme de 69,000 fr. dans les hôpitaux de l'*Assistance
publique*, à laquelle le département donne en outre, de ce chef, une subvention
de 200.000 fr.

(2) V. plus haut l'*Introduction*.

transporté leurs ressources à 701 hôpitaux existant à
cette époque ou créés par ce fait même, et auxquels il
imposa l'obligation de soigner les malades des communes
dont dépendaient ces maladreries ; et ces malades devaient être reçus « dans la proportion des biens unis. »
En second lieu, un grand nombre d'hôpitaux ont profité
depuis le commencement du siècle des libéralités avec
fondations de lits en faveur de certaines communes. Il
existait, au 1er janvier 1879, 545 établissements hospitaliers, sur lesquels des communes avaient des droits soit
antérieurs, soit postérieurs à 1789 ; 209 étaient établis
dans des chefs-lieux de canton, et 69 dans de simples
communes rurales (1).

Mais, dans l'un et l'autre cas, ces établissements sont
gérés, comme s'ils appartenaient exclusivement à la
commune sur le territoire de laquelle ils sont situés ;
les autres communes ne sont pas représentées dans les
commissions administratives. De telle sorte que ces
hospices, aussi bien cantonaux qu'intercommunaux, sont
administrés comme établissements communaux et sans
la participation des associés extérieurs. Citons le Mon-
tel-Chantelle, dans l'Allier, Pont-Authon, dans l'Eure,
etc. Exceptionnellement, et malgré les obstacles résultant
de la législation, qui entrave, plutôt qu'elle ne favorise,
le groupement des communes, en ce qu'elle n'autorise
pas l'organisation intercommunale, exceptionnellement,
disons-nous, la nécessité aidant et se faisant ingénieuse,
on a pu constituer, en vue d'un bon aménagement des
secours hospitaliers, une organisation particulière. L'hôpital-hospice de Vervins, par exemple, dont la fondation remonte à 200 ans, reçoit les malades et les vieillards des communes du canton dans les conditions,

_____

(1) Ces chiffres nous ont été révélés par l'enquête faite en 1879. et dont les
documents nous ont été communiqués par le ministère de l'intérieur.

d'ailleurs, de la loi du 7 août 1851, et l'admission de ceux-ci s'opère sous la surveillance d'un syndicat de délégués des diverses communes, présidé par le juge de paix.

Chaque fois que la création est due à un legs ou à une donation, l'on a recours depuis quelques années à un procédé qui malheureusement ne pourrait servir si l'établissement était créé par une commune, et avait, dès son origine, et par ce fait même, le caractère d'établissement public ; on recherche le caractère d'établissement d'utilité publique qui lui confère l'existence légale. On a procédé ainsi pour l'asile d'Aligne, à Chartres, pour l'asile Bordas, à Châteaudun, pour le refuge des vieillards, à Dreux, pour l'hospice Sainte-Elisabeth, à Rochefort-Montagne dans le Puy-de-Dôme (décret du 17 septembre 1879) et pour les sept hospices cantonaux de la fondation Texier-Gallas dans l'Eure-et-Loir (décret du 19 avril 1880) (1).

L'établissement de bienfaisance d'Eure-et-Loir, dit fondation Texier-Gallas, est une institution curieuse, dont nous ne pouvons résister au désir de rappeler l'origine et d'indiquer brièvement le fonctionnement.

Mme Gallas, veuve de M. Alexandre Texier, décédée

---

(1) V. Cheysson, *L'Assistance rurale et le groupement des communes.* — V. *Enquête* faite en 1879 par le ministère de l'intérieur pour la préparation du projet de loi sur les hospices cantonaux.

La *Revue des établissements de bienfaisance* a publié, dans sa livraison d'avril 1886, un décret créant à Forges-les-Eaux, dans la Seine-Inférieure, un hospice destiné à desservir 21 communes. Aux termes du décret, rendu sur l'avis du Conseil d'Etat, la commission administrative de l'établissement doit comprendre deux membres élus par les 21 communes associées. Cette solution est tirée de l'article 8 de la loi du 21 mai 1873. La même revue a publié (livraison de juillet) un décret du 17 juin 1886 créant un hospice pour les vieillards du canton de Saint-Julien (Jura) et de quelques autres communes ; aux termes de ce décret, un des membres élus est nommé par le Conseil munipal de Saint-Julien, l'autre par la réunion des maires des autres communes intéressées.

à Chartres en 1876, avait institué pour son légataire universel, le département d'Eure-et-Loir à charge de fonder un établissement départemental de bienfaisance, ayant pour objet la création successive de diverses œuvres. Le legs représentait une valeur de 1,700,000 fr. environ, produisant un revenu de 50,000 fr. Les œuvres à créer étaient indiqués dans l'ordre suivant :

1° Création et entretien d'hôpitaux cantonaux dans sept cantons, où il n'existait aucun établissement hospitalier.

2° Pensions viagères, en faveur des vieillards de l'un ou l'autre sexe, âgés de 65 ans au moins, ayant 20 au moins de domicile dans le département. Une rente de 7,000 francs devra préalablement être constituée pour cet objet, après la fondation des hôpitaux cantonaux.

3° Emploi de l'excédant des revenus à allouer des suppléments de subventions aux hospices cantonaux, à acquitter les frais de traitement des malades indigents dans les hospices cantonaux où ils ne pourraient être reçus gratuitement, — disposition qui s'applique à tous les cantons du département, sauf à ceux où sera établi un hôpital Gallas, — à faire des distributions gratuites de médicaments, et enfin à fournir aux hospices des cantons ruraux un mobilier médical qui serait prêté aux malades soignés à domicile.

4° Encouragement à diverses œuvres de bienfaisance et de moralisation, telles que les bureaux de bienfaisance, les sociétés de secours mutuels, les coopérations d'ouvriers, etc.

L'établissement a été constitué comme établissement départemental par un décret du 19 avril 1880 ; il est placé sous l'autorité du ministre de l'intérieur, sous la surveillance du Conseil général et du préfet, et admi-

nistré par une commission centrale ; celle-ci investie
des pouvoirs les plus étendus, se compose du préfet,
du président du Conseil général, membres de droit,
d'un membre du Conseil général élu par le Conseil
pour 3 ans, et de cinq autres membres, nommés par le
préfet.

Nous extrayons du règlement préparé par M. Emile
Labiche, parent et exécuteur testamentaire de M. et
Mᵐᵉ Texier, en même temps que président du Conseil
général d'Eure-et-Loir, les lignes suivantes :

« .......... La législation ne reconnaissant pas le
» canton, comme personne civile, ne permet de lui
» attribuer, ni la propriété, ni même l'usufruit de l'hôpi-
» tal. Une propriété indivise entre toutes les communes
» d'un canton, ne pourrait non plus être constituée, et
» il y aurait inconvénient à attribuer exclusivement la
» propriété à la commune sur le territoire de laquelle
» l'hôpital serait établi. Quant à présent, et jusqu'à ce
» que chaque établissement cantonal ait pu recevoir
» l'existence civile, le département doit donc nécessai-
» rement conserver la propriété de l'établissement can-
» tonal, et par conséquent l'exercice des droits de pro-
» priété, en appelant toutes les communes du canton
» à profiter des bienfaits de l'établissement. Cependant
» la commission a reconnu qu'en compensation des
» avantages dont la commune, qui sera le siège de
» l'établissement cantonal, pourra bénéficier, cette
» commune devra être tenue envers le département
» des frais de contribution, assurances et réparations
» d'entretien dont serait tenu un usufruitier. »

C'est donc au nom du département qu'est acquis le
terrain sur lequel l'hôpital est construit, ou l'immeuble
déjà édifié qui est affecté à l'hôpital ; mais il est payé
par les communes réunies, tenues de le fournir, et

obligées, en outre, à supporter les dépenses pouvant excéder la somme de 45,000 fr. allouée par l'établissement départemental pour la création de chacun des sept hôpitaux cantonaux. L'entretien de l'hôpital est à la charge de la fondation et doit entraîner, ainsi que le service médical, la constitution d'une rente annuelle de 4,000 fr.

Chaque hôpital doit comprendre au moins quatre chambres, contenant chacune un lit de malade, et, s'il est possible, une grande salle qui, en cas d'épidémie, pourrait recevoir un certain nombre de malades.

Des sept hôpitaux, quatre ont déjà été créés et ouverts, ceux d'Auneau et de Voves en 1883, celui d'Anet en 1884, celui d'Authon à la fin de 1885. Ceux de Theron et d'Orgérès sont en voie de création. Il ne restera plus à établir que celui de la Ferté-Vidame.

N'omettons pas de dire qu'il a été décidé que sur l'allocation annuelle de 4,000 fr. attribuée à chaque hospice cantonal, une somme de 1,500 fr. serait employée en secours à domicile et répartis entre les communes associées au prorata de leur population, sous la condition que ces communes continueront à inscrire à leur budget les sommes qu'elles avaient coutume de voter en faveur des indigents, ou pour l'extinction de la mendicité.

Nous n'aurions donné qu'une idée très imparfaite de la fondation Texier-Gallas, si nous n'ajoutions que l'administration de chaque hôpital cantonal est confiée, sous la direction et le contrôle de la commission centrale, à une commission locale, dite cantonale, qui se compose : 1° du maire de la commune sur le territoire de laquelle est situé l'hôpital, du conseiller général, et du conseiller d'arrondissement, membres de droit; 2° de cinq autres membres nommés par le préfet sur la désignation de la commission centrale.

Deux fois par an, avant les sessions du Conseil général, les maires du canton sont appelés à assister à la
séance de la commission cantonale, et à donner leur
avis sur toutes les questions relatives soit au fonctionnement, soit au développement de l'œuvre dans le
canton (1).

(1) M. de Crisenoy a présenté une monographie aussi complète qu'intéressante de la fondation Texier-Gallas. V. *Revue générale d'administration*,
octobre 1886.

# CHAPITRE XIX

## La maladie (SUITE). — La médecine gratuite.

Différence entre les campagnes et les villes au point de vue des secours à domicile. — Origine des secours à domicile. — Art. 7 de la loi du 21 mai 1873. — Secours médicaux dans les campagnes. — M. de Lezay-Marnésia, dans le Bas-Rhin, organise la médecine gratuite dès 1810. — Développement actuel du service. — Caractère facultatif de l'institution. — Insuffisance du nombre des médecins. — Organisation du service. — Trois systèmes. — Envoi de malades aux eaux. — Epidémies.

Faut-il encore relever, en ce qui concerne les secours à domicile, une nouvelle différence entre l'assistance des villes et celle des campagnes ? Aussi bien l'indiquerons-nous, pour continuer le parallèle commencé et poursuivi par nous à travers les diverses étapes de cette longue étude.

Dès l'an X, Chaptal, dans une circulaire aux préfets, écrivait : « Les hôpitaux ne doivent être ouverts qu'à » ceux des malades qui n'ont pas de famille. Dans une » famille, dont le chef est malade, la femme et les en- » fants s'estiment heureux d'être allégés d'une partie » de la dépense. »

Trente ans plus tard, en 1840, M. de Rémusat, alors ministre de l'intérieur, dans une autre circulaire aux préfets, recommandait également le traitement à domicile : « L'expérience, disait-il, tend chaque jour à dé- » montrer que le système des hospices relâche, s'il ne » les détruit, les liens de la famille ; il déshabitue les

» enfants de soigner leurs parents vieux et infirmes ;
» ces derniers eux-mêmeš, dans la pensée d'enlever une
» charge à leurs enfants, finissent par considérer l'hos-
» pice comme un asile où il est naturel d'aller terminer
» ses jours. »

Aussi, depuis cette époque, ce mode de traitement
n'a-t-il cessé de se développer ; on a considéré que le
grand progrès de l'assistance doit être surtout cherché
de ce côté.

En vue de la bonne organisation des secours à domicile, le marquis de Pastoret, dès 1816, dans un rapport
au Conseil général des hospices de Paris, proposait la
réunion des hôpitaux et des bureaux de bienfaisance
dans une seule et même direction. A Paris, la conjonc-
tion des deux services existe depuis assez longtemps
déjà, et elle donne de bons résultats.

En province, celles des villes qui sont dotées à la fois
de bureaux de bienfaisance et d'hôpitaux, peuvent voir
appliquer assez largement le traitement à domicile des
malades indigents. L'article 7 de la loi du 21 mai 1873,
relative aux commissions administratives des établissements de bienfaisance, consacre, en effet, une importante
modification à la législation précédente. Les bureaux
de bienfaisance étaient exclusivement chargés de la
distribution des secours à domicile ; l'article 17 de la loi
du 7 août 1851 n'avaït fait ouvrir qu'une faculté contraire. L'article 7 de la loi de 1873 confère au Conseil
général du département une attribution particulière,
qui se rattache à sa mission de contrôle sur certaines
parties de l'administration communale : « Les commis-
» sions administratives des hospices et des hôpitaux
» pourront, de concert avec les bureaux de bienfaisance,
» assister à domicile les malades indigents. A cet effet,
» elles sont autorisées, par extension de la faculté ou-

» verte par l'article 17 de la loi du 7 août 1851, à
» disposer des revenus hospitaliers, jusqu'à concurrence
» du quart, pour les affecter au traitement des malades
» à domicile et à l'allocation des secours annuels en
» faveur des vieillards ou infirmes placés dans leurs
» familles. La portion des revenus ainsi employés pourra
» être portée au tiers avec l'assentiment du Conseil
» général. »

Mais les hôpitaux, n'avons-nous cessé de répéter,
n'existent guère que dans les villes et dans les localités
importantes. En dehors de celles-ci, le traitement à
domicile des malades indigents est-il organisé ? Il n'est
pas douteux qu'étendu dans les campagnes, où seul il
est pratiqué, le secours à domicile pourrait, tout en
réduisant les dépenses, élargir les effets de la bienfaisance
nationale. Malheureusement ici encore l'organisation de
la médecine des pauvres est bien défectueuse, et l'on
peut hardiment affirmer que, en France, tandis que
l'organisation de l'assistance médicale dans les grandes
villes est remarquable et même supérieure à celle des
peuples voisins, elle leur est, au contraire, dans les
campagnes, absolument inférieure. En Angleterre, une
imposition spéciale, établie sur les biens ruraux, a permis d'asseoir sur les bases les plus larges le service
médical des populations rurales ; en Espagne même,
ce service est confié à des médecins, nommés au concours, et rénumérés au moyen d'une taxe, qui offre
avec nos centimes additionnels une grande analogie.
En France, à l'inverse, les campagnes, réserve faite de
quelques départements, ne bénéficient pas de l'assistance
médicale.

Est-ce à dire que l'on n'ait rien tenté chez nous ? Loin
de là, il faut reconnaître que de généreux efforts ont, à
diverses reprises, été faits en vue d'assurer une organi-

sation complète de la médecine gratuite ; mais il faut compter, en France, et avec le manque de persévérance qui caractérise un peu nos pouvoirs publics, et aussi avec les commotions politiques qui trop fréquemment suspendent les travaux de nos assemblées, et en frappent de mort, dans son germe, le produit. On s'expliquera ainsi que nous soyons encore à attendre une organisation générale et durable de ce service (1).

Le principe avait été pourtant posé par la loi du 24 Vendémiaire an II, qui, dans son article 18 du titre V, édicta *l'obligation de secourir les indigents ruraux en cas de maladie ;* cet article était conçu en ces termes : « Tout malade, domicilié de droit ou non, qui sera sans » ressources, sera secouru à son domicile de fait, ou » dans l'hospice le plus voisin. »

Le principe était posé, mais l'organisation n'a pas suivi. Cependant des exemples, dus à l'initiative privée, auraient été de nature à guider le législateur. Dès 1810, une première tentative individuelle, qui fait le plus grand honneur à son auteur, s'était produite en Alsace. M. de Lezay-Marnésia, préfet du Bas-Rhin, y créa un service médical gratuit. Cet exemple fut imité par le Haut-Rhin, puis par la Moselle en 1823, par la Haute-Saône en 1843, par la Meurthe en 1849, et par le Loiret en 1850.

Cette dernière date marque l'époque où, sous l'impulsion du ministère de l'Intérieur, la plupart des départements, adoptant le système suivi dans le Loiret,

(1) V. sur cette question de la médecine gratuite : *Revue des deux mondes,* 1er juin 1875 (article de M. Vacherot) ; *Répertoire du droit administratif,* de M. Béquet, v° *Assistance ; l'Assistance publique dans les campagnes,* par C. Bazille ; *Etude sur un manuel de l'Assistance publique en province,* par le Dr Daguillon ; *J. officiel* du 1er juin 1878, contenant un tableau statistique ; id. n° du 24 juillet 1878. V. aussi l'ouvrage de M. Théron de Montaugé, et un rapport *au Conseil supérieur de l'Assistance publique,* présenté par le Dr Dreyfus-Brisac.

entrèrent dans cette voie ; on en compta même un moment près des deux tiers. Mais chez quelques-uns, l'organisation n'était pas bien enracinée, elle était trop faible, et les Conseils généraux se lassèrent assez vite de fournir des subventions ; si bien qu'au lieu de 51 départements pourvus d'une assistance médicale en 1868, on n'en trouve plus que 35 en 1869 ; l'année suivante, le chiffre s'était relevé à 45 ; il n'était en 1887 que de 44 (1).

Ce service, dans ces 44 départements, embrasse 12,701 communes sur 18,518, qui est le nombre total des communes de ces départements ; il compte 632,479 indigents inscrits. La dépense, par indigent secouru, est, en moyenne, pour l'ensemble des départements, de 6 fr. 90 ; mais le chiffre varie, et présente des écarts considérables pour chacun d'eux. Ainsi tandis que cette moyenne s'élève, pour certains, à 20 fr. (Seine-et-Oise) et même 38 fr. 50 (Allier), elle descend pour d'autres à 2 fr. 97 (Aveyron et Vosges). Cette différence tient à ce que le service médical est organisé de manières diverses dans les départements, et reçoit plus ou moins d'extension : ici, il ne comprend que le service médical proprement dit ; là, il s'étend même aux produits pharmaceutiques. Une circulaire du ministre de l'Intérieur, en date du 15 avril 1854, a indiqué le but à atteindre, sans prescrire de mode uniforme pour y parvenir. L'ensemble des dépenses s'élève annuellement à plus de 1,541,232 fr. 99, dont la plus grande partie est fournie par les subventions départementales et les sommes votées par les Conseils municipaux. L'Etat n'y contribue que par une subvention annuelle de 50,000 fr. inscrite à son budget.

Il est très regrettable que le bénéfice du service mé-

_____

(1) C'est encore le chiffre cité dans un rapport au Conseil supérieur de l'Assistance publique (1888). Le département de la Haute-Marne, qui vient d'organiser ce service, forme ainsi le 45e.

dical ne soit pas étendu à tous les départements, et l'on se prend à déplorer les raisons qui en entravent le développement. Celles-ci sont, à notre sens, au nombre de deux : la première et, à coup sûr, la plus importante est le caractère purement facultatif de l'institution. Les Conseils généraux, avons-nous dit plus haut, sont libre de l'organiser ou non, d'affecter à cette organisation telles ou telles sommes ; bien mieux, dans ceux des départements où le service fonctionne, les communes sont absolument maîtresses d'en accorder ou d'en refuser le bénéfice à leurs indigents. Et cependant s'il est un fait d'assistance qui doive déterminer l'unanimité dans les assemblées délibérantes, c'est bien celui auquel donne lieu la maladie. La maladie, en effet, ne comporte pas la surprise et ne peut se feindre, comme l'indigence ; de plus, elle n'est pas, comme la mendicité, susceptible de s'étendre par le soulagement même qui lui est apporté. Aussi, nous l'avons reconnu plus haut, dans tous les temps, la sollicitude de l'État et de ses gouvernants s'est-elle portée sur l'assistance médicale.

M. Théophile Roussel dit « qu'en présence des infir- » mités et de la maladie, la conscience humaine ne » saurait se soustraire à l'accomplissement du devoir » social. » Le devoir moral n'est pas contesté; la question est seulement de savoir si le droit à l'assistance doit être consacré dans cette hypothèse. Nous avouons qu'ici et par exception, la charité pourrait être légale, sans qu'on eût à craindre de graves abus ; nous serions même assez tenté, pour notre part, de donner à l'assistance médicale un caractère obligatoire ; c'est là une brèche faite à des principes, auxquels nous sommes fortement attaché, mais nous nous ne pensons pas que cette atteinte à la loi fondamentale de la libre bienfai-

sance puisse déterminer des dérogations plus importantes. Dans l'enquête parlementaire, presque tous les
déposants ont reconnu que l'organisation ne serait sérieuse qu'autant qu'elle présenterait pour les communes
et le département un caractère obligatoire. Ce desideratum était déjà exprimé en 1847 par la faculté de
médecine de Strasbourg, consultée sur le projet de loi
de M. de Salvandy.

La seconde raison qui a arrêté le mouvement de
l'assistance médicale dans les campagnes, et qui l'a empêché de suivre la progression rapide qu'il avait eue
au début, est le trop petit nombre de médecins. En
1847, l'on comptait, en France, 10,643 docteurs ; en
1872, il n'y en avait que 10,766, c'est-à-dire que, pendant vingt-cinq ans, leur nombre est resté à peu près
stationnaire ; quant aux officiers de santé, leur nombre s'est considérablement abaissé : il est tombé de
7,456 en 1847, à 4,665 en 1872, de telle sorte que le
nombre total des praticiens est descendu de 18,099 en
1847 à 15,419 en 1872. La proportion était, à la première date, de 1 par 1,895 habitants ; elle n'était plus,
à la seconde, que de 1 par 2,341. Cette dernière proportion n'aurait rien d'inquiétant si, dans les campagnes, elle était exactement observée, et si chaque
groupe de 2,341 habitants était assuré d'avoir son médecin ; mais il n'en est pas malheureusement ainsi.
Pendant que les villes voient les médecins s'accumuler
chez elles, qu'il en est de même des départements qui
comptent des centres importants, voire même des stations
hivernales ou thermales à la mode, les pays purement agricoles ou industriels n'ont qu'une très faible proportion de
praticiens, eu égard à leur population. C'est ainsi que
dans les Hautes-Alpes, le Nord, la Haute-Loire, l'Ardèche, on ne compte qu'un médecin sur 6.400 habitants

environ ; dans l'Ille-et-Vilaine, le Pas-de-Calais, le Finistère, 1 pour 7.400 habitants, 1 sur 8.000 dans la Creuse, 1 sur 8.700 dans la Corse et dans les Côtes-du-Nord, et 1 sur 10.500 dans le Morbihan.

N'est-ce pas bien insuffisant? Il y a là une situation dont souffre lui-même le paysan aisé, et dont le pauvre est bien autrement victime; « car, comme on l'a dit, quel » que soit l'esprit de charité du praticien de campagne, » on ne peut espérer de lui, et il serait injuste de le » lui demander, de faire passer la clientèle pauvre avant » la clientèle payante, et les droits de l'humanité avant » ses intérêts les plus immédiats » (1). Nous pourrions nous demander, si cette digression n'était de nature à nous éloigner de notre sujet, d'où peut venir cette tendance de plus en plus accentuée chez les jeunes médecins à ne pas s'établir dans les campagnes. La vérité, croyons-nous, est que la ville a pour eux plus d'attraits; non pas qu'ils y aient plus de chance d'y réussir; loin de là, il est certain qu'ils y sont obligés d'attendre longtemps une clientèle, et quelquefois en vain, tandis qu'à la campagne, il n'est pas d'exemple qu'un jeune médecin, pourvu qu'il soit doué de quelque activité, ne se fasse bien vite une situation aisée et honorable. Combien en avons-nous connu de jeunes docteurs qui, après s'être établis à Paris, se trouvaient, au bout de quelques années, dans l'obligation d'émigrer en province; ils ne réussissaient pas au village comme ils y auraient réussi, si, dès leur diplôme conquis, ils avaient pris une résolution absolue ; ils gardaient dans leur for intérieur le regret de Paris, qui leur rendait monotone ou désagréable leur nouvelle existence. Serait-il possible à l'Etat de remédier à cette pénurie de médecins? Nous

(1) M. Vacherot, *Loc. cit.*

ne le pensons pas. On a parfois proposé, pour faire naître des vocations médicales, de faciliter aux jeunes gens pauvres et principalement aux fils de cultivateurs, l'accès de la médecine, en leur accordant des bourses, ou en abrégeant le temps d'étude et les examens. Le premier moyen n'aurait aucune efficacité; il n'aurait d'autre résultat que de faciliter l'éducation de jeunes gens qui resteraient ensuite dans les villes. Le second moyen aurait peut-être un meilleur résulat, si la loi interdisait aux nouveaux diplomés d'exercer leur profession ailleurs que dans les agglomérations purement rurales.

Quoi qu'il en soit des raisons qui ont jusqu'ici entravé le développement du service gratuit de la médecine dans les campagnes, nous devons dire un mot de l'organisation de ce service dans les départements où il fonctionne. Trois systèmes principaux sont suivis; ces systèmes comportent, d'ailleurs, des variantes suivant les régions.

Le système le plus ancien est le système *cantonal*. C'est lui dont la première application a été faite, et, en Alsace où il fut imaginé, il s'est toujours maintenu. Il fut recommandé, en 1833, par l'Académie de médecine, à la suite d'une longue discussion, et, quoique combattu ensuite, en 1845, par le Congrès des médecins de France, il fut adopté par M. de Salvandy, dans le projet d'organisation de l'assistance médicale qu'il soumettait aux Chambres législatives en 1847. A un certain moment, il fonctionnait dans un grand nombre de départements. Quel en est exactement le mécanisme? Pour le faire comprendre, nous croyons devoir reproduire les termes d'un rapport ministériel du 24 avril 1867 : « le service » de chaque circonscription cantonale est confié à un

» médecin désigné par le préfet. Chaque année le bu-
» reau de bienfaisance de la commune, ou, lorsqu'il
» n'en existe pas, une commission composée du maire,
» de l'adjoint ou du curé, dresse, en présence du méde-
» cin, la liste des indigents qui sont appelés à profiter
» de la médecine gratuite; cette liste est ensuite sou-
» mise à l'approbation des conseils municipaux. Le
» médecin cantonal traite à domicile, sur la demande
» du maire, ou, à son défaut, d'un membre de la com-
» mission communale, les indigents portés sur la liste.
» Dans les cas urgents, il peut être appelé directement
» par le malade ou sa famille, au moyen de la pré-
» sentation de la carte délivrée à chacun des indigents.
» Les médecins visitent et soignent également les en-
» fants trouvés, abandonnés, orphelins, les vieillards
» infirmes placés dans les familles, au compte du
» département. Ils donnent une fois, au moins, par
» semaine, des consultations gratuites; chaque année,
» ils adressent au préfet un rapport sur les résultats de
» leur service. Le médecin cantonal reçoit annuellement
» une allocation proportionnée à l'étendue de la cir-
» conscription et au nombre des indigents, enfants et
» vieillards qu'il est chargé de visiter; quand les res-
» sources le permettent, des primes sont données à
» ceux qui se sont distingués par leur zèle. Les remèdes
» sont fournis par un pharmacien, domicilié dans la
» circonscription, ou par le médecin, s'il n'y a pas de
» pharmacien à 4 kilomètres de distance du domicile
» du malade. Toutes les communes sont pourvues d'un
» mobilier médical, linge, baignoires et autres objets de
» première nécessité qui sont prêtés sur l'autorisation
» du médecin. »

Ce système est certainement fort simple et cette sim-
plicité même n'est pas sans séduire. Mais il soulève

certaines objections. D'abord il crée deux classes de médecins : les médecins libres, s'adressant à la clientèle aisée, et n'ayant pas à donner leurs soins aux indigents, et les médecins des pauvres, obligés, au contraire, de consacrer tout leur temps à ceux-ci. La situation de cette deuxième catégorie de médecins n'est pas exempte d'inconvénients : ils ne peuvent suffire à leur tâche, parcourir à chaque instant le canton, aller d'une extrémité à l'autre, répondre à tous les appels de malades, plus exigeants par cela même qu'ils ne paient rien, et se savent un droit à leurs soins; du côté des malades, elle offre également ses dangers, et déprécie à leurs yeux ces médecins, dont la principale profession est l'assistance rétribuée des indigents, et dont on a pu dire, non sans quelque raison, qu'ils sont suspects de faire de la médecine de rabais au profit de l'administration. Aussi la plupart des sociétés médicales, qui ont déposé dans l'enquête parlementaire, ont-elles repoussé le système cantonal. Nous ajouterons une dernière considération qui nous semble avoir sa valeur, c'est que ce système a pour résultat de créer une nouvelle classe de fonctionnaires qui, éventuellement, entre les mains d'une administration tyrannique et intolérante, pourraient faire de l'assistance médicale un instrument de politique et d'oppression.

Le second système, qualifié de système de *circonscriptions médicales*, n'est autre que le système cantonal modifié. Il consiste dans la division du canton en circonscriptions médicales, ayant chacune pour centre la résidence d'un médecin. Il ne faut pas se dissimuler que ce système fait disparaître un des gros inconvénients du système cantonal, la division des médecins en deux catégories. Il aurait également pour avantage de rapprocher le médecin du malade, ce qui serait un grand bienfait, si tous les médecins du département se trou-

vaient répartis pour la plus grande commodité de fonctionnement de cette organisation ; mais leur répartition
n'offre pas malheureusement ce caractère, et le plus
souvent ils sont ou trop rapprochés ou trop éloignés les
uns des autres ; assez fréquemment même, ils se trouvent
tous réunis au chef-lieu du canton. A ce dernier point
de vue, ce système peut donc offrir ou non des avantages. Il a, du reste, comme le précédent, le gros inconvénient d'enlever au malade le choix du médecin.

Au contraire, le troisième système est basé sur le
principe de la liberté. Ce troisième système, ou *système
landais*, ainsi nommé à cause du département des
Landes, dans lequel il a d'abord fonctionné, consiste en
ce que le malade est libre du choix de son médecin ; il
peut faire appel à tous les médecins et pharmaciens
qui, dans une circonscription déterminée, ont accepté
un tarif spécial pour les visites et les médicaments ; il
peut même s'adresser à un praticien, domicilié en
dehors de la circonscription, si celui-ci veut bien
accepter le tarif de l'assistance. Mais s'il y a liberté
pour le malade, il y a, à l'inverse, liberté pour le médecin, qui peut accepter ou non les charges du service
de la médecine gratuite, soigner ou non tel malade ;
cette dernière liberté ne va pas sans quelques inconvénients : on a vu parfois des médecins qui se refusaient
à soigner les indigents ; on en a vu qui ne consentaient
pas à donner leurs soins aux malades pauvres d'une
commune un peu éloignée, alors qu'ils en visitaient la
clientèle riche ; nous en avons même vu, qui, pour satisfaire certaines rancunes électorales, ne voulaient pas
répondre aux appels de ceux des indigents dont ils
supposaient n'avoir pas eu les suffrages. Ce sont là, sans
doute, des exceptions qui ne doivent pas nous empêcher
de rendre pleinement justice au corps médical. Dans le

système landais, la rétribution pour le médecin est
proportionnelle au nombre des visites. Mais vis-à-
vis du département qui subventionne le service, la
commune, désireuse d'assurer à ses indigents le secours de la médecine gratuite, peut procéder par voie
d'abonnement avec lui, soit en raison du nombre des
malades, soit en raison du nombre des indigents inscrits (1) ; le taux d'abonnement peut varier suivant que le
médecin habite ou non la localité ; ainsi, par exemple,
dans un département où ce système fonctionne, les
communes inscrivent à leur budget autant de fois la
somme de 1 fr. qu'il y a d'indigents portés sur la liste
de la médecine gratuite, lorsque le médecin habite chez
elles, et autant de fois 1 fr. 50 lorsqu'il réside ailleurs.
Le département complète la différence en payant au
médecin chacune de ses visites au taux de 1 fr. ou de
1 fr. 50. M. le docteur Chevandier, député de la Drôme,
est l'inventeur d'un système de rémunération kilométrique, qu'il a fait appliquer dans l'arrondissement de
Die (2). Dans cette combinaison, l'indigent, au lieu de
constituer une unité, que représente un abonnement à
l'année, est représenté par un chiffre exprimant la distance kilométrique entre son domicile et celui du médecin, et c'est au kilomètre, non à la personne, que
l'abonnement est applicable. Le prix de chaque visite
est tarifé sur le nombre de kilomètres qui séparent le
malade du domicile de son médecin. Lorsque les communes veulent recourir à l'abonnement, le calcul sera

_____

(1) Dans le département des Vosges, les communes votent chaque année une
subvention de 7 cent. 1/2 *par tête d'habitant.* — Ce département a, d'ailleurs,
organisé un service sanitaire complet, qui comprend le traitement gratuit des
malades indigents, la vaccination gratuite, l'inspection des enfants du premier
âge, l'inspection médicale des écoles, l'étude des questions d'hygiène et de pro-
phylaxie. — Ce système est connu sous le nom de *Système Vosgien.*

(2) *Enquête,* 1er vol., p. 166.

basé sur la somme de kilomètres, multipliée par le nombre des membres de toutes les familles visitées par le médecin. Soit une famille de 5 membres, domiciliée à 6 kilomètres, elle représente 30 ; soit une autre de 7 membres, située à 4 kilomètres, elle représente 28. L'addition de tous ces chiffres, que l'on multiplie ensuite par le prix évalué du kilomètre, donne le chiffre de l'abonnement.

Entre les trois systèmes que nous venons d'analyser brièvement, nos préférences sont pour le dernier. Le système landais, en effet, nous paraît être celui qui présente le moins d'inconvénients. Est-il le meilleur ? Nous n'oserions l'affirmer. Il faut, au reste, reconnaître que, dans l'*enquête parlementaire*, les déposants ont été très divisés dans leurs appréciations. Déjà, en 1866, l'Association générale des médecins de France s'était chargée d'étudier la question de l'assistance médicale des indigents dans les campagnes, et elle avait sollicité l'avis des sociétés locales qui étaient alors au nombre de 95 ; or, voici comment s'exprimait M. Barrier, faisant connaître l'opinion de ces sociétés : « Aucune des » opinions émises ne peut, disait-il, invoquer, en théorie, » la valeur souveraine d'une raison qui s'impose, ni, » en pratique, la sanction d'une expérience générale. Le » même système qui, dans tel département, fonctionne » à la satisfaction de tous, est, dans tel autre, décrié » ou abandonné. Ici, je vois la réglementation admi- » nistrative acceptée sans opposition ; là, elle est re- » poussée comme une source d'abus, comme contraire » à la dignité médicale, aux droits et aux intérêts du » pauvre. Si quelques sociétés s'inspirent d'un senti- » ment de respect pour la liberté du malade indigent, » et pour le maintien d'une loyale égalité entre tous les » membres du corps médical, d'autres jugent ces visées » plus généreuses que pratiques, et y aperçoivent les

» chimères d'une utopie ». Qu'on ne s'étonne pas,
d'ailleurs, de cette divergence : si tel système est accepté
dans telle région, c'est qu'il y a réussi ; si, à l'inverse,
il est décrié ailleurs, c'est qu'il y est mal pratiqué. Tant
vaut l'application, tant vaut le système. Peu importe,
au reste, le système, dirons-nous à notre tour, si le
service médical peut être assuré à tous les indigents.

Le département ne borne pas au service de la médecine gratuite son intervention en matière d'assistance
médicale ; beaucoup de Conseils généraux votent des
crédits destinés à l'envoi de malades dans les stations
thermales.

S'agit-il d'épidémies, au lieu de maladies isolées, la
sollicitude de l'administration n'est pas en défaut. Des
médecins désignés par elle prodiguent aux familles,
atteintes par le fléau, les soins les plus empressés et les
plus intelligents. Le service actuel des épidémies a été
créé en 1805, et le contrôle et la centralisation en ont été
confiés à l'Académie de médecine depuis sa fondation en
1820. Après une période de quatre-vingt deux années,
il n'a subi que peu de remaniements par des circulaires
ministérielles. Au point de vue de l'exécution, il y a dans
chaque arrondissement un médecin des épidémies.

On a critiqué parfois l'organisation du service des
épidémies que l'on a jugé inutile dans nos campagnes.
Tout en avouant notre incompétence, nous pensons que
c'est là un rouage, dont l'utilité n'est pas bien démontrée.
Ou l'épidémie est sérieuse, affectant un caractère spécial
de gravité, et se répandant sur une grande étendue, ou
alors l'administration supérieure délègue habituellement
un médecin de Paris, jouissant d'une grande autorité
médicale ; ou, au contraire, l'épidémie est simplement
locale, et, dans cette hypothèse, le secours des médecins
de village est pleinement suffisant.

# CHAPITRE XX

## L'aliénation mentale.

Les traitements appliqués autrefois à l'aliénation mentale. — Baglivi. — Philippe Pinel. — Loi de 1838 sur les aliénés. — Le XIX· siècle et l'augmentation du nombre des atiénés. — Moindre proportion des aliénés dans les campagnes. — La loi de 1838 est une loi de sécurité et d'assistance. — L'assistance des aliénés constitue un service départemental, à raison du mode d'organisation et de l'origine des ressources. — Concours des communes. — Distinction à faire, au point de vue du placement et de l'assistance, entre les aliénés dangereux et les aliénés non dangereux.

Longtemps les aliénés furent laissés, en France, au hasard de leur malheureux sort. Les fous furieux étaient enfermés dans les prisons ou dans les couvents ; les hôpitaux ne consentaient pas à les recevoir. L'Hôtel-Dieu de Lyon, notamment, déclarait en 1600 « qu'il n'était » pas destiné à recevoir les malades de l'esprit, mais » ceux du corps. » Durant tout le moyen-âge, et jusqu'à l'ère moderne, les exorcismes, la prison, la torture et le bûcher étaient les seuls traitements appliqués, dans toute l'Europe, à l'aliénation mentale. Le christianisme, qui, dès le quatrième et le cinquième siècles, fondait des établissements hospitaliers, ne fit rien pour les fous, avant l'année 1409, date de la création en Espagne, à Valence, du premier asile spécial. Des fondations semblables ne tardèrent pas à être faites à Saragosse, à Séville, à Valladolid et à Tolède. L'idée gagna l'Italie, où les frères de la Merci, qui en avaient eu l'initiative, établirent aussi des refuges destinés aux aliénés. Mais les moines appliquaient, dans ces asiles, un singulier traitement : chaque jour le malheureux fou était étendu sur un banc, pieds et poings liés, fustigé jusqu'au sang, et renfermé seul dans une cellule !

En France, l'on ne commence à admettre les aliénés dans les hôpitaux que vers le dix-septième siècle, et grâce aux prédications de saint Vincent-de-Paul. Encore fallut-il un arrêt du parlement de Paris, du 7 septembre 1660, pour faire recevoir les fous à l'Hôtel-Dieu, et leur faire ouvrir « un lieu de renfermement. »

Ce qu'était ce lieu, ce qu'était Bicêtre, Ténon se charge de le révéler en 1786 par un rapport célèbre. Mais le Gouvernement et l'Académie des sciences restaient témoins impuissants devant ces pratiques aussi absurdes que cruelles. En 1789, dans un rapport à l'Assemblée Constituante, le duc de La Rochefoucauld-Liancourt écrivait : « A Bicêtre, la folie est considérée » comme incurable, les fous ne reçoivent aucun traite- » ment ; ceux qui sont réputés dangereux sont enchaînés » comme des bêtes féroces ; il en est de même à la » Salpêtrière. »

La science ne restait pas pourtant oisive pendant ce temps, et elle essayait de formuler des principes applicables à leur guérison. Le grand révolutionnaire en l'espèce, le savant dont les travaux devaient avoir une influence si féconde sur la thérapeutique, fut Baglivi, le créateur de la physiologie expérimentale. Les œuvres de Baglivi furent connues en France, grâce à un jeune médecin, qui en donna une édition en 1788. Le traduc- teur, Philippe Pinel, fut un réformateur, et l'on peut dire que c'est bien à lui et à son ardent amour de l'humanité que les aliénés doivent la douceur qui pré- side aujourd'hui à leur traitement. En 1791, il publia son *Traité médico-philosophique de l'aliénation men-*

*tale*, et, à la fin de 1792, il était nommé médecin en chef de Bicêtre. Que fit Pinel, en prenant la direction de cette maison, de ce *cloaque*, comme on l'a justement nommée pour la dépeindre d'un seul mot ? A peine installé dans ces effroyables caveaux, il osa ouvrir les cabanons, déchaîner les fous, et les traiter en *malades guérissables*. Il fut, d'ailleurs, singulièrement aidé dans cette réforme par un humble fonctionnaire, du nom de Pussin, un peu trop oublié par l'histoire, qui l'a absorbé dans la gloire de Pinel ; ce gardien expérimentait depuis longtemps le système que celui-ci allait inaugurer (1).

On connaît la scène, à jamais mémorable ou Pinel déchaîna les fous, commençant par le plus redouté d'entre tous, qu'il chargeait ensuite de délivrer ses compagnons de malheur. C'est en vain que Couthon, délégué par la Convention pour visiter Bicêtre, lui disait : « Il faut que tu sois fou toi-même, pour vouloir » déchaîner ces animaux-là. » Pinel continuait son œuvre, et l'histoire s'est chargée de le venger de ces sarcasmes.

L'influence du médecin philanthrope avait malheureusement tardé à se faire sentir en dehors de Paris, et une circulaire du Ministère de l'Intérieur, en date du 16 juillet 1819, signale avec sévérité l'état misérable dans lequel on laisse les aliénés en province. Aucun établissement spécial n'avait été construit pour les abriter. Aussi l'attention du gouvernement fut-elle de nouveau appelée, et, en 1835, une enquête permit de constater officiellement les besoins auxquels il était urgent de satisfaire. Un premier projet de loi, présenté

---

(1) Pussin accompagnait Pinel dans sa première visite : « Quand les fous » deviennent trop méchants, que faites-vous ? lui demande Pinel. — Je les » déchaîne. — Et alors ? — Ils sont calmes ! » C'était l'expérience d'un humble venant confirmer la théorie préconçue du savant.

le 6 janvier 1837 ne fut pas accueilli avec faveur : il fut remanié, soumis aux Conseils généraux, qui donnèrent leur avis motivé, et ne devint loi que le 30 juin 1838 ; une ordonnance royale du 18 décembre 1839 en détermina la portée et l'application.

Notre dessein n'est pas d'examiner les critiques, fondées ou non, auxquelles la loi de 1838 donna lieu ; notre étude n'est pas, en effet, un examen critique de la législation, mais un exposé des règles d'assistance, dont bénéficie une classe particulière de malheureux.

Coïncidence singulière ! Tandis que le XIXᵉ siècle se préoccupait de l'assistance à donner aux aliénés, le nombre de ceux-ci augmentait. C'est une remarque faite depuis longtemps que le développement de cette affection suit celui de la civilisation. Les docteurs Constans, Lunier et Dumesnil ont écrit, sans être contredits, que « l'aliénation dans sa fréquence, suit la civilisation, » en est, en quelque sorte, le parasite, vit et s'accroît à » ses dépens » (1). Il est à observer, en effet, et la constatation en a été faite par Fodéré et Humbold, que l'on ne trouve pas d'insensés dans les peuples sauvages ; il n'en est pas question dans leur histoire. Tous les voyageurs sont unanimes sur ce point ; tous ajoutent, à titre de corollaire, que l'existence d'aliénés est le propre des pays civilisés. Encore, parmi ceux-ci, est-il bon de noter que les campagnes fournissent moins d'aliénés que les villes, et que celles-ci en donnent d'autant plus qu'elles sont plus importantes.

Disons toutefois que ce n'est pas la civilisation, mais que ce sont les accidents des peuples civilisés trop entassés, déclassés ou dépaysés, qui, sur des points particuliers,

---

(1) Mais nous ne citerons pas, avec eux, l'Allemand Splinger, lequel croit « que la folie, dans les divers États, est en raison directe de la somme des » libertés dont y jouissent les peuples. »

et dans des conditions exceptionnelles exercent une action prépondérante sur le développement de la folie. Comme le disent avec infiniment de raison MM. Constans, Lunier et Dumesnil, « si la vie n'est qu'une bataille, si cette bataille devient de plus en plus acharnée, » en raison du nombre infiniment croissant de ceux qui » veulent y participer, espérant une part au butin, » a-t-on le droit de s'étonner et de se plaindre de ce » que le nombre des blessés s'accroisse aussi? »

Encore y a-t-il lieu de citer quelques chiffres destinés à montrer cette progression.

Il y a aujourd'hui, outre l'asile national de Charenton, 50 asiles départementaux, 17 asiles privés faisant fonction d'asiles publics, et 16 quartiers d'hospices. Il y a, en plus, 40 établissements privés environ, faisant fonction d'asiles publics, ou ne recevant pas de pensionnaires indigents (1883). Tous ces asiles réunis contenaient, au 31 décembre 1883, 50,418 aliénés.

Si l'on se reporte à plusieurs années en arrière, on voit que le nombre des malades s'est considérablement accru.

| | |
|---|---|
| 1844, 31 décembre | 16.255 |
| 1854 | 24.524 |
| 1864 | 34.719 |
| 1874 | 42.077 (1) |
| 1883 | 50.418 (2) |

Dans le rapport que nous avons cité, MM. les Inspecteurs généraux reconnaissent eux-mêmes que l'augmentation du total des aliénés dans le pays ne saurait être la cause unique de l'accroissement prodigieux et continu du nombre des habitants des asiles. Cet accroissement résulterait, suivant eux, de diverses causes, telles que

(1) *Journal officiel* du 21 août 1878.
(2) *Ann. statistique*, 1886.

le mouvement philanthropique en faveur des aliénés, l'habitude, qui se généralise, de réclamer les secours de l'asile, la nécessité de la vie industrielle, qui empêche la famille, occupée hors de la maison, de garder le pauvre aliéné, — « peut-être aussi » ajoutent-ils, le relâchement de la vie de famille.

Ils font, d'ailleurs, ressortir dans quelle proportion s'accroît la présentation aux asiles de pensionnaires aux frais des familles ; fait qui s'explique et par l'espoir d'une guérison réputée autrefois impossible et par l'amélioration de toutes les parties du service, « incomplète sans » doute, mais immense, comparativement à l'ancien ré- » gime. »

La loi de 1838 est à la fois une loi de sécurité et une loi d'assistance.

Loi de sécurité, en ce qu'elle entoure le malade d'une foule de précautions et y fait concourir des autorités différentes qui se contrôlent mutuellement. Le législateur de 1838 distingue deux genres de placements : le placement volontaire et le placement d'office. Les formalités à accomplir sont différentes dans les deux cas.

Loi d'assistance, avons-nous ajouté ; tel est le second caractère de la loi de 1838. Avant ce document législatif, il n'y avait rien relativement à l'assistance de l'aliéné indigent. Sans doute, une loi des 16-26 mars 1790 (art. 9) était venue prescrire que les personnes, détenues pour cause de démence, seraient visitées, afin d'être élargies « *ou soignées dans les hôpitaux* qui seraient désignés à cet effet, » mais cette loi était restée sans exécution. Quelques hospices avaient accepté cette charge nouvelle ; mais la plupart avaient persisté dans un refus opiniâtre, basé sur ce que leurs titres de fondation s'opposaient à l'adjonction de ce service. Cette résistance, bizarre au premier abord, s'explique, lorsqu'on réfléchit que beaucoup d'aliénés ont des ressources, et que, pour ceux-ci, le traitement dans un établissement charitable est difficile à admettre.

On se borna donc à prononcer des peines sévères contre ceux qui, en laissant divaguer des fous, auraient causé des accidents. Aussi, dans la pratique, qu'arrivait-il ? Les aliénés riches étaient traités dans leur famille ou dans des établissements privés. Les aliénés pauvres étaient, en cas de folie furieuse, internés dans les maisons de répression ; sinon, ils étaient laissés à eux-mêmes. En d'autres termes, on continuait à suivre les errements du passé. Toutefois, dans les grandes villes, où la situation financière des établissements hospitaliers permettait de procéder à des aménagements spéciaux, l'administration était arrivée peu à peu à les y faire admettre. Mais au moyen de quelles ressources était-il pourvu à l'entretien de ces aliénés indigents ? La question était restée dans le doute, et elle était tranchée en des sens différents, suivant les localités. Or, envisagée comme œuvre d'assistance, la loi de 1838 a réalisé un double bienfait ; elle assura aux aliénés un lieu de retraite, en imposant à chaque département la nécessité d'un asile distinct, ou l'obligation de traiter, en vue de ce service, avec un établissement privé ou public ; en second lieu, elle régla d'une façon précise à qui incomberait la dépense de leur séjour dans les asiles. Sous l'un et l'autre rapport, la loi de 1838 a fait du service des aliénés un service départemental, placé sous la surveillance du préfet, et sous le contrôle du Conseil général ; elle lui a donc, dans une certaine mesure, appliqué le régime adopté pour le service des enfants assistés.

C'est un service départemental, d'abord, en ce que les aliénés indigents doivent être reçus et soignés dans

un établissement départemental, complètement distinct
des établissements hospitaliers ; la pratique a même
introduit, pour désigner cet établissement et pour le
différencier de l'hôpital, le nom d'*asile*. Les enfants
assistés, au contraire, sont recueillis dans un hospice
communal désigné par l'administration. Il est vrai qu'il
existe encore, en France, des hospices qui se sont enga-
gés, par traités passés avec le département, à recevoir
les aliénés qui leur seront envoyés ; mais les hospices,
dans ce cas, ne supportent pas la dépense.

Le service des aliénés, avons-nous ajouté, est départemental également en ce sens que les dépenses, occa-
sionnées par l'aliéné indigent, sont acquittées par le
département, sauf le concours à exiger des hospices et
des communes. Ici encore l'analogie avec le service des
enfants assistés est grande, mais elle n'est cependant
pas complète.

L'aliéné indigent peut entrer à l'asile de deux façons
différentes : ou à la suite d'un placement volontaire,
obtenu à titre de mesure d'assistance conformément à
l'article 25 § 2 de la loi de 1838, ou à la suite d'un
placement d'office, ordonné par le préfet, aux termes de
l'article 18, « lorsque son état compromet l'ordre public
ou la sécurité des personnes. » La loi distingue, en
effet, deux hypothèses : 1° l'aliéné n'est pas dangereux;
dans ce cas, le placement ne saurait être ordonné par le
préfet que si la famille consent à payer les frais d'entretien (à moins que l'aliéné n'ait des ressources propres)
ou que le Conseil général et les communes aient voté
des fonds pour l'entretien de cette catégorie d'indigents;
la loi de 1838 stipule « que les circonstances et les con-
» ditions de l'admission seront réglées par le Conseil
» général sur la proposition du préfet, et approuvées
» par le ministre, » art. 25 § 2. Cette approbation

permet au ministre d'écarter les tendances que pourraient avoir les assemblées départementales d'exclure les pauvres, par des entraves avouées ou déguisées, et qui priveraient cette institution de son caractère d'assistance ; 2° l'aliéné est dangereux ; le préfet peut alors l'interner d'office et la dépense devient obligatoire. Elle est supportée d'après les règles suivantes : par l'aliéné, et par ceux de ses parents qui lui doivent des aliments, aux termes des articles 205 et suivants du Code Civil, et, en cas d'insolvabilité, par le département qui exige le concours de la commune du domicile de secours, et parfois celui des hospices. Ces établissements sont, en effet, tenus, aux termes de l'article 28 § 2, de verser au département une indemnité proportionnelle au nombre des aliénés dont le traitement ou l'entretien était à leur charge avant 1838. Le concours financier de la commune est obligatoire, en ce que, s'il est réclamé par le département, elle ne serait pas en droit de le refuser : l'inscription d'office fournirait au préfet une arme pour sanctionner cette obligation (art. 136 § 10 de la loi du 5 avril 1884). Mais si la contribution de la commune est obligatoire, elle est subsidiaire, c'est ce que déclara formellement une circulaire ministérielle du 5 août 1839 : « Vous savez, disait le » ministre aux préfets, que le concours des communes » doit s'entendre d'une subvention équitable, et non » pas de manière à laisser la dépense tout entière à la » charge des caisses municipales. Le mot *concours* » n'exprime, en effet, que l'idée d'une subvention subsidiaire. Il a été formellement reconnu, et plusieurs » fois exprimé que la dépense des aliénés était, en » principe, essentiellement départementale, et que le » département devait toujours en supporter la plus » grande partie. » Les assemblées départementales doivent fixer ce concours, et peuvent en faire varier le chiffre suivant les ressources des localités. Le ministre chercha, d'ailleurs, une base administrative, qui pût guider les conseils généraux ; il la prit dans le revenu communal. De là les prescriptions suivantes de la circulaire : dans aucun cas, les communes, ayant 100,000 fr. de revenu et au-dessus, ne devront être appelées à supporter plus d'un tiers de la dépense de leurs aliénés indigents ; les communes, ayant 50,000 fr. et au-dessus, plus d'un quart ; celles ayant 25,000 fr. plus d'un cinquième ; celles ayant 5,000 fr., plus d'un sixième, etc. Aujourd'hui, les délibérations des Conseils généraux étant exécutoires par elles-mêmes, cette échelle n'est plus qu'une simple indication dont les assemblées départementales peuvent s'écarter. Une distinction est généralement faite entre les aliénés dangereux et les aliénés non dangereux : pour ceux-ci, le contingent communal est plus élevé, l'internement donnant lieu à une dépense facultative de la part des communes.

La contribution communale, relative aux aliénés, ne se répartit pas, comme celle des enfants assistés, d'une manière uniforme et collective entre toutes les localités. Elle est réglée individuellement par aliéné, de telle façon que la commune, qui n'a aucun aliéné en traitement, n'aura rien à acquitter. Distinction qui se conçoit : le domicile de secours, difficile à établir, lorsqu'il s'agit des enfants assistés, compte, au contraire, une solution facile par rapport aux aliénés.

En résumé, en ce qui concerne le service des aliénés, l'on peut dire que le traitement de ces malheureux est assuré aussi bien dans les campagnes que dans les villes ; peut-être toutefois, dans celles-ci, les assemblées municipales mettront-elles moins d'hésitation à accueillir les demandes d'assistance, qui leur seront faites en faveur d'individus non dangereux ; dans les villages, au contraire, l'esprit parcimonieux des conseils locaux sera fréquemment une 'entrave à leur internement et dès lors à leur traitement.

# CHAPITRE XXI.

## L'assistance en cas de sinistres.

Les secours en cas de calamités dans l'ancienne France. — Analogie avec l'état actuel. — Secours créés par la loi de finances du 17 août 1822 ; variation du taux. — Dégrèvement d'impôts. — Chiffres statistiques sur l'importance des pertes, sur le chiffre des secours et des dégrèvements.

Les calamités accidentelles ont toujours eu le don d'émouvoir l'opinion publique, et de provoquer les élans de la charité.

Dans un chapitre précédent, nous avons distingué les calamités, qui se reproduisent constamment, et que l'Etat peu soulager, au moyen de crédits régulièrement inscrits chaque année au budget, et celles, qui ont un caractère absolument imprévu, et frappent à certains moments une partie de la population; à ces dernières, il ne peut être subvenu qu'au moyen de crédits spéciaux. Cette distinction existait déjà dans notre ancienne France.

S'agissait-il, par exemple, d'incendies, et les incendies étaient assez fréquents dans les provinces où les maisons étaient construites en bois et couvertes en chaume; (quoiqu'un certain nombre de communautés eussent fait l'acquisition de pompes), s'agissait-il d'incendies, les officiers de l'élection procédaient à des expertises et prononçaient des dégrèvements sur les contributions; il était d'usage d'accorder, durant deux, trois et quatre années, la réduction de la taille. Les intendants accordaient, en outre, un secours en argent, et prescrivaient même des corvées pour la reconstruction des bâtiments détruits par le feu (1). La charité privée venait, en plus, sous la forme individuelle ou collective, en aide à l'insuffisance des ressources locales et des subventions administratives. Les évêques autorisaient les incendiés à faire quêter dans les églises (2). A Langres, l'évêque fonda, en 1759, un bureau dit des incendiés pour les paroisses de la campagne (3); l'évêque de Troyes en établit un semblable en 1769, et l'archevêque de Reims, en 1779 (4).

M. le baron A. de Calonne a trouvé dans les archives de la Somme des détails privés sur les secours donnés à la suite d'un incendie épouvantable qui, le 20 mai 1789, détruisit quatre-vingts maisons du village de Sélincourt et plongea cent familles dans la misère. Le vicomte de Sélincourt s'empressa de mettre à la disposition des malheureuses victimes « ce qu'il avait en sa possession pour le moment. » La commission intermédiaire provinciale décida qu'elle enverrait d'urgence deux tonnes de riz, du sel, du beurre, afin de faire une soupe économique, semblable à celle qu'on distribuait aux pauvres d'Amiens. Le prieur de l'abbaye de Saint-Jean, qui présidait aux distributions de la ville, offrit d'aller à Sélincourt pour apprendre aux habitants à préparer

(1) *Inv. des Arch. du Calvados*, C. 967 à 907 ; *de l'Aube*, C. 1203, 1624 ; *Arch. de la Somme*, C. 131, 132, 133 ; *du Pas-de-Calais*, C. 91 ; *Conseil d'Artois*.

(2) *Inv. des Arch. de l'Aube*, C. 54 et 64; *Inv. des Arch. de la Seine-Inférieure*, C. 847 à 849.

(3) J. Valserre, *L'Association dans les campagnes* (*Revue de France*, du 15 novembre 1877).

(4) Portagnier, *Hist. du Châtelet*. — V. Albert Babeau, *Le village sous l'ancien régime*.

cette soupe, et partit « avec cuve, cuillers et autres » instruments nécessaires.... » (1).

A la différence des incendiés, les grêlés et les inondés n'obtenaient que la réduction de l'impôt : on ne leur allouait pas de secours. Distinction qui se comprend ; les premiers subissent une perte de capital, les seconds une perte de revenu seulement.

Vienne un événement calamiteux d'ordre imprévu, tel qu'une inondation, l'Etat donne des secours exceptionnels. En 1766, par exemple, il accorda une subvention de 100,000 livres aux habitants de la généralité de Montauban, qui avaient souffert des débordements du Tarn (2). Lors du rigoureux hiver de 1784, la fonte des neiges occasionna des inondations considérables. Le gouvernement fit ouvrir une vaste enquête destinée à révéler l'étendue du désastre. Outre les trois millions accordés pour les ateliers de charité, le roi décida que trois millions prélevés « sur les dépenses d'agrément » seraient répartis entre les plus nécessiteux, afin de leur procurer le moyen de parer aux premiers besoins, de remplacer les bestiaux ou les instruments perdus, et de contribuer au rétablissement des habitations enlevées par les eaux (3).

Au mois de juillet 1788, une grêle effroyable ravagea les généralités de Soissons et d'Amiens, dont elle détruisit toutes les récoltes. Il fallut des secours exceptionnels, l'indemnité ordinaire, due à la bienfaisance du roi, ne pouvant suffire. Aussi invita-t-on tous les officiers municipaux des villes et des campagnes à prendre l'ini-

---

(1) *Arch. de la Somme*, C. 133. Sélincourt près d'Hornoy. V. *La vie agricole sous l'ancien régime*, par le baron A. de Calonne.

(2) *Inv. des Arch. du Tarn-et-Garonne*, C. 834.

(3) *Arch. du Nord, Flandre Vallonne*, intendance, C. 1. Lettre du baron de Breteuil, 14 mars 1784. V. le baron de Calonne, *loc. cit.*

tiative d'une vaste souscription en faveur des victimes
du fléau. Le journal de Paris, dans son numéro du 30
août, fit un appel à la charité publique, et, d'autre part,
la Société royale d'agriculture répandit dans les campagnes deux mémoires indiquant le moyen de tirer le
meilleur parti possible des récoltes ravagés par la
grêle (1).

Il semble que le tableau, que nous venons de présenter,
de l'assistance appliquée aux sinistres dans notre ancienne
France, puisse être confondu avec celui que nous pourrons faire de l'état actuel, tant il y a de ressemblance
entre ce que fut et ce qu'est cette branche d'assistance.
Faut-il s'en étonner ? Loin de là. Les calamités accidentelles, quelque graves qu'en soient les effets, sont
peut-être ceux des maux qu'il est le plus facile d'atténuer, parce que le fait, qui leur donne naissance, a un
caractère essentiellement transitoire et momentané, et
que les procédés d'atténuation du sinistre éprouvé ne
peuvent être que les mêmes.

Aujourd'hui, comme avant 1789, s'agit-il d'un incendie,
d'une grêle, d'une inondation, frappant une population
entière, le gouvernement est le premier à provoquer
ou à autoriser les souscriptions. S'agit-il d'un sinistre
individuel, l'autorité laisse le sinistré aller de village en
village solliciter des aumônes, que l'usage, dans certaines contrées, est de donner abondantes. Les élans de
la charité privée sont tels, dans ces circonstances, qu'il
n'est pas rare que les secours donnés aux victimes de
ces fléaux ne dépassent le montant de la perte éprouvée.
D'un autre côté, la libéralité du gouvernement se manifeste par la remise ou par la modération des impôts, et

(1) *Archives de la Somme*, C. 130 ; *de l'Aisne*, C. 976, 978, 980.

même par des secours spéciaux prélevés sur des crédits inscrits à cet effet au budget de l'Etat.

La plus importante des ressources spéciales mises à la disposition du gouvernement pour secourir des malheurs temporaires est celle qui a été créée par l'article 21 de la loi de finances du 17 août 1822, qui porte qu'un centime spécial additionnel au montant des contributions foncière, personnelle et mobilière, servira à constituer un fonds de secours. Ce crédit, connu sous le titre de secours spéciaux pour pertes matérielles et événements malheureux, est commun à tous les déparments de la France, et destiné à venir en aide aux habitants nécessiteux et non assurés, victimes de pertes résultant d'accidents, épizooties, orage, grêle, gelées, accidents divers, inondations et blessures ou morts accidentelles.

C'est le Ministre de l'agriculture qui a la disposition de ce fonds spécial de secours. Au budget de 1887, le crédit est inscrit pour la somme de 2,407,700 fr. Les fonds provenant du centime additionnel, non employés lors de la clôture de l'exercice, sont transportés avec leur spécialité à l'exercice suivant pour y recevoir la destination qui leur a été donnée.

L'allocation des secours a souvent varié. Les pertes, dites totales, c'est-à-dire celles résultant d'incendies, épizooties et accidents divers, tels que l'écroulement des maisons, etc., étaient, à partir de 1882, l'objet d'une allocation de 6,5 et 4 %, suivant qu'elles ne dépassaient pas 20,000 fr. ou qu'elles atteignaient 40,000 fr. Les pertes, dites temporaires, c'est-à-dire celles résultant d'orages, grêles, gelées et inondations, et ne frappant que le revenu, n'entraînaient qu'une allocation de 3 et de 2 1/2 p. %. En 1851, le taux des secours a été rendu uniforme pour toutes les pertes tant en capital

qu'en revenu. Le taux était, à cette époque, de 6 %;
à partir de 1869, il a été abaissé à 5, et, depuis 1874,
à 4 %; aujourd'hui il est revenu à 5 %.

La proportion est fixée, chaque année, par un arrêté
ministériel, d'après le chiffre des ressources, et d'après
les dépenses indiquées par la moyenne des années antérieures. Quant aux secours accordés aux ouvriers pour
blessures, ou aux veuves pour la perte de leurs maris,
ils sont fixés d'après une note du préfet faisant connaître la durée de l'incapacité de travail, la gravité de
la blessure, les charges de famille de la veuve, au
moyen de certificats du maire et du médecin. Toutefois
ces secours ne peuvent dépasser le chiffre de 200 francs.

Les sinistrés, dont les récoltes ont été détruites, les
terrains corrodés, les maisons démolies, etc., ont droit
au dégrèvement des contributions foncière et des portes
et fenêtres, en proportion du revenu qu'ils ont perdu,
et du nombre des ouvertures des bâtiments, qui ont
cessé d'exister ou sont devenus inhabitables, sans qu'il
y ait lieu de considérer leur position de fortune, dont,
en effet, ces contributions sont indépendantes. Quant
aux impôts, qui frappent directement la personne, on
doit tenir compte de la situation des perdants, et la
remise ou la modération de leur côté n'est accordée à
ceux-ci qu'autant que les pertes éprouvées le mettraient
dans l'impossibilité de l'acquitter en totalité ou en partie.
Ainsi, pour la contribution foncière, il y a droit au dégrèvement; de même pour la contribution des portes et fenêtres, en cas de destruction totale ou partielle des bâtiments. Au contraire, pour la contribution personnelle et
mobilière, c'est seulement la situation nécessiteuse du
sinistré, qui peut donner lieu à la remise ou à la modération de cet impôt. En fait, nous le verrons, c'est surtout sur
la contribution foncière que portent les dégrèvements.

En résumé, on peut dire que, sauf quelques cas particuliers, tous les sinistrés peuvent obtenir un dégrèvement, quelle que soit leur position de fortune, et que, à l'inverse, les secours accordés, en cas de sinistres, sur le fonds spécial mis à la disposition du ministre de l'agriculture, ne le sont qu'au profit des sinistrés nécessiteux et non assurés (1).

Il n'est pas sans intérêt, avant de terminer ce chapitre, d'étudier, au moyen des renseignements statistiques (2) quelle est l'importance annuelle des pertes résultant de sinistres, quel allégement ont fourni au profit des victimes les dégrèvements d'impôts, et enfin quelle somme a été répartie à titre de secours. Nous examinerons ces détails pour l'année 1883, la dernière dont la statistique ait été publiée.

Les pertes, pendant cette année, et pour les 5 genres de sinistres, se sont élevées à 186,737,925 fr. (le département de la Seine excepté). Les incendiés ont été au nombre de 8,103, et la perte, qu'ils ont subie, s'est élevée à 45,435,309 francs. Une proportion de 79 p. 0/0 était couverte par des assurances; ce sont les immeubles, qui sont assurés dans la plus forte proportion; viennent ensuite les mobiliers, les récoltes sur pied et les récoltes engrangées; les bois et forêts sont beaucoup plus rarement assurés (3). La grêle a produit pour

---

(1) Il est de jurisprudence constante, au ministère de l'agriculture, de ne jamais accorder de secours aux sinistrés, dont les biens n'ont été que partiellement assurés.

(2) *Statistique annuelle de la France*, pour l'année 1883.

(3) On sait que, dans beaucoup de départements, l'usage du chaume, comme toiture des nouvelles constructions est absolument interdit. Quelques Conseils généraux, afin de faciliter la substitution de couvertures incombustibles aux chaumes, votent annuellement un crédit destiné à alléger la dépense des personnes nécessiteuses.

62,203.813 fr. de pertes, atteignant 208,894 sinistrés ; la gelée, 25,100,156 fr. ; les inondations, 21,000,000 fr. Enfin les pertes de bestiaux se sont élevées au chiffre de 32,710,071 fr. ; sous ce titre de « pertes de bestiaux » on a compris les pertes que les agriculteurs ont éprouvées dans leur bétail par suite de maladies contagieuses ou non, et d'accidents autres que l'incendie et les inondations.

Les pertes de récoltes par suite de grêle ou de gelée tardive constituent la grande majorité de celles, qui prennent part aux dégrèvements d'impôts. En 1883, le montant total des pertes dégrevées, quel que soit le sinistre qui les ait engendrées, s'est élevé à 113 millions. La contribution foncière est celui de tous les impôts qu'affectent surtout les dégrèvements : sur 799,430 articles, ayant donné lieu au dégrèvement en 1883, et abstraction faites des doubles emplois, on en comptait 796,977 concernant la contribution foncière, 1,401 concernant les portes et fenêtres, et 1,052 la contribution personnelle et mobilière. Le montant du dégrèvement a été de 1,384,985 fr. ; ce chiffre, rapproché du chiffre total des pertes, et celui des pertes dégrevées fournit une proportion : 1° de 1,23 par rapport à la perte dégrevée ; 2° de 0,90 par rapport à la perte totale.

Si des dégrèvements nous passons aux secours, nous voyons que, pour la même année 1883, les sinistres, qui ont donné lieu à l'allocation de secours, sont : 1° les incendies ; 2° les pertes de bestiaux ; 3° les accidents divers ; 4° la grêle, les orages et les ouragans ; 5° la gelée ; 6° les inondations ; 7° les événements malheureux. — Le nombre des individus secourus a été de 97,759 ; le montant des pertes secourues de 43,272,187 fr. ; le montant des secours de 2,124,313 fr. ; le secours moyen par individu secouru : 21 fr. 06 (pour incendie,

103 fr. 06) ; le nombre des secourus par 100 sinistrés : 19,8 ; le montant de la perte secourue par 100 fr. de la perte totale : 22 fr. 3 ; enfin le rapport du secours à la perte totale est de 1,08.

En résumé, il ressort des chiffres qui précèdent que, par 100 fr. de pertes totales, le dédommagement résultant soit du dégrèvement d'impôts, soit du fonds spécial du ministère de l'agriculture, est, pour 1883, de 1 f. 98 %; ce qui correspond à environ 1 fr. pour 50 fr. de pertes.

# III. — LA VIEILLESSE ET L'INCURABILITÉ.

## CHAPITRE XXII.

### Les hospices et les secours aux vieillards.

De l'assistance à la vieillesse. — Vieillesse et incurabilité. — Ressemblances légales ; différences. — Les aveugles incurables et la maison des Quinze-Vingts. — Hospices de vieillards ou incurables. — Vieillards et incurables des communes rurales ; subventions aux communes pour permettre l'hospitalisation. — Dépôts de mendicité. — Secours aux vieillards inscrits aux budgets départementaux.

La vieillesse, avec l'engourdissement des facultés et son cortège d'infirmités, est la dernière étape de l'existence humaine ; elle a ses modes spéciaux d'assistance. L'hospice est son refuge : les budgets départementaux ont parfois des crédits destinés à l'allègement de ses charges. C'est qu'en effet cette période de la vie est peut-être celle qui éveille davantage la pitié ; non pas qu'elle soit plus digne d'intérêt que l'enfance, car l'enfant est innocent de l'état d'abandon où il se trouve ; contrairement, au vieillard sans ressources, reprochant à la fortune son inclémence, il est permis d'objecter au moins l'imprévoyance des jours passés ; mais les misères, qui affligent l'enfance, restent le plus souvent cachées avec le pauvre petit être qui les subit ; le vieillard, à l'inverse, gémit sur son sort, et sa vue attendrit les âmes pitoyables.

Sans doute, la société, dont le devoir est d'être raisonnable dans son assistance, et qui doit apporter du discernement dans l'exercice de ses fonctions charitables, doit préférer l'enfance à la vieillesse. Mais, dans nos civilisations raffinées et dans nos sociétés contemporaines, l'Etat a le devoir moral de venir en aide aux malheureux, qui succombent dans la bataille de la vie, de leur donner un lit pour y finir leurs jours, ou un morceau de pain pour calmer les dernières angoisses de la faim ; car, comme le dit excellemment notre savant maître, M. Levasseur « il est évident que l'Etat a le » devoir, puisqu'il en a les moyens, de traiter les in- » digents et ses invalides mieux qu'il né le ferait dans » une société pauvre. »

La vieillesse et l'incurabilité sont deux états dont le caractère est presque identique. La seconde expression pourrait servir à qualifier la vieillesse, celle-ci n'étant autre chose, suivant le mot si connu de M^{me} de Maintenon, qu'un mal qui ne se guérit pas, l'affaiblissement sans espoir des facultés physiques et intellectuelles. L'incurabilité, à son tour, lorsqu'elle porte sur les organes essentiels, est assimilable à la vieillesse dont elle produit, avant l'heure, l'incapacité et l'impuissance, sans toutefois entraîner l'insensibilité morale, qui, dérobant souvent au vieillard la perception exacte de sa situation, atténue chez lui l'appréhension et la douleur d'une fin prochaine. Sans doute, la vieillesse termine une existence, l'incurabilité l'arrête dans son cours, mais que la tige casse et tombe après ou avant la mâturité du fruit, dans l'un et l'autre cas, elle se dessèche et sa perte est irrémédiable.

Aussi la législation a-t-elle assimilé presque complètement ces deux états, soit au point de vue des secours à domicile, soit à celui de l'hospitalisation, soit enfin relativement aux asiles qui leur sont consacrés. Nous relèverons toutefois une différence sous le deuxième rapport, la vieillesse étant moins que l'incurabilité un titre pour l'admission dans un asile. Il a semblé au législateur que la vieillesse devait avoir moins de droits à l'assistance, parce qu'elle aurait dû davantage entrer dans les prévisions de l'indigent, et que les effets auraient dû en être prévenus par l'épargne et par la prévoyance.

Le législateur a peut-être pensé aussi que le vieillard serait l'objet de soins affectueux au sein de sa famille, soins qui devaient rendre inutile l'assistance.

L'assimilation, que nous avons faite des incurables aux vieillards, subit toutefois une exception en faveur d'une catégorie d'incurables; il est vrai qu'il s'agit d'une classe de malheureux, dont l'infirmité, si elle survient au cours de la vie, les rend impropres à tout travail. Ce sont les aveugles. La cécité native est une grave infirmité, mais c'est une infirmité dont les conséquences, au point de vue du travail, peuvent être utilement combattues par l'éducation. La cécité, qui frappe l'adulte, est bien plus douloureuse : outre que la privation d'un sens, dont on a joui, est plus pénible, elle rend désormais l'individu impropre au travail et inhabile à gagner son pain. Aussi une institution, plusieurs fois séculaire, vient-elle à son aide, et cherche-t-elle à adoucir son malheureux sort.

La maison des *Quinze-Vingts* est le doyen et le plus connu de tous les établissements généraux de bienfaisance. La légende en attribue la fondation à St-Louis en 1260 : le pieux monarque aurait voulu, dit-on, donner un asile à 300 (Quinze-Vingts) chevaliers qui l'auraient suivi dans la première croisade, et auxquels les Sarrazins avaient crevé les yeux. Mais il est aujourd'hui démontré que la création de cette antique maison remonte à une époque antérieure; Louis IX n'aurait fait que lui donner sa première organisation.

L'hospice national des Quinze - Vingts reçoit trois cents aveugles pensionnaires internes, de l'un et l'autre sexe; ceux-ci occupent, chacun avec sa famille, un logement particulier, et reçoivent une distribution quotidienné de six cent-vingt-cinq grammes de pain et un secours journalier de 1 fr. 50, secours qui s'augmente, lorsque l'aveugle est marié, ou lorsqu'il a des enfants au-dessous de 14 ans. Le rôle charitable de cette institution nationale serait trop restreint, s'il se bornait à l'hospitalisation de ces trois cents aveugles. Mais l'établissement des Quinze-Vingts donne, en outre, à 1750 aveugles externes des pensions viagères et annuelles de 100, 150 et 200 fr. Son action se trouve ainsi considérablement étendue.

Les nominations à l'internat, ou les allocations des pensions d'externes sont prononcées par le ministre de l'intérieur. Les choix peuvent porter sur les aveugles dispersés sur tout le territoire, pourvu qu'ils soient français, indigents, et qu'ils soient atteints d'une cécité complète et incurable. Les secours annuels ne peuvent être attribués qu'à des individus âgés de 21 ans au moins; mais en fait, et à raison du grand nombre des candidats en instance, on ne secourt pas ceux qui n'ont point accompli leur trentième année. Quant à l'admission dans l'hospice à titre de membre interne, elle ne peut s'appliquer qu'à des aveugles, âgés d'au moins 40 ans, et qui ont successivement appartenu aux trois classes de pensionnaires externes.

Cette catégorie d'incurables mise à part, il nous reste à étudier la situation qui est faite par notre législation aux autres incurables et aux vieillards.

Ainsi que nous en avons fait l'observation, l'hospice n'est pas, comme l'hôpital, un asile passager, offert à des maux temporaires : c'est un lieu de retraite, qui ouvre ses portes à des individus, incurables ou vieillards, qu'il reçoit pour la vie entière. Les charges, qui pèsent sur les hospices, sont dès lors indéterminées ; aussi est-il nécessaire que le champ de ce mode d'assistance soit limité autant que possible. « Ce n'est qu'avec la plus » grande réserve, écrivait le ministre de l'intérieur » dans sa circulaire du 31 janvier 1840, que les admi- » nistrations charitables doivent admettre les vieillards » valides, et je n'hésite pas à dire que la trop grande » facilité dans les admissions de ce genre, est une des » causes les plus ordinaires des embarras qu'éprouvent » ces établissements. »

Dominé tant par ces sentiments de parcimonie que par le principe de solidarité morale de la famille, qui impose aux membres valides la charge des vieillards et des infirmes, le législateur de 1851 n'a pas voulu se montrer libéral, comme il l'avait été pour l'admission dans les hôpitaux. Il n'a pas même voulu édicter une règle applicable à tous les hospices. Il a préféré laisser à chaque commission le soin de déterminer, par un règlement spécial, les conditions d'âge et de domicile exigées pour être admis « dans chaque hospice destiné » aux vieillards et aux infirmes. »

Rentrant plus spécialement dans le domaine, qui constitue l'objet de notre étude, et envisageant l'admission des vieillards et des incurables des communes rurales, nous sommes amené à reconnaître une différence essentielle entre ceux-ci et ceux-là.

Le législateur de 1851 n'a pas consacré, au profit des vieillards, une disposition analogue à celle que nous avons signalée plus haut en faveur des malades ; les communes rurales n'ont pas le droit de faire traiter leurs vieillards dans un hospice du département désigné par le Conseil général. Les incurables, au contraire, sont assimilés aux malades, et cela se conçoit; la morale publique commandait de ne pas laisser, au milieu des populations, de pauvres incurables, atteints d'infirmités repoussantes, telles que que l'épilepsie.

A-t-on eu raison de refuser aux vieillards indigents ce que l'on accordait aux incurables ? L'affirmative ne serait pas douteuse, d'après M. de Melun : « La même » faculté, dit-il, n'est pas accordée aux vieillards. Sans » parler des abus possibles, les objections élevées contre » les hospices des villes paraissent bien plus fortes, » lorsqu'il s'agit des campagnes. L'homme habitué aux » champs ne pourrait que perdre au physique et au » moral, dans l'étroit espace où il serait enfermé. Jus- » qu'ici plus fidèle aux traditions de la famille, l'habitant » des campagnes conserve volontiers ses vieux parents » autour du foyer qu'il habite; la perspective d'un » asile, qui le débarrasserait de ses devoirs envers son » père, serait un malheureux encouragement à l'im- » prévoyance et à l'abandon, dont les villes ne nous » offrent que trop d'exemples. »

Il est certain que les populations rurales ont pour l'hospice une répulsion marquée, justifiée jusqu'à un certain point, d'ailleurs; car le séjour de l'hospice a la plus funeste influence sur des individus habitués au grand air et à la liberté des champs (1). Les secours à domicile peuvent, au reste, suffire dans presque tous les cas. La loi a supposé, en outre, que les communes rurales hésite- raient le plus souvent à faire les sacrifices nécessaires pour l'hospitalisation permanente de ses indigents âgés.

_____

(1) Camille Bazille, l'*Assistance publique dans les communes rurales*, 1881.

Toutefois, lorsque le vieillard, par suite de son grand âge et de ses infirmités, ne peut plus vivre seul, lorsqu'il n'a pas de parents qui puissent le garder, la solution qui s'impose est l'hospice. Lui refusera-t-on un asile ? Il est rare, lorsque la commune consentira à supporter les frais, que le préfet, d'une part, et que les hospices, d'autre part, refusent l'admission. Que l'on ne dise pas que la loi est violée. Le vieillard, atteint d'infirmités, est un incurable, et il doit profiter de la faveur réservée à ce dernier. La plupart des conseils généraux inscrivent, dans leur budget, des crédits destinés à secourir les communes, et ces crédits, quoique spécialement alloués pour l'hospitalisation des malades et incurables, sont fréquemment employés pour celle des vieillards.—D'ailleurs, les dépôts de mendicité, qui sont des établissements départementaux, peuvent, à défaut des hospices, recevoir les vieillards, et l'administration préfectorale refuse rarement l'admission dans ces asiles aux vieillards dont les communes s'engagent à supporter la plus grosse part des dépenses.

Les dépôts de mendicité, avons-nous vu, devraient être dans l'esprit du législateur, des établissements d'assistance et de travail. En fait, ils sont pour quelques-uns de leurs pensionnaires des établissements répressifs, mais, pour la plupart, des établissements hospitaliers. Ils sont le complément des hôpitaux et des hospices (1). Il suffit, pour s'en convaincre, d'en visiter quelques-uns. On y rencontre, en effet, des malheureux dont le plus grand nombre ne saurait trouver d'abri nulle part, à raison de la nature de leurs affections ou de leurs infirmités, ou à raison de leur durée. « Les épileptiques, les » idiots, les microcéphales, les malheureux atteints de

----

(1) V. ci-dessus.

» caries des os, vivent des années, sans espoir de gué-
» rison, et on n'en veut nulle part. Il y a aussi de
» pauvres vieux aveugles, n'ayant plus personne au
» monde et qu'on ramasse sur les chemins » (1). Ajoutons que l'on obtient assez souvent dans les dépôts un
prix de journée peu élevé : ainsi, à Bordeaux, il descend à 0,80 c., à Montreuil-sous-Laon, à 0,65 c., à
Rabès et à Neurey, à 0,60 c. Quelle différence avec le
prix de journée des hôpitaux et des hospices! et quelles
ressources ces dépôts peuvent-ils offrir aux communes
pauvres, souvent effrayées par les frais d'hospitalisation
de leurs vieillards ou incurables.

Un autre mode de secourir les vieillards et incurables
indigents des communes rurales, privées d'établissements hospitaliers, est le système des pensions servies
sur le budget départemental.

Cette institution, accueillie avec faveur par l'opinion
publique, est aujourd'hui adoptée dans beaucoup de
départements. M. Théron de Montaugé raconte que
» rien encore n'avait été fait de spécial pour la vieillesse
» agricole dans la Haute-Garonne, lorsque, en 1853,
» M. le préfet West fonda, avec l'appui du Conseil
» général, des pensions pour les vieux serviteurs ruraux » (2).

Les pensions varient généralement entre 5 et 8 fr.
par mois; elles sont payées par trimestre. Elles sont
allouées aux vieillards vivant dans leur propre famille,
et, à défaut de celle-ci, dans celles que recommandent
des liens de parenté, d'affection et de voisinage.

L'œuvre des pensions agricoles est une des manifestations les plus fécondes de la charité administrative.

---

(1) M. de Crisenoy, *Les asiles d'incurables et les dépôts de mendicité.*
(2) *Loc. cit.*, p. 493.

Elle contribue à accroître le respect dû à la vieillesse. L'éminent économiste Michel Chevalier en a fait la remarque avant nous : ce respect, fait-il observer, se maintient difficilement là où il faut que chacun se prive pour un vieillard; si, au contraire, ajoute-t-il, le veillard apporte par sa pension un revenu fixe dans le ménage, il apparaîtra aux siens comme une véritable providence, et le sentiment de la famille, loin d'être fâcheusement atteint, s'en trouvera vivifié.

Malheureusement les sommes votées par les Conseils généraux sont relativement peu élevées et ne permettent pas de donner un grand nombre de pensions. Il est rare que les crédits portés au budget départemental dépassent 6,000 fr. (1). C'est trop peu pour une institution dont le côté moral est si évident, et dont les bienfaits sont si appréciés!

---

(1) Certains départements subordonnent l'allocation de ces secours à une contribution de la commune, où le vieillard a son domicile. C'est là une très heureuse conciliation entre la nécessité de l'intervention départementale, et le caractère communal qui doit rester à l'assistance.

# QUATRIÈME PARTIE

---

## LES LÉGISLATIONS ÉTRANGÈRES & LES RÉFORMES POSSIBLES

# CHAPITRE XXIII

## L'assistance rurale à l'étranger.

La Belgique : bureaux de bienfaisance et hospices ; organisation assez complète de l'assistance publique.

Le Royaume d'Italie : Développement des œuvres d'initiative privée. — Esprit de prévoyance de l'ouvrier italien. — Les *opere pie*. — Assistance des enfants trouvés et des aliénés. — Service médical : la *condotta* simple et la *condotta piena*. — Hôpitaux et leur clientèle domiciliée hors de la ville.

Les Pays-Bas : Peu d'indigence. — Différentes catégories d'institutions de bienfaisance ; leur nombre. — Essai du général Van den Bosch ; les colonies agricoles.

Les législations étrangères peuvent être divisées en deux classes : les unes, à l'instar de la nôtre, font de l'assistance un service simplement facultatif, du moins en principe, pour les administrations publiques ; les autres, comme l'Angleterre, ont adopté le système de la charité légale, et ont donné à l'assistance un caractère obligatoire.

Le système de l'Assistance du royaume belge est peut-être celui qui ressemble de la façon la plus frappante au système de la France ; quoi d'étonnant dans cette similitude ! Il faudrait avoir oublié l'histoire de cet État pour en être surpris. Depuis sa séparation d'avec notre pays, la Belgique est encore restée, par la langue, la religion et le tempérament de ses habitants, ainsi que par une sorte de communauté d'origine, et une affinité de race, est restée, disons-nous, en quelque manière comme une partie de notre propre territoire. Mais, à côté de cette grande ressemblance, nous trouvons, dans l'organisation charitable de la Belgique certains côtés qui constituent une amélioration certaine sur la nôtre. Faut-il croire, pour cela, que le progrès soit plus lent en France que chez nos voisins? Loin de nous cette pensée. Mais il est aisé de s'imaginer que l'on peut, avec une plus grande facilité, organiser un système d'assistance publique dans un pays, où la population atteint une densité moyenne de 183 habitants par kilomètre carré, que dans une région, où la densité n'atteint pas la moitié, — dans un pays, où le nombre de communes, comptant moins de 500 âmes, ne représente environ que le sixième de l'ensemble des communes, que dans le nôtre, où la moitié environ des agglomérations humaines n'atteint pas ce chiffre de 500 habitants, — dans un pays enfin de 5 millions d'habitants que sur un territoire, qui en comprend sept à huit fois davantage.

Les seuls établissements publics de charité, en Belgique, sont les bureaux de bienfaisance et les hospices (1). Les premiers ont particulièrement pour objet la distribution des secours à domicile. Les seconds ont pour mission de procurer des secours d'hospitalité aux infirmes, aux malades, aux vieillards et aux orphelins indigents, dont la position réclame des soins et des soulagements spéciaux.

La charge de pourvoir à l'assistance des indigents incombe à la commune du *domicile de secours*. Ce domicile, réglé par la loi du 18 février 1845, est généralement le lieu de naissance, à moins qu'il n'en ait été acquis un autre par un séjour prolongé de huit années dans une autre commune ; quelques exceptions seulement, basées sur l'unité de la famille, sont faites à cette

---

(1) Nous avons puisé les renseignements, qui suivent, dans divers documents, mais spéeialement dans l'*Exposé de la situation du royaume de* 1861 *à* 1875, publié par les soins de la Commission centrale de statistique de Belgique.

double règle. En cas de nécessité, l'indigent doit être secouru par la commune, où il se trouve. S'il est étranger à cette localité, la commune du domicile de secours doit rembourser le montant des secours, à lui accordés. D'ailleurs, cette dernière commune peut demander que l'indigent lui soit renvoyé, à moins qu'il ne puisse être déplacé, ou qu'il ne doive être traité dans une institution, qui n'existe pas dans le lieu du domicile de secours.

La loi prévoit l'intervention directe de la caisse municipale dans certaines charges d'assistance : ainsi le conseil communal est tenu de porter à son budget, aux termes de l'article 131, Nos 16, 17 et 18, de la *loi communale*, « les frais d'entretien et de traitement des
» aliénés indigents, des reclus dans les dépôts de men-
» dicité (1) et des pauvres admis dans les hôpitaux ou
» dans les hospices, où ils n'ont pas droit aux secours
» publics ; les frais d'entretien et d'instruction des
» jeunes sourds-muets et aveugles, sans préjudice des
» subsides à fournir par la province et par l'Etat ; enfin
» les frais d'entretien des enfants trouvés dans la pro-
» portion déterminée par la loi » (Lois du 13 août 1833 sur les dépôts de mendicité ; du 3 avril 1848, art. 7, pour les écoles de réforme ; et du 18 juin 1850, art. 26, 27 et 28 sur les aliénés).

Lorsque les communes ne peuvent y pourvoir au moyen de leurs ressources ordinaires, la caisse de la province vient contribuer aux dépenses du traitement des aliénés, de l'entretien des enfants trouvés et de celui des reclus dans les dépôts de mendicité (*Loi provinciale*, art. 69, Nos 13 et 19).

Enfin l'État contribue, par voie de subsides, aux frais

(1) On considère les dépôts comme établissements pénitentiaires.

d'entretien et d'instruction des sourds-muets et des aveugles (*Loi communale,* art. 131, N° 17), ainsi qu'aux dépenses de construction d'hôpitaux, d'hospices et d'asiles d'aliénés.

Comme on le voit, le système Belge a la plus grande analogie avec le système Français ; toutefois il offre cette différence, qu'il donne à l'assistance des malades, des reclus, des sourds-muets et des aveugles un caractère légal et obligatoire. Quant aux indigents valides, leur assistance n'a qu'un caractère facultatif ; mais, comme il existe, dans chaque commune, un bureau de bienfaisance, il en résulte qu'elle s'exerce d'une manière générale dans toute l'étendue du royaume ; c'est ce qu'il nous reste à montrer par un aperçu sur le régime des bureaux de bienfaisance, que nous ferons suivre de quelques détails sur les établissements hospitaliers.

La loi du 7 décembre 1822 (*Régime Hollandais*), ordonne l'établissement d'un bureau par commune. Il y avait donc, en Belgique, en 1870, 2,564 bureaux, le nombre des communes étant égal. La dotation des bureaux de bienfaisance se compose des biens des anciennes tables des pauvres, des aumônes, du produit des révélations de biens et rentes celés au domaine, des donations et des legs faits aux pauvres, et d'autres ressources quotidiennes provenant de troncs, de quêtes, de collectes, de tombolas, et d'amendes ; enfin des subventions que les communes doivent leur fournir pour combler leur déficit.

L'emploi des revenus des pauvres est laissé à l'appréciation du bureau de bienfaisance. La loi du 7 frimaire an V se borne à dire que les secours à domicile sont, autant que possible, donnés en nature. Les besoins des indigents sont constatés, et les distributions faites, par les comités de charité, ou par d'autres préposés, con-

formément aux règlements locaux. Le rôle du bureau
de bienfaisance ne se borne pas seulement à la délivrance de secours à domicile : il est tenu de contribuer
aux frais de l'enseignement primaire des enfants pauvres,
de supporter, si ses ressources le lui permettent, les
frais d'entretien des indigents de la commune, qui sont
placés dans des établissements d'aliénés, reclus dans les
dépôts de mendicité, ou traités dans des hôpitaux ou
des hospices hors de la localité; il est tenu également
d'organiser un service de santé pour les pauvres, d'en
nommer les médecins, les chirurgiens et les accoucheurs,
ainsi que les pharmaciens, le tout sous l'approbation du
conseil municipal. C'est donc sur le bureau de bienfaisance, que repose, en principe, le fardeau de l'assistance.

Les établissements hospitaliers, dont il ne nous est
pas possible de rappeler ici l'histoire, sont soumis à la
surveillance des administrations municipales. La dotation de ces établissements comprend les biens des
anciennes fondations, ceux des maisons conventuelles,
autrefois affectées au soulagement des malades, ceux
des anciens béguinages, ceux qui servaient à la nourriture, à l'entretien des hospitalières et filles de charité,
attachées aux anciennes corporations vouées au service
des pauvres et des malades, et enfin les biens dissimulés
à l'administration du domaine. Les hospices peuvent,
en outre, être autorisés à recueillir les dispositions
entre vifs ou par testament, que les particuliers font à
leur profit.

Dans les localités importantes, il y a des hospices
pour les vieillards, des hôpitaux pour les malades, et
des orphelinats; mais dans les communes rurales, un
même établissement reçoit généralement les malades,
les orphelins et les infirmes de tous genres. Lorsqu'il

n'existe aucun asile spécial, les indigents sont traités à domicile, à la charge du bureau de bienfaisance, ou envoyés dans un établissement voisin, public ou privé. Pendant longtemps, à défaut d'hospices spéciaux, les incurables ont été placés, comme reclus invalides, dans les dépôts de mendicité.

Parmi les établissements hospitaliers, les uns ont un nombre fixe de lits, et ne reçoivent que les indigents, qui peuvent être entretenus par les ressources de la fondation; les autres, au contraire, sont ouverts non seulement aux pauvres de la localité, mais encore aux indigents n'ayant pas de domicile de secours dans la commune, sauf remboursement des frais d'entretien par la commune du domicile de secours; en 1875, il y avait 197 établissements, ayant ce dernier caractère.

Les deux Flandres sont les provinces dotées du plus grand nombre d'établissements hospitaliers; on y a même créé, dans les communes rurales, des fermes-hospices, qui sont de petites colonies agricoles, ouvertes aux vieillards des deux sexes, aux orphelins et aux infirmes. Le travail des pensionnaires sert à couvrir une partie des dépenses; le surplus est supporté par le bureau de bienfaisance.

Le nombre des localités, possédant des Commissions d'hospices civils, était, en 1875, au nombre de 287, dont 204 communes rurales. Celles-ci n'ont, en général, qu'une seule maison hospitalière, affectée à différents usages; certaines villes, au contraire, en comprennent un grand nombre.

La législation charitable, concernant les enfants trouvés et abandonnés, résulte du décret du 19 janvier 1811 (*régime français*), et également de la loi du 30 juillet 1834, ainsi que de l'article 131 de la *loi communale* de 1836, et de l'article 69 de la *loi provinciale*.

La loi du 30 juillet 1834, rendue dans le but de faire droit aux réclamations formulées par les villes, où on avait conservé les tours, et qui, de ce chef, se trouvaient surchargées de frais, la loi de 1834, disons-nous, décida que l'entretien de ces enfants serait pour une moitié à la charge de la commune, sur le territoire de laquelle ils auraient été exposés, et, pour l'autre moitié, à la charge de la province, à laquelle cette commune appartiendrait. Une subvention annuelle est toutefois portée au budget de l'Etat pour contribuer à l'entretien de ces enfants.

La législation italienne a, de même que la législation belge, les plus grandes analogies avec la nôtre. Mais si le système charitable de l'Italie ressemble au système français, il faut bien dire que, sous le rapport de l'association, s'appliquant aux ouvriers, l'Italie devance la France ; les œuvres d'initiative privée y ont une importance, que nous ne connaissons pas.

Nous ne parlerons pas de la construction de cités ouvrières, ni de l'établissement de fourneaux économiques, dûs à l'esprit philanthropique des patrons ; ce sont là œuvres intéressantes à coup sûr, mais n'ayant rien de commun avec l'idée d'association (1). Nous bornerons notre examen (examen bien rapide !) aux associations ouvrières proprement dites. Or, à cet égard, il y a une particularité curieuse : pendant que ces associations commencent à peine à se propager dans l'Italie centrale et méridionale, la Haute-Italie est, au contraire, l'un des pays où l'esprit d'association est le plus développé (2). Les sociétés de secours mutuels y sont

---

(1) V. *Les classes ouvrières en Europe*, de M. Lavollée, t. II.

(2) M. Léon Say, *loc. cit.*

très répandues, surtout en Piémont, en Lombardie et
en Toscane. En 1878, date de la dernière statistique,
dont nous ayons les résultats, on comptait, dans toute
l'Italie, 2,091 sociétés de secours mutuels, dont 498 en
Piémont, 343 en Lombardie, 220 en Toscane, 199 dans
l'Emilie, 156 en Vénétie et 117 en Sicile. Depuis 1878,
le nombre en a grandi considérablement encore.

Sur ces 2,091 sociétés, 1,981 seulement avaient, en
1878, fait connaître le nombre de leurs membres :
331,548, non compris 32,177 membres honoraires ;
leurs ressources, dont plusieurs sociétés avaient omis
d'indiquer le chiffre, s'élevaient à 5,179,322 fr. 1,949
sociétés, comprenant 327,834 membres actifs (soit 168,
en moyenne, par société) avaient fait connaître leur
capital, qui s'élevait à 21,142,000 fr., chiffre représentant 10,847 fr. par société, et 64 fr. 50 par sociétaire.
De ces associations, 24 seulement existaient en 1848,
et 50 en 1860.

Les sociétés de secours mutuels ont procédé à la
création d'institutions populaires, dont la plus heureuse
est celle de la *Banque d'honneur* ou du *Prêt d'honneur*. Les banques d'honneur, dont la première fut
fondée à Lodi, ont pour objet de rendre inutile, pour
les sociétaires, le recours au Mont-de-Piété ; elles font
aux membres de la société des prêts modiques, dont le
taux varie entre 1 et 2 fr. jusqu'à 40, 80, 100 et 300 fr.
au maximum, et qui sont consentis pour un délai variant de quinze jours à trois mois ; l'engagement est
tantôt gratuit, tantôt à un taux de faveur ; il a lieu soit
sur parole, soit moyennant promesse écrite. On exige
toutefois de l'emprunteur l'indication de l'emploi, qu'il
compte faire de la somme empruntée ; il doit être, en
outre, patronné par deux personnes, qui le connaissent
personnellement, et qui certifient, sans assumer de res-

ponsabilité pécuniaire, qu'il pourra remplir ses engagements.

A côté des sociétés de secours mutuels, il faut placer les associations coopératives, dues à l'initiative hardie et aux efforts persévérants de M. Luzzati. La première création fut celle des *banques populaires*, et elle remonte à 1864. Imaginées sur le modèle des *créditvereine* allemands, elles offrent avec ces sociétés la plus grande analogie ; toutefois elles n'imposent pas, pour les opérations de la société, la responsabilité solidaire des sociétaires sur leur fortune personnelle, et même au-delà de leur apport. L'institution des banques populaires a pleinement réussi, et, quoique née seulement en 1864, elle est actuellement très répandue ; au 31 décembre 1883, il n'y avait pas moins de 252 banques, possédant un capital nominal de 55 millions et demi de francs, et 51 millions de fonds de réserve (1). Moins nombreuses sont les associations coopératives de production ; une d'entr'elles, celle des verriers d'Altare, a obtenu, en 1881, à l'exposition nationale des produits de l'industrie, à Milan, la première médaille d'or dans la section réservée aux institutions économiques et sociales. Quant à la troisième variété de sociétés coopératives, c'est-à-dire les sociétés de consommation, elle a pris une extension assez considérable.

Le sentiment de prévoyance de l'ouvrier Italien ne se manifeste pas seulement sous la forme de la société de secours mutuels, mais aussi sous celle de l'épargne. L'esprit d'économie est fort développé chez les ouvriers et les paysans Italiens, notamment dans la vallée du Pô. Le paysan achète volontiers de la terre, et nous avons remarqué fréquemment que ces marchands am-

(1) M. Léon Say, *loc. cit.*

bulants, d'origine Italienne, qui parcourent nos villages français, et sont, en général, très économes, remportent leurs épargnes dans leur pays natal pour les convertir en terres. Néanmoins les caisses d'épargne ont, en général, une clientèle très nombreuse, quoique leur origine ne date que de 1822. Au 31 décembre 1883, le stock s'élevait à 1,147,695,000 fr.; l'épargne moyenne par habitant était de 15 fr. 21 en 1871, et de 33 fr. 83 en 1881. A la même date, il y avait 364 caisses d'épargne ordinaires; nous retrouvons encore la Lombardie parmi les provinces, où cette institution s'est davantage répandue. A la même date on comptait 3,584 caisses d'épargne postales.

L'assistance sous toutes ces formes, voilà la note caractéristique de l'Italie; nous l'allons trouver dans les établissements de bienfaisance, ni moins nombreux ni moins considérables que les sociétés de secours mutuels. Ici encore c'est la Haute-Italie, qui tient de beaucoup la première place. D'après des renseignements, que nous devons à l'amabilité de M. Bodio, l'éminent directeur du service de la statistique en Italie, le nombre des institutions charitables *(opere pie)* est d'environ 23,000, et leur patrimoine dépasse 2 milliards. Toutes les œuvres d'assistance se trouvent représentées : bureaux de bienfaisance, hôpitaux, hospices, orphelinats, œuvres d'hospitalité, œuvres destinées à distribuer des secours et des aumônes, sociétés dotales *(monti di maritaggio)*, caisses d'avances de grains pour semence.

Ces institutions de bienfaisance sont créés par des dispositions testamentaires, ou d'autres libéralités particulières. Quelques unes sont très anciennes. Ainsi en Piémont, sur 1,825 *œuvres pies*, existant en 1861, 96 avaient été fondées entre les XIIe et XVIe siècles; 713, aux XVII<sup>e</sup> et XVIII<sup>e</sup> siècles ; 474, de 1800 à 1848. Il en est de même en Lombardie, où elles sont, comme en Piémont, très nombreuses.

Les *opere pie* sont régies par la loi du 3 août 1862. Cette loi les place sous la tutelle des députations provinciales, assemblées qui correspondent à nos conseils généraux, sauf le recours au roi en Conseil d'Etat contre les décisions des députations provinciales. Ces institutions charitables fonctionnent, d'ailleurs, de la même manière que nos bureaux de bienfaisance, nos orphelinats, nos hôpitaux, et nos hospices. Elles sont surveillées par les communes, qui nomment les administrateurs, excepté dans le cas où ceux-ci sont nommés par le fondateur, dont le droit prime celui de l'Etat.

La charité légale s'exerce dans certains cas, qui intéressent l'ordre public. Comme en France, l'assistance des enfants abandonnés et des aliénés pauvres est obligatoire, en vertu de la loi du 20 mars 1865 N° 2248, qui règle l'administration communale et provinciale.

Cette loi met à la charge des provinces, comme dépense obligatoire, l'entretien des aliénés pauvres de la province (art. 174 § 10), et la somme est déterminée chaque année au budget. Ces dépenses sont supportées entièrement par la province, quand il n'y a pas de fondations spéciales de bienfaisance ; dans le cas contraire, la province paie seulement la différence. Au 31 décembre 1884, il y avait 72 asiles ou hôpitaux, destinés aux aliénés ; sur un nombre total de 20,051 aliénés, il y en avait 17,915 pauvres à la charge des provinces, et, dans la même année, les provinces ont supporté pour ce service une dépense de *L.* 10,083,241 (en 1885, *L.* 10,079,397). D'après l'enquête sur les fondations de bienfaisance, il y avait, à la fin de l'année 1880, 16 asiles d'aliénés, ayant le caractère de personne juridique; le revenu patrimonial brut de ces institutions de bienfaisance était de *L.* 501,720.

En ce qui concerne les enfants abandonnés, une disposition transitoire de la même loi communale (art. 237), établit que, jusqu'à la promulgation d'une loi spéciale (qui n'est jamais intervenue), les communes et les provinces seront obligées d'y pourvoir dans des proportions, qui doivent être déterminées par arrêt royal, lorsque les ressources des fondations de bienfaisance ne suffisent pas (1). En 1885, dans les budgets des 69 provinces du royaume, l'on a prévu pour ce service une dépense de *L.* 6,910,126, et dans les budgets des 8,257 communes, une dépense de *L.* 4,782,338. Les 91 fondations perpétuelles de bienfaisance, destinées à l'assistance des enfants délaissés, avaient, en 1880, un revenu patrimonial brut de *L.* 2,882,346.

Le service médical en faveur des pauvres est obligatoire, aux termes de la loi communale et provinciale de 1865, N° 2248. L'article 116 § 5 est ainsi formulé :
« Sont obligatoires pour les communes les dépenses
» pour le service sanitaire des médecins, des chirurgiens
» et des sages-femmes pour les pauvres, dans le cas où
» il n'y a pas d'institutions spéciales, qui pourvoient à
» ce service. » Les budgets communaux calculaient, pour le service médical, en 1885, une dépense obligatoire de *L.* 11,452,345.

En outre, plusieurs communes pourvoient, non seu-

---

(1) La proportion n'est pas égale dans toutes les provinces du royaume. En Piémont, la quatrième partie des dépenses est supportée par les communes, et les trois autres parties sont payées par les provinces ; dans la Toscane, les Marches et l'Ombrie, pour deux tiers par les communes, et un tiers par la province ; dans l'Emilie et dans la plupart des provinces de l'Italie méridionale, les dépenses sont partagées en parties égales entre les communes et les provinces ; en Lombardie, et dans les provinces Vénitiennes, ces dépenses sont presque entièrement supportées par les provinces.

lement au service médical gratuit des pauvres, mais au service gratuit de toute la population de la commune (ce que l'on appelle, en Italie, la *condotta piena*), et, pour ce service étendu à tous les habitants, on trouve fixé dans les budgets des communes, en 1885, une dépense facultative de *L.* 6,748,185.

Suivant une enquête, faite en 1885, 17,568 individus exercent la profession médicale (2,415 médecins, 686 chirurgiens, et 14,467 praticiens qui peuvent exercer en même temps la médecine et la chirurgie). Ne sont pas compris dans ces chiffres les médecins de l'armée de terre (642), ni ceux de la marine de guerre (115), ni les *phlébotomes* ou *saigneurs* (4,134). 8,585 médecins ou chirurgiens sont payés par les communes ou par des institutions de bienfaisance, 8,983 exercent librement. 4,154 communes pourvoient au service médical gratuit pour tous les habitants *(condotta piena)*, 3,518 communes ne paient le médecin que pour le service des pauvres.

En 1885, les communes, qui avaient un ou plusieurs hôpitaux pour le traitement des maladies aiguës ou chroniques, étaient au nombre de 1,099 avec 12,511,413 habitants. Dans les autres 7,518 communes, qui comptent 15,948,215 habitants, les malades pauvres sont assistés à leur domicile par les médecins communaux, ou transportés dans les hôpitaux des communes limitrophes. On ignore combien de malades, recueillis dans les hôpitaux, y ont été transportés d'une autre commune; mais le nombre doit en être assez considérable. En effet, sur un total de 8,032 malades, traités en 1885 dans les hôpitaux de la ville de Turin, 1,979 avaient leur *résidence* dans une autre commune; de même, sur 11,671 malades traités dans les hôpitaux de Naples, 3,378 n'étaient pas domiciliés ordinairement en cette ville, etc.

La loi s'occupe aussi de la mendicité, et permet d'accorder à des infirmes, qui n'ont pas de parents tenus à la pension alimentaire, et lorsqu'il n'existe pas dans la commune d'institution pour les recevoir, un certificat d'indigence, signé par la municipalité, et visé par le sous-préfet. Ce certificat autorise le porteur à mendier *pendant le jour* (1).

Il n'y a pas de système général d'assistance publique pour les campagnes. Les communes rurales sont sur le même pied que les villes. Il n'existe, d'ailleurs, aucune distinction administrative entre les communes urbaines et les communes rurales, Toutefois dans les statistiques de la population et des finances communales, on distingue, d'une part, les communes chefs-lieux de provinces et de *circondarii* (arrondissements) ; et, d'autre part, les autres communes. Les communes du royaume d'Italie sont au nombre de 8,259, comprenant une population totale de 28,459,628 habitants ; sur ces 8,259 communes, 5 ont moins de 100 habitants ; 61 ont de 100 à 200 ; 156, de 200 à 300 ; 201, de 300 à 400 ; 270, de 400 à 500 ; et 1,345, de 500 à 1,000. On voit que la population des communes italiennes est généralement plus élevée que celle des nôtres.

La législation charitable des Pays-Bas, sans offrir avec la législation française une analogie absolue, présente toutefois avec elle une ressemblance, en ce que l'assistance, en Hollande, est, comme chez nous, communale et facultative. Mais s'il est un pays, où l'indigence soit rare, c'est à coup sûr celui-là. Il y a déjà

(1) Une commission royale d'enquête sur les œuvres charitables poursuit en ce moment ses études pour la réforme de la loi du 3 août 1862 ; ses travaux sont très avancés. Un autre projet, sur la réforme de la loi provinciale et communale, a été porté au Parlement ; ce projet touche à l'administration et à la surveillance des fondations perpétuelles de bienfaisance.

beaucoup d'années qu'un fonctionnaire anglais, envoyé en Hollande par son gouvernement pour y étudier la situation des classes ouvrières, M. Nicholls, faisait, dans son rapport au *Foreign-Office*, un tableau enchanteur du bien-être individuel, dont y jouissaient les ouvriers : « Rien ne dépasse, dit-il, la décence, la propreté personnelle et la prospérité apparente du peuple hollandais. Je n'ai vu ni une maison, ni une clôture qui ne fût en bon état, ni un jardin qui ne fût cultivé avec soin. » Et M. Nicholls, poursuivant sa description, révélait le secret de ce bonheur ; il ajoutait, en effet : « Le peuple hollandais semble fermement attaché à son gouvernement, et peu de pays possèdent une population qui remplisse avec plus d'exactitude ses devoirs domestiques et sociaux. Une scrupuleuse économie, une grande prévoyance semblent être les vertus caractéristiques de toutes les classes. »

Aussi, malgré la modicité des salaires, la pauvreté est-elle rare en Hollande, et la misère presque inconnue. Néanmoins l'assistance publique y est organisée, et nous devons dire quelques mots de la manière dont elle fonctionne.

Il n'existe pas en Hollande un système complet d'assistance en faveur des campagnes. La loi sur l'assistance publique, qui date du 28 juin 1854, distingue quatre sortes d'institutions ou de bureaux de secours : 1° les bureaux de bienfaisance municipaux ; 2° les institutions religieuses dont le bénéfice est réservé uniquement aux coreligionnaires ; 3° les institutions privées laïques ; 4° les institutions mixtes, dirigées par l'autorité communale conjointement avec une corporation religieuse ou privée.

La loi pose, en principe, que l'allocation d'un secours public ne doit être faite qu'à défaut du concours de la religion et de la charité privée. Celles-ci sont appelées les premières à secourir les malades et les indigents. En conséquence, l'autorité communale n'intervient, en général, que dans les cas urgents, ou dans l'intérêt de l'ordre public. Cependant, dans les grandes villes, l'autorité entretient plusieurs institutions en faveur des pauvres : à Amsterdam notamment, les subventions et autres crédits, ayant ce caractère, dépassaient, pour la dernière année, la somme de 750,000 florins.

Les communes rnrales possèdent plusieurs institutions spéciales d'assistance ; la création et l'entretien de la plus grande partie de ces institutions de bienfaisance sout dues à des fondations privées.

Dans tout le royaume, le nombre des institutions de bienfaisance était, en 1884, de 5,359, dont 1,397 bureaux de bienfaisance municipaux et mixtes, 3,329 institutions religieuses et mixtes, et 633 institutions privées. En 1886, le nombre s'était encore accru. Les 5,359 institutions, existant en 1884, se répartissaient ainsi :

1º Institutions de secours à domicile.................. 4.041
2º Institutions pour les pauvres honteux............... 223
3º Comités pour la distribution des vivres en hiver.... 109
4º Comités de secours aux accouchées indigentes...... 55
5º Maisons de charité................................. 769
6º Hôpitaux.......................................... 81
7º Ateliers de bienfaisance.......................... 30
8º Autres institutions fournissant du travail aux indigents............................................. 51

TOTAL...................... 5.359

Nous ne voudrions pas quitter la Hollande (1), sans

(1) Il faut consulter sur la question de l'assistance dans ce pays une étude très complète de M. le baron Jules d'Anethan, secrétaire de légation de Belgique « *Rapport sur la bienfaisance dans les Pays-Bas* » (Bruxelles, 1888). — V. également le *Jaarcyfers*, statistique des Pays-Bas de 1886, nº 7.

dire un mot d'une société de bienfaisance, dont l'objet est d'éteindre la mendicité, et dont le moyen d'action est le travail agricole, appliqué au défrichement de landes et de terrains incultes. Ce système fonctionne depuis près de soixante-dix ans. Il est dû au général Van den Bosch. Frappé de l'intensité de la crise économique, qui suivit la chûte du premier Bonaparte, et du péril social, naissant du chiffre énorme des ouvriers sans travail, il eut l'idée de créer des colonies agricoles dans les régions incultes du pays, et d'y envoyer tous les hommes valides se trouvant sans emploi.

De cette idée naquit la création d'une société de bienfaisance, la *Maatschappij van Weldadigheid*, qui existe encore. Dès la première année, elle ne comptait pas moins de vingt mille adhérents payant chacun au minimum une souscription de 5 francs 50 centimes. La ferme de Westerbeek, près de Steenwyk, située, en pleine lande inculte, devint le premier noyau des opérations. Bientôt après, le cercle des opérations de la société de bienfaisance put s'élargir; elle acheta d'immenses étendues de terres incultes, qu'elle mit également en valeur; elle défricha en quelques années 10,000 acres; cette quantité de terres, était divisée en trois groupes principaux de colonies : le groupe de Fredericksoord, expansion du noyau originel de Westerbeek; celui d'Ommerschans, près Meppel, et celui de Veenhuizen, près Assen.

L'appui du gouvernement n'avait pas manqué à la création du général Van den Bosch; malheureusement il avait été subordonné à une condition, qui faillit amener sa ruine; le gouvernement avait exigé que la société se chargeât d'occuper non seulement les ouvriers sans travail, mais les mendiants, les vagabonds, les paresseux des grandes villes, leur *résidu*, pour nous servir du mot de M. John Bright. Or, en 1859, elle subit, de par ce fait, une crise terrible, qui obligea le gouvernement Néerlandais à intervenir; celui-ci la délivra du poids qui pesait sur elle, et paya ses dettes fort considérables. Mais en même temps qu'il lui reconnut le droit de s'assurer de la moralité et de la valeur productive des hommes qu'elle employait, il exigea de la société l'abandon de ses colonies d'Ommerschans et de Veenhuizen, dont il fit des espèces de colonies pénales, réservées, sous son contrôle, aux hôtes peu intéressants dont celle-ci était antérieurement chargée. Quant à la société, restée maîtresse du groupe de Fredericksoord, et libre de la diriger suivant ses propres inspirations, elle n'a cessé de prospérer depuis 1859. Sur cette « colonie libre » les ouvriers peuvent devenir, s'ils ont une conduite irréprochable, fermiers libres ; c'est-à-dire qu'ils peuvent recevoir, avec quelques hectares de terre à cultiver, les instruments, le matériel et le bétail nécessaires. Ils gardent cette situation tant que leur conduite reste satisfaisante ; sinon, ils redescendent au rang d'ouvriers ; ils peuvent même en être expulsés.

Il y a là un exemple, susceptible de devenir fécond, d'un mode d'assistance qui améliore la terre par l'homme, et l'homme par la terre (1).

_____

(1) M. Louis Legrand, ancien député, aujourd'hui ministre de France à La Haye, a communiqué à l'*Académie des sciences morales* un mémoire consacré à l'histoire et à l'organisation de cette société de bienfaisance. (Séance du 27 novembre 1886).

# CHAPITRE XXIV

## L'assistance rurale à l'étranger (suite). — Pays de charité légale.

Théorie de la charité légale ; caractères essentiels de ce système. — Pays où l'on applique la charité légale.
Angleterre. — Statut d'Elisabeth, de 1601. — Abus. — Réforme de 1834: l'union de paroisses ; le *workhouse.*— Organisation de l'assistance publique; les rouages.— Rôles divers du *workhouse.* — Le service médical.— Nombre des unions. — La taxe des pauvres.
Allemagne. — Législation d'empire, et législation des états. — Les *Orts-Armenverbände* et les *Lan-Armenverbände* ; leur rôle respectif. — Insuffisance de l'assistance rurale.—La mendicité et le vagabondage, conséquences de cette organisation insuffisante ; les colonies agricoles. —Les lois de M. de Bismarck sur les assurances ouvrières.— Explication de ces lois, qui sont des lois d'assistance.

En France, nous avons un système d'assistance *officielle*, et nous en avons étudié les principaux caractères. C'est avec le produit de l'impôt, que l'Etat, le département et la commune entretiennent cette organisation. Mais notre loi ne reconnaît pas à l'indigent un droit formel à l'assistance ; elle entend que l'administration soit charitable comme l'individu, librement, *par vertu.* C'est cette idée qu'a si merveilleusement traduite M. Thiers dans son célèbre rapport à l'Assemblée nationale de 1848 : « L'Etat, comme l'individu, doit » être bienfaisant ; mais, comme lui. il doit l'être par » vertu, c'est-à-dire librement.... Si l'individu a des » vertus, la société n'en peut-elle avoir ? »
Mais on a prétendu qu'il existe un droit à l'assistance, et qu'en conséquence l'assistance publique doit être non

seulement *officielle*, mais *légale*, c'est-à-dire sanctionnée par la loi. Et ce n'est pas seulement une thèse d'école ; car plusieurs grands pays ont organisé un système de charité légale, tandis que les autres, comme la France, ont laissé à l'assistance un caractère facultatif, si bien que, dans ces derniers, les communes et les départements ne sont pas imposés obligatoirement pour subvenir aux frais de l'assistance, et que les dépenses de l'assistance n'y figurent que parmi leurs dépenses facultatives.

Le système particulier d'assistance publique, auquel on donne habituellement la désignation de système de la *charité légale*, se distingue par les caractères suivants, lesquels sont les conséquences forcées du principe qui lui sert de base : 1° l'Etat ne se propose pas seulement de donner un secours ; il se reconnaît formellement débiteur, et se considère comme obligé d'assurer la subsistance de tout indigent ; celui-ci, à son tour, peut la réclamer comme un véritable droit. De là la nécessité d'une contribution spéciale, d'une taxe des pauvres, destinée à pourvoir aux dépenses de ce service ; 2° la dette ne peut être payée pour chaque indigent que dans une localité déterminée ; il faut dès lors fixer la circonscription territoriale dans laquelle il peut réclamer le secours, il faut, en d'autres termes, assigner un *domicile de secours* ; 3° la loi, qui se charge de pourvoir aux besoins des indigents, peut leur interdire la mendicité (1) ; 4° l'Etat, en même temps qu'il assure

---

(1) Notre code pénal renferme un élément de la charité légale, l'interdiction de la mendicité. Mais, comme le droit au secours n'est pas inscrit dans notre loi, on n'a pu prendre le délit au sérieux ; il eût été exorbitant de frapper le mendiant, alors qu'on lui refusait l'assistance. D'ailleurs le délit de mendicité est classé parmi les *délits contre la paix publique* ; autre raison pour laquelle la jurisprudence a été amenée à ne considérer comme coupable et délinquant que le mendiant errant et vagabond, et non celui qui mendie discrètement dans son pays, là où il est connu.

le secours à l'indigent, peut, s'il est valide, l'obliger à travailler et lui donner une tâche à accomplir. Aussi partout où existe la charité légale, y a-t-il des établissements particuliers (*workhouses* en Angleterre), où l'on occupe les indigents valides. — En résumé : *taxe des pauvres, domicile de secours, interdiction de la mendicité, maisons de travail,* tels sont les caractères inséparables de tout système d'assistance dite *légale.*

Cette charité légale, sur laquelle nous nous proposons de revenir pour la combattre, existe en Suisse, en Allemagne et en Angleterre; ce dernier pays est la terre classique de l'assistance obligatoire. Pourquoi ces contrées l'ont-elles adoptée? Pour quelques pays, la raison n'est que *plaisante.* M. Naville a raconté de quelle manière ce régime fut introduit dans le canton d'Appenzel. Le président de la Diète exposa qu'il fallait prendre des mesures pour secourir les indigents, — disposition qui fut admise sans difficulté; puis, arrivant aux moyens, il demanda si l'on voulait établir une taxe des pauvres. La réponse fut négative. Le président, que cette solution mécontentait, fit la contr'épreuve, en posant la question sous cette forme : *Que ceux, qui veulent que les pauvres meurent de faim, lèvent la main.* Personne, on le comprend, ne leva la main, et le président, — de bonne ou de mauvaise foi — put en conclure que la Diète, revenant sur son premier vote, décrétait la taxe (1).

Dans les autres pays, la raison tient à l'organisation sociale ou au régime de la propriété foncière (2). En Allemagne, par exemple, c'est le régime patriarcal, qui explique l'adoption du régime de l'assistance obligatoire : la paroisse se comporte à l'égard des pauvres

(1) *La charité légale.*
(2) M. Jourdan. — *Épargne et capital,* p. 211.

comme un père de famille vis-à-vis d'enfants prodigues, qu'il ne peut abandonner, mais auxquels il ne veut assurer que le strict nécessaire. En Angleterre, c'est à la constitution de la propriété privée, qui en fait une propriété féodale, accompagnée du droit d'aînesse et des substitutions, que l'on doit l'admission de la charité légale. La dépossession des paturages publics, qui portait préjudice aux populations rurales, fut la cause qui la provoqua. Avec le principe de la libre disposition, avec le partage égal, rien de pareil ne s'impose; car l'indigence n'étant plus une conséquence du régime social, mais prenant son origine plus ou moins indirecte dans la liberté individuelle, la société ne peut être tenue vis-à-vis de ses membres deshérités d'aucune obligation stricte et légale; on doit lui demander seulement d'être humaine et compatissante.

Comme nous l'avons dit, le pays classique de la charité légale est l'Angleterre ; le droit à l'assistance y remonte à la fin du seizième siècle, et il est inscrit dans un célèbre statut d'Élisabeth de 1601, qui eut pour objet de le régulariser.

Auparavant les pauvres de l'Angleterre ne paraissent pas avoir eu d'autres secours que ceux qu'ils recevaient de la charité privée, notamment des couvents, alors si nombreux et si riches dans ce pays. La *loi commune*, au témoignage de ses plus savants interprètes, avait bien posé en principe que les pauvres devaient être assistés par les pasteurs, les recteurs des paroisses et les paroissiens eux-mêmes, *afin que nul habitant ne fût réduit à mourir faute d'assistance*. Mais cette recommandation légale manquait de sanction. La réforme religieuse, en amenant la sécularisation des couvents, eut pour résultat d'accroître, sinon la misère, du moins la mendicité, ou plutôt pour nous servir de termes plus précis, de la rendre plus flagrante; les mendiants, autrefois assurés des aumônes régulières et quotidiennes des communautés, cherchaient, en effet, dans le vagabondage et dans l'existence errante une compensation aux ressources, dont ils venaient d'être privés. De là naquit l'idée de la charité légale, et du droit de l'indigent à l'assistance.

D'après le statut de 1601, les mendiants étaient traqués, frappés de peines sévères à l'excès; les indigents sédentaires, au contraire, avaient droit à l'assistance de la paroisse, et celle-ci eut l'obligation de venir en aide aux habitants nécessiteux par le moyen d'une taxe.

L'*act* d'Élisabeth s'appliquait à trois classes d'indigents : les valides, les invalides, les enfants. Aux indigents *valides*, il assurait du travail, et du travail *à domicile*. « Il sera nommé, porte textuellement le statut, » chaque année, dans chaque paroisse, par les juges de » paix, plusieurs inspecteurs des pauvres *(overseers)*, » choisis parmi les notables de l'endroit, à l'effet de » pourvoir, sous l'autorité desdits magistrats, à ce que » le travail soit fourni aux individus mariés ou non » mariés, qui n'ont pas le moyen de s'entretenir, ou » qui n'exercent aucun état quotidien qui les fasse » vivre. A l'effet de quoi sera levée chaque semaine ou » autrement, au moyen d'une taxe imposée à chaque » habitant, curé, vicaire et autres, ainsi qu'à tout possesseur de terres, maisons, dimes originaires ou inféodées, mines de charbon ou bois taillis, propres à » être vendus dans ladite paroisse, en telle quantité et » pour telle somme qui seront jugées nécessaires, une » provision de lin, de chanvre, de laine, de fer et autres » matières premières propres à être ouvragées par des » pauvres. Les juges de paix condamneront à la prison

» les indigents valides qui refuseront de faire la tâche,
» qui leur aura été fixée. »

Quant aux indigents *invalides*, le même statut porte :
« Une taxe en argent sera pareillement imposée dans
» chaque paroisse aux mêmes personnes, pour être em-
» ployée à fournir les secours nécessaires aux estropiés,
» aux vieillards, aux impotents, aux aveugles et autres
» indigents incapables de travailler, et cela, soit à leur
» domicile, soit dans des maisons de travail qu'il sera
» loisible aux inspecteurs de faire construire pour cet
» usage, sur des terrains communaux, aux frais des
» paroisses. Si lesdits indigents invalides ont leurs pères
» et mères, grands-pères et grands-mères, ou des
» enfants, ceux-ci seront tenus de les secourir et de les
» entretenir, selon leurs facultés, de la manière et pour
» le prix qui seront fixés par les juges de paix du comté,
» où ils ont leur résidence, sous peine de 20 shellings
» d'amende pour chaque mois de refus ou de retard
» dans l'accomplissement de ce devoir. »

Enfin, en ce qui concerne les enfants, il est dit que
« le produit de la taxe paroissiale sera pareillement
» consacré à payer les frais d'apprentissage des enfants
» pauvres, et à fournir du travail aux enfants, dont les
» pères et mères négligent de leur en donner, ou sont
» dans l'impossibilité de le faire, ou de les élever. »

Le statut, pour assurer l'accomplissement de ses dispositions, ajoute que : « Dans le cas où la paroisse serait
» trop pauvre pour que le montant de la taxe imposée
» à ses habitants puisse subvenir aux besoins ci-dessus
» mentionnés, les juges de paix sont autorisés à faire
» peser cette taxe sur les autres paroisses du canton, et
» même, en cas d'insuffisance de celles-ci, sur toutes
» les paroisses du comté. Tout contribuable, qui refuse
» de payer, le pouvant, sera condamné à demeurer dans

» la maison d'arrêt commune ou dans la maison de
» correction du comté, jusqu'à ce qu'il paye. Ses biens
» pourront être saisis. »

Le statut d'Élisabeth faisait reposer sur la paroisse
seule la charge de l'assistance publique. Cette décentralisation du service et des opérations de bienfaisance
produisait, dans la pratique, d'énormes inconvénients :
l'inégalité du nombre des indigents, suivant les paroisses,
faisait que, dans les unes, la proportion des indigents
étant considérable, la charge de l'assistance était acca-
blante ; dans les autres, au contraire, à raison du champ
plus restreint de la misère, le fardeau était léger. Aussi
qu'en résultait-il ? Les paroisses en arrivaient, par crainte
de l'accroissement de la taxe, à expulser les individus
ne pouvant justifier de moyens d'existence indépendants
*(removal)*. Et, comme conséquence forcée de ces mesures, les indigents se trouvaient n'avoir d'asile assuré
que sur la paroisse, lieu de leur naissance *(settlement)*,
et devenaient ainsi victimes d'une restriction fort grave
et inique quant à leur liberté de travail. Était-ce seulement la classe indigente, qui souffrait de cette sorte
de servage de la glèbe ? Non, mais c'était la prospérité
du pays elle-même qui était atteinte : ici surabondance
de bras, là pénurie ; la localisation du travail, poussée à
l'extrême, nuisait à la fortune publique.

D'après le même statut de 1601, une condition était
mise à l'obtention du secours par toute personne valide ;
c'était l'obligation de travailler, obligation qui, d'après
cette législation, n'avait aucun caractère pénal. A Shel-
ford, comme dans beaucoup d'autres endroits, on avait
la coutume de répartir les pauvres valides entre plusieurs
fermiers ; chaque fermier était contraint d'employer un
nombre de pauvres en rapport avec l'importance de son
exploitation, — qu'il eût ou non besoin de leur travail.

— Les secours étaient fournis à domicile *(out-door relief)* par les inspecteurs de la paroisse aux indigents invalides; aux pauvres valides, lorsqu'on ne pouvait les répartir entre les chefs d'industrie ou d'exploitation, les inspecteurs distribuaient des matières premières propres à être travaillées par eux, et, s'ils n'obtenaient pas l'accomplissement du travail, ils pouvaient les emprisonner dans des maisons spéciales *(workhouses)*, instituées en 1788.

Ce régime produisit les plus regrettables résultats, et ne contribua pas peu, malgré l'immense développement industriel de l'Angleterre, à étendre la plaie du paupérisme. En 1834, on comptait 1 assisté sur 10 habitants. De 1750 à 1800, la taxe des pauvres avait quintuplé, pendant que la population ne s'était accrue que de moitié. De 1800 à 1817, cette taxe s'éleva de 95 à 195 millions de francs. En 1820, elle prélevait le huitième du revenu net de la propriété foncière, et, en 1834, le sixième. Dans certains districts, les taxes absorbaient plus qu'il ne restait du produit du sol, après paiement des frais de culture. Les commissaires nous disent que beaucoup de fermes furent abandonnées, et de grands espaces de terre laissés en friche. L'augmentation des charges n'était rien en comparaison des progrès que l'on constatait dans la démoralisation des classes ouvrières, et que lord Brougham dénonçait à la tribune de la Chambre des lords. La situation d'indigent, en effet, assurait une sécurité absolue d'existence, et même un certain bien-être; meilleure souvent à celle des ouvriers (1), elle était de celles, dont on ne cherche

---

(1) L'un des commissaires qui visita Eastbourne, trouva que les pauvres, qui travaillaient, recevaient 16 shell. (20 fr.) par semaine, tandis que la moyenne des salaires dans le district n'était que de 12 shell. (15 fr.). L'infériorité de la condition pécuniaire des ouvriers indépendants était si notoire, que ce même

pas à sortir, et aussi dont la loi était impuissante à faire
sortir, pourvu que l'on ne refusât pas le travail à domicile. Les liens de famille eux-mêmes s'étaient relachés ;
abandonner une femme et des enfants ne pouvait être
un crime, puisque la paroisse était là, avec son assistance assurée et ses secours obligatoires. « Nos enfants
ne sont pas à nous ; ils appartiennent à la paroisse, »
répondaient certains indigents.

Une réforme s'imposait : elle survint en 1834.

Au point de vue financier d'abord, on substitua à la
paroisse le groupement de plusieurs paroisses ; on institua des *unions de paroisses* placées sous le contrôle
du gouvernement *(local government board)*. On put
ainsi éviter les inconvénients tirés de l'inégalité de
proportion des indigents suivant les paroisses.

Mais la grande réforme de 1834 a consisté dans la
substitution du travail avec caractère pénal au travail
à domicile. Chaque union de paroisse a son *workhouse*,
destiné à recevoir les indigents valides. Le secours à
domicile ne constitue plus que l'exception, et il n'est
donné qu'à titre simplement temporaire. Les *workhouses*, à raison du régime et de la discipline extrêmement sévères, qui y sont appliquées, et qui, dans une
certaine mesure, leur donnent le caractère d'établissements pénitentiaires, à raison de l'obligation à laquelle
l'assisté est astreint de fournir un travail pénible, ingrat
et non rémunéré, les *workhouses*, disons-nous, ont eu
pour résultat de réduire de moitié, en peu d'années, le
nombre des indigents valides. A diverses reprises, sous
l'influence d'idées humanitaires, on a crû devoir se
relâcher des mesures de rigueur ; mais aussitôt le flot

---

commissaire entendit deux femmes se plaindre de ce que leurs maris n'amélio-
raient pas leur situation en devenant des pauvres paupérisant.

du paupérisme remontait avec une nouvelle force, si bien qu'il rendait à nouveau nécessaire l'établissement de la digue. Il nous paraît inutile d'apprécier un tel système ; toutefois nous ne pouvons nous empêcher de proclamer qu'il viole à la fois les sentiments d'humanité et ceux de justice. Qui dit assistance, dit douceur, non rigueur et pénalités. D'autre part, il est inique de confondre dans une même catégorie des individus simplement imprévoyants et des mendiants endurcis, et d'appliquer aux uns et aux autres le traitement, qui ne convient qu'à ces derniers. Mieux vaudrait adoucir le régime des établissements d'assistance, et supprimer le droit à y entrer.

La loi de 1834 dispose, en outre, que pour les veuves, les vieillards, les infirmes et impotents, les secours à domicile continuent d'être permis, mais sous certaines restrictions, et les maisons de travail sont ouvertes à cette classe de malheureux, que l'on s'efforce d'y attirer ; elles deviendront pour eux de véritables hospices, où ils vivront sous une règle beaucoup moins sévère que celle à laquelle seront soumis les pauvres capables de travailler.

Ces détails historiques connus, il importe de décrire, au moins brièvement, l'organisation. Le régime de l'assistance publique comprend aujourd'hui en Angleterre quatre rouages : 1° à Londres, une administration centrale (*Poor law board*) ; 2° dans chaque union de paroisses, un comité d'administration *(Board of guardians)*, qui se réunit dans le *workhouse* de l'union, entretenu à frais communs par toutes les paroisses de l'association ; 3° dans chaque paroisse, des inspecteurs des pauvres *(Overseers)* et des collecteurs d'impôts *(collectors of rates)* chargés de seconder, dans cette paroisse, l'œuvre des *guardians ;* 4° enfin, dans les villes populeuses, des asiles et des écoles de district, distincts de ceux des *workhouses*, et administrés par des commissaires spéciaux relevant du *Board of guardians*.

Il est inutile d'indiquer ici le rôle des *Poor law commissioners*, qui veillent, pour toute l'Angleterre, à l'exécution des lois concernant l'assistance des pauvres, et qui ont la direction du service ; les *boards of guardians* ont, au contraire, des attributions, sur lesquelles nous devons insister. Ces comités sont, on a pu le dire avec raison, la cheville ouvrière du système ; ils se composent le plus habituellement d'un nombre de membres supérieur à soixante. Ceux-ci ne reçoivent pas de rétribution, et se recrutent surtout parmi les propriétaires influents de l'union : ils sont élus pour cinq ans par les propriétaires et les locataires de biens imposés à la taxe des pauvres, et les électeurs ont chacun un nombre de voix proportionnel au revenu annuel de leurs immeubles.

Les *Guardians* se chargent, avec le concours des *Overseers*, de recevoir les personnes qui sollicitent des secours ; ce sont eux qui déterminent celui des deux modes d'assistance qu'il y a lieu de leur accorder. Il y a, en effet, deux sortes de secours : 1º les secours administrés à l'intérieur du *workhouse* (*in-door relief*); 2º les secours administrés à l'extérieur (*Out-door relief*). Cette distinction existe non seulement pour les secours pécuniaires, mais encore pour les secours médicaux ; car, dans le *workhouse* de chaque union, il y a : 1º une infirmerie (c'est le *In door médical relief*); 2º un dispensaire (c'est le *Out door médical relief*).

Ces *guardians*, en outre, surveillent personnellement, à tour de rôle, le *workhouse* et ses dépendances, et en nomment les agents salariés.

Le *workhouse* est le pivot de tout le système charitable rural ; les services, qui y sont accumulés, sont fort nombreux, et d'un caractère très divers. Il ne faudrait pas croire, d'après l'appellation même de cette institution, que les ateliers de travail y jouassent le rôle principal ; loin de là, ils n'occupent qu'une place tout à fait accessoire, les hommes valides étant le plus souvent employés aux travaux des chemins publics de la paroisse. Il n'y a guère que les invalides et les vieillards, d'une part, les femmes, d'autre part, que l'on occupe, à l'intérieur du *workhouse*, les premiers à quelques légers travaux appropriés à leurs forces et à leur âge, les secondes, au service de propreté et aux travaux de ménage, ou encore aux soins qu'exigent les malades et les enfants, au blanchissage du linge, à la confection des vêtements, etc. Quant aux enfants, ils y reçoivent l'éducation et l'apprentissage.

Cette multitude de services explique les dimensions que doit avoir le *workhouse*, appelé à contenir une population dépassant souvent un millier de personnes.

L'assistance médicale est assurée, d'une manière aussi complète que possible, par l'institution du *workhouse;* le médecin de la maison de travail *(medical officer for the workhouse)* non seulement soigne les malades, admis à l'infirmerie, mais il visite les malades à domicile, leur donne des consultations chez lui ou au dispensaire, etc. Les *guardians* ordonnent la distribution des médicaments nécessaires, des aliments jugés par le médecin utiles au bien-être des patients, etc. Dans les cas urgents, en présence, par exemple, d'une maladie soudaine et grave, l'employé, chargé de l'assistance, doit faire obtenir immédiatement aux requérants tous les secours médicaux nécessaires, et leur fournir tout ce dont ils ont besoin. Sauf ce cas, toutes les fois qu'il reçoit une demande de secours, médicaux ou autres, l'employé de l'assistance fait une enquête, et en expose les résultats devant le *Board of guardians*, qui prononce.

Il existe 647 unions, pour l'Angleterre et le pays de Galles (années 1886 et 1887); les unions comprennent, en général, chacune 20 à 25 paroisses. La dépense annuelle varie, dans les unions rurales, de 100,000 à 200,000 fr.; elle dépasse 1 million dans les grandes villes manufacturières. Cette dépense est supportée, au moyen de la taxe des pauvres, due par tout propriétaire ou locataire d'immeubles situés dans l'union, et basée sur la *Rent* de ces immeubles, dont elle absorbe, dans la plupart des paroisses, une quotité comprise entre 5 et 15 p. %.

Outre cette organisation charitable qui se groupe autour du *workhouse*, ou plutôt qui s'identifie avec lui, il y a quelques institutions distinctes d'assistance. Aussi, dans beaucoup de comtés ou sections de comtés, il y a ce qu'on appelle des Hôpitaux de Comtés *(County hospitals)*, entretenus en partie par des dotations, en partie par des contributions volontaires. Généralement les *clergymen* et d'autres personnes du comté ont des « lettres » pour ces hôpitaux, et peuvent y envoyer les malades intéressants qui leur sont signalés.

Les comtés sont obligés d'entretenir à leurs frais des asiles *(Lunatic asylums)* destinés aux aliénés pauvres ou condamnés pour crimes. Chaque comté peut se concerter avec d'autres comtés pour établir en commun un asile d'aliénés; il peut aussi traiter avec des établissements privés. Il paraît toutefois que certains comtés placent leurs aliénés dans les *workhouses* des unions.

Enfin pour terminer ce rapide aperçu de l'organisation de l'assistance rurale en Angleterre, il y a lieu de mentionner un usage fréquent, auquel obéissent les médecins de la campagne ; ceux-ci, pour plus de commodité et surtout pour assurer le paiement régulier de leurs honoraires par les malades, fondent des *sick or medical clubs* (clubs de malades) et s'engagent moyennant un paiement de 2 ou 3 deniers par semaine, selon les familles, à donner tous les soins nécessaires, en cas de maladie, sans réclamer de plus forts honoraires. Cette habitude, jointe à la multiplicité des *friendly societies*, et à l'institution du *workhouse*, assure d'une manière suffisante l'assistance médicale aux indigents.

L'assistance publique est réglée, en Allemagne, en partie par une loi commune émanant du gouvernement fédéral ou de l'*Empire*, et en partie par des lois de réglementation, émanant des *Etats*.

La loi d'*Empire* date du 6 juin 1870, et elle s'applique à tous les états allemands, sauf à la Bavière, qui s'en est tenu à des conventions antérieures, et à l'Alsace-Lorraine, qui a conservé son système particulier ; dans ces deux pays, l'assistance publique n'est pas obligatoire, et elle est demeurée facultative. La loi de 1870 a surtout pour but de déterminer le *domicile de secours*, et c'est ce qui lui a fait donner son nom *(Unterstützungs-Wohnsitz)* ; mais elle établit également un certain nombre de principes : l'organisation des circonscriptions, chargées de l'assistance, les principes d'après lesquels se règle la répartition des charges entre lesdites circonscriptions, et les procédés à suivre dans les cas de contestations. En général, cette loi maintient les principes de la législation prussienne de 1842 (lois du 31 décembre 1842 et du 21 mai 1855).

La loi d'Empire abandonne aux états fédéraux le soin de fixer le mode d'application des principes, qu'elle pose, ainsi que la faculté de déterminer la manière d'administrer les secours, et leur quotité. Pour la Prusse, la loi de mise à exécution date du 8 mars 1871 ; c'est la seule loi d'*Etat,* dont nous comptions parler. Cet acte détermine l'étendue de l'assistance, et les secours auxquels ont droit les indigents :

« L'*Union des pauvres (Armenverband),* tenue
» d'assister un indigent, doit fournir à tout indigent un
» asile, les moyens de subsistance indispensables, le
» traitement et les soins nécessaires en cas de maladie,
» et, en cas de décès, une sépulture décente.

» L'assistance pourra, suivant les cas, et aussi long-
» temps qu'elle sera réclamée, être donnée dans une
» maison de pauvres (*Armenhaus*) ou dans un hospice
» et au moyen d'une occupation fournie à l'indigent,
» qui soit en rapport avec ses forces et ses facultés, soit
» dans l'intérieur de la maison, soit en dehors de ces
» établissements. Les *Unions de pauvres* ne sont tenues
» à aucune rémunération pour les secours religieux et
» les sacrements administrés à un indigent. »

Le devoir de l'État de procurer l'assistance publique se trouve déjà consignée dans des actes du dix-septième siècle ; mais il a toujours été entendu que ce devoir n'a pas pour contrepartie le droit du pauvre, l'État se bornant à imposer aux communes l'obligation de venir en aide aux indigents, infirmes ou malades. De là il résulte que les individus, susceptibles de solliciter l'assistance, n'ayant aucun droit juridique, ne peuvent utilement s'adresser aux tribunaux, mais seulement au *Landrath* (sous-préfet) ou au *Regisrung* (préfet). L'autorité administrative, au reste, a le devoir de n'admettre aucunes réclamations, ayant pour objet d'obtenir au-delà du *strict nécessaire (nothdürftige).*

Toute personne, ayant besoin d'un secours, doit le

recevoir provisoirement de la localité, où elle se trouve; mais celle-ci aurait droit à remboursement, si la personne n'y avait pas son domicile de secours (*loi d'Empire*, art. 28). Ce domicile de secours est acquis, en vertu de la même loi : 1° par deux années de séjour; 2° par le mariage, la femme participant dès le premier jour aux droits du mari; 3° par le domicile des parents pour les enfants. — A l'inverse, il se perd : 1° par l'acquisition d'un autre domicile; 2° par une absence ininterrompue de deux ans (1). — La question du domicile de secours est regardée comme tellement importante qu'un tribunal fédéral suprême spécial a été créé par la loi commune (Art. 42 et S.).

Le secours est dû par la commune, en vertu de la loi d'Empire; mais, comme la charge deviendrait souvent trop lourde pour les petites localités, cette loi recommande l'organisation d'un système d'association. Les *Orts-Armenverbande*, identiques aux unions anglaises, sont, au premier degré, les organes de l'assistance publique; elles sont formées d'une ou de plusieurs communes; le plus souvent elles cadrent avec la commune ou avec la circonscription domaniale, faisant fonction

---

(1) La loi du 1ᵉʳ novembre 1867 sur la *liberté de circulation* (*Freizügigkeit*) en a fixé les principes fondamentaux. D'après cette loi une commune n'est autorisée à expulser un nouvel arrivant que si elle peut prouver que ce dernier n'a pas les ressources nécessaires pour subvenir aux besoins des siens. Le refus d'établissement ne peut être prononcé pour cause confessionnelle. La crainte même d'une pauvreté imminente n'autorise pas le renvoi du nouveau venu. Il est également interdit de demander un témoignage de fortune et un certificat de bonne conduite, ainsi que de prélever aucun droit d'emménagement. Par contre, on peut, pendant un délai de 2 ans, refuser la continuation du séjour, si la nécessité d'avoir recours aux secours publics se produit dans ce délai, à condition toutefois que cette nécessité n'ait pas pour cause une incapacité de travail passagère. — Après 2 ans de séjour, chaque nouveau venu est considéré de droit comme indigène dans sa nouvelle résidence, et, conformément à la loi du 6 juin 1870 sur le domicile de secours, il peut prétendre à être secouru comme domicilié.

de commune (1); et rarement elles s'étendent à plusieurs communes ou circonscriptions domaniales. Les membres de ces unions sont nommés par les municipalités ou par le Gouvernement. Au dessus des unions locales, sont des unions provinciales ou régionales, *Lan-Armenverbände*, terme qu'on pourrait traduire par syndicats départementaux ou provinciaux de bienfaisance. Le *Lan-Armenverbände* a pour base l'arrondissement, le département ou la province, suivant les institutions des différents pays. Cet organe supérieur supplée à la défaillance ou à l'impuissance des unions locales; il intervient dans plusieurs cas : 1° il secourt le pauvre non pourvu d'un domicile régulier de secours *(landarme)*; 2° il accorde aux communes ou aux syndicats locaux des subventions en cas de besoins reconnus; 3° il peut se charger directement des aliénés, idiots, sourds-muets, aveugles ou autres infirmes (2).

Il résulte de ces dispositions que l'assistance publique est une charge obligatoire des communes, ainsi que des circonscriptions domaniales à l'égard des « Orts-Arme » et des arrondissements, provinces ou de l'Etat, à l'égard des « Land-Arme. »

La législation de l'Empire et des Etats allemands sur l'assistance publique s'applique aux campagnes comme aux villes. Mais il faut bien dire que la pratique de l'assistance est assez inégale dans les campagnes. Bien appliquée dans la plupart des communes riches, qui n'ont que peu d'habitants indigents, elle laisse, au

(1) Il existe encore en Allemagne un certain nombre de grands domaines seigneuriaux, qui ne sont pas subordonnés aux communes limitrophes. Ces domaines doivent être constitués en « unions de pauvres », soit isolément, s'ils ont une importance suffisante, soit réunis à d'autres « unions » s'il y a lieu de constituer une unité plus forte.

(2) V. un article de M. Le Roy, *Revue générale d'administration* (novembre 1888).

contraire, à désirer dans les communes, dont les ressources sont faibles, et dont la population fournit une
forte proportion d'indigents. Presque toujours, les
ressources des communes sont insuffisantes pour entretenir des hospices et des hôpitaux à l'usage des indigents
malades, infirmes ou aliénés ; ce sont, en général, les
arrondissements, les provinces ou les états qui sont
chargés ou se chargent de l'entretien de ces établissements ; ils prennent même souvent à leur charge les
frais ou une partie des frais occasionnés par le séjour
des indigents à l'établissement hospitalier. Quelquefois
lesdites circonscriptions se chargent du service des
orphelins ou enfants pauvres, ou allouent des ressources
pour concourir aux dépenses de ce service. Dans presque
tous les Etats allemands, des secours ou subventions
sont accordées par les arrondissements ou les provinces
aux communes pauvres ou surchargées de dépenses à
raison du service charitable ; quelquefois les subventions sont allouées sur les fonds de l'Etat.

L'on peut donc dire que les circonscriptions provinciales, les « Land-armenverbande », concourent dans
une proportion notable aux frais de l'assistance; toutefois, en ce qui concerne cette matière, comme la réglementation en est laissée à la législation particulière des
états ou à l'autonomie des arrondissements et provinces,
il en résulte de très grandes différences entre les états
de l'Empire ; la même irrégularité se maintient à l'égard
des provinces de la Prusse, qui, dans une certaine
limite, ont conservé leurs institutions autonomes.

L'organisation de l'assistance en Allemagne, telle que
nous venons de le décrire, est loin de donner satisfaction aux besoins de l'indigence rurale. Dans les campagnes, les ressources sont le plus souvent nulles, et,
quoique l'assistance y ait un caractère obligatoire, elle

n'implique pas l'obligation de voter les ressources correspondantes. D'autre part, le groupement entre communes n'est que volontaire, et il est très rare qu'une commune riche veuille s'associer avec une commune pauvre. Enfin la loi sur la *liberté de séjour* amène des conséquences désastreuses : dans les unions seigneuriales, on voit très souvent le seigneur refuser à l'ouvrier étranger de l'engager pour une durée supérieure à 22 ou 23 mois, de manière à l'empêcher d'acquérir le domicile de secours, et lui refuser une maison, où il pourrait s'installer d'une manière permanente. Bref, il faut bien confesser que, tandis que l'assistance, dans les villes d'Allemagne, est remarquablement organisée, et merveilleusement dotée, elle existe à peine dans les campagnes. Aussi comprend-on que la société de bienfaisance de Berlin, laquelle est une société d'étude, dans un congrès tenu à Stuttgard en septembre 1886, ait spécialement consacré les séances dudit congrès à une enquête complète sur cette question de l'assistance rurale.

Cette imperfection de l'organisation charitable dans les campagnes allemandes se révèle par certains faits, sur lesquels nous devons retenir maintenant l'attention de nos lecteurs.

Le premier fait à signaler c'est l'importance qu'ont prise la mendicité et le vagabondage. Il y a quelques années, des pessimistes évaluaient, avec exagération sans doute, à 200,000 individus le nombre des gens sans domicile stable et sans moyens d'existence réguliers, battant la grande route et vivant au jour le jour (1). Aussi s'est-on ingénié à lutter contre ce fléau. Dans les villes, ou héberge les vagabonds, mais on les

(1) M. Arthur Raffalovich. — *La mendicité et le vagabondage en Allemagne* (*Journal des Débats*, 1·· septembre 1888).

26

soumet auparavant à l'accomplissement d'un certain travail, à l'exécution d'une tâche déterminée. Dans les campagnes, on a organisé des stations de secours où l'on distribue seulement des secours en nature, le dîner et le coucher ; à un moment on a compté jusqu'à 1,000 stations de ce genre dans tout l'empire d'Allemagne, chiffre absolument insuffisant. Comme couronnement de ce système, on a imaginé de fonder des colonies de travail, presque exclusivement agricoles. C'est un ecclésiastique de Westphalie, M. de Bodelschwingh, qui a eu le mérite de fonder là première colonie de ce genre à quelques kilomètres de Bielefeld, la colonie de Wilhelmsdorf. Pour éviter toute apparence d'œuvre socialiste et rejeter toute prétention à un *droit au travail*, le fondateur fait signer un contrat aux malheureux, qui sollicitent leur admission. Ce contrat n'est pas bien dur pour eux : il se borne à énoncer l'idée que l'assistance accordée est l'œuvre de la charité privée, et que le bénéficiaire s'engage à travailler pour payer l'hospitalité reçue. S'il travaille bien, on lui procurera un emploi au bout d'un stage de trois ou quatre mois.

L'exemple de M. de Bodelschwing a été suivi, et actuellement il y a 16 colonies agricoles, fonctionnant en Allemagne. Malheureusement on craint un ralentissement du zèle des souscripteurs. D'ailleurs, il faut l'ajouter, ces entreprises, toutes dignes d'intérêt qu'elles soient, n'ont pas porté tous leurs fruits ; elles ont une certaine difficulté à trouver de l'ouvrage à leurs pensionnaires, à leur sortie de la colonie, beaucoup de patrons hésitant à occuper des individus, dont les antécédents ont été plus ou moins corrects ; en second lieu, il s'est formé une clientèle attitrée de ces colonies, « qui va de l'une à l'autre, passant l'hiver dans celle-ci, l'été dans celle-là » (1).

(1) *Loc. cit.*

Un autre fait, qui, dans une certaine mesure, est la conséquence de l'insuffisance charitable, c'est le vote des lois sur les assurances ouvrières ; celles-ci, dans la pensée du promoteur, le prince de Bismarck, sont destinées à garantir les travailleurs contre la misère, autant qu'à arrêter, dans son essor, le socialisme révolutionnaire.

La première des lois ouvrières votée par la Reichstag date du 15 juin 1883, et ordonne l'assurance des ouvriers contre la maladie. Cette loi oblige, en principe, les communes à fournir les secours nécessaires en cas de maladie aux personnes soumises à l'assurance, sauf par les communes à exiger une cotisation suffisante pour rentrer dans leurs avances ; elle institue donc l'assurance communale, *Gemeinde Kranken Versicherung.* Les communes ont le droit de former entre elles des associations. La loi laisse, en outre, aux personnes soumises à l'assurance obligatoire la faculté, lorsqu'elles sont, au moins, au nombre de 100, de former des caisses particulières ; de même, elle permet aux industriels, quand leur entreprise comprend au moins 100 ouvriers, de fonder des caisses de fabriques.

Les secours consistent dans la gratuité des soins médicaux et des médicaments, et dans une indemnité de chômage égale à la moitié du montant des salaires pendant une durée de treize semaines. En retour, la cotisation à verser est fournie par les patrons ou les chefs d'établissements qui en supportent, d'une manière définitive, un tiers, à titre de subvention, et prélèvent les deux autres tiers sur les ouvriers, le jour de la paye.

Une loi d'Empire complémentaire du 9 avril 1886 autorise les états particuliers à régler par voie législative les conditions d'admission, dans les caisses de malades, locales et cantonales, des ouvriers ruraux et forestiers.

Pour l'organisation de l'assurance contre les accidents, il a fallu au Reichstag plus de six années de travail. Instituée d'abord pour les ouvriers des manufactures, des mines et des chantiers de construction, l'assurance a été étendue successivement aux ouvriers agricoles, aux employés des entreprises de transport et aux marins. Cette assurance contre les accidents accorde aux ouvriers et aux employés, dont le traitement ou le salaire ne dépasse pas 2,000 marks (2,500 fr.) par an, une indemnité sous forme de rente mensuelle, proportionnée au dommage ; en cas de blessure, le dédommagement consiste dans les frais de guérison et dans une rente mensuelle. En cas de mort, l'indemnité due comprend les frais d'enterrement et ceux d'une pension payée par la famille.

Pendant les treize premières semaines, qui suivent son accident, l'ouvrier aussuré touche l'indemnité de chômage, et est soigné aux frais de la caisse de malades, dont il fait partie. La corporation d'assurance contre les accidents intervient seulement, quand la guérison exige plus de treize semaines, ou quand un accident entraîne la mort. La rente à payer en dédommagement se calcule en proportion du gain de l'ouvrier pendant la dernière année de son occupation dans l'établissement. En cas d'invalidité totale, la rente comporte les deux tiers du salaire annuel ; en cas d'invalidité partielle, une fraction seulement de cette somme. Si l'accident entraîne la mort, la veuve de l'ouvrier décédé obtient 20 pour 100 du salaire jusqu'à la fin de sa vie ou jusqu'à son remariage ; les enfants, chacun 15 pour 100 jusqu'à l'âge de quinze ans révolus ; les ascendants, 20 pour 100, au plus, s'ils sont sans ressources et ont été entretenus par l'ouvrier assuré. Jamais les rentes réunies de tous les ayants droit ne peuvent dépasser ensemble 60 pour 100 du gain de la victime.

La loi du 6 juillet 1884 admet, au point de vue de l'organisation, le principe des corporations régionales autonomes. Chaque corporation est formée par les entreprises d'une même industrie ou exposés aux mêmes risques. Elle embrasse un ou plusieurs états, ou une seule province, suivant son importance et le nombre des ouvriers assurés. Le groupement des associations s'effectue au gré des associés sous réserve de l'approbation du *Bundesrath*, chargé de reconnaître leur validité, après un avis conforme de l'office central établi à Berlin pour tout l'Empire. Les frais de l'assurance se répartissent entre les établissements associés, en proportion de leur nombre d'ouvriers et du montant de leurs salaires.

L'œuvre des assurances ouvrières doit, dans la pensée de son promoteur, être complétée par une organisation de caisses de retraite en faveur des ouvriers invalides; le projet déposé depuis quelque temps déjà au Reichstag sera, nous dit-on, très prochainement voté. Comme le dit M. Leroy-Beaulieu, « les deux premières catégories » de mesures, l'assurance contre la maladie, et celle » contre les accidents, sont des vétilles et des enfantil- » lages à côté du projet dont il est question aujourd'hui : » l'œuvre est autrement gigantesque et délicate... (1) »

Le Gouvernement assurera les ouvriers contre les infirmités et contre la vieillesse. En ce qui concerne la vieillesse, l'ouvrier aura droit à partir de 70 ans, à une pension variant de 90 fr. à 210 fr. par an, suivant le taux moyen des salaires de la commune où il aura tra-

---

(1) *Economiste français*, du 1ᵉʳ décembre 1888.

vaillé. Quant aux pensions pour infirmités, elles seront
de 24 à 50 p. % du salaire moyen de la commune,
selon la durée de la période pendant laquelle l'ouvrier
aura versé ses cotisations. Pour obtenir les sommes
nécessaires destinées à servir toutes ces pensions, bien
infimes, certes, en elles-mêmes, mais formant par leur
nombre une masse formidable, voici comment l'on pro-
cédera : les patrons et ouvriers supporteront chacun le
tiers de la dépense, ainsi que la totalité des frais d'administration des caisses, lesquels ne seront pas de peu
d'importance; l'État paiera l'autre tiers. Voilà le projet,
qui soulève une foule d'objections : la tardivité de l'âge
de la retraite, la modicité de la pension, que la diminution du pouvoir de l'argent diminuera encore dans
quelques dizaines d'années; les charges énormes pour
l'ouvrier et le patron; l'embarras de fixer le taux de
cotisation; la difficulté des liquidations de ce nombre
prodigieux de retraites; le placement par l'État de tous
ces fonds; et enfin — car nous ne pouvons étendre
outre mesure cette énumération — l'assujettissement
de l'ouvrier, et, à ce propos, il est permis de se demander, avec l'éminent économiste, dont nous citions
plus haut l'autorité, si, à côté des intentions simplement
philanthropiques du chancelier allemand, ne se cachent
pas d'autres considérations, des raisons policières. Voilà,
en effet, 12 millions d'ouvriers, qui vont être pourvus
d'un livret obligatoire, ou chacun de leurs paiements
sera noté au moyen de timbres immédiatement obli-
térés. L'administration entrera, en quelque sorte, dans
la vie intime de toute la population ouvrière de l'empire
allemand, qu'elle pourra suivre dans ses occupations et
ses loisirs de chaque jour, dans ses déplacements.... 
Cette organisation sourira-t-elle aux ouvriers allemands?
Elle ne serait certes pas acceptée par nos ouvriers

français, qui ne consentiraient pas à payer de leur indépendance le prix des faveurs gouvernementales.

D'ailleurs, au seul point de vue qui nous occupe ici,
celui de l'assistance, il est permis de douter que les
rentes aux invalides suffiront pour résoudre d'une manière complète le problème de la misère et de l'indigence.
De grands industriels, partisans de l'assistance, ne croient
pas que l'assurance obligatoire contre la vieillesse, telle
que le gouvernement la propose, puisse avoir une grande
efficacité, comme mesure d'assistance. Avec les caisses
de malades, les obligations contractées ne s'étendent
pas au-delà d'une année, et il est facile d'y satisfaire.
Pour l'assurance contre les accidents, qui accorde des
pensions viagères aux assurés, le service des rentes
devient déjà plus difficile à garantir. Mais du moment
où il s'agit d'assurer une rente à 12 millions de sujets,
les difficultés augmentent, en raison de l'étendue des
obligations, et nous nous trouvons en face d'incertitudes
en quelque sorte insolubles. La loi promet pour une
époque déterminée des pensions, dont le montant est
fixé par chaque sujet assuré. Mais la diminution du
pouvoir de l'argent et la baisse du taux de l'intérêt ne
nous permettent pas de garantir que les versements
effectués suffiront pour servir les pensions promises, ni
si ces pensions, à supposer qu'elles soient servies, suffiront, dans cinquante ans d'ici, pour le minimum de
besoins du pensionné. Dès lors, où est la solution du
problème de l'assistance !

Laissons de côté cette troisième partie de la trilogie
économique de M. de Bismarck, et examinons les
résultats des deux premières assurances.

On ne peut méconnaître que celles-ci aient bien réussi,
et que les ouvriers allemands soient satisfaits du fonctionnement des caisses de malades, et de l'assurance

contre les accidents (1). Les patrons ne le sont pas moins, parce que la responsabilité individuelle n'est plus en jeu. Voici ce que nous lisons dans une correspondance d'Allemagne, adressée au *Journal des Débats* (2) : « Le patron paye la contribution d'assurance fixée à la » répartition, il se conforme aux prescriptions pour la » prévention des accidents, et le voilà complétement à » couvert, quoiqu'il arrive, et sûr que les ouvriers, qui » pourraient être estropiés dans sa fabrique, seront suffi- » samment indemnisés. S'il y a contestation sur le » chiffre de l'indemnité, ce n'est pas lui individuellement » qui sera pris à partie, mais la corporation faisant » fonction d'assureur.... Ainsi, pour le patron, l'assu- » rance, telle qu'elle est organisée en Allemagne, est » un véritable oreiller, sur lequel il peut s'endormir, » sans cure des graves soucis que lui causaient autrefois » les questions de responsabilité civile. Il paraît même » que c'est un oreiller de paresse ; car depuis que la loi » nouvelle fonctionne en Allemagne, les accidents, » malgré toutes les prescriptions décrétées pour pré- » venir ces derniers, et malgré une espèce de pénalité » qui frappe les patrons négligents, les accidents ont » augmenté dans une proportion effrayante...... » Les patrons et les ouvriers sont devenus moins pru- dents, pour ne pas dire plus légers ; ceux-ci, parce qu'ils savent qu'une rente viagère est au bout de tout accident, qui les rendrait incapables de travailler ; ceux-là, parce que leur responsabilité personnelle n'est plus en jeu. N'est-ce pas là un résultat bien contraire à la pensée qui a dicté l'assurance contre les accidents !

(1) M. Charles Grad. — *Le peuple allemand.* — Le même, *Réforme sociale* du 15 janvier 1889.

(2) Nos des 6, 8 et 9 mars 1889.

Quoi qu'il en soit, et quelle que soit l'opinion que nous devions porter sur ces lois, il est incontestable qu'elles ont contribué à améliorer l'assistance, si incompléte, comme nous l'avons vu, en Allemagne.

# CHAPITRE XXV

## Les réformes possibles.

Difficulté d'une organisation générale de l'assistance publique. — On ne peut détruire ce qui existe actuellement. Impossibilité de faire accepter l'organisation par toutes les communes de France. — Pour créer une organisation complète, il faudrait que l'assistance fût obligatoire, ou qu'elle revêtît le caractère de service national ; l'une et l'autre de ces deux solutions ne peuvent être acceptées. — L'assistance doit rester communale et facultative, sauf exception. — Il faut compléter ce qui existe, et non le supprimer pour le remplacer. — Il faut : 1° chercher à augmenter le nombre des bureaux de bienfaisance, et assurer la perception de leurs ressources ; 2° faire de l'assistance médicale à domicile un service obligatoire ; 3° rendre plus facile et moins coûteuse l'hospitalisation des malades et des incurables ; 4° généraliser la mesure des pensions de vieillards, et réformer la loi de 1851 ; 5° organiser des comités cantonaux. — Le Conseil supérieur de l'assistance publique et ses résolutions.

Nous voici arrivé à la dernière étape de cette étude. Mais il en est d'elle comme de la dernière partie d'un voyage : elle est hérissée de plus grandes difficultés. Les réformes ? Nous y avons réfléchi pendant trois longues années ; nous avons signalé, afin de les faire surgir dans notre esprit, les imperfections de notre législation ; nous avons scruté les systèmes charitables étrangers, dans l'espoir d'y découvrir les améliorations susceptibles d'être apportées au nôtre. Est-ce en vain ? Non certes ; car nous avons déjà, dans le cours de cet ouvrage, relevé bien des lacunes, qu'il serait possible de combler ; mais il nous sera bien difficile de proposer une organisation générale de l'assistance publique rurale. Impuissance, nous dira-t-on, impuissance que nous avouons volontiers, parce qu'elle trouve son application dans la difficulté même du problème.

En lisant les déclarations faites, à leur arrivée aux affaires, par les ministres, qui se sont succédé depuis quelques années, nous avons retrouvé plusieurs fois, dans les programmes projetés, ces mots « organisation de l'assistance publique dans les campagnes. » Pour avoir été renversés avant la réalisation possible de leurs promesses, les cabinets n'ont pu nous dire ce que contenait cette formule. S'agissait-il seulement d'une organisation générale du service médical gratuit? le programme s'arrêtait-il là? Nous pensons qu'il eût été d'une exécution possible, sinon aisée. Mais voulait-on établir un système général, embrassant toutes les variétés de la misère ; le projet eût été trop ambitieux, et il eût échoué, à la première discussion.

Jamais question ne fut plus dificile, en effet. Et les raisons de cette difficulté sont d'ordres très divers. Il faut, d'abord, tenir compte de ce fait qu'en France, si l'assistance rurale n'est pas l'objet d'une réglementation générale, elle est cependant servie, ici ou là, par certains organes, qui existent avec un caractère d'autonomie et de personnalité, qui n'en permet pas la destruction. Une petite moitié des communes ont des bureaux de bienfaisance ; faudrait-il supprimer ces établissements, si l'on projetait un régime fondé sur une autre base que les bureaux ? Certains bureaux ont des ressources abondantes ; d'autres en ont si peu, qu'ils fonctionnent à peine ; pourrait-on exproprier partiellement les premiers au profit des seconds ? Comme on le voit, faire table rase de ce qui existe est impossible, et cependant, pour établir une organisation générale, cette mesure serait nécessaire. La conclusion, qui se dégage de cette première observation, c'est que notre pensée ne saurait être de faire nouveau, mais simplement de combler les lacunes.

Une autre cause, qui s'opposerait à l'établissement d'un système général d'assistance publique pour les campagnes, c'est l'impossibilité où l'on se trouverait de le faire accepter par ces innombrables mollécules du territoire, ces trente six mille communes de la France. A moins de rendre l'assistance obligatoire comme en Angleterre ou en Allemagne, ou à moins de créer une organisation nationale, relevant directement de l'Etat, on sera certain d'échouer dans toutes les tentatives que l'on fera pour doter les campagnes d'un service charitable. Conçoit-on un système qui, pour recevoir son application, exigera le concours de trente-six mille conseils municipaux ! Trente-six mille résistances à vaincre, et quelles résistances ! Des assemblées, composées de gens parcimonieux, effrayés à chaque instant de la dépense, surtout lorsqu'elle ne leur profite pas, refuseraient pour la plupart leur participation à la nouvelle œuvre. Il y a deux ans environ, nous parcourions le canton, dont nous avons l'honneur d'être le mandataire, faisant des conférences en faveur de l'établissement d'un chemin de fer d'intérêt local, et cherchant à obtenir des subventions des conseils municipaux. Nous nous rappelons trop les obstacles que nous dûmes vaincre pour obtenir le vote des conseils, se réunissant plusieurs fois avant de prendre un parti, attendant les décisions des autres communes, détruisant un vote par un autre vote ; et cependant il s'agissait d'une entreprise destinée à apporter la vie et la prospérité dans toute la contrée ; quelles résistances n'aurions-nous pas rencontrées, si la campagne, entreprise par nous, l'eût été en faveur d'une œuvre d'assistance, appelée à ne profiter qu'à la population indigente des communes ! Qu'on nous permette un autre souvenir : on devait procéder, dans notre canton, à l'adjudication d'une maison spacieuse, qui avait servi à contenir des ateliers, et qui pouvait convenir à un établissement hospitalier ; nous faisions, quelques jours avant la vente, cette remarque devant un vieux maire, doyen des magistrats municipaux de ce canton et par l'âge et par l'ancienneté des services. « Avec quoi paiera-t-on cet hospice ? nous répondit-il. Avec quoi l'entretiendra-t-on ? » Cette réponse, nous l'aurions entendue de tous ses collègues, si nous avions renouvelé l'observation.

De deux choses, l'une : ou l'assistance restera communale, et elle devra revêtir un caractère légal et obligatoire ; ou elle sera un service national, alimenté par les ressources du budget de l'Etat. — Double alternative, à laquelle nous ne pouvons souscrire.

Communale, l'assistance doit avoir ce caractère, nous avons essayé de le démontrer plus haut. Nous avons ajouté que, pour certains services spéciaux d'assistance, nous concevions une organisation départementale, et même une intervention subsidiaire de l'Etat. C'est d'ailleurs, ce qui existe dans certains cas : l'assistance des enfants abandonnés et des aliénés, la protection des enfants du premier âge, l'éducation des jeunes aveugles et des sourds-muets, et enfin le service si imparfait de la médecine gratuite. Mais pour les secours à domicile, et notamment pour les secours en argent ou en nature, nous pensons que l'assistance, à moins de graves inconvénients, ne peut cesser d'être communale. Nous ne reviendrons pas sur cette démonstration.

Mais, pour être réelle, l'assistance communale doit être obligatoire, puisant ses ressources dans l'impôt ou dans un autre système de cotisation imposée, et pouvant donner lieu éventuellement à une inscription d'office.

Or, rien n'est plus dissolvant, ni de nature à exercer de plus funestes ravages. On l'a trop souvent remarqué, en Angleterre, avec la *poor law*. « Au diable le souci, » chantent les mineurs de Newcastle dans un refrain » célèbre ; Au diable le chagrin ! La paroisse n'est-elle » pas là ! *Hang sorrow! Cast aw ay care! The parish » is bound for ever* (1). » A quoi bon, en effet, se priver, et économiser pour l'avenir ? A quoi bon la prévoyance et la sobriété ? Il est meilleur de vivre sans souci du lendemain. La paroisse n'est-elle pas là ? — Cette institution éteint tout sentiment d'honneur et de dignité chez ceux qui y recourent ; l'effronterie, souvent la menace et l'insulte, accompagnent leur demande, ou plutôt leur réclamation ; elle entretient l'hostilité entre les diverses classes de la population. Le riche devient un débiteur, tenu de s'exécuter; le pauvre, un créancier odieux et méprisé ; « *en Angleterre la pauvreté est » infâme* », a dit un anglais, et là seulement, en effet, le mot a du sens.— Soulage-t-elle, du moins ? Non ; car elle alimente la misère, en énervant les deux qualités qui agissent préventivement contre la misère, à savoir la prévoyance et le ressort individuel. D'ailleurs, il faut l'ajouter, les secours sont mal distribués, les administrateurs s'occupent moins de la bonne justice que du souci de leur comptabilité. La détermination du domicile de secours donne lieu à de grosses difficultés, et provoque parfois entre les paroisses, qui se renvoient réciproquement un indigent, les plus scandaleux débats. Une cour trimestrielle d'assises, en Angleterre, a jugé dans une année 4,700 appels. Lord Brougham nous apprend que, pendant la durée de ses fonctions de grand chancelier, une petite commune du comté de

---

(1) Refrain cité par M. Ravarin, *loc. cit.*, p. 9.

Nosfolh a dépensé 72 livres sterling (1,800 fr.) pour faire déterminer le domicile de secours d'un seul individu. A défaut de procès, ce sont les procédés les plus criants et les plus condamnables, auxquels les localités ont recours pour se débarrasser d'un assisté, et en rejeter le fardeau sur une autre paroisse. On a vu de bons et honnêtes ouvriers, expulsés par une commune désireuse de les empêcher, par une prolongation de séjour, d'acquérir le domicile de secours. Des femmes enceintes ont reçu une somme d'argent afin d'aller accoucher ailleurs. Nous ne multiplierons pas les exemples. Le domicile de secours crée une répartition vicieuse de la population; il empêche les migrations d'ouvriers et le nivellement des salaires. Il n'est pas jusqu'à l'obligation du travail, qui ne donne lieu à de gros inconvénients. On a créé des occupations dérisoires pour les pauvres : porter des pierres à une certaine distance et les rapporter; creuser un fossé, et le combler aussitôt après! On arrive ainsi à ridiculiser le travail, en lui enlevant son caractère de productivité et en en faisant un châtiment ou plutôt une vexation.

Ah! que nous comprenons bien l'aveu échappé à la plume honnête du pasteur Naville : « Lorsque je conçus,
» dit-il dans la préface de son étude (1), le projet de
» traiter la question de la charité mise au concours par
» l'Académie, mon intention était de prouver que les
» indigents ont un droit parfait aux aumônes, principe
» dont le système de la charité légale, que je combats
» aujourd'hui, est la conséquence naturelle. Mais bientôt
» je vis la théorie, que je voulais établir, détruite par
» des arguments d'une autorité irrécusable. Je dus alors
» changer d'opinion et me disposer à attaquer les idées

(1) *De la Charité légale, de ses causes, de ses effets.*

» mêmes que j'avsis le dessein de défendre. » Nous n'avons jamais cru, pour notre part, à l'efficacité, ni même à l'inocuité du système de la charité légale, et, aurions-nous eu quelque hésitation à ce sujet, qu'elle aurait disparu avec l'étude plus complète, que nous en avons faite (1).

La conclusion des lignes qui précèdent, est donc l'impossibilité de tout système général d'assistance rurale. Nous pensons, en effet, quelque douloureux que puisse être cet aveu d'impuissance, qu'il faut renoncer à tout espoir de ce genre. Est-ce à dire qu'il faille abandonner tout projet de réforme ? Là n'est pas notre avis. A nos yeux, on peut et on doit chercher à améliorer ce qui existe, à l'étendre, et à le compléter ; mais non le supprimer, pour le remplacer. Nous allons parcourir rapidement ces réformes, que nous avons, du reste, eu l'occasion de signaler *passim* dans le cours de cette étude.

Le premier et le principal organe de l'assistance est le bureau de bienfaisance. Laissons le subsister. Bien mieux, créons de nouveaux bureaux. Non pas que nous songions à réclamer pour la France une disposition analogue à celle de la loi belge, qui impose la création d'un bureau dans chaque commune ; cette règle, quelque bonne que nous la trouvions en elle-même, et quelque souhaitable qu'elle nous paraisse, ne nous semble pas devoir comporter, en France, une application possible, à raison du peu d'importance d'un grand nombre de nos localités rurales. Nous devons toutefois ajouter que cette question fort délicate, qui figurait en tête du questionnaire soumis à l'enquête de 1872, a

---

(1) Ces observations ne s'appliquent pas à l'assistance médicale obligatoire, qui nous paraît légitime, et contre laquelle on n'a relevé, que nous ne sachions, aucun abus en Angleterre.

reçu de presque tous les déposants une réponse favorable. Les Conseils généraux notamment, à la déposition desquels s'attache, on le conçoit, la plus grande importance, ont été très explicites : sur soixante-seize, qui ont répondu aux questions de la commission, soixante-huit ont considéré cette création comme nécessaire et l'ont affirmée avec force ; quelques-uns ont conseillé le groupement des petites communes, lorsque le fonctionnement d'un bureau dans une seule paraîtrait trop ingrat ou trop difficile. Huit Conseils généraux seulement ont combattu cette mesure comme inutile et imprudente.

En sens inverse, dans le rapport des inspecteurs généraux des établissements de bienfaisance, rapport dont nous avons eu plusieurs fois l'occasion de parler, on lit : « La loi du 7 frimaire an V voulait créer un » bureau de bienfaisance par commune. Sans demander » l'exécution des dispositions de la loi, on pourrait se » borner à engager les administrations locales à provo- » quer la création d'un bureau de bienfaisance dans » toute commune, ayant une *population* supérieure à » 1,000 habitants, et surtout dans toute commune chef- » lieu de canton. Il conviendrait également de convertir » en bureau de bienfaisance toutes les commissions » charitables chargées de la distribution des secours » provenant de fondations, de souscriptions, de sub- » ventions communales, lorsqu'elles possèdent une » dotation suffisante pour assurer la permanence et le » fonctionnement du bureau. — Aller au-delà, vouloir » créer administrativement dans chaque commune un » bureau de bienfaisance, ce serait grossir inutilement » la liste des bureaux, qui ne peuvent fonctionner, faute » de ressources ou qui n'ont pas à délivrer de secours » faute d'indigents ; ce serait décourager les efforts de

» la charité privée et créer le paupérisme là où il
» n'existe pas. »

Nous ne pouvons nous ranger à cet avis, pas plus
qu'à celui des Conseils généraux. Nous ne conseillons
pas la création obligatoire d'un bureau dans chaque
commune ; mais nous voudrions qu'on encourageât cette
création ; nous admettrions que l'État inscrivît à son
budget un crédit annuel destiné à fournir des subventions aux communes qui songeraient à établir un
bureau ; et que pareil crédit figurât à chaque budget
départemental, comme cela existe dans la Loire. Nous
irions même plus loin : nous engagerions les pouvoirs
publics à refuser toute part dans les subventions charitables aux communes qui se refuseraient à cette création.
Enfin nous voudrions que, par tous les moyens d'action
en son pouvoir, l'administration supérieure rappelât les
bureaux créés et les municipalités à l'observation des
dispositions législatives, relatives aux ressources destinées à alimenter les bureaux : qu'on les obligeât à
établir des troncs, à faire des quêtes, à percevoir les
droits sur les bals, à exiger une part du produit des
concessions dans les cimetières, etc. En résumé, ne supprimer aucun bureau, provoquer la création volontaire
de nouveaux bureaux, rendre productives les ressources
affectées à ces établissements hospitaliers, telles sont les
réformes, modestes mais pratiques, dont nous souhai-
terions la réalisation.

En ce qui concerne l'assistance des enfants abandonnés et des aliénés, comme il y a déjà là un cas de
charité légale, nous n'avons aucun désideratum à formuler, sauf toutefois l'assimilation des aliénés non dangereux aux dangereux, — assimilation qui existe déjà,
en fait, presque partout. — Le mode d'assistance, appliqué par notre loi à ces deux classes d'infortune,

serait celui que nous préconiserions pour les malades, pour les sourds-muets, et les jeunes aveugles. Pour l'éducation de ces deux catégories de pauvres incurables, nous avons constaté que les Conseils généraux assurent les subventions nécessaires; mais nous irions plus loin, et, à l'instar de la loi belge, notre législation devrait, à notre sens, rendre obligatoire ici leur intervention. Pour les malades, la solution du problème est malaisée : on ne peut songer à appliquer le système italien, les conditions économiques de l'Italie et de la France n'étant pas les mêmes; le système belge serait encore celui qui conviendrait le mieux à notre pays. Toutefois nous estimons que l'on ne peut désintéresser absolument les communes de l'assistance de leurs malades. Mais tout d'abord, contrairement à nos principes, nous ferons de l'assistance à domicile des malades, un cas de charité légale. La plupart des pays étrangers, qui ont rejeté la thèse de l'assistance obligatoire, ont fait une exception en faveur de la maladie; il en est ainsi de la Bavière, de l'Italie, de la Grèce, de la Belgique, etc. Cette exception, au surplus, se justifie; la maladie est un fait accidentel, involontaire, et dont le soulagement n'a aucun des inconvénients des *poor laws* anglaises. Mais, la règle posée, quelle organisation donnerons-nous à ce mode d'assistance? En ce qui concerne le service des secours médicaux à domicile, nous lui maintiendrons son caractère de service départemental; et nous l'assimilerons à l'assistance des aliénés et des enfants abandonnés. Le Conseil général et le Préfet organiseront le service suivant le système qui s'alliera le mieux aux habitudes et aux mœurs du pays; la caisse départementale supportera vis-à-vis des médecins et des pharmaciens la totalité de la dépense, sauf le concours de l'État et des communes. Le département recevra de

l'État une subvention basée sur le chiffre des indigents ;
les communes, à leur tour, supporteront une partie de la
dépense, en proportion de leurs ressources et de leur
population, ou à raison du nombre des indigents inscrits
sur la liste ; en d'autres termes, soit d'après le mode de
contribution admis pour l'assistance des enfants abandonnés, soit d'après celui suivi pour les aliénés. Les
communes rurales ne supporteront ainsi qu'une faible
partie de la dépense, et, d'autre part, leurs indigents
malades seront assurés des secours médicaux.

Quant à l'hospitalisation des malades et des incurables, nous avons exposé plus haut les raisons, pour
lesquelles nous la croyons moins nécessaire aux habitants des campagnes qu'aux habitants des villes. Aussi
n'étendons-nous pas à l'assistance hospitalière le caractère obligatoire. C'est tout d'abord dire que nous ne
proposerons pas l'établissement d'hospices cantonaux,
établissement qui serait fort difficile, et dont l'utilité ne
répondrait pas aux sacrifices qu'il impliquerait. Un
hôpital cantonal, pouvant contenir une quarantaine de
lits, ne coûterait pas moins de 70,000 à 80,000 fr.,
fût-il construit sur le plan le plus simple et dans les
conditions les plus modestes. L'entretien de chaque lit
ne peut être évalué à moins de 400 à 500 fr. par an (1).
Généralisé, ce mode d'assistance serait fort coûteux. On
doit réserver l'hospitalisation aux affections, qui exigent
un traitement compliqué, des appareils spéciaux. Dans
ces cas, il y a lieu de faciliter l'accès des établissements
hospitaliers aux indigents des communes rurales. Mais
comment ? La réponse sera simple : elle est dans la
combinaison si bien imaginée par M. de Crisenoy (2),
— l'utilisation des hôpitaux existants. — Le grand

(1) M. Vacherot, *loc. cit.*
(2) *Loc. cit.*

nombre des lits vacants est un fait, sur lequel nous avons insisté longuement plus haut ; il tient à ce que les hôpitaux refusent l'admission des indigents atteints hors de leur domicile, et que l'élévation des frais de séjour éloigne la clientèle des communes pauvres, qui sont de beaucoup les plus nombreuses.

La grosse réforme devrait, à nos yeux, consister dans l'abaissement du prix de journée des hôpitaux, de manière à en étendre le bienfait aux indigents des communes rurales, communes dont la situation financière n'offre que rarement la richesse. La diminution du prix de journée serait très réalisable. On constate, en effet, dans beaucoup d'établissements, dans les petits hospices surtout, des frais généraux, et notamment des frais de personnel, absolument disproportionnés avec le nombre des malades assistés. Dans un rapport instructif présenté par M. Fréville au Conseil général de Seine-et-Oise, nous lisons que, dans l'ensemble des 33 établissements hospitaliers, existant dans le département, le personnel desservant représente 1 auxiliaire pour trois assistés ; dans un établissement, on trouve 4 servants pour 2 assistés, dans un autre 4 servants pour 4 assistés, dans un troisième 7 pour 8, puis 6 pour 4, 8 pour 9, 3 pour 4 ; à l'hôpital d'Etampes, on a trouvé 29 personnes pour en soigner 45. Le total des dépenses hospitalières, divisé par le nombre des journées de présence, donne le prix de journée, et l'on comprend que, lorsque tous les lits ne sont pas constamment occupés, les frais généraux restant les mêmes, le prix de journée devient élevé. A cette pratique, M. de Crisenoy propose de substituer un autre mode de calcul : il conviendrait, selon lui, et nous souscrivons sans réserve à sa manière de voir, de calculer le prix de journée, non pas d'après le nombre de journées de présence, mais d'après celui des journées correspondant au nombre de lits existants (ou les 4/5 de ce total, par exemple, si l'on veut laisser une certaine marge) ; il conviendrait aussi de déduire des dépenses hospitalières, servant de base à ce calcul, les dépenses du personnel exclusivement affecté aux services extérieurs, que les communes étrangères ne doivent pas supporter. Ce système aurait l'avantage d'intéresser les administrations hospitalières à tenir les lits occupés, et à attirer la clientèle des communes rurales. Que l'on ne craigne pas que cette combinaison nuise à la situation matérielle des établissements, qui ont presque tous, en fin d'exercice, des excédents importants. « En 1882, les excédents, qui » atteignaient, au commencement de l'année, le chiffre » de 13 millions, le département de la Seine non com- » pris, se sont encore accrus de 2 millions. Cette somme » de 2 millions représenterait à elle seule et indépen- » damment de tout autre élément, une réduction de 10 » centimes sur la moyenne des prix de journée » (1).

Le prix de journée une fois déterminé dans l'esprit et d'après les règles ci-dessus, les Conseils généraux con- tribueraient, dans une certaine proportion, aux dépenses d'hospitalisation. Beaucoup le font déjà, ainsi que nous l'avons vu plus haut. Nous estimons que le concours du département dans les dépenses devrait varier suivant la population et la situation financière de la commune ; nous pensons aussi que la fixation du contingent com- munal devrait être portée à un taux proportionnel assez élevé, de manière à éviter les abus.

Pour l'assistance de la vieillesse, que demanderons- nous ? On ne peut créer, pour elle, un droit ni à l'hospi- talisation, ni même aux secours ; ce droit n'aurait d'autre effet que de provoquer l'imprévoyance, et d'autoriser

(1) M. de Crisenoy, *loc. cit.*

l'insouciance du lendemain. Ainsi pas de charité légale. Est-ce à dire qu'il n'y ait rien à faire ? Généraliser la mesure des pensions de vieillards, que la plupart des assemblées départementales votent actuellement. Nous formulerons un deuxième desideratum : l'extension du bénéfice de l'article 3 de la loi de 1851 au profit des vieillards, et l'assimilation de ceux-ci aux malades et aux incurables. On se rappelle que cet article 3 dispose que « les malades et incurables indigents des communes » privées d'établissements hospitaliers pourront être » admis aux hospices et hôpitaux des départements dé- » signés par le Conseil général.... » Ici encore nous solliciterons l'intervention pécuniaire des départements, intervention qui, dans l'état actuel, fait rarement défaut, nous l'avons dit. Nous pensons toutefois que ce concours financier doit être moins large que pour l'hospitalisation des malades et incurables, et encore subordonnerons-nous ce concours à la condition que les vieillards soient sans famille. Dans l'Enquête parlementaire sur l'organisation de l'assistance publique dans les campagnes, la plupart des déposants sont tombés d'accord pour considérer avec raison le secours à domicile comme préférable à tout autre mode de soulagement. « Vis-à-vis d'eux, » dit M. Tallon dans son rapport général, il n'est plus » seulement le procédé d'assistance le meilleur, il est » le seul conforme au respect de la vieillesse. Or, on ne » saurait trop se montrer soucieux de ce sentiment tant » altéré dans nos mœurs. » 32 Conseils généraux expriment cette pensée et réclament seulement, pour le cas où le vieillard n'a plus de famille, son placement dans les hospices ou asiles ; 2 d'entre eux préfèrent toutefois le placement immédiat dans ces établissements.

Reste une dernière réforme, que nous croyons nécessaire : l'organisation de comités cantonaux ; l'Enquête a laissé indécise la solution de cette grave question ; mais, pour nous, l'utilité en est manifeste. Certes nous ne voulons pas au chef-lieu du canton un comité central destiné à absorber l'action ou à s'emparer de l'administration des bureaux de bienfaisance des communes. Notre prétention est plus modeste : nous voudrions que le rôle du comité cantonal fût principalement un rôle moral et consultatif. Il existe actuellement dans notre législation une institution analogue à celle dont nous voudrions voir la création : c'est la *Commission cantonale des chemins*, laquelle se réunit une fois par an sous la présidence du Conseiller général, et est composée de tous les maires du canton. Notre Comité cantonal, dont la composition devrait être identique, aurait pour but de provoquer pour la formation des bureaux de bienfaisance, une initiative parfois lente à se mouvoir ; de créer des sociétés de secours mutuels ; de prêter son appui aux œuvres naissantes ; d'organiser des souscriptions, et d'en répartir le produit entre les diverses communes, et d'émettre son avis sur la répartition des subventions de l'Etat et du département. Enfin, — et ce serait là sa principale utilité, — il s'occuperait des divers services d'intérêt commun, par exemple, du fonctionnement des services médicaux et pharmaceutiques, et des rapports avec les établissements de bienfaisance.

Telles sont les innovations que nous proposons. Nous les croyons réalisables ; car elles ne bouleversent pas notre législation charitable, et se bornent à en perfectionner les rouages. Elles n'entraînent pas, au surplus, de grosses dépenses à la charge des communes et des départements. La principale de nos réformes a trait à l'assistance des malades, et elle est de celles devant lesquelles toutes les préoccupations d'ordre financier doivent cesser.

Ces lignes étaient écrites depuis longtemps déjà, lorsque nous avons eu connaissance du projet de résolution du Conseil supérieur de l'Assistance publique. Ces conclusions, dont quelques-unes sont les nôtres, sont les suivantes :

### I

Les communes, à défaut de la famille, doivent l'assistance aux nécessiteux malades, qui y ont leur domicile de secours. Plusieurs communes limitrophes peuvent s'associer en syndicat pour remplir ce devoir social (1).

### II

Le service des secours à domicile et l'assistance hospitalière seront assurés dans chaque commune ou syndicat de communes par un bureau d'assistance publique.

### III

Chaque département devra, dans un délai à déterminer, organiser, au mieux des convenances locales, un système général d'assistance publique ; il établira le budget départemental d'assistance, fixera la part contributive des communes, et déterminera le mode de fonctionnement des services.

### IV

Les ressources de ce budget auront une triple origine :

*a*) Le contingent communal obligatoire, fixé

---

(1) Le 9 juin 1888, M. Floquet, alors ministre de l'intérieur, déposa un projet de loi sur les syndicats des communes, projet que le rapport de la commission (Chambre des députés, séance du 7 juillet 1888, N° 2899), qualifie « d'utile complément à notre législation municipale. »

L'on n'impose pas aux communes l'obligation de se syndiquer, mais (art. 9) « les communes associées pourront affecter à cette dépense (le budget du syn- » dicat) leurs ressources ordinaires ou extraordinaires disponibles. *Elles sont* » *en outre autorisées à voter, à cet effet, cinq centimes spéciaux.* »

d'après la situation matérielle des communes et
le nombre d'indigents inscrits sur la liste de
gratuité ;

*b*) Une subvention du département ;

*c*) Une subvention de l'Etat, s'il y a lieu.

Le bureau d'assistance pourra payer sur ses
ressources propres tout ou partie du contingent
communal.

### V

Les Conseils municipaux interviennent dans
le fonctionnement du service, d'une part par
la nomination d'une partie des membres du
bureau, conformément à la loi du 5 août 1879,
d'autre part par l'avis qu'ils sont appelés à
donner conformément à l'article 70 de la loi du
5 avril 1884 sur les budgets et les comptes du
bureau, enfin par la fixation de la liste des
indigents.

### VI

La législation du domicile de secours devra
être modifiée d'après les principes suivants :

La femme prend le domicile de secours de son
mari, et les enfants celui de leurs parents. Le
domicile de secours se perd dans une commune
ou syndicat de communes par une absence
continue de deux ans ; il s'acquiert dans une
commune ou un syndicat de communes par un
séjour de même durée.

Pour les indigents qui n'auraient aucun domicile de secours communal, le domicile de secours
est *départemental* s'ils ont séjourné dans le département deux années consécutives, ou *national*
dans le cas contraire.

Ce projet de loi, s'il est adopté, donnera-t-il d'heureux résultats ? En ce qui
concerne la création de nouveaux hôpitaux, M. de Crisenoy paraît en douter
lui-même, et nous partageons complètement son sentiment : « Nous avons dit,
» écrit-il, que les établissements hospitaliers, à l'exception d'une cinquantaine,
» ont été créés au moyen de fondations charitables ; il y a lieu de croire qu'il
» en sera de même à l'avenir. En tout cas, il n'est pas à prévoir que des com-
» munes rurales soient jamais en situation de fonder de tels établissements,
» avec leurs seules ressources, ou même en s'associant. »

## VII

Au cas où un département n'aurait pas, dans le délai fixé, organisé son système d'assistance, le gouvernement devra lui imposer d'office un règlement. Il y a donc lieu de préparer, à cet effet, un règlement modèle.

En ce qui concerne les secours à domicile, la section recommande, dès à présent, l'étude attentive des principes sur lesquels repose le système dit *vosgien*.

L'assistance médicale doit être organisée de telle sorte que chaque commune soit rattachée à un dispensaire et à un hôpital.

Les malades ne doivent être hospitalisés qu'en cas de nécessité.

Les conclusions du conseil supérieur sont de celles qui soulèveront bien des objections ; sans doute, nous acceptons, avec lui, le principe de l'assistance obligatoire, en tant qu'il s'agit des secours médicaux à domicile ; nous pensons également, comme lui, qu'il y a lieu de modifier la législation du domicile de secours, qui a le tort de rattacher toujours ce domicile au lieu de naissance, chaque fois que l'indigent, à travers les hasards d'une vie vagabonde, n'aurait pas acquis ailleurs un domicile de secours. Mais dépasser ces réformes, c'est aller trop loin, et c'est imposer aux communes rurales des dépenses qui ne tarderaient pas à les obérer. Admettre, par exemple, le caractère obligatoire de l'assistance hospitalière « même en cas de nécessité » déclarer que « l'assistance médicale doit être organisée » de telle sorte que chaque commune soit attachée à » un dispensaire et à un hôpital, » c'est ruiner les villages ; on aura beau les engager à se syndiquer, on aura beau constituer même ces syndicats, on les grèvera dans une proportion qu'il est difficile de pouvoir préciser d'avance. Qu'une commune de 200 à 300 habitants ait à faire hospitaliser au même moment trois ou quatre malades, au prix de journée, que l'on connaît, et toutes ses ressources n'y suffiront pas. La première réforme à opérer au point de vue de l'hospitalisation est d'arriver à l'abaissement du prix de journée des lits, et de compléter l'œuvre du législateur de 1851 ; mais ne créons pas l'obligation, et surtout n'obligeons pas les villages à construire, pour satisfaire à cette obligation, de nouveaux hôpitaux. On sait ce qu'on coûté aux communes les constructions ou reconstruction d'écoles ; évitons de tomber dans le même écueil.

Il faut ajouter que, dès le moment que l'on décrète l'assistance hospitalière obligatoire pour les malades, on est fatalement conduit à l'étendre, dans la pratique, aux vieillards ; la distinction n'est pas toujours aisée, en effet.

Enfin, car nous ne pouvons multiplier les critiques, à quelle utilité répond exactement ce rouage nouveau, le *bureau d'assistance publique ?* Est-il bien nécessaire ?

On sent, à la lecture de quelques unes de ces conclusions, qu'elles ont été inspirées par la législation de l'Allemagne ; mais on sait trop que l'organisation charitable y est très défectueuse dans les campagnes.

Nous craignons qu'une réforme un peu trop artificielle vienne aggraver l'esprit particulariste, déjà trop enraciné dans nos villages. Il faut développer, au contraire, le principe de solidarité sociale, stimuler la charité privée par tous les moyens, détruire les entraves légales, trop fréquemment apportées à son élan ; il faut, avant tout, inculquer l'esprit de prévoyance et le sentiment de la responsabilité personnelle.

Nous ne sommes pas opposé aux réformes ; mais nous les voulons pratiques, et facilement acceptables par la population de nos villages, par celle-là qui doit en subir les charges.

# TABLE DES MATIÈRES

## PREMIÈRE PARTIE

### DE L'INDIGENCE DANS LES CAMPAGNES.

CHAPITRE PREMIER. — **Causes et variétés de l'indigence.**

L'assistance suppose l'indigence ; sens du mot indigence. — Causes de
l'indigence : 1º Causes politiques et économiques, tenant à l'état général
de la société. Lois sur les partages. Lois fiscales et douanières. Service
militaire. Organisation du travail ; industrialisme contemporain ;
agglomération des ouvriers ; — 2º Causes accidentelles ; — 3º Causes
imputables à la faute ou à la négligence de l'individu : paresse, vice,

## DEUXIÈME PARTIE

### LA PRÉVOYANCE DANS LES CAMPAGNES.

## TROISIÈME PARTIE

### DE L'ASSISTANCE DANS LES CAMPAGNES.

#### SECTION PREMIÈRE. — L'ASSISTANCE GÉNÉRALE.

CHAPITRE XII. — **La charité privée au village.**

Assistance privée et assistance officielle ; utilité respective. — De l'assistance privée dans les campagnes. — Des secours avant 1789 ; les châtelains et les ecclésiastiques résidents ; les absents. — De l'assistance

SECTION II. — DE L'ASSISTANCE SPÉCIALE.

*I. — L'enfance.*

CHAPITRE XV. — **Œuvres et services de protection de l'enfance.**

CHAPITRE XVI. — **L'éducation des infirmes. — Jeunes aveugles et sourds-muets.**

Privation d'un sens. — Situation physique de l'aveugle ; son état intellectuel. — L'éducation des jeunes aveugles est un devoir social. — Les

# Arthur ROUSSEAU, Editeur, Paris.

## EXTRAIT DU CATALOGUE GÉNÉRAL

## EN PRÉPARATION, POUR PARAITRE TRÈS PROCHAINEMENT :